Andreas Hadjar · Rolf Becker (Hrsg.)

Die Bildungsexpansion

Für Walter Müller,
den herausragenden Bildungsforscher,
der den Anstoß für dieses Buch gegeben hat.

Danksagung

Für wertvolle Hinweise danken wir allen, die an diesem Buch mitgewirkt haben. Besonderer Dank gilt folgenden Personen (in alphabetischer Reihenfolge), die das eine oder andere Manuskript kritisch begleiteten: Dirk Baier, Hans-Peter Blossfeld, Chris Frötscher, Ursula Henz, Regula Imhof, Uta Klusmann, Mareike Kunter, Helmut Köhler und Marko Neumann. Hervorzuheben sind ebenso Anna Hecken und Severine Friedli, die das Layout des Buches gestaltet und die einzelnen Beiträge formatiert haben. Dank gebührt auch Frank Engelhardt vom VS Verlag für Sozialwissenschaften, der die Entstehung des Buches betreut hat.

Bern im September 2006

Andreas Hadjar und Rolf Becker
für die Autorinnen und Autoren dieses Buches

Inhalt

Einleitung

Bildungsexpansion – erwartete und unerwartete Folgen

Andreas Hadjar und Rolf Becker

Im Zentrum des Sammelbandes, der an den wegweisenden Aufsatz „Erwartete und unerwartete Folgen der Bildungsexpansion" von Walter Müller (1998) anknüpft, steht mit der Bildungsexpansion eine der bedeutendsten gesellschaftlichen Entwicklungen des 20. Jahrhunderts. Im Vorfeld der Initiation von Bildungsreformen dominierten zwei wesentliche Sachverhalte die wirtschafts- und gesellschaftspolitische Diskussion: Zum einen wurde vor dem Hintergrund des „Sputnik-Schocks" aus wirtschaftspolitischer Sicht befürchtet, die westlichen Industrienationen könnten durch mangelnde Bildung in der Bevölkerung und ungenügende Qualifizierung von Arbeitskräften beim Wettlauf um wirtschaftlichen und technischen Fortschritt ins Hintertreffen geraten. Vor allem Picht (1964) setzte „Bildungsnotstand" mit wirtschaftlichem Notstand gleich. Aus einer gesellschaftspolitischen Perspektive wurden die zwischen Sozialschichten, Geschlechtern und Regionen ungleich verteilten Bildungschancen problematisiert (Carnap und Edding 1962). Insbesondere Dahrendorf (1965) forderte Bildung als Bürgerrecht, weil sie Voraussetzung und Garant für eine Demokratie und Gesellschaft aufgeklärter Bürger sei. Daraus ergaben sich als grundlegende Ziele der Bildungsreform sowohl der Abbau von Bildungsungleichheiten als auch die Höherbildung der Bevölkerung. Diese primär politischen Ziele sollten durch einen massiven Ausbau des Bildungswesens und einen deutlichen Anstieg der Bildungsbeteiligung in allen Bevölkerungsteilen realisiert werden.

Ob diese *erwarteten Folgen der Bildungsexpansion* eingetreten sind und welche *unerwarteten Folgen* sich durch die Bildungsexpansion ergeben haben, ist Gegenstand verschiedener Kontroversen (Müller 1998). Nur ein Befund scheint klar zu sein: Sowohl das „niedere" als auch das „höhere" Schulwesen – unter Einschluss der Berufsausbildung – sind expandiert (vgl. Klemm 1996). Seit Beginn des Bildungsexpansionsschubs in den 1960er Jahren hat sich im deutschsprachigen Raum die Pflichtschulzeit für alle verlängert. Im Hinblick auf niedrige und mittlere Bildungsniveaus wurde Berufsbildung zum Regelfall und weitete sich zeitlich aus; entsprechend stieg die Zahl der Absolventen mit einem qualifizierten Berufsabschluss (Blossfeld 1985). Höhere Bildungswege erlebten gleichermaßen einen Expansionsschub, was sich in einem rapiden Anstieg der Abiturientenquoten sowie einer moderaten Steigerung der Absolventen tertiärer Bildungseinrichtungen wie Universitäten und Fachhochschulen niederschlug (Meulemann 1992; Blossfeld 1993; Müller und Haun 1994; Schimpl-Neimanns 2000; Müller und Pollak 2004).

Im Hinblick auf den Abbau von Bildungsungleichheiten zeichnet sich jedoch ein ambivalentes Bild (Becker 2004): Während geschlechtsspezifische Ungleichheiten im allgemeinen Schulsystem, aber nicht in der beruflichen Ausbildung und an den Hochschulen, abgebaut werden konnten (Diefenbach und Klein 2002), sind Bildungschancen weiterhin schichtspezifisch verteilt, existieren – wenngleich abgeschwächt – weiterhin Stadt-Land-Unterschiede (Henz und Maas 1995) und bleiben ausländische Jugendliche bzw. Migrantenkinder die am stärksten benachteiligte Gruppe im Bildungssystem (Solga und Wagner 2001).

Vergangenheit und Zukunft der Bildungsexpansion

Wenn von Bildungsexpansion die Rede ist, wird in der Regel auf *gestiegene Bildungsbeteiligung, längere Verweildauer im Bildungssystem und beschleunigte Zunahme höherer Schulabschlüsse* nach den Bildungsreformen in den 1960er und 1970er Jahren verwiesen. Dieser säkulare Wandel des Bildungsverhaltens wird auch im folgenden Sammelband fokussiert. Die Bildungsexpansion nach 1945 hat ihre historischen Wurzeln in Entwicklungen im 19. Jahrhundert (Müller et al. 1997) und in der Zwischenkriegszeit (Blossfeld 1993). Müller et al. (1997: 178) isolieren drei Phasen der Bildungsentwicklung in Europa. Eine *erste Etappe der Bildungsexpansion* zwischen 1870 und dem Ersten Weltkrieg (1914-18) war gekennzeichnet durch die Etablierung nationaler Bildungssysteme. Die Kontrolle für die Bildungseinrichtungen wurde zunehmend von den sich zu Institutionen entwickelnden staatlichen Verwaltungen wahrgenommen, die Kirche aus dem Bildungswesen verdrängt. Durch die Einführung und Ausweitung der gesetzlichen Schulpflicht, die nun allen Kindern zumindest Zugang zu Elementarschulbildung eröffnete, wurde der vorherrschende Analphabetismus zurückgedrängt. Im Zuge einer *zweiten Etappe* nach dem Ersten Weltkrieg kam es mit der Ausdehnung und Verfestigung der europäischen Demokratien zur Öffnung der weiterführenden Schulbildung für breitere Bevölkerungsschichten im Sinne allgemeiner Massenbildung. Grundlage dafür war – neben der Einführung der Grundschule in der Weimarer Republik – die Aufhebung des parallelen Verlaufs von Volksschule und Gymnasium: Die Volksschule war nun eine von allen zu besuchende Schulform, die höheren Bildungsgängen vorgeschaltet war. Die *dritte Etappe* – die eigentliche und im vorliegenden Sammelband ausschliesslich behandelte Bildungsexpansion – begann je nach Land nach dem

Zweiten Weltkrieg. Gymnasien und höhere Sekundarschulen wurden weiter geöffnet; ihre Schülerschaft wurde im Hinblick auf die sozialen Herkunftsschichten heterogener. Auf dem tertiären Sektor vollzog sich ein Wandel von den Eliteuniversitäten hin zu „überfüllten Hochschulen", deren Zugang in geringerem – wenngleich immer noch beträchtlichen – Ausmaß durch die Schichtzugehörigkeit determiniert wurde.

Im Hinblick auf die Ursachen der Bildungsexpansion bzw. warum die Beiteiligung an allgemeiner Schulbildung und beruflicher Ausbildung sowie die Anzahl der Absolventen höherer Bildungsinstitutionen zunimmt, lassen sich verschiedene bildungssoziologische Argumentationen heranziehen. Dabei ist zwischen endogenen Faktoren, d.h. durch die Bildungsexpansion selbst ausgelöste Dynamiken, und exogenen Faktoren, d.h. politischen oder ökonomischen Ursachen außerhalb des Bildungssystems, zu unterscheiden (Windolf 1990; Becker 2000a, 2003).

Aus der ökonomischen Sicht der Humankapitaltheorie (Becker 1964), in der Bildung als Investition in die Zukunft erscheint, ergibt sich die These, dass eine Zunahme der individuellen Bildungsnachfrage – also ein stärkeres Interesse an höheren Schulen – dann zu konstatieren ist, „wenn eine hohe Rendite aus Bildungsinvestitionen zu erwarten ist" (Müller et al. 1997: 180). Voraussetzungen für die Expansion des Bildungssystems sind daher Wirtschaftswachstum und technischer Fortschritt. Die Bildungsexpansion würde aus dieser Sicht abflauen, wenn keine höheren Gewinne (z.B. Einkommen) durch Investitionen in die Bildung erreicht werden könnten – zum Beispiel wenn die Löhne tendenziell sinken, weil die Anzahl der höher qualifizierten Arbeitnehmer die Nachfrage nach solchen Arbeitnehmern auf dem Arbeitsmarkt übersteigt.

Nach dem „Labour Queue Model" von Thurow (1975) und der darin enthaltenen Signalhypothese beruht die Bildungsexpansion bzw. die steigende Bildungsnachfrage darauf, dass Bildungszertifikate als Mittel zur Selektion durch die Arbeitgeber immer weiter an Bedeutung gewinnen. Höhere Bildungszertifikate, die ein Signal für Fähigkeiten und Kompetenten zum weiteren Wissenserwerb darstellen, verbessern die Chancen auf einen Arbeitsplatz bzw. einen gut entlohnten Arbeitsplatz. Während der Bildungsexpansion aus der humankapitaltheoretischen Sichtweise Grenzen gesetzt sind, ergibt sich aus der Signaltheorie ein monoton zunehmender Wettlauf um höhere Bildung (Boudon 1974), der auf Statuskonkurrenz basiert. Dieser positionale Wettbewerb um Bildung als Positionsgut (Hirsch 1980) beruht darauf, dass bei einem steigenden Bildungsniveau in der Bevölkerung immer höhere Bildungszertifikate notwendig sind, um durch Distinktion individuell bessere Chancen zu haben, einen Arbeitsplatz zu bekommen. „Wenn in meritokratischen Gesellschaften der Bildungsabschluss zu einer wichtigen Voraussetzung für sozialen Aufstieg und Berufskarriere wird, verhalten sich die Individuen entsprechend der Logik des Wettrüstens: ‚Je mehr, desto besser'" (Windolf 1990: 6).

Die Vorstellung von Bildung als „allokativer Mechanismus für Privilegien" (Müller et al. 1997: 183) findet sich bereits in der Statusgruppen- bzw. Konflikttheorie, die ihren Ursprung im Werk von Max Weber hat (Collins 1979). Danach erscheint – im Unterschied zur funktionalistischen Perspektive von Bildung und sozialer Schichtung in einer durch meritokratische Prinzipien gekennzeichneten Gesellschaft (Davies und Moore 1945) – die Bildungsexpansion nicht als technisch-funktionale Notwendigkeit moderner Gesellschaften, sondern ihre Ursache wird in den Auseinandersetzungen zwischen Statusgruppen in der Gesellschaft verortet (Collins 1971; Bourdieu 1982). Über Bildungszertifikate sowie bestimmte Merkmale sozialer Herkunft erhalten Gesellschaftsmitglieder Zugang zu dominanten Statusgruppen und damit zu knappen Ressourcen wie Reichtum, Macht und Prestige (Bourdieu und Passeron 1971).

Eine stärker politische Sichtweise und Fokussierung auf exogene Ursachenfaktoren vertritt die politische Theorie der Bildungsexpansion (Windolf 1990). Danach verläuft die Entwicklung des Bildungssektors nach politischen Zyklen, die sich aus der kollektiven Konkurrenz sozialer Gruppen um Macht- und Entscheidungsmöglichkeiten ergeben. „Der Staat und die Parteien entscheiden, welcher Teil des Volkseinkommens für das Bildungssystem zur Verfügung steht und welche Zugangsbedingungen erfüllt sein müssen, damit jemand am Bildungswettlauf überhaupt teilnehmen kann" (Windolf 1990: 8). Bildungsexpansionsschübe verlaufen entsprechend parallel zu Phasen einer Bildungspolitik, die auf die Öffnung der höheren Bildungsinstitutionen ausgerichtet sind (Becker und Blossfeld 1991; Becker 1993).

Die wesentlichen *erwarteten und intendierten Folgen der Bildungsexpansion* sind die Höherbildung der Bevölkerung und ein damit einhergehender technologischer und wirtschaftlicher Fortschritt. So forderte Picht (1964: 17) aus seiner humankapitaltheoretischen Sichtweise die Nutzung von Begabungsreserven: „Der bisherige wirtschaftliche Aufschwung wird ein rasches Ende nehmen, wenn uns die qualifizierten Nachwuchskräfte fehlen, ohne die im technischen Zeitalter kein Produktionssystem etwas leisten kann" (Picht 1964: 17). Die Forderung nach Höherbildung verband sich mit dem Ruf nach mehr Chancengleichheit bzw. dem Abbau sozialer Ungleichheiten. Zudem erhofften sich vor allem liberale Kreise eine auf mündigeren, politisch informierten und interessierten Bürgern beruhende Demokratisierung (Dahrendorf 1965) – verbunden mit zunehmender Emanzipation und Entscheidungs- bzw. Gestaltungsmöglichkeiten.

Unintendierte, wenngleich nicht vollkommen unerwartete, Konsequenzen der Bildungsexpansion sind sinkende Standards an höheren Bildungseinrichtungen infolge der sozialen Öffnung für breite Bevölkerungsschichten (Schelsky 1956), ein Verdrängungswettbewerb zum Nachteil der geringer Gebildeten (Blossfeld 1985; Müller 1998; Solga und Wagner 2001), daraus folgende Prozesse sozialer Schließung sowie eine tendenzielle Überqualifikation der Bevölkerung und zunehmende Arbeitsmarktprobleme, da das Angebot an höher Gebildeten die Nachfrage übersteigt (Windolf 1990). Empirische Evidenzen sprechen klar für einen Anstieg des Bildungsniveaus der Bevölkerung („qualifikatorisches upgrading") und die Verdrängung der niedrig Gebildeten. Bildungsungleichheiten konnten nicht beseitigt – nur tendenziell verringert – werden. Die Bedeutung der Bildungszertifikate ist – trotz befürchteter, aber de facto nicht eingetretenen „Bildungsinflation" im Sinne einer Überproduktion von Akademikern (Becker 2000b) – nicht gesunken, sondern gestiegen, da Bildungszertifikate umso wichtiger geworden sind, um auf dem Arbeitsmarkt, aber auch in anderen Lebensbereichen, bestehen zu können (Mayer 2000). Für die Zukunft der Bildungsexpansion ist unter Rückgriff auf die von Boudon (1974) vertretene Sichtweise davon auszugehen, dass Bildung – und damit die Motivation, höhere Bildung zu erlangen und Angebote lebenslanger Weiterbildung zu nutzen – nicht an Wichtigkeit verlieren wird (Mayer 1992). Grund für diese Annahme ist, dass ein hoher Schul- und Ausbildungsabschluss zur Sicherung günstiger Einstiegsbedingungen ins Erwerbsleben beiträgt und „nach wie vor die beste ‚Versicherung' gegen Arbeitslosigkeit ist (Klemm 1996: 436)".

Auf der Suche nach einem Erklärungsmodell

Eine soziologische Analyse der Folgen der Bildungsexpansion bedingt ein Erklärungsmodell, aus dem mögliche Folgen sowie Gründe für das Nichteintreten bestimmter Konsequenzen abgeleitet werden können. Ein einfaches Modell der Bildungsexpansion ist u.E. nicht möglich, weil die verschiedenen Prozesse und Mechanismen, die im Zuge der Bildungsexpansionen stattfanden bzw. wirksam wurden, mannigfaltig und komplex sind (Becker 2000a). Auf der Suche nach der Bedeutung des gesellschaftlichen Wandels im Zuge der Bildungsexpansion sind verschiedene Fragestellungen zu berücksichtigen – wenngleich eine einfache und hinreichende Beantwortung unmöglich ist: Ist eine Tendenz des sozialen Wandels in Folge der Bildungsexpansion erkennbar und welche Dynamik hat diese Entwicklung? Welche Ereignisse scheinen den Wandel angestoßen zu haben? Welche Faktoren strukturieren den Wandel und welche Folgen hat der Wandel für die gesellschaftlichen Ordnungen?

Im Hinblick auf die Bildungsexpansion erscheint die Frage nach der Unterscheidung von Ursachen und Wirkungen als besonders beachtenswert. Gleichzeitig sind einfache Antworten schier unmöglich. Einige Ursachen haben Prozesse hervorgerufen, die eine Eigendynamik nach sich zogen – wodurch die

Folgen der Expansion nun selbst zu Ursachen der weitergehenden Expansion wurden. Als Beispiel lässt sich anbringen, dass die (politisch gesteuerte) Motivation, höhere Bildungsabschlüsse zu erreichen, zu einem steigenden Bildungsniveau führte (Meulemann 1992). Dieses gestiegene Bildungsniveau führt wiederum zu einer verstärkten Motivation, höhere Bildungsabschlüsse zu erzielen und treibt die Bildungsexpansion weiter an (Becker 2003). Deutlich wird hier auch die Problematik der Steuerung der Rahmenbedingungen der Bildungsexpansion. So haben zum Beispiel die staatlichen Maßnahmen, die auf die Ausbildung von mehr Lehrpersonal abzielten, zu einem Überangebot an Lehrern geführt – was nicht der erwarteten Menge an Lehrpersonal entsprach und letztlich eine unerwartete Folge beabsichtigten Handelns ist.

Wie sich an diesen Beispielen bereits zeigt, fehlen zum vollständigen Verständnis der Ursache-Wirkungs-Beziehung einige Bindeglieder. Denn zunächst wurden in dieser Argumentation vornehmlich die Makroebene der Gesellschaft und teilweise Änderungen im individuellen Bildungsverhalten thematisiert. Allerdings gibt es immer noch ‚black boxes' bei der kausalen Erklärung der Bildungsexpansion und ihrer Folgen. Zu verweisen ist daher auf sogenannte soziale Mechanismen auf der individuellen Ebene, wie sie Hedström und Swedberg (1996) fokussieren. Solche „bits of theory about entities at a different level (e.g. individuals) than the main entities being theorized about (e.g. groups)" (Stinchcombe 1991: 367) können herangezogen werden, um eine Verbindung zwischen zwei Makroebenenphänomenen über die Mikro- oder Mesoebene herzustellen. Geeignet sind dazu vor allem Theorien mittlerer Reichweite (Merton 1967), die nicht den Anspruch erheben, universell anwendbar zu sein, sondern nur jeweils einen Ausschnitt der Realität erklären. Bezüglich des oben genannten Beispiels zur Eigendynamik der Bildungsexpansion sind das Statuserhaltsmotiv (Boudon 1974; Keller und Zavalloni 1964) und der Prozess der Evaluation und Auswahl alternativer Bildungswege zu nennen. Solche Mechanismen werden in handlungstheoretischen Modellen der Bildungsentscheidung berücksichtigt (Gambetta 1987; Erikson und Jonsson 1996; Breen und Goldthorpe 1997; Esser 1999; Becker 2000b).

Aus diesen Überlegungen ergibt sich die Notwendigkeit der Betrachtung verschiedener Ebenen und der Fokussierung sozialer Mechanismen. Zwei wesentliche Mechanismen der Bildungsexpansion beziehen sich auf die Bedeutung des Bildungsniveaus selbst: Zum einen bezeichnet das Bildungsniveau als Bestandteil des individuellen Humanvermögens bestimmte kognitive Fähigkeiten – etwa Fähigkeiten zur Informationsverarbeitung und Reflexion sowie Handlungskompetenzen (Mayer 1992; Becker 1998). Zum anderen kommt Bildungszertifikaten – als Humankapital – auch eine Allokationsfunktion zu; d.h. sie können in Arbeitsmarkts- und Berufschancen – und letztlich in Berufsprestige und Einkommen – umgesetzt werden (vgl. Carroll und Mayer 1986; Becker und Schömann 1996; Müller et al. 1997). Entsprechend lassen sich die Folgen der Bildungsexpansion sowohl über die kognitive Höherbildung als auch veränderte Verwertungschancen von Bildungsabschlüssen analysieren (vgl. Hadjar in diesem Band).

Was zur Analyse der Bildungsexpansion notwendig ist, sind somit elaborierte Theorien, die Aussagen über soziale Mechanismen bzw. Zusammenhänge auf der Mikroebene beinhalten. Wichtig ist ebenso, dass theoretische Überlegungen und politische Interessen bzw. Wunschvorstellungen nicht vermischt werden – wie dies in der Forschung zur Bildungsexpansion bisweilen vorkam. Wenngleich im Anschluss an wissenschaftlich-systematische Forschung politische Maßnahmen – mehr oder weniger klar – abgeleitet werden können, hat politisches Wunschdenken in der Analyse – und damit in der Forschungsphase des Begründungszusammenhangs – im Sinne von Max Webers Wertfreiheitspostulat nichts zu suchen (Esser 1993).

Abbildung 1: Erklärungsmodell der Folgen der Bildungsexpansion

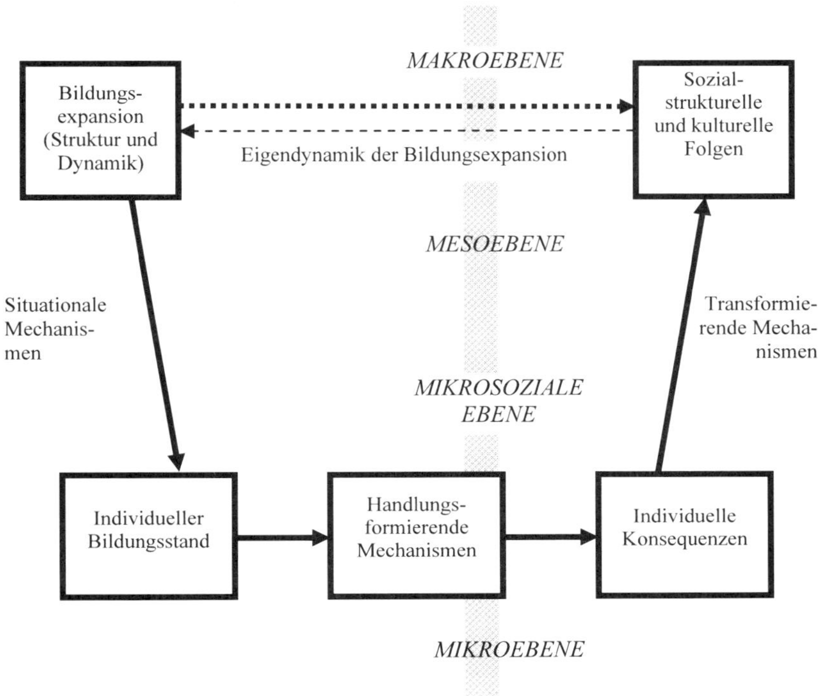

Trotz der Erkenntnis, dass ein generelles, allumfassendes Erklärungsmodell, aus dem Folgen der Bildungsexpansion hinreichend abzuleiten wären, schwerlich möglich ist, soll doch der Versuch unternommen werden, sich den Folgen der Bildungsexpansion theoretisch und empirisch zu nähern. Die Fokussierung sozialer Mechanismen im Sinne von Hedström und Swedberg (1996) bedingt dabei ein Modell, das verschiedene Ebenen der sozialen Welt des Menschen berücksichtigt. Hier bietet sich das struktur-individualistische Erklärungsschema nach Coleman (1986) an, das auf McClelland (1966) zurückgeht (Abb. 1).

Nach diesem Modell sind die Folgen der Bildungsexpansion auf der gesellschaftlichen Ebene über die individuelle Ebene zu erklären, weil sie mehr oder weniger intendierte wie unintendierte Konsequenzen absichtsvollen Handelns sozialer Akteure – seien es Individuen oder seien es korporative Akteure – sind. Die durch politische Maßnahmen – letztlich auch durch Mesoebeneninstanzen (z.B. politische Parteien) – initiierte und über eine Eigendynamik in Gang gehaltene Bildungsexpansion wirkt vermittelt über die Bildungsinstitutionen und Märkte auf der Mesoebene sowie über die Familien und andere soziale Netzwerke als mikrosoziale Einheiten auf das Individuum. Im Vordergrund stehen hierbei situationale Mechanismen, welche die Logik der Situation bestimmen. Ausgangspunkt der soziologischen Analyse auf der Mikroebene ist dann der jeweilige individuelle Bildungsstand, der vermittelt durch in den folgenden Kapiteln des Sammelbandes zu erhellende (handlungsformierende) Mechanismen und Prozesse, Konsequenzen für die individuelle Situation – entweder für den sozialstrukturellen (z.B. Arbeitsmarkt-, Einkommens- und Heiratschancen sowie Klassenlage) oder den kulturellen Bereich (Weltanschauungen, Werthaltungen, Lebensstile, etc.) – hat. Über die Logik der Aggregation haben diese individuellen Konsequenzen wiederum über die Wirkung transformierender Mechanismen auf anderen Ebenen (z.B. Parteien, etc. auf der Mesoebene) Folgen für die Sozialstruktur (z.B. Wandel der Berufsstruktur) und für die Kultur (z.B. Wertewandel) auf der Ebene der Gesellschaft.

Ziel, methodischer Ansatz und Vorgehensweise

Ziel dieses Buches ist, einen Überblick über *erwartete und unerwartete Folgen der Bildungsexpansion* zu geben. Neben den Bereichen, die in der bisherigen Forschung zur Bildungsexpansion eine wichtige Rolle spielten – das sind vor allem strukturelle Wirkungen der Expansion bezüglich Bildungsungleichheiten, Arbeitsmarkt, Einkommensverteilung und Klassenlage infolge inter- und intragenerationaler Mobilität – sollen insbesondere auch die von Müller (1998) benannten „blinden Flecken“ der Forschung wie Werte, politische Orientierungen und Engagement, fremdenfeindliche Einstellungen und Kulturwissen beleuchtet werden. Die Auswahl der Beiträge resultiert aus dem im vorangegangenen Abschnitt eingeführten Erklärungsmodell, das sozialstrukturelle und kulturelle Folgen thematisiert.

Die Beiträge folgen dabei einem empirischen Forschungsansatz. Thesen zur Bildungsexpansion und ihren Folgen werden anhand empirischer Evidenzen beurteilt, die auf einer möglichst breiten Datenbasis (komparativ-statische Bevölkerungsumfragen wie etwa ALLBUS oder Wohlfahrtssurvey, Längsschnittdaten des SOEP oder der Deutschen Lebensverlaufsstudie und schließlich amtliche Statistiken einschliesslich des Mikrozensus) basieren. Im Kern der Analysen stehen empirisch-überprüfbare Aussagen über soziale Tatbestände – der vorliegende Sammelband hebt sich somit von essayistischen Zeitdiagnosen oder hermeneutischen Prophezeiungen ab. Hierbei wird die Sichtweise der „konstruktiven Skeptiker" vertreten, die der Soziologie eine genuine Diagnoseaufgabe zugestehen, sich aber auch kritisch mit Diagnoseleistungen der Soziologie auseinandersetzen: „Nach ihnen wären durch erhöhte theoretische Anstrengungen und durch systematische Synthese empirischer Teilbefunde zumindest belastbare Orientierungsmodelle zu erzielen, die graduell durch theoretische Revision auf Grund abweichender empirischer Entwicklungen verbessert werden könnten" (Friedrichs et al. 1998: 10). Entsprechend der Forschungslogik nach Popper (1968 [1935]) erheben die einzelnen Beiträge somit keine Wahrheits- bzw. Allgemeinheitsansprüche, sondern stellen vorläufige – wenngleich methodisch sorgfältig und reflektiert durchgeführte – Analysen und Diagnosen rund um die Bildungsexpansion dar. Besonderes Augenmerk gilt unintendierten Handlungsfolgen (Boudon 1980). Denn die Konsequenzen der Bildungsexpansion wurden nicht durchgängig im Rahmen der Bildungsreformen angestrebt, sondern sind Emergenzen aus dem Zusammenspiel von beabsichtigen und unbeabsichtigten Effekten. Zu nennen sind hier insbesondere Verdrängungs- und Abwertungseffekte sowie die Persistenz von Ungleichheiten.

Die Folgen der Bildungsexpansion werden aus einer längsschnittlichen Perspektive heraus untersucht – unter Fokussierung verschiedener temporaler Dimensionen und ihrer Effekte (Alters-, Perioden- und Kohorteneffekte; Mayer und Huinink 1990) – sowie sozialer Mechanismen, die hinter den Veränderungen und Zusammenhängen stehen. Zu fragen ist auch, welche Prozesse sozialen Wandels direkt auf die Bildungsexpansion zurückzuführen sind, welche nur mittelbar von der Höherbildung abhängen und welche durch andere – parallel zur Bildungsexpansion – verlaufende Entwicklungen verursacht wurden. Der Analyse sind jedoch immer auch Grenzen gesetzt, die sich aus einer im Hinblick auf viele Untersuchungsgegenstände mangelnden Datenlage ergeben. Eine optimale Analyse des mit der Bildungsexpansion einhergehenden sozialen Wandels würde differenzierte Informationen – nach Möglichkeit prospektive Verlaufsdaten oder zumindest Panel-Daten – über lange historische Perioden erfordern. Eine abschließende Analyse der Folgen der Bildungsexpansion, ist erst möglich, wenn die jüngeren Geburtskohorten, die von der Bildungsexpansion besonders profitierten, ihren Lebenszyklus vollständig durchschritten haben. Insofern gilt es im Folgenden, aus – relativ gesehen – wenigen und sicherlich oftmals unzulänglichen Daten einen maximalen Erkenntnisgewinn zu erzielen. Dabei wurden in diesem Sammelband vor allem die Themenbereiche berücksichtigt, für die aufgrund der Datenlage ein Mindestmaß an längsschnittlichen bzw. Kohortenanalysen möglich schien.

Trotz aller Anstrengungen, die im vorliegenden Sammelband dokumentiert sind, sind noch nicht alle erwarteten wie unerwarteten Folgen der Bildungsexpansion lückenlos beschrieben und ursächlich erklärt. Hierzu bedarf es zum einen weiterhin kumulative Forschung und für diese Fragestellung angemessene und informationsreichere Daten. Zum anderen ist das Ende der Geschichte nicht erreicht: Einige Folgen der Bildungexpansion werden erst in der Zukunft, wenn die kulturellen Träger dieser Entwicklung in die Jahre gekommen sind, überhaupt ersichtlich und abschätzbar werden.

Beiträge des Sammelbandes

Der Inhalt dieses Sammelbandes gliedert sich in *drei Teile*. Im ersten Teil beschäftigen sich zwei Beiträge mit den hauptsächlichen Erwartungen an die Bildungsexpansion – Abbau der Bildungsungleichheit und Höherbildung – und beziehen sich damit auf die beiden im Rahmen des theoretischen Erklärungsmodells genannten Dimensionen von Bildung als Humanvermögen (kognitive Ressourcen und individuelle Sozialkompetenzen sowie berufliche Kenntnisse) und Fähigkeiten als auf dem Arbeitsmarkt verwertbares Humankapital. *Rolf Becker* gibt zunächst eine empirische Beschreibung der Bildungsexpansion und der Entwicklung der Bildungsungleichheiten, um dann in multivariaten Analysen zu zeigen, dass auch mit fortschreitender Bildungsexpansion die Bildungschancen weiterhin stark durch die soziale Herkunft geprägt sind. *Michael Becker et al.* befassen sich – aufbauend auf ein ausgebautes theoretisches Fundament – mit der kognitiven Mobilisierung und psychosozialen Konsequenzen der Bildungsexpansion und vergleichen u.a. die Humanvermögen verschiedener Schülerkohorten anhand von Daten aus Leistungstests.

Im *zweiten Teil* werden strukturelle Konsequenzen für die Berufsstruktur und den Arbeitsmarkt fokussiert. *Frank Schubert* und *Sonja Engelage* untersuchen in ihrem Beitrag anhand des Mikrozensus, wie die Bildungsexpansion mit dem Wandel der Wirtschafts- und Berufsstruktur zusammenhängt. Dabei gehen sie der Frage nach, welche Konsequenzen sich aus der Höherqualifizierung der Erwerbstätigen für die Arbeitsmärkte des öffentlichen Dienstes und der Privatwirtschaft ergeben. *Anna Etta Hecken* widmet sich dem Thema der Erwerbsbeteiligung von Frauen und deren Wandel im Zuge der Bildungsexpansion. Dabei werden Geschlechterunterschiede in der Bildung und auf dem Arbeitsmarkt ins Zentrum der Analyse gestellt. *Matthias Pollmann-Schult* setzt sich empirisch mit der Frage auseinander, ob die Bildungsexpansion zu sinkenden Bildungsrenditen geführt hat. Eine Analyse der Determinanten des Einkommens sowie der bildungsgruppenspezifische Einkommensverteilungen über die Zeit weist darauf hin, dass sich die Verwertungschancen der Bildungsabschlüsse zwar verringert haben, aber nicht von einer drastischen Entwertung gesprochen werden kann.

Der *dritte Teil* lenkt den Blick von strukturellen Entwicklungen hin zu den kulturellen Folgen der Bildungsexpansion für Politik, Kultur und Lebensführung – die jedoch wiederum untrennbar mit strukturellen Entwicklungen verbunden sind. *Andreas Hadjar* und *Rolf Becker* zeigen anhand deskriptiver Befunde und A-P-K-Analysen auf, dass im Zuge der Bildungsexpansion eine Zunahme politischen Interesses stattgefunden hat. In kohortenspezifischen Strukturgleichungsmodellen wird zudem das Zusammenspiel zwischen Bildung, sozialer Herkunft und Berufsprestige mit politischem Interesse und politischer Partizipation analysiert. Im anschließenden Kapitel untersucht *Andreas Hadjar* den Wandel der Inglehartschen Werte hin zum Postmaterialismus. Bildung und Bildungsexpansion kommt nach den Befunden von A-P-K-Analysen ein substantieller Anteil am Wertewandel zu. Allerdings erweisen sich nicht Kohorten bzw. Generationen per se als Träger des Wertewandels, sondern vielmehr die höher gebildeten Mitglieder der Kohorten. *Susanne Rippl* untersucht die Entwicklung der Fremdenfeindlichkeit. Die Bildungsexpansion hat zu einem Rückgang fremdenfeindlicher Einstellungen geführt; höher Gebildete sind offener gegenüber Fremden. In Betracht zu ziehen ist jedoch auch die Wirkung weiterer Prozesse wie Wertewandel oder zunehmende Kontaktmöglichkeiten zu Migranten. *Annette Spellerberg* exploriert den Wandel der Lebensstile im Zuge der Bildungsexpansion. In ihren Analysen erweisen sich Bildung und Alter als die wichtigsten Prädiktoren des Lebensstils. Ein Bedeutungsverlust der Bildung für den Lebensstil ist über die Expansion nicht festzustellen. Demographische und familiendemographische Folgen der Entwicklung zur Höherbildung untersucht *Andreas Timm* und zeichnet die Entwicklung des Heirats- und Fertilitätsverhaltens über die Kohortenabfolge nach. Im Fokus stehen dabei neben den tendenziell sinkenden kohortenspezifischen Heirats- und Geburtenraten auch Veränderungen der Zeitpunkte für Heirat und Geburt im individuellen Lebensverlauf. *Thomas Klein et al.* zeigen, dass die Bildungsexpansion zu einer höheren Lebenserwartung geführt hat, wobei hinter diesem Zusammenhang u.a. gesündere Lebensweisen stehen. Der Bildungseinfluss auf die Lebenserwartung hat sich über die Kohorten jedoch kaum verändert. Zum Abschluss dieses Sammelbandes fragt *Sigrid*

Haunberger, ob mit zunehmender Bildungsexpansion von einem neuen Gesellschaftstypus, der Bildungsgesellschaft, gesprochen werden kann. Untersucht wird, inwieweit verschiedene Gesellschaftsdiagnosen bzw. -modelle geeignet sind, die Veränderungen im Zuge der Bildungsexpansion zu erfassen.

Literatur

Becker, Gary S., 1964: Human capital. A theoretical and empirical analysis, with special reference to education. New York: Columbia University Press.

Becker, Rolf, 1993: Staatsexpansion und Karrierechancen. Berufsverläufe im öffentlichen Dienst und in der Privatwirtschaft. Frankfurt a.M.: Campus.

Becker, Rolf, 1998: Bildung und Lebenserwartung in Deutschland. Eine empirische Längsschnittuntersuchung aus der Lebensverlaufsperspektive. Zeitschrift für Soziologie 27: 133-150.

Becker, Rolf, 2000a: Bildungsexpansion und Bildungsbeteiligung. Oder: warum immer mehr Schulpflichtige das Gymnasium besuchen. Zeitschrift für Erziehungswissenschaft 3: 447-479.

Becker, Rolf, 2000b: Determinanten der Studierbereitschaft in Ostdeutschland. Eine empirische Anwendung der Humankapital- und Werterwartungstheorie am Beispiel sächsischer Abiturienten in den Jahren 1996 und 1998. Mitteilungen aus der Arbeitsmarktforschung 33: 261-276.

Becker, Rolf, 2000c: Klassenlage und Bildungsentscheidungen. Eine empirische Anwendung der Wert-Erwartungstheorie. Kölner Zeitschrift für Soziologie und Sozialpsychologie 52: 450-475.

Becker, Rolf, 2003: Educational Expansion and Persistent Inequalities of Education: Utilizing the Subjective Expected Utility Theory to Explain the Increasing Participation Rates in Upper Secondary School in the Federal Republic of Germany. European Sociological Review 19: 1-24.

Becker, Rolf, 2004: Soziale Ungleichheit von Bildungschancen und Chancengleichheit. S. 161-193 in: *Rolf Becker* und *Wolfgang Lauterbach* (Hg.), Bildung als Privileg? Erklärungen und empirische Befunde zu den Ursachen von Bildungsungleichheiten. Wiesbaden: VS Verlag für Sozialwissenschaften.

Becker, Rolf, und *Hans-Peter Blossfeld*, 1991: Cohort-specific effects of the expansion of the welfare state on job opportunities: a longitudinal analysis of three birth cohorts in the Federal Republic of Germany. Sociologische Gids 38: 261-284.

Becker, Rolf, und *Klaus Schömann*, 1996: Berufliche Weiterbildung und Einkommensdynamik. Eine Längsschnittstudie mit besonderer Berücksichtigung von Selektionsprozessen. Kölner Zeitschrift für Soziologie und Sozialpsychologie 48: 426-461.

Blossfeld, Hans-Peter, 1985: Bildungsexpansion und Berufschancen. Empirische Analysen zur Lage der Berufsanfänger in der Bundesrepublik. Frankfurt a.M.: Campus.

Blossfeld, Hans-Peter, 1993: Changes in Educational Opportunities in the Federal Republic of Germany. A Longitudinal Study of Cohorts Born between 1916 and 1965. S. 51-74 in: *Hans-Peter Blossfeld* und *Yossi Shavit* (Hg.), Persistent Inequality. Boulder: Westview Press.

Boudon, Raymond, 1974: Education, opportunity, and social inequality. Changing prospects in western society. New York: Wiley.

Boudon, Raymond, 1980: Die Logik des gesellschaftlichen Handelns. Neuwied: Luchterhand.

Bourdieu, Pierre und *Jean-Claude Passeron,* 1971: Die Illusion der Chancengleichheit. Untersuchungen zur Soziologie des Bildungswesens am Beispiel Frankreichs. Stuttgart: Klett.

Bourdieu, Pierre, 1982: Die feinen Unterschiede. Frankfurt a.M.: Suhrkamp.

Breen, Richard, und *John H. Goldthorpe*, 1997: Explaining Educational Differentials. Towards a Formal Rational Action Theory. Rationality and Society 9: 275-305.

Carnap, Roderich von, und *Friedrich Edding*, 1962: Der relative Schulbesuch in den Ländern der Bundesrepublik 1952-1960. Frankfurt a.M.: Hochschule für Internationale Pädagogik.

Carroll, Glenn R., und *Karl Ulrich Mayer*, 1986: Job-Shift Patterns in the Federal Republic of Germany: The Effects of Social Class, Industrial Sector, and Organizational Size. American Sociological Review 51: 323-341.

Coleman, James S., 1986: Social Theory, Social Research, and a Theory of Action. American Journal of Sociology 91: 1309-1335.

Collins, Randall, 1971: Functional and conflict theories of educational stratification. American Sociological Review 36: 1002-1019.

Collins, Randall, 1979: The credential society. A historical sociology of education and stratification. New York: Academic Press.

Dahrendorf, Ralf, 1965: Bildung ist Bürgerrecht. Hamburg: Wegener.

Davis, Kingsley, und *Wilbert E. Moore*, 1945: Some principles of stratification. American Sociological Review 10: 242-249.

Diefenbach, Heike, und *Michael Klein*, 2002: „Bringing Boys Back In". Soziale Ungleichheit zwischen den Geschlechtern im Bildungssystem zuungunsten von Jungen am Beispiel der Sekundarschulabschlüsse. Zeitschrift für Pädagogik 48: 938-958.

Erikson, Robert, und *Jan O. Jonsson,* 1996: Explaining Class Inequality in Education: The Swedish Test Case. S. 1-63 in: *Robert Erikson* und *Jan O. Jonsson* (Hg.), Can Education Be Equalized? Boulder: Westview Press.

Esser, Hartmut, 1993: Soziologie. Allgemeine Grundlagen. Frankfurt a.M.: Campus.

Esser, Hartmut, 1999: Soziologie: Spezielle Grundlagen. Band 1: Situationslogik und Handeln. Frankfurt a.M.: Campus.

Friedrichs, Jürgen, M. Rainer Lepsius und *Karl Ulrich Mayer*, 1998: Diagnose und Prognose in der Soziologie. S. 9-31 in: *Jürgen Friedrichs, M. Rainer Lepsius* und *Karl Ulrich Mayer* (Hg.), Die Diagnosefähigkeit der Soziologie. Opladen: Westdeutscher Verlag.

Gambetta, Diego, 1987: Were They Pushed Or Did They Jump? Individual decision mechanisms in education. Cambridge: University Press.

Hedström, Peter und *Richard Swedberg*, 1996: Social Mechanisms. Acta Sociologica 39: 281-308.

Henz, Ursula, und *Ineke Maas,* 1995: Chancengleichheit durch die Bildungsexpansion? Kölner Zeitschrift für Soziologie und Sozialpsychologie 47: 605-633.

Hirsch, Fred, 1980 [1976]: Die sozialen Grenzen des Wachstums. Eine ökonomische Analyse der Wachstumskrise. Reinbek bei Hamburg: Rowohlt.

Keller, Suzanne, und *Marisa Zavalloni*, 1964: Ambition and Social Class: A Respecification. Social Forces 43: 58-70.

Klemm, Klaus, 1996: Bildungsexpansion und kein Ende? S. 427-442 in: *Werner Helsper, Heinz-Hermann Krüger* und *Hartmut Wenzel* (Hg.), Schule und Gesellschaft im Umbruch. Band 1: Theoretische und internationale Perspektiven. Weinheim: Deutscher Studien Verlag.

Mayer, Karl Ulrich, 1992: Bildung und Arbeit in einer alternden Gesellschaft. S. 518-543 in: *Paul B. Baltes* und *Jürgen Mittelstraß* (Hg.), Zukunft des Alterns und gesellschaftliche Entwicklung. Berlin/New York: Walter de Gruyter.

Mayer, Karl Ulrich, 2000: Arbeit und Wissen: Die Zukunft von Bildung und Beruf. S. 383-410 in: *Jürgen Kocka* und *Claus Offe* (Hg.), Geschichte und Zukunft der Arbeit. Frankfurt a.M.: Campus.

Mayer, Karl Ulrich, und *Johannes Huinink*, 1990: Alters-, Perioden- und Kohorteneffekte in der Analyse von Lebensverläufen oder: Lexis ade? S. 442-460 in: *Karl Ulrich Mayer* (Hg.), Lebensverläufe und sozialer Wandel. Opladen: Westdeutscher Verlag.

McClelland, David C., 1966: Die Leistungsgesellschaft. Psychologische Analyse der Voraussetzungen wirtschaftlicher Entwicklung. Stuttgart: Kohlhammer.

Merton, Robert K., 1967: On Sociological Theories of the Middle Range. S. 39-72 in: *Robert K. Merton*, On Theoretical Sociology. Five Essays, Old and New. New York: The Free Press.

Meulemann, Heiner, 1992: Expansion ohne Folgen? Bildungschancen und sozialer Wandel in der Bundesrepublik. S. 123-156 in: *Wolfgang Glatzer* (Hg.), Entwicklungstendenzen der Sozialstruktur. Frankfurt a.M.: Campus.

Müller, Walter, 1998: Erwartete und unerwartete Folgen der Bildungsexpansion. S. 81-112 in: *Jürgen Friedrichs, Rainer Lepsius* und *Karl-Ulrich Mayer* (Hg.), Die Diagnosefähigkeit der Soziologie. Opladen: Westdeutscher Verlag.

Müller, Walter, und *Dietmar Haun*, 1994: Bildungsungleichheit im sozialen Wandel. Kölner Zeitschrift für Soziologie und Sozialpsychologie 46: 1-43.

Müller, Walter, und *Reinhard Pollak*, 2004: Weshalb gibt es so wenige Arbeiterkinder in Deutschlands Universitäten? S. 311-352 in: *Rolf Becker* und *Wolfgang Lauterbach* (Hg.), Bildung als Privileg? Wiesbaden: VS Verlag für Sozialwissenschaften.

Müller, Walter, Susanne Steinmann und *Reinhart Schneider*, 1997: Bildung in Europa. S. 177-246. In: *Stefan Hradil* und *Stefan Immerfall* (Hg.), Die westeuropäischen Gesellschaften im Vergleich. Opladen: Leske + Budrich.

Picht, Georg, 1964: Die deutsche Bildungskatastrophe. Analyse und Dokumentation. Freiburg: Herder.

Popper, Karl R., 1968 [1935]: Logic of Scientific Discovery. London: Hutchinson.

Schelsky, Helmut, 1956: Soziologische Bemerkungen zur Rolle der Schule in unserer Gesellschaftsverfassung. S. 9-50 in: *Helmut Schelsky* (Hg.), Schule und Erziehung in der industriellen Gesellschaft. Würzburg: Werkbund-Verlag. *Schimpl-Neimanns, Bernhard*, 2000: Soziale Herkunft und Bildungsbeteiligung. Empirische Analysen zu herkunftsspezifischen Bildungsungleichheiten zwischen 1950 und 1989. Kölner Zeitschrift für Soziologie und Sozialpsychologie 52: 636-669.

Solga, Heike, und *Sandra Wagner*, 2001: Paradoxie der Bildungsexpansion. Die doppelte Benachteiligung von Hauptschülern. Zeitschrift für Erziehungswissenschaft 4: 107-127.

Stinchcombe, Arthur L., 1991: The Condition of Fruitfulness of Theorizing about Mechanisms in Social Science. Philosophy of the Social Sciences 21: 367-388.

Thurow, Lester C., 1975: Generating Inequality. London/Basingstoke: Macmillan.

Windolf, Paul, 1990: Die Expansion der Universitäten 1870-1985. Ein internationaler Vergleich. Stuttgart: Enke.

Teil 1

Bildungsungleichheit und Höherbildung

Dauerhafte Bildungsungleichheiten als unerwartete Folge der Bildungsexpansion?

Rolf Becker

„Unterschiede der ‚Bildung' sind heute, gegenüber dem *klassen*bildenden Element der Besitz- und ökonomischen Funktionsgliederung, zweifellos der wichtigste eigentlich *stände*bildende Unterschied. Wesentlich kraft des sozialen Prestiges der Bildung behauptet sich der moderne Offizier vor der Front, der moderne Beamte innerhalb der sozialen Gemeinschaft. Unterschiede der ‚Bildung' sind – man mag das noch so sehr bedauern – eine der allerstärksten rein innerlich wirkenden sozialen Schranken. Vor allem in Deutschland, wo fast die sämtlichen privilegierten Stellungen innerhalb und außerhalb des Staatsdienstes nicht nur an eine Qualifikation von *Fach*wissen, sondern außerdem von ‚allgemeiner *Bildung*' geknüpft [sind] und das ganze Schul- und Hochschulsystem in deren Dienst gestellt ist."

(Max Weber 1922: 247-248)

1. Einleitung

Vor mehr als vierzig Jahren wurde in programmatischen Schriften und öffentlichen Diskursen nicht nur die defizitäre Bildungsbeteiligung beklagt, durch welche die deutsche Volkswirtschaft in einen unaufholbaren Rückstand zu anderen Gesellschaften gerate und gar auf den Stand eines Entwicklungslandes zurückzufallen drohe – „Bildungsnotstand ist wirtschaftlicher Notstand!", so damals Picht (1964) –, sondern auch die deutlichen sozialen Ungleichheiten von Bildungschancen (Carnap und Edding 1962).[1] Dass seinerzeit der Zugang zu höherer Bildung von Chancenungleichheiten geprägt war und dass vor allem Arbeiterkinder und Kinder von Landwirten, einfachen Angestellten und einfachen Beamten dabei benachteiligt waren, war für Dahrendorf (1965) der Ausgangs-

1 Dass große Unterschiede im Bildungserwerb nach Region, Geschlecht und Schichtzugehörigkeit bestanden, belegen wissenschaftliche Studien aus dieser Zeit (Kob 1963; Hitpass 1965; Grimm 1966; Jürgens 1967; Peisert und Dahrendorf 1967; Peisert 1967; Floud 1967; Riese 1967) und auch danach in den 1970er Jahren (Baur 1972; Schorb und Schmidbauer 1973; Fröhlich 1973; Müller und Mayer 1976; Jürgens und Lengfeld 1977; Meulemann 1979), noch vereinzelt in den 1980er Jahren (Wiese 1982; Fauser 1983; Meulemann 1984, 1985; Meulemann und Wiese 1984; Blossfeld 1985) und dann wieder verstärkt seit den 1990er Jahren (Böttcher 1991; Köhler 1992, Meulemann 1992, 1995; Blossfeld 1993; Müller und Haun 1994; Henz und Maas 1995; Becker 1999; Becker und Nietfeld 1999; Lauterbach et al. 1999; Schimpl-Neimanns 2000; Becker 2000a, 2000b, 2000c, 2003, 2004; Becker und Lauterbach 2002, 2004).

punkt, vehement die Einlösung von „Bildung als Bürgerrecht" zu fordern. Vor dem Hintergrund des von Picht heraufbeschworenen Katastrophenszenarios warnte Dahrendorf davor, Bildung nur unter ökonomischen Aspekten zu betrachten. Vielmehr betonte er, dass Bildung eine entscheidende Grundvoraussetzung für Entstehung und Garantie einer demokratischen Gesellschaft mündiger Bürger sei: Geringe Bildungsbeteiligung und hohe Bildungsungleichheit indiziere die Distanz der Eltern zu den Bildungseinrichtungen und damit die traditionelle Unmündigkeit der Bürger sowie einen gesellschaftlichen Modernitätsrückstand. Bildung hingegen bedeute Aufklärung und Erziehung zum liberalen mündigen Bürger. Bildungsexpansion – Reform und Ausdehnung des sekundären und tertiären Bildungswesens, gestiegene Bildungsbeteiligung, längere Verweildauer im Bildungssystem und vermehrter Erwerb höherer Bildungsabschlüsse – selbst führe dann zu einer Modernisierung der Gesellschaft und wäre ein entscheidender Beitrag zur Verringerung von Bildungsungleichheiten. Dahrendorf teilte die Erwartung, dass mit der Mobilisierung von Bildungsreserven (vor allem in den „bildungsfernen" Sozialschichten) und mit Reformmaßnahmen im Bildungswesen die soziale Ungleichheit der Bildungsbeteiligung umfassend abgebaut und die gesellschaftliche Durchlässigkeit erhöht werden könne.

Zweifelsohne war und ist das *Prinzip der Chancengleichheit* eine Maxime für die Bildungspolitik und Gestaltung von Bildungssystemen (Baumert 1991: 333). Diese Prämisse wird nicht zuletzt durch Artikel 3, Absatz 3 des Grundgesetzes inhaltlich vorgegeben, demzufolge niemand wegen seines Geschlechts, seiner Abstammung, seiner Rasse, seiner Sprache, seiner Heimat und Herkunft, seines Glaubens, seiner religiösen oder politischen Anschauungen benachteiligt oder bevorzugt werden darf. So lag ein Hauptteil der Zielsetzungen von Bildungsreformen seit den 1960er Jahren darin, die Rahmenbedingungen für den Bildungszugang so zu gestalten, dass weder das strukturelle Angebot an Bildungsgelegenheiten noch sozialstrukturelle Eigenschaften von Schulkindern und ihres Elternhauses systematische Einflüsse auf Bildungsverlauf und Erwerb von Bildungszertifikaten haben (Friedeburg 1992). Mit dem Ausbau des Schul- und Hochschulwesens und den institutionellen Reformen ist größtenteils erreicht worden, dass institutionelle, ökonomische und geographische Barrieren beim Bildungszugang weitgehend an Bedeutung verloren haben. Bildungsdisparitäten nach sozialstrukturellen Merkmalen haben sich ebenfalls abgeschwächt (Müller und Haun 1994; Henz und Maas 1995; Schimpl-Neimanns 2000). Insbesondere konnten Mädchen ihre Bildungsdefizite gegenüber den Jungen mehr als ausgleichen, so dass nunmehr von einer Bildungsungleichheit zu Ungunsten von Jungen auszugehen ist (Diefenbach und Klein 2002).

Sind die Ziele der Reformbemühungen in den 1960er und 1970er Jahren tatsächlich erreicht worden, als es neben der Abwendung eines drohenden „Bildungsnotstandes“ und der „Ausschöpfung von Begabtenreserven“, die in den bildungsfernen Sozialschichten vermutet wurden (Floud 1972), vor allem um „Chancengleichheit durch Bildung“ (Friedeburg 1989: 189) ging? Gemessen an den bildungsreformerischen Zielsetzungen fallen die soziologischen Evaluationen ernüchternd aus. Im Zuge der Bildungsexpansion gab es zwar deutliche *Niveaueffekte*, quantitative Zunahmen der Bildungsbeteiligung und Höherqualifikation in der Bevölkerung, aber – gemessen am Zusammenhang von Schichtzugehörigkeit und Schulbesuch – geringe *Struktureffekte* beim Übergang in das Gymnasium (Meulemann 1995): „Die Zielgruppen der Bildungsexpansion, Arbeiterkinder, Kinder von Landwirten, einfachen Beamten und Angestellten, konnten ihre Zugangschancen zum Gymnasium verbessern, aber auch die mittleren und oberen Berufsgruppen haben ihre Zugangschancen erhöht“ (Meulemann 1984: 296). Nur für den Besuch der Realschule fand eine relative Angleichung der Bildungschancen zwischen den Sozialschichten statt (Müller und Haun 1994; Henz und Maas 1995; Schimpl-Neimanns 2000). Dagegen hielt sich in den anderen Bereichen des Bildungssystems die Chancenumverteilung zwischen den Sozialschichten in deutlichen Grenzen (Meulemann 1984: 294). So hängen Chancen für den Übergang in das Gymnasium wie darauf aufbauende Bildungs- und Arbeitsmarktchancen immer noch von der sozialen Herkunft – von der Schichtzugehörigkeit und Klassenlage des Elternhauses – ab (Mayer und Blossfeld 1990; Becker 2000a, 2000b, 2000c; Müller und Pollak 2004; Becker 2004; Becker und Hecken 2005). Die in Deutschland bereits in den 1950er Jahren einsetzende und bis in die jüngste Gegenwart andauernde Bildungsexpansion hatte zwar zur zunehmenden Bildungsbeteiligung in allen Sozialschichten, aber *nicht* – wie beispielsweise von Dahrendorf (1965) erwartet – zum *umfassenden Abbau sozialer Ungleichheit von Bildungschancen* geführt (Geißler 1999): „Die Bildungsexpansion hat jedenfalls nicht wesentlich zur Verwirklichung der materiellen Chancengleichheit (Dahrendorf) beigetragen, zumindest nicht zum Abbau der Ungleichheit der Bildungsbeteiligung zwischen sozialen Klassen und Schichten“ (Müller 1998: 106). Trotz Bildungsexpansion und verbesserter Übergangschancen hat sich für niedrige wie für höhere Sozialschichten weder die *soziale Struktur der Zugangschancen zum Gymnasium,* noch die *soziale Struktur der intergenerationalen Vererbung von Bildungsabschlüssen* grundlegend geändert (Rodax 1995).

Daher wird im vorliegenden Beitrag folgende Fragestellung aufgegriffen: Warum gibt es immer noch – trotz oder wegen der Bildungsexpansion – deutliche Bildungsungleichheiten zwischen den Sozialschichten? Warum haben sich die bildungsreformerischen Hoffnungen, dass mit der Mobilisierung von Bildungsreserven und mit Reformmaßnahmen im Bildungswesen die soziale Ungleichheit der Bildungsbeteiligung abgebaut, nicht erfüllt?

In Bezug auf die Problemstellung wird wie folgt vorgegangen: Im nächsten Abschnitt werden die wichtigsten Strukturen der Bildungsbeteiligungen und Bildungschancen in der Bundesrepublik Deutschland historisch rekonstruiert und mit den Erwartungen von Dahrendorf (1965) konfrontiert. Im dritten Abschnitt werden weiterführende Analysen zur Entstehung und Reproduktion von Bildungsungleichheiten im Zuge der Bildungsexpansion vorgelegt. Eine Diskussion zu weiteren Gründen des Zusammenhangs von Bildungsexpansion und Bildungsungleichheiten erfolgt im vierten Abschnitt. Eine Zusammenfassung der Befunde und Schlussfolgerungen daraus bilden den abschließenden fünften Abschnitt.

2. Empirische Beschreibungen der Bildungsexpansion

Betrachten wir die Fakten zu der Zeit, als Dahrendorf (1965) seine Annahmen und Forderungen formulierte, und die Entwicklung danach.[2] Zunächst einmal wurden, wie von mehreren Seiten gefordert, die Ausgaben der öffentlichen Haushalte für Bildung zwecks des strukturellen Ausbaus des Bildungssystems bei entsprechender Nachfrage geburtenstarker Jahrgänge und später wegen erhöhter Bildungsneigung und -möglichkeiten angehoben (Handl 1985). Anfang der 1960er Jahre betrug der Anteil für Bildungsausgaben rund 2,7 Prozent und von Anfang der 1970er bis Anfang der 1980er Jahre rund 5,6 Prozent des Bruttoinlandprodukts (BIP). Bis zur deutschen Einheit sanken die öffentlichen Bildungsausgaben kontinuierlich und nach einer kurzfristigen Anhebung in den 1990er Jahren, als im Osten Deutschland das Bildungssystem reformiert wurde, lagen sie im Jahre 2004 bei 6 Prozent des BIP und bei fast 10 Prozent aller öffentlichen Gesamtausgaben (Statistisches Bundesamt 2006: 5-6).

In Abbildung 1 lassen sich Struktur und Dynamik der Bildungsexpansion sowie die gestiegene Beteiligung an weiterführender und höherer Schulbildung ablesen. Von Anfang der 1950er Jahre bis Mitte der 1960er Jahre ist der Anteil der 13jährigen Schulkinder, die im Anschluss an die Primarstufe die Hauptschule besucht haben, von 79 auf 66 Prozent gesunken, während der Besuch der Realschule von 6 auf 13 Prozent und der Besuch des Gymnasiums von 12 auf 16 Prozent gestiegen ist. Bis 1990 ist der Hauptschulbesuch weiter auf 31 Prozent und bis 2003 auf 23 Prozent gesunken. Hingegen besuchten im Jahre 1990 rund 31 Prozent der 13-Jährigen das Gymnasium und 27 Prozent die Realschule. Während bis 2003 der Gymnasiastenanteil in dieser Altersgruppe unverändert

2 Generell konzentrieren wir uns im vorliegenden Beitrag vornehmlich auf die Entwicklung der Partizipation an Sekundarschulen und Erwerb von Schulabschlüssen, da wir die intergenerationale Vererbung von Bildungs- und Lebenschancen im Zuge der Bildungsexpansion hervorheben wollen. Schließlich hängen Chancen für die Berufsausbildung und das Hochschulstudium vom Erwerb von Schulabschlüssen ab.

geblieben ist, ging der Anteil der Übergänge in die Realschule auf 24 und der in die Hauptschule auf 23 Prozent zurück. Gemessen an der gestiegen Bildungsbeteiligung im Gymnasium hat sich die Forderung von Dahrendorf (1965) nach mehr Bildung erfüllt. In der Zeit von 1971 bis 2000 ist der Anteil der 13-Jährigen, die auf die Gesamtschule gewechselt sind, auf 10 Prozent angestiegen. In der gleichen Zeit ist der Anteil der Schülerinnen und Schüler, die ohne Hauptschulabschluss als Mindestqualifikation von der Schule abgegangen sind, von 16 auf 9 Prozent zurückgegangen (zu Details: siehe Solga und Wagner 2001; Klemm 1991).

Abbildung 1: Bildungsbeteiligung im Wandel – 13jährige Schulkinder in weiterführenden Schullaufbahnen der Sekundarstufe I (Westdeutschland, 1952-2003)

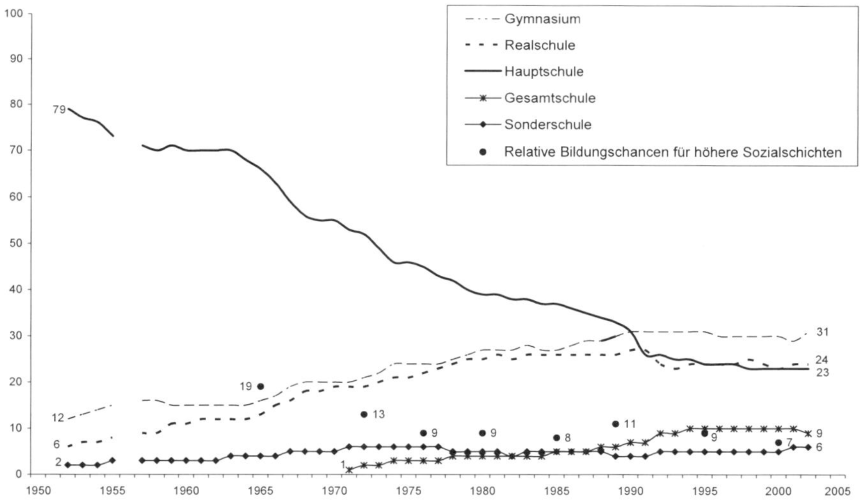

Quellen: Köhler (1978, 1990, 1992); System sozialer Indikatoren für die Bundesrepublik Deutschland (Schlüsselindikatoren 1950-2005, ZUMA Mannheim); Becker (2000); Statistisches Bundesamt (Bildung im Zahlenspiegel und Statistisches Jahrbuch div. Jg.); GSOEP (eigene Berechnung)

„Die enorme Bildungsexpansion in den vergangenen Jahrzehnten […] ist im öffentlichen Bewusstsein weithin als Erfolg durchgesetzter Chancengleichheit verstanden worden" (Friedeburg 1997: 45). Zu Recht weist Friedeburg (1997: 45) darauf hin, dass diese Deutung der Bildungsexpansion die unterschiedliche Entwicklung relativer Bildungschancen in den einzelnen Bevölkerungsgruppen verkenne (siehe Abbildung 1). So hatten im Jahre 1965 die Beamtenkinder eine

19 Mal bessere Chance als die Arbeiterkinder, auf das Gymnasium zu wechseln. Danach verbesserten sich bis zum Jahre 1985 die Bildungschancen zu Gunsten der Arbeiterkinder. Jedoch hatten im Jahre 1989 die Beamtenkinder immer noch 11 Mal bessere Chancen als die Arbeiterkinder, das Gymnasium besuchen zu können. In den 1990er Jahren verringerte sich die Bildungsungleichheit weiterhin in geringem Maße. So hatten im Jahre 1995 die Schulkinder aus den Dienstklassen (einschließlich der Beamtenkinder) gegenüber den Kindern aus den Arbeiterschichten eine 9 Mal und im Jahre 2000 eine 7 Mal bessere Chance, ins Gymnasium zu wechseln.[3] Kurzum: Bei frühen Bildungsübergängen haben sich zwar im Zuge der Bildungsexpansion die traditionellen Bildungsungleichheiten nach sozialer Herkunft moderat reduziert, aber der Bildungszugang ist weiterhin von beträchtlicher Chancenungleichheit geprägt. Weiterführende Analysen belegen, dass vor allem die unteren Mittelschichten von der Bildungsexpansion profitierten (Rodax 1995; Köhler 1992) wie auch die neuen Mittelschichten, die im Zuge der Bildungsexpansion und Tertiarisierung von Bildung und Berufsstruktur zunehmend an Bedeutung gewonnen haben (Müller 1998; Becker 1993; Blossfeld 1985).

Die Bildungsexpansion ging auch mit einem Anstieg beim Erwerb der Studienberechtigung sowie beim Zugang zu Hochschulen einher (siehe Abbildung 2). Im Westen Deutschlands ist die Abiturientenquote – der prozentuale Anteil der Schulabgänger mit allgemeiner Hochschulreife aus allgemeinbildenden Schulen an der 19- bis 20-jährigen Wohnbevölkerung (am Jahresende) – von 6 Prozent im Jahre 1960 auf rund 24 Prozent im Jahre 2000 angestiegen. Die Forderung von Dahrendorf aus dem Jahre 1965, die Abiturientenquote müsse verdoppelt werden, hat sich – nimmt man das Jahr 1965 als Referenz – bereits Mitte der 1970er Jahre erfüllt. Bis heute hat sich im Vergleich zu 1965 die Abiturientenquote vervierfacht. Im Zeitraum von 1960 bis 2000 ist der Anteil der Personen mit Hochschulreife von 6 auf 37 Prozent gestiegen. Gemessen am Referenzzeitpunkt 1965 (8 Prozent) hat dieser Anteil fast um das Fünffache zugenommen.

3 Durch Veränderungen von Fragen im Mikrozensus ist es für die Zeit nach 1989 nicht mehr möglich, die soziale Herkunft von Schulkindern nach Ende der Grundschulzeit differenziert für die einzelnen Schullaufbahnen der Sekundarstufe I zu betrachten. Statt der Schullaufbahnen werden nunmehr die Klassenstufen erhoben, die zwar für einen internationalen Vergleich herangezogen werden können, aber nicht mehr für die Messung von herkunftsbedingten Bildungschancen (Schimpl-Neimanns und Lüttinger 1993). Daher wurden Daten des Sozioökonomischen Panels ausgewertet, um Bildungschancen nach sozialer Herkunft beurteilen zu können (SOEP Group 2001). Soziale Herkunft wurde anhand der EGP-Klassifikation gemessen (Erikson und Goldthorpe 1992).

Abbildung 2: Studienchancen im Wandel (Abiturientenquote 1960-2000 und Studienbeginn an Universitäten 1980-2000) – nur Westdeutschland

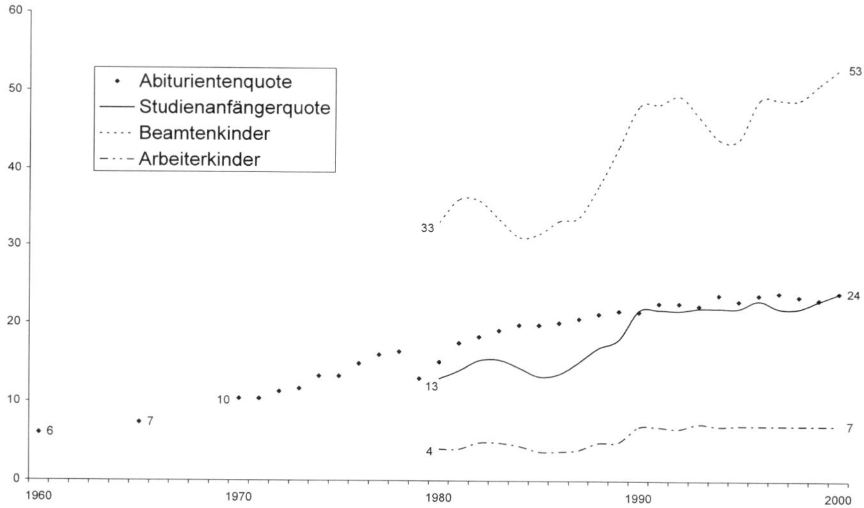

Quellen: Köhler (1978, 1990, 1992); System sozialer Indikatoren für die Bundesrepublik Deutschland (Schlüsselindikatoren 1950-2005, ZUMA Mannheim); Statistisches Bundesamt (Bildung im Zahlenspiegel und Statistisches Jahrbuch).

Eine ähnliche Entwicklung liegt bei der Studienanfängerquote für das Universitätsstudium – dem relativen Anteil der Studienanfänger an der 18- bis unter 22jährigen Bevölkerung, wobei der Studienbeginn an der Fachhochschule unberücksichtigt bleibt – vor.[4] In der Zeit von 1980 bis 2000 ist in diesen Altersgruppen der Zugang zu Universitäten deutlich von 13 auf 24 Prozent angestiegen. Angesichts der relativ gestiegenen Bildungsbeteiligung im tertiären Bereich wurden Ziele der Bildungspolitik wie etwa höhere Bildungsbeteiligung und verbesserte Bildungschancen erreicht und zum Teil in ihren Erwartungen über-

4 In der Zeit von 1975 bis 2000 ist im Westen Deutschlands die Studierendenquote – der prozentuale Anteil der Studierenden an Universitäten (einschließlich pädagogischer und theologischer Hochschulen) an der 20- bis 30jährigen Bevölkerung – deutlich angestiegen, wobei die Frauen mit den Männern gleichgezogen haben. Während im Jahre 1975 rund 9,5 Prozent der Männer im Alter zwischen 20 und 30 Jahren studierten, lag die Studierendenquote bei den Frauen bei 5,6 Prozent. Bis zum Jahre 2000 liegen Männer und Frauen in diesen Alterskategorien mit einer Studierendenquote von rund 15 bzw. 14 Prozent fast gleich auf. Diese Relationen haben sich dann bis 2004 zu Gunsten der Frauen verschoben.

troffen. Entgegen den häufig wiederholten Behauptungen gab es *keine* Bildungsinflation im Sinne der Überproduktion formal Hochqualifizierter (Handl 1985: 716).

Wenngleich die Arbeiterschichten ihre Studienanfängerquote von 5 auf 7 Prozent steigern konnten und im gleichen Zeitraum zwischen 35 (1980) und 53 Prozent (2000) ein Universitätsstudium aufnahmen, so ist in Bezug auf Studienchancen die Bildungsexpansion an den Arbeiterschichten größtenteils vorbeigegangen. Während im Jahre 1980 die Beamtenkinder eine 12 Mal bessere Chancen als Arbeiterkinder hatten, an einer Universität zu studieren, so stieg diese ungleiche Chancenverteilung bis zum Jahre 2000, in dem die Beamtenkinder eine 15 Mal bessere Chance für ein Studium an der Universität hatten als Angehörige der Arbeiterschichten. Somit haben sich im Zuge der Bildungsexpansion die Studienchancen der Beamtenkinder stetig verbessert, während sich die ohnehin ungünstigen Studienchancen der benachteiligten Arbeiterkinder seit Anfang der 1980er Jahre so gut wie nicht verändert haben.[5] Somit haben sich im Zuge der Bildungsexpansion die Studienchancen der Beamtenkinder stetig verbessert, während sich die ohnehin ungünstigen Studienchancen der benachteiligten Arbeiterkinder seit Anfang der 1980er Jahre so gut wie nicht verändert hatten.

Die relativen Gewinne, die die Arbeiterkinder im Zuge der Bildungsexpansion zumindest beim Übergang auf die weiterführenden Schullaufbahnen in der Sekundarstufe I erzielen konnten, fanden bislang keine Fortsetzung beim Übergang in den immer noch sozial exklusiven Bereich der tertiären Bildung (Klemm und Weegen 2000). Im Gegenteil: Die Abstände zwischen diesen Sozialschichten haben sich deutlich vergrößert. Dieses Faktum ist erklärungsbedürftig. Zu vermuten wäre Müller und Pollak (2004) zufolge, dass noch weitgehende Disparitäten zwischen den Sozialschichten in der Beurteilung des Abiturs als Hochschulberechtigung bestehen. Vor allem untere Sozialschichten bewerten

5 Diese Schlussfolgerung gilt auch dann, wenn man zusätzlich zum Studienbeginn an Universitäten auch den Zugang zu den Fachhochschulen berücksichtigt (siehe *Abbildung 2*). Während im Jahre 1970 rund 5 Prozent in der 18- bis unter 22jährigen Bevölkerung ein Studium an den Universitäten oder Fachhochschulen aufnahm, so liegt diese Studienanfängerquote bei 36 Prozent im Jahre 2000. Bis 1982 ist die relative Chance, ein Studium aufzunehmen, 5 Mal höher als 12 Jahre zuvor, und von 1982 bis zum Jahre 2000 haben sich diese Chancen nochmals verdoppelt. Zwar stieg bei Berücksichtigung des Studienbeginns an Universitäten und Fachhochschulen für Arbeiterkinder in der Zeit von 1982 bis 2000 die Studienanfängerquote von 9 auf 12 Prozent, aber im gleichen Zeitraum nahm die Studienfängerquote bei den ohnehin sozial privilegierten Beamtenkindern von 46 auf 72 Prozent zu. Da im Jahre 1982 Beamtenkinder eine 9 Mal bessere Chance als Arbeiterkinder hatten, an Universitäten oder Fachhochschulen zu studieren, und dieses Chancenverhältnis auf das 19fache im Jahre 2000 gestiegen ist, ist die Bildungsexpansion beim Hochschulzugang mit einer deutlichen Anhebung sozial ungleicher Studienchancen einhergegangen.

das Abitur als omnipotente Option, die alle Möglichkeiten für eine weiterführende Ausbildung offen hält, während mittlere und höhere Sozialschichten das sofortige Studium als primäres Ziel ansehen.

Die aufgeführten Statistiken belegen eindrücklich, dass die Bildungsexpansion – gemessen an der Bildungsbeteiligung – eine Expansion der sekundären und der tertiären Bildung darstellt, aber als Instrument einer Politik der Verminderung von Chancenungleichheit relativ erfolglos war (Meulemann 1992: 123). Zwar haben sich im Zuge der Bildungsexpansion die Bildungschancen für sozial benachteiligte Gruppen in der sekundären Schulausbildung verbessert, aber beim Zugang zur tertiären Bildung sind die Bildungsungleichheiten nicht nur weiterhin groß, sondern für Personen aus den Arbeiterschichten haben sich die Chancen für Hochschulbildung zusehends verschlechtert.

3. Eigendynamik der Bildungsexpansion – weitere unerwartete Folgen der Bildungsexpansion

Bei der vorangegangenen sozialgeschichtlichen Rekonstruktion der Bildungsbeteiligung für die Nachkriegszeit wurde ersichtlich, dass sich die Bildungsexpansion auch dann fortsetzte, als die Debatten über Bildungsungleichheiten in den 1980er Jahren bereits verstummten und die bildungspolitischen Reformbemühungen längst beendet waren. Daher stellt sich die Frage, ob die in den 1960er Jahren in Gang gesetzte Bildungsexpansion eine *Eigendynamik* entwickelt hat, die sich relativ unabhängig von unmittelbaren politischen und wirtschaftlichen Impulsen vollzieht.

Die Eigendynamik der Bildungsexpansion würde *zum einen* auf der *zunehmenden Statuskonkurrenz über Bildung* basieren. Die Höherqualifikation in der Generationenabfolge hat nicht nur zu ausgeprägten Aufstiegsorientierungen, sondern auch zur zunehmenden Gefährdung durch Statusverluste infolge suboptimaler Bildungsentscheidungen jenseits des Gymnasiums geführt (Becker 2003). Die Statusgefährdung infolge suboptimaler Bildungsentscheidungen ergibt sich zwangsläufig daraus, dass höhere Bildungsabschlüsse immer wichtiger für den Einstieg in Berufe werden, die über Einkommen und Prestige auch den Statuserhalt garantieren. Wegen der im Zuge der Bildungsexpansion zunehmenden Konkurrenz beim Bildungserwerb müssen vor allem Familien aus höheren Mittelschichten verstärkt in die Bildung ihrer Kinder investieren. Während vor 1945 Bildung ein hinreichendes Moment für den Statuserhalt war, ist Bildung gegenwärtig mehr denn je ein notwendiges Moment, um unerwartete Statusverluste zu vermeiden. Somit „zwingt" die Bildungsexpansion die „alten" und vor allem die „neuen", von der Bildungsexpansion profitierenden Mittelschichten notwendigerweise wiederum zu statuserhaltenden Bildungsentscheidungen. Im Hinblick auf den Statuserhalt gewinnt die höhere Bildung eine zunehmende strategische Bedeutung für Familien.

Anhand eigener Analysen konnte diese These für die 1960er, 1970er und 1980er Jahre weitgehend empirisch belegt werden (Becker 2000b, 2000c). Nicht nur der erwartete Bildungsnutzen beeinflusste immer mehr die elterliche Bildungsentscheidung zu Gunsten des Gymnasiums, sondern auch der subjektiv erwartete Betrag des Statusverlusts. Vor allem die subjektiv erwartete Wahrscheinlichkeit eines bedeutsamen Statusverlusts wegen suboptimaler Bildungsentscheidungen wurde immer bedeutsamer für die elterliche Bildungsentscheidung und übertraf im quantitativen Gewicht den Stellenwert der subjektiv erwarteten Erfolgswahrscheinlichkeit, die anhand schulischer Leistungen des Kindes beurteilt wurde. Vor allem bei den Mittelschichten waren diese Statuserhaltmotive ausgeprägt (zu weiteren Details: siehe Becker 2003).

Zum anderen kann angenommen werden, dass die Eigendynamik der Bildungsexpansion darauf beruht, dass die jeweilige Elterngeneration, die selbst von der Bildungsexpansion profitiert hat, ihre im Vergleich zu ihren Eltern gestiegene Bildungsaspirationen wiederum an ihre Kinder weitergibt und versucht, ihren Kindern ebenfalls eine höhere Bildung zu ermöglichen. Die in der Abfolge von Geburtskohorten zunehmende Vertrautheit dieser Eltern mit höherer Bildung könnte dieser *Entwicklung von sukzessiven intergenerationalen Bildungsaufstiegen* weiteren Vorschub geleistet haben. Jedenfalls entschieden sich im Zuge der sich selbst verstärkenden Bildungsexpansion auch zunehmend die Sozialschichten, die bislang in einer großen Distanz zur höheren Bildung standen, für die weiterführende Bildung ihrer Kinder (Becker 2003).

Von Blossfeld und Shavit (1993: 70) wird in ihrer international vergleichenden Studie aufgezeigt, dass sich das Bildungssystem im Zuge der Bildungsexpansion schrittweise von unten nach oben öffnet und dadurch aufeinander folgende Geburtsjahrgänge ihre Chancen verbessern können, jeweils ein Stück weiter in die Bildungshierarchie zu gelangen. In diesem Falle ist anzunehmen, dass die am sozioökonomischen Status des Elternhauses gemessenen Herkunftseffekte auf Bildungschancen zurückgehen und gleichzeitig das Bildungsniveau der Eltern die Bildungsmöglichkeiten ihrer Kinder bestimmt. Die höheren und höchsten Bildungsniveaus bleiben – trotz oder gerade wegen der Bildungsexpansion – deswegen weitgehend exklusiv, weil intergenerationale Bildungsgewinne zu einer konterkarierenden Schließung von Bildungschancen führt. Über diesen sozialen Mechanismus erlaubt und reproduziert die Bildungsexpansion fortwährende Ungleichheit von Bildungschancen (Blossfeld und Shavit 1993: 72). Eine ähnliche These vertreten Müller und Haun (1994: 6-9): Steigender Wohlstand und sinkende Bildungskosten führen nach Ansicht der Autoren zu geringeren Bildungsungleichheiten nach dem sozioökonomischen Status, während in zunehmendem Maße die Bildungsniveaus der Eltern die Bildungschancen ihrer Kinder beeinflussen. Da die Bildung immer wichtiger für die Berufschancen geworden ist, dies gilt insbesondere für die Arbeiter- und Bauernkinder nach 1945, ist bei einem gestiegenen Bedarf an qualifizierten und höher gebildeten Arbeitskräften, das Interesse an mittlerer und höherer Bildung gestiegen und daher die soziale Selektivität des Bildungsverhaltens zurückgegangen. Zu vermuten ist daher, dass seit Anfang der 1980er Jahre eine erneute soziale Schließung der Gymnasien – statt nach sozioökonomischen Ressourcen nunmehr nach Bildung – im Gange ist. Diese Entwicklung könnte *einer* der vielfältigen Gründe dafür sein, weshalb die Bildungsexpansion zwar zu mehr Bildungschancen, aber nicht wie erwartet zu mehr Chancengerechtigkeit beim Bildungserwerb geführt hat.

Diese These überprüfen wir für aufeinander folgende Geburtskohorten anhand der Verteilung der höchsten erreichten Schulabschlüsse in Abhängigkeit vom sozioökonomischen Status des Elternhauses – gemessen anhand der Magnitude Prestige-Skala von Wegener (1988) – und vom Bildungsniveau des höchsten allgemein bildenden Abschlusses des (Stief-)Vaters (siehe Tabelle 1).

Die empirische Analyse basiert für die zwischen 1919 und 1961 Geborenen auf Daten der von Karl Ulrich Mayer initiierten und geleiteten (westdeutschen) Lebensverlaufsstudie (Hillmert und Mayer 2004). Für die Bildungschancen der um 1970 Geborenen wurde auf kumulierte Daten des ALLBUS 1992-2004 (Koch und Wasmer 2004) zurückgegriffen.[6]

Zunächst fand für die Kohorten 1919-21 und 1929-31 ein Anstieg der Ungleichheit von Bildungschancen in Abhängigkeit des sozioökonomischen Status

---

6 Wir sind uns der Einschränkung bei den Schätzergebnissen bewusst, wenn wir den unmittelbaren Zusammenhang zwischen sozialer Herkunft und Schulabschluss betrachten, und somit nur den Brutto-Zusammenhang für Chancenungleichheit abbilden. Wie Meulemann (1992) zu Recht hinweist, bedarf es für die Beurteilung von Chancenungleichheit der Kontrolle schulischer Leistung, um dann den Netto-Zusammenhang zwischen sozialer Herkunft und Bildungserwerb als Indikator von Chancenungleichheit durch das Bildungswesen zu isolieren. Dennoch können wir Daten für drei Zeitpunkte in den 1960er, 1970er und 1980er Jahre heranziehen, die sich für andere Fragestellungen für den Übergang von der Primarstufe in die Sekundarstufe I bewährt haben (Becker 2004). Bei Kontrolle von Schulleistungen und Bildungsempfehlungen für den Übergang in weiterführende Schulen der Sekundarstufe I, wird die Chancenstruktur für zwei ausgewählte Herkunftsgruppen ersichtlich (*Tabelle A-1 im Anhang*). Durchgängig haben Kinder von Beamten deutlich bessere Chancen, auf das Gymnasium zu wechseln als Kinder aus anderen Sozialschichten. Hingegen haben Arbeiterkinder deutlich ungünstigere Chancen, auf das Gymnasium wechseln zu können. Im Jahre 1967 hatten Beamtenkinder eine zwei Mal bessere Chance und die Arbeiterkinder eine zwei Mal schlechtere Chance für den Gymnasialbesuch als jeweils Kinder aus den anderen Sozialschichten. Bereits 16 Jahre später haben sich die Disparitäten, vergleicht man die Bildungschancen von Beamtenkindern mit denen von Kindern aus den Arbeiterschichten, noch vergrößert. Im Jahre 1983 hatten die Beamtenkinder eine rund 2,7 Mal bessere Chance für einen Wechsel auf das Gymnasium, die Arbeiterkinder hingegen eine 4,4 Mal schlechtere Chance als Kinder aus den Referenzschichten.

des Elternhauses statt. Für die später geborenen Kohorten erfolgte, wie theoretisch erwartet, ein Rückgang des Einflusses des sozioökonomischen Status auf den Erwerb der Schulabschlüsse. In Abhängigkeit ihrer historischen Lagerung fand in der Kohortenabfolge eine „langsame, relativ gleichmäßige Abnahme der Herkunftseffekte auf den Übergang zu einer weiterführenden Schule“ statt (Henz und Maas 1995: 630). Nach Henz und Maas (1995) können daher Bildungsreformen nicht als die entscheidende Ursache für abnehmende Herkunftseinflüsse angesehen werden, da die Abnahme relativ gleichmäßig erfolgte und in den jüngeren Kohorten in einigen Fällen stagnierte.

Tabelle 1: Entwicklung von Bildungschancen in der Abfolge von Geburtskohorten – odds ratio auf Basis multinomialer Logit-Regression

	1919-21		1929-31		1939-41	
	Mittlere Reife	Abitur	Mittlere Reife	Abitur	Mittlere Reife	Abitur
Tochter	1	1	1	1	1	1
Sohn	0,788	2,724***	1,078	2,096*	0,778	0,755
Soziale Herkunft						
Status (MPS)	1,033***	1,035***	1,059***	1,062***	1,038***	1,049***
Hauptschule	1	1	1	1	1	
Mittlere Reife	3,711***	13,52***	2,633*	9,806***	2,710**	8,848***
Abitur	2,445***	17,69***	1,904	5,691**	2,040	5,483**
Pseudo-R^2	0,168		0,259		0,202	
N	716		612		611	
	1949-51		**1959-61**		**1969-71**	
	Mittlere Reife	Abitur	Mittlere Reife	Abitur	Mittlere Reife	Abitur
Tochter	1	1	1	1	1	1
Sohn	1,117	1,928*	0,520***	0,793	0,553**	0,780
Soziale Herkunft						
Status (MPS)	1,030***	1,034***	1,019***	1,031***	1,014*	1,021***
Hauptschule	1	1	1	1	1	1
Mittlere Reife	4,518***	6,121***	1,683	3,468***	1,421	3,659***
Abitur	2,914*	5,654***	2,976*	9,927***	2,323	11,49***
Pseudo-R^2	0,162		0,126		0,111	
N	605		749		655	

* $p \leq 0,05$; ** $p \leq 0,01$; *** $p \leq 0,001$ / Pseudo-R^2 nach McFadden

Quelle: Lebensverlaufsstudie (GLHS, Max-Planck-Institut für Bildungsforschung in Berlin) und ALLBUS 1992-2004 – eigene Berechnungen

Erst für die um 1950 Geborenen entsprechen die Größenordnungen für die Bildungsungleichheiten nach Herkunftsstatus der Kohorte 1919-21. Ob dieser Trend die These von Halsey et al. (1980) bestätigt, dass bei Ausbau und Öffnung des Bildungssystems zunächst ein Anstieg sozialer Ungleichheiten von

Bildungschancen erfolgt, da sozial privilegierten Klassen – die Angestellten, Beamte, Selbständige und Akademiker – zuerst die zusätzlichen Bildungsmöglichkeiten nutzen, können wir mit den herangezogenen Daten nicht so ohne Weiteres klären.

Des Weiteren zeigt sich für den Erwerb des Abiturs bzw. der Fachhochschulreife, dass die intergenerationale Transmission von Bildungschancen immer rigider nach dem Bildungsniveau der Eltern erfolgt (vgl. Köhler 1992: 80). Die relativen Chancen von Kindern, deren Vater einen mittleren Schulabschluss erworben hat, mit dem Abitur ein höheres Bildungspatent zu erwerben, nehmen in der Kohortenfolge deutlich ab. Wie zuvor beim Herkunftsstatus zu sehen war, nimmt die Bildungsselektivität bei den Kindern mit einem Vater, der das Abitur erworben hat, bis zur Kohorte der um 1940 Geborenen ab und nimmt dann wieder stark zu. Im Zuge der Bildungsexpansion forciert sich in der Kohortenabfolge die intergenerationale Reproduktion von Bildungsungleichheiten verstärkt über das Bildungsniveau statt über den sozioökonomischen Status. Die Bildungsexpansion trug offensichtlich dazu bei, dass Bildung (wieder) zum zentralen ‚ständebildenden' Element der Erwerbs- und Lebenschancen wurde (vgl. Weber 1922: 247-248).[7]

Diese Entwicklung entspricht in einiger Hinsicht der Argumentation von Bourdieu (1982: 222), dass in Folge der Bildungsexpansion ein sozialer Verdrängungswettbewerb in Gang gesetzt werde, in dem die oberen Sozialschichten zur Wahrung des relativen Seltenheitsgrades ihrer Abschlüsse und damit einhergehend zur Aufrechterhaltung ihrer Position innerhalb der Struktur der Klassen nun doch noch verstärkt im Bildungsbereich investieren. Aufgrund vorliegender Befunde für Deutschland ist davon auszugehen, dass dieser Verdrängungsprozess sich von der Schule in die Hochschule verlagert hat (Meulemann 1992; Müller und Pollak 2004). Als Folge davon ist ein deutlicher Rückgang der Ungleichheit nach Schichtzugehörigkeit im Bereich der Realschule eingetreten (Müller und Haun 1994; Schimpl-Neimanns 2000), während gleichzeitig die soziale Homogenität in der Hauptschule drastisch gestiegen ist (Solga und Wagner 2001). Infolgedessen müsste – wie hier empirisch belegt – eine Schließung des Gymnasiums nach Bildung der Eltern erfolgen. Aber es gibt auch eine

7 Dass es in der Kohortenabfolge immer unzureichender wird, Chancen für den Bildungserwerb ausschließlich mit sozialstrukturellen Indikatoren abbilden zu wollen, wird an den sinkenden Maßen für erklärte Varianz ersichtlich (siehe dazu Rössel 2005). In unserem Falle liegt es möglicherweise daran, dass Mechanismen und Prozesse des Bildungserwerbs nicht direkt gemessen werden (Becker 2000a). Andererseits ist zu vermuten, dass bei relativ abnehmender Bedeutung von schichtspezifischen Bildungsentscheidungen der Zusammenhang von sozialer Herkunft (Becker 2003), Lernvoraussetzungen bei Einschulung und Leistungsentwicklung gemeinsam mit den sozial restriktiven Sortier- und Selektionsleistungen der Schule immer bedeutsamer geworden ist (Becker 2004). Mangels Informationen können wir diese Annahme nicht überprüfen.

andere Erklärung für diese Entwicklung der intergenerationalen Bildungsvererbung. Für die Elterngenerationen in der Zwischenkriegszeit nahmen die Entsprechung von Bildungsniveau und Sozialstatus ab. Aber es gibt auch eine andere Erklärung für diese Entwicklung der intergenerationalen Bildungsvererbung. Für die Elterngenerationen in der Zwischenkriegszeit nahmen die Entsprechung von Bildungsniveau und Sozialstatus ab und gleichzeitig die Statusinkonsistenz zu. Hingegen zeichnet sich für die Eltern der ab 1940 Geborenen eine zunehmende Abhängigkeit des Berufsprestiges von ihrer erworbenen Bildung ab, die nicht zuletzt auch der Bildungsexpansion und der damit einhergehenden engeren Kopplung des Bildungssystems mit den Arbeitsmärkten geschuldet ist (vgl. Becker und Zimmermann 1995). Aufgrund der zunehmenden Differenzierung von Karrierechancen nach Bildung bzw. der anwachsenden Homogenität der Bildungsgruppen hinsichtlich ihres Berufsprestiges dominiert in der Logik des meritokratischen Prinzips die Bildung der Eltern die Bildungschancen ihrer Kinder.

Betrachten wir in Tabelle 2 die Struktur und Dynamik der Bildungsexpansion für alle Kohorten, dann ist erstens ersichtlich, dass die ursprünglichen Geschlechterunterschiede beim Erwerb der Hochschulreife nicht mehr signifikant sind, und es eindeutige Hinweise dafür gibt, dass Mädchen in der Tendenz zunehmend höhere Bildungszertifikate erwerben als die Jungen. Zweitens ist bei Kontrolle der Kohortenzugehörigkeit die soziale Disparität von Bildungschancen nach sozialer Herkunft (Sozialprestige und Bildungsniveau der Eltern) immer noch deutlich. Schließlich kann drittens der Befund von Blossfeld (1993) repliziert werden, dass der Prozess der Höherqualifikation bereits nach dem Ersten Weltkrieg in der Weimarer Republik einsetzte. Dieser beschleunigte sich nach den Geburtsjahrgängen der um 1950 Geborenen, also ab den 1960er Jahren, und hält bis in die jüngste Gegenwart an. Stellen wir noch die Interaktionen der Kohortendifferenzierung mit sozialen Disparitäten nach Sozialprestige in Rechnung, dann weisen die geringen, aber signifikanten Effekte darauf hin, dass sich in der Kohortenabfolge die Kinder aus unteren Sozialschichten in ihren Chancen auf höhere Bildung den Kindern aus höheren Sozialschichten annäherten.

Auf den ersten Blick wäre dies möglicherweise ein Beleg für die ‚maximally maintained inequality'-These von Raftery und Hout (1993), wonach Bildungsungleichheiten zurückgehen, wenn die Bildungsnachfrage in den höheren Sozialschichten gesättigt ist, und die sukzessiven Bildungsaufstiege aus den unteren und mittleren Sozialschichten zu einem strukturellen Rückgang in den Bildungsdisparitäten führen.

Tabelle 2: Kohortendifferenzierung in der Entwicklung von Bildungschancen – odds ratios auf Basis multinomialer Logit-Regression

	Modell 1		Modell 2		Modell 3	
	Mittlere Reife	Abitur	Mittlere Reife	Abitur	Mittlere Reife	Abitur
Tochter	1	1	1	1	1	1
Sohn	0,723***	1,181	0,724***	1,181	0,721***	1,187
Soziale Herkunft						
Sozialstatus (MPS)	1,030***	1,036***	1,058***	1,059***	1,030***	1,036***
Volks/ Haupt-schule	1	1	1	1	1	1
Mittlere Reife	2,646***	6,173***	2,564***	6,018***	3,638**	12,59***
Abitur	2,458***	8,997***	2,279***	8,280***	4,464***	9,933***
Kohorten						
1919-21	2,736***	2,801***	9,671***	8,490**	2,935***	2,639***
1929-31	1	1	1	1	1	1
1939-41	1,156	0,762	3,735*	1,419	1,248	0,728
1949-51	1,837***	2,332***	7,013***	10,58***	1,779***	2,981***
1959-61	5,700***	10,41***	49,23***	43,83***	6,653***	11,51***
1969-71	9,103***	19,92***	97,04***	121,5***	11,10 ***	21,92***
Interaktion: MPS						
1919-21			0,979*	0,981*		
1939-41			0,980*	0,987		
1949-51			0,977*	0,975*		
1959-61			0,963***	0,973**		
1969-71			0,957***	0,965***		
Interaktion: Mittlere Reife						
1919-21					1,015	0,902
1939-41					0,748	0,795
1949-51					1,137	0,454
1959-61					0,367	0,262*
1969-71					0,300*	0,250**
Interaktion: Abitur						
1919-21					0,691	1,319
1939-41					0,568	0,875
1949-51					0,711	0,550
1959-61					0,440	0,884
1969-71					0,334	0,802
Pseudo-R^2	0,216		0,224		0,223	
N	3.948		3.948		3.948	

* $p \leq 0,05$; ** $p \leq 0,01$; *** $p \leq 0,001$ / Pseudo-R^2 nach McFadden

Quelle: Lebensverlaufsstudie (GLHS, Max-Planck-Institut für Bildungsforschung in Berlin) und ALLBUS 1992-2004 – eigene Berechnungen

Eine alternative These wäre, dass diese Entwicklung ein *Effekt der Eigendynamik von Bildungsexpansion* ist, wonach Bildungsaufsteiger als auch Eltern mit mittlerem Bildungsniveau, die also eine geringere kulturelle Distanz zur höheren Bildung aufweisen als Eltern mit niedrigeren Bildungsabschlüssen, ihre Kinder in der Weise im Bildungssystem zu positionieren versuchen, dass sie vorteilhafte Bildungszertifikate erwerben können.

Diese Annahme wird bei Kontrolle des Herkunftsstatus anhand des Nettoeffekts für Mittlere Reife bei den Eltern empirisch untermauert, der stärker ist als derjenige für das Abitur als Bildungsniveau der Eltern (siehe Tabelle 2). Des Weiteren ist zu vermuten, dass über sukzessive Bildungsaufstiege in der Generationenfolge ab 1980 eine soziale Schließung nach Bildung erfolgte. Demnach müssten sich Einflüsse des sozioökonomischen Status abschwächen und intergenerationale Bildungseffekte zunehmen. Empirische Hinweise für diese Ad-hoc-Annahme können wir sowohl aus dem abgeschwächten Herkunftsstatuseffekt als auch den Interaktionen von Kohortenzugehörigkeit und Bildungsniveau der Eltern entnehmen. Die um 1960 und danach geborenen Jahrgänge, deren Eltern die mittlere Schulbildung erworben haben, weisen deutlich geringere Chancen als die um 1930 Geborenen auf, das Abitur zu erwerben. Die um 1970 Geborenen haben dann noch signifikant geringere Chancen, mit Mittlerer Reife abzuschließen, wenn deren Eltern ebenfalls über mittlere Schulabschlüsse verfügen. So gesehen, wirkt sich im Zuge der Bildungsexpansion die am Bildungsniveau der Eltern gemessene kulturelle Distanz immer rigider auf die Bildungschancen nachfolgender Generationen aus.

In einem weiteren Schritt soll untersucht werden, ob infolge der Bildungsexpansion die intergenerationalen Aufstiege in der Bildungs- und Berufsstruktur bei der Elterngeneration sowie die in der Generationenfolge gestiegenen Bildungswünsche zu weiteren Zunahmen in der Bildungsbeteiligung bei ihren Kindern geführt haben. Hierbei ist insbesondere empirisch zu klären, ob die daraus resultierende Notwendigkeit, den Status nunmehr über Bildung erhalten zu müssen, zu Schließungstendenzen bei den Bildungschancen führte. Es geht also um die Frage, ob die dadurch verstärkte intergenerationale Bildungsreproduktion zu dauerhaften Bildungsungleichheiten zu Lasten derjenigen Sozialschichten führte, die zuvor nicht an der Bildungsexpansion partizipiert haben bzw. partizipieren konnten. Die Analysen für die *Bildungstransmission über drei Generationen* basieren für die Kohorten der um 1920, 1930 und 1940 Geborenen auf Daten der (westdeutschen) Lebensverlaufsstudie (Hillmert und Mayer 2004), und für die danach zwischen 1949 und 1958 Geborenen auf Daten des Sozioökonomischen Panels (SOEP Group 2001). Berücksichtigt wird aus der Sicht der Enkel in den vier Geburtskohorten jeweils das höchste Bildungsni-

Tabelle 3: Eigendynamik der Bildungsexpansion – Effekte intergenerationaler Bildungsaufstiege auf Bildungschancen (odds ratio auf Basis multinomialer Logit-Regression)

	1919-21		1929-31		1939-41	
	Mittlere Reife	Abitur	Mittlere Reife	Abitur	Mittlere Reife	Abitur
Enkelin	1	1	1	1	1	1
Enkel	0,862	1,654***	0,657***	1,369*	0,761	0,893
Kein Bildungsaufstieg der Eltern	1	1	1	1	1	1
Bildungsaufstieg der Eltern	1,199**	1,464***	6,078***	13,792***	2,470*	9,526***
Bildungsniveau der Großeltern						
Volks- bzw. Hauptschule	1	1	1	1	1	1
Mittlere Reife	2,599***	6,572***	2,901***	6,298***	1,415	3,782***
Abitur	3,967***	4,587***	2,581**	11,98***	6,997***	16,91***
Pseudo-R^2	0,045		0,089		0,070	
N	1.657		1.429		1.069	
	1949-58		1949-58 (mütterlicherseits)		1949-58 (väterlicherseits)	
	Mittlere Reife	Abitur	Mittlere Reife	Abitur	Mittlere Reife	Abitur
Enkelin	1	1	1	1	1	1
Enkel	0,609*	0,545**	0,616*	0,554*	0,823	0,781
Kein Bildungsaufstieg der Eltern	1	1	1	1	1	1
Bildungsaufstieg der Eltern	2,154***	8,528***	1,712*	6,077***	2,098*	7,913***
Bildungsniveau der Großelternn						
Volks- bzw. Hauptschule	1	1	1	1	1	1
Mittlere Reife	2,264	6,426***	2,087	4,883***	7,370**	3,278
Abitur	11,83***	41,49***	10,60***	29,16***	0,721	6,451***
Pseudo-R^2	0,105		0,085		0,098	
N	654		654		453	

* $p \leq 0,05$; ** $p \leq 0,01$; *** $p \leq 0,001$ / Pseudo-R^2 nach McFadden

Quelle: Lebensverlaufsstudie (GLHS, Max-Planck-Institut für Bildungsforschung in Berlin) und SOEP 1984-2000 (ungewichtete Ergebnisse) – eigene Berechnungen

veau der Eltern und der Großeltern. Für die zwischen 1949 und 1958 Geborenen differenzieren wir zusätzlich nach Großeltern mütterlicher- und väterlicherseits.

Zunächst bestätigt sich für alle Kohorten die These, dass die Kinder von Eltern, die gemessen an ihren Eltern, einen Bildungsaufstieg erfahren haben, wiederum privilegierte Bildungschancen haben (Tabelle 3). Bildungschancen werden über drei Generationen von den Großeltern über die Eltern auf die Enkel übertragen. Jedoch nehmen im Zuge der Bildungsexpansion die Effekte intergenerationaler Bildungsaufstiege in der Kohortenabfolge ab. Dieser Trend kann darauf beruhen, dass ‚ceiling effects' bei der intergenerationalen Bildungstransmission nicht kontrolliert sind.[8] Des Weiteren gibt es langfristige Bildungseffekte auf die Chance, einen höherwertigen Schulabschluss zu erwerben. Vor allem Enkelkinder von Großeltern mit Abitur haben wiederum besonders gute Chancen, selbst das Abitur zu erwerben. Gleichzeitig nehmen intergenerationale Bildungsreproduktionen – und damit Bildungsungleichheiten – auf unteren und mittleren Bildungsniveaus ab und für den Erwerb höherer Bildungszertifikate soziale Ungleichheiten von Bildungsaufstiegen zu. Wenn – aus welchen Gründen auch immer – die Enkelgeneration nicht das gleiche Bildungsniveau wie ihre Grosseltern erreicht, dann konzentrieren sich die Abstiege auf das Realschulniveau. Diese Entwicklungen sind wiederum Hinweise dafür, dass die Eigendynamik der Bildungsexpansion mit einer zunehmenden sozialen Schließung von Bildungschancen in der Sukzession von Generationen und Geburtsjahrgängen einhergeht. Erklärungsbedürftig ist für die in der Nachkriegszeit Geborenen der zusätzliche Befund, dass die Effekte, die von den Bildungsaufstiegen der Eltern des Enkelkindes ausgehen, für die väterliche Seite stärker als für die mütterliche Seite sind, hingegen die Bildungseffekte der Großeltern mütterlicherseits ausgeprägter sind als diejenigen väterlicherseits.

Berücksichtigen wir zudem ‚bottom effects' und ‚ceiling effects' für die intergenerationale Bildungstransmission, indem wir lediglich die Großeltern mit niedrigem (d.h. maximal Volks- bzw. Hauptschulabschluss) und mittlerem Bildungsniveau (Realschulabschluss) berücksichtigen, dann stellen wir die gleichen Ergebnisse für den Einfluss der elterlichen Bildungsaufstiege auf den Bildungserwerb ihrer Kinder fest (Tabelle 4).

Bei Kontrolle des Bildungsaufstiegs der Elterngeneration sind Bildungseffekte in der dritten Generation festzustellen. Enkelkinder, deren Großeltern über keinen Schulabschluss oder maximal über einen Volksschulabschluss verfügen,

8 ‚Ceiling effects' sind zu erwarten, da Eltern, deren Eltern wiederum das Abitur erworben haben, keinen Bildungsaufstieg erfahren können. ‚Bottom effects' wären zu erwarten, wenn die Eltern, deren Eltern sich bereits in der niedrigsten Bildungsgruppe befinden, nicht weiter in der Bildungsstruktur absteigen können.

Tabelle 4: Effekte intergenerationaler Bildungsaufstiege der Eltern auf Bildungschancen ihrer Kinder – nur Grosseltern mit unterem und mittlerem Bildungsniveau (odds ratio auf Basis multinomialer Logit-Regression)

	1919-21		1929-31		1939-41	
	Mittlere Reife	Abitur	Mittlere Reife	Abitur	Mittlere Reife	Abitur
Enkelgeneration						
Enkelin	1	1	1	1	1	1
Enkel	0,875	1,658***	0,671**	1,481**	0,738*	0,940
Elterngeneration						
Kein Bildungsaufstieg der Eltern	1	1	1	1	1	1
Bildungsaufstieg der Eltern	1,188*	1,451***	6,050***	13,79***	2,448*	9,416***
Großelterngeneration						
Hohes Bildungsniveau der Großeltern	1	1	1	1	1	1
Niedriges Bildungsniveau	0,386***	0,153***	0,346***	0,158***	0,712	0,268***
Pseudo-R²	0,039		0,068		0,050	
N	1.585		1.327		983	
	1949-58		1949-58 (mütterlicherseits)		1949-58 (väterlicherseits)	
	Mittlere Reife	Abitur	Mittlere Reife	Abitur	Mittlere Reife	Abitur
Enkelgeneration						
Enkelin	1	1	1	1	1	1
Enkel	0,618*	0,566**	0,625*	0,574**	0,829	0,739
Elterngeneration						
Kein Bildungsaufstieg der Eltern	1	1	1	1	1	1
Bildungsaufstieg der Eltern	2,149***	8,493***	1,709*	6,054***	2,102*	7,907***
Großelterngeneration						
Hohes Bildungsniveau der Großeltern	1	1	1	1	1	1
Niedriges Bildungsniveau	0,442	0,156***	0,479	0,205***	0,136**	0,305*
Pseudo-R²	0,093		0,070		0,089	
N	603		603		417	

* $p \leq 0,05$; ** $p \leq 0,01$; *** $p \leq 0,001$ / Pseudo-R^2 nach McFadden

Quelle: Lebensverlaufsstudie (GLHS, Max-Planck-Institut für Bildungsforschung in Berlin) und SOEP 1984-2000 (ungewichtete Ergebnisse) – eigene Berechnungen

haben vergleichsweise geringere Chancen, das Abitur zu erwerben. Dass es für die nach 1930 geborenen Generationen keinen signifikanten Effekt des niedrigen Bildungsniveaus auf die Chance gibt, wiederum die Schule nur mit einem Hauptschulabschluss zu verlassen, dürfte eine Wirkung der Bildungsexpansion auf elterliche Bildungsvorstellungen und das Bildungsverhalten nachfolgender Generationen sein.

Abschließend greifen wir die These von Jencks (1973) und von Erikson (1996) auf, die besagt, dass davon auszugehen ist, dass das Ausmaß, die Struktur und der Wandel der sozioökonomischen Ungleichheit in einer Gesellschaft gleichzeitig auch das Ausmaß, die Struktur und die Dynamik der sozialen Ungleichheit von Bildungschancen bestimmen. Demnach könne nach Jencks (1973) ungerechtfertigte soziale Ungleichheit von Bildungschancen nur abgebaut werden, wenn die sozioökonomischen Ungleichheiten in der Sozialstruktur einer Gesellschaft (etwa über Einkommensnivellierungen) abgebaut werden. So argumentiert Erikson (1996), dass fortbestehende Klassenstruktur und soziale Ungleichheit von Lebensbedingungen mit einer ungleichen Verteilung von Ressourcen für Bildungsinvestitionen und selektiven Anreizen für Bildungsaspirationen einhergehen. Daher werden vor allem in Bildungssystemen mit frühzeitigen Bildungsübergängen die elterlichen Entscheidungen über den weiteren Bildungsweg ihrer Kinder weiterhin deutlich von der Positionierung des Elternhauses im gesellschaftlichen Schichtgefüge abhängen. Bei geringen Einkommensunterschieden fehlt für das Elternhaus der selektive Anreiz, sich für höhere Bildung zu entscheiden, da dann die Kosten einer längeren Ausbildung den Nutzen in einem geringeren Maße amortisieren. Aber wenn die Bildungsaspirationen von der Klassenlage und Bildung der Eltern abhängen, die wiederum mit den Ressourcen für Humankapitalinvestitionen korreliert, dann müssten geringe Einkommensunterschiede zu einer Abnahme der Ungleichheiten von Bildungschancen führen (Erikson 1996: 99). Oder anders gesagt: Große ökonomische Unterschiede zwischen den sozialen Klassen führen ebenso zu großen Bildungsungleichheiten, während sinkende Einkommensungleichheiten, steigende wirtschaftliche Prosperität und vor allem geringe ökonomische Unsicherheiten (z.B. Arbeitslosigkeitsrisiken) zu mehr Chancengleichheit im Bildungssystem, insbesondere beim Übergang in die Universität, führen (Erikson 1996: 104; siehe auch Becker 2000c; Müller und Pollak 2004).

Betrachten wir in der Kohortenabfolge die Verteilung des Sozialprestiges von Elternhäusern anhand des Variationskoeffizienten, so gibt es empirische Belege dafür, dass die sozioökonomische Ungleichheit in der Nachkriegszeit zugenommen hat (Tabelle 5). Es ist nicht ausgeschlossen, dass nicht nur der kohortendifferenzierende Anstieg des Sozialstatus (Mayer und Blossfeld 1990), sondern auch die gestiegene Streuung und damit eine zunehmende Ungleichheit des Sozialstatus eine unerwartete Folge der Bildungsexpansion ist.

Tabelle 5: Ausmaß und Wandel der sozialen Ungleichheit – Variationskoeffizienten für Herkunftsstatus (MPS nach Wegener 1988)

Kohorten	1919-21	1929-31	1939-41	1949-51	1959-61	1969-71
VK in %	44,50	45,20	42,24	44,64	47,00	52,25

Quelle: Lebensverlaufsstudie (GLHS, Max-Planck-Institut für Bildungsforschung in Berlin) und ALLBUS 1992-2004 – eigene Berechnungen

Tabelle 6: Bildungschancen in Abhängigkeit vom Ausmaß sozialer Ungleichheit zwischen Sozialschichten (odds ratios auf Basis multinomialer Logit-Regression)

	Mittlere Reife	Abitur
Tochter	1	1
Sohn	0,749***	1,225*
Sozioökonomischer Status in Kohortenabfolge		
Ausmaß der sozioökonomischen Ungleichheit	1,214***	1,338***
Bildungsniveau der Eltern		
Volks- bzw. Hauptschule	1	1
Mittlere Reife	7,598***	33,54***
Abitur	6,928***	18,45***
Pseudo-R^2 (McFadden)	0,166	
N	4.590	

* $p \leq 0,05$; ** $p \leq 0,01$; *** $p \leq 0,001$

Quelle: Lebensverlaufsstudie (GLHS, Max-Planck-Institut für Bildungsforschung in Berlin) und ALLBUS 1992-2004 – eigene Berechnungen

Eine einfache empirische Analyse für den Einfluss sozioökonomischer Ungleichheit auf Bildungschancen aufeinander folgender Geburtskohorten, in der die Kohortenzugehörigkeit anhand der in Tabelle 5 dokumentierten Variationskoeffizienten indiziert wird, bestätigt für den Westen Deutschlands die These von Jencks (1973) und Erikson (1996). Bei Kontrolle des Bildungsniveaus der Eltern und des Geschlechts der Kinder hängen die Chancen, die Mittlere Reife oder das Abitur zu erwerben, auch vom Ausmaß der sozialen Ungleichheit unter den Elternhäusern mit schulpflichtigen Kindern ab (Tabelle 6): Je größer die sozioökonomische Ungleichheit in dieser Bevölkerungsgruppe ist, desto ungleicher ist der Erwerb mittlerer und höherer Schulabschlüsse.

Hierbei ergeben sich vor dem Hintergrund eines gestiegenen Bildungsangebots einerseits für die mittleren Bildungsschichten zusätzliche Chancen für kollektive Bildungsaufstiege in der Generationenfolge und gleichzeitig die Möglichkeit, gestiegene Statusaspirationen durch Bildungsinvestitionen zu realisieren. Andererseits zwingt die im Zuge der Bildungsexpansion gestiegene Statuskonkurrenz vor allem mittlere Bildungsschichten zu zusätzlichen Investitionen in Bildung, um in der Generationenabfolge Statusabstiege zu vermeiden.

Zudem widerspiegelt der Zusammenhang von sozioökonomischer Ungleichheit unter den Elternhäusern und den Bildungschancen ihrer Kinder folgende Konsequenz der Bildungsexpansion: Eine beabsichtigte Folge der gestiegenen Übergänge in weiterführende Schullaufbahnen am Ende der Grundschulzeit war die abnehmende soziale Exklusivität beim Wechsel ins Gymnasium (Leschinsky und Mayer 1990: 26). Eine unbeabsichtigte Nebenfolge der Bildungsexpansion hingegen ist der zunehmend sozial selektive Übergang auf die entwertete Hauptschule (Solga und Wagner 2001: 109). Dahinter verbirgt sich eine herkunftsbedingte und institutionelle Segregation des deutschen Schulsystems, welche die soziale Homogenisierung der Erfolglosen der Bildungsexpansion in der Hauptschule zur Folge hat (Becker und Schubert 2006): Der Hauptschulbesuch wird – so Solga und Wagner (2001) – zum askriptiven Merkmal, weil die Vorhersage eines Hauptschulbesuchs unter Kenntnis der sozialen Herkunft immer besser gelingt. Gleichzeitig wird in zunehmendem Maße bei den Hauptschülern die Benachteiligung nach sozialer Herkunft eher als Indiz für schulisches Versagen als Indiz für negativ privilegierte Startchancen gewertet. Oder anders ausgedrückt: Je größer die soziale Ungleichheit der Elternhäuser ist, desto wahrscheinlicher wird bei sich vergrößernden Bildungsgelegenheiten in einem hochgradig stratifizierten Schulsystem eine zunehmende Polarisierung der Bildungschancen. Als weitere unintendierte Folge der Bildungsexpansion ist eine gewachsene soziale Distanz zwischen den höheren, von der Bildungsexpansion profitierenden Sozial- und Bildungsschichten und den niedrigeren, von der Teilhabe an der Bildungsexpansion weitgehend ausgeschlossenen Sozial- und Bildungsschichten festzustellen. Die negativen Folgen, die daraus entstehen, haben wiederum diejenigen zu tragen, die ohnehin schon wegen ihrer nachteiligen Herkunft bei den Bildungsmöglichkeiten besonders benachteiligt sind.

4. Weitere Gründe für den Misserfolg der Bildungsexpansion

Warum war die Bildungsexpansion als Instrument einer Politik der Verminderung von Chancenungleichheit relativ erfolglos? Warum sind Bildungsungleichheiten nach sozialer Herkunft nicht – wie erhofft – infolge der Bildungsexpansion in allen Bereichen des Bildungssystems deutlich zurückgegangen oder gänzlich verschwunden?

Die Vision von Dahrendorf (1965), dass eine Ausweitung von Bildungsgelegenheiten zwangsläufig zum Abbau sozialer Ungleichheiten von Bildungschancen führe, ist nicht ohne Kritik geblieben: „Das Problem ist [...], dass dieser politisch genährte Konsistenzimpetus (Realisierung der Bürgerrechte und Abbau der Modernisierungsrückstände, R.B.) die Analyse genau an der Stelle schwach und letztlich wohl auch falsch werden lässt, an der die systematische soziologische Prüfung von Hypothesen einsetzen müsste. Viel zu schnell und mit heute windig erscheinender Empirie werden die Ungleichheiten der Bildungsbeteiligung als Rückstände traditioneller Unmündigkeit gedeutet, die – wenn aufgelöst – auch zu einer Egalisierung der Bildungsbeteiligung führen. Dahrendorf übersieht, dass eine allgemeine Erweiterung der Bildungsgelegenheiten ohne – von ihm eher kritisch beurteilte – massive selektive Anreize und Hilfen für die bildungsfernen Gruppen auch mit einer Steigerung der Bildungsbeteiligung bildungsnäherer Gruppen verbunden sein wird. Die mit der einseitigen Ausrichtung auf die Bürgerrechte verbundene Ausblendung der ökonomischen Erträge von Bildung verstärkt diese Fehleinschätzung. Rückwirkungen der Bildungserträge auf die sozial selektive Bildungsbeteiligung werden nicht bedacht. So liegt beispielsweise die Annahme nahe, dass eine Entwicklung, bei der höhere Bildung zunehmend zur Voraussetzung für den Zugang zu vorteilhaften Positionen wird, die Bildungsanstrengungen der bildungsnahen Gruppen zumindest ebenso verstärkt wie die der bildungsfernen. Und eine Entwicklung, in der die Bildungserträge unsicherer werden, wird eher Gruppen von Bildungsinvestitionen zurückhalten, die über geringe diskretionäre Mittel für solche Zwecke verfügen" (Müller 1998: 87).

Anhand von Mikrozensusdaten belegen Müller und Mayer (1976), dass die Hoffnung, die Bildungsexpansion trage durch eine starke Abschwächung der Ungleichheit von Bildungschancen zu einer ebenso großen Erhöhung sozialer Mobilität bei, auf zwei falschen Annahmen basiert: „Die eine Annahme ist, mit einer Erhöhung der Anzahl der Ausbildungsplätze und einer Verdopplung oder Verdreifachung von Gymnasial- oder Studienabschlüssen sei automatisch eine drastische Reduzierung der Ungleichheit der Bildungschancen verbunden" (Müller und Mayer 1976: 57). Zwar sind soziale Öffnung des Bildungswesens, direkte Förderung von sozial benachteiligten Kindern und selektive Anreize für eine längere Bildungsbeteiligung notwendig, aber alleine nicht ausreichend, um bildungspolitische Ziele wie Chancengleichheit oder Chancengerechtigkeit zu realisieren. Weil Bildung ein kollektives Gut ist, können auch die ohnehin bereits Privilegierten nicht von der Wahrnehmung des zunehmenden Bildungsangebots ausgeschlossen werden, sofern nicht andere Gründe wie etwa mangelnde Leistung vorliegen. Auch wenn zahlenmäßig mehr Arbeiter- und Bauernkinder an der höheren Bildung teilnehmen, und das war im Zuge der Bildungsexpansion der Fall, heben sich dadurch Herkunftseffekte nicht auf.

Eine weitere Erklärung für immer noch vorhandene Bildungsungleichheiten nach sozialer Herkunft knüpft an die problematische Argumentation von Dahrendorf (1965) an, der zufolge formale Chancengleichheit zu Chancengerechtigkeit und die Bildungsexpansion daher zu mehr Chancengerechtigkeit führe. Wenn die Bildungsbeteiligung ohne Rücksicht auf Stand und Vermögen des Elternhauses möglich sein soll, dann müssen die Bildungsvoraussetzungen der Schulkinder ebenfalls unabhängig von ihrer sozialen Herkunft sein. Die Herstellung formaler Chancengleichheiten dürfte zwar zu quantitativ höheren Bildungsbeteiligungen führen. Weil aber individuelle Fähigkeiten und Kompetenzen nicht unabhängig von der sozioökonomischen Lage des Elternhauses sind, schreibt eine formale Chancengleichheit bereits bestehende Chancenungleichheiten zwischen Sozialschichten fest. Und weil der Bildungserfolg über im Lernprozess erworbene Leistungen im Bildungssystem verteilt wird und die schulische Performanz als Voraussetzung dafür aber von der sozialen Herkunft abhängt, dürfte die Herstellung von Chancengleichheiten so lange Utopie bleiben, wie die Startchancen (d.h. die Vorraussetzungen für den Bildungserfolg) auch an die soziale Herkunft der Schulkinder geknüpft sind. Aber bei Chancengerechtigkeit sollte sichergestellt sein, dass alle Kinder bei der Einschulung die gleichen Startchancen haben.[9] Empirischen Belegen für einen längeren Zeitraum zwischen 1960 und 1980 zufolge sind diese Bedingungen für faire Chancen im Bildungswesen nicht erfüllt: Es gibt weiterhin starke Korrelationen zwischen sozialer Herkunft, Lernvoraussetzungen, Schulnoten, Bildungsempfehlungen und Erwerb von Bildungszertifikaten (Becker 2004).[10]

9 „Chancengleichheit bezieht sich sehr wohl auf die Dominanz des Leistungsprinzips innerhalb von Verteilungsprozessen und seine Wirksamkeit führt nicht notwendig oder gerade nicht zu Ergebnisgleichheit" (Handl 1985: 704) und ist daher mit dem Prinzip der Chancengerechtigkeit vereinbar. Das ist jedoch bei einer Ungleichverteilung der Voraussetzungen schulischen Erfolgs nicht mehr der Fall, auch wenn formal gleiche Wettbewerbsbedingungen vorliegen, da die Garantie formal gleicher Chancen, zu gewinnen wie zu verlieren, nicht mehr gegeben ist. Für die Garantie fairer Chancen ist entscheidend, dass nicht von vornherein klar sein darf, wer im schulischen Wettbewerb gewinnen wird. Bildungsergebnisse können dem Prinzip der Chancengerechtigkeit zufolge ungleich sein, aber Unterschiede im Bildungserwerb sollen sich nicht von vornherein auf unterschiedliche Herkunftsgruppen beziehen, sondern in gleicher Weise innerhalb von Herkunftsgruppen zum Tragen kommen (Coleman 1975).

10 Dass die Bildungsexpansion nicht zu Chancengleichheit führte, begründet Dahrendorf (1976) elf Jahre nach seiner programmatischen Schrift in folgender Weise: „Heute ist auch [...] klar, dass die Studentenrevolte eine bürgerliche Revolte war, die sich zwar gegen die Professorenaristokratie richtete, aber die Privilegien der bereits Arrivierten erbittert verteidigte: Die sogenannten Linken wollten am Ende gar keine echte Chancengleichheit und darin waren sie sich mit den Verteidigern des alten Regimes ganz einig. Das war denn auch das wichtigste Reformhindernis. Das Motiv der Chancengleichheit – ‚Bildung ist Bürgerrecht' – wurde in dem Au-

Neuere Studien belegen in Anlehnung an das theoretische Modell von Boudon (1974) die Rolle elterlicher, zwischen den Sozialschichten variierenden Bildungsentscheidungen für Entstehung und Reproduktion von Bildungsungleichheiten im Zuge der Bildungsexpansion (Becker 2003). Hierzu wirft Goldthorpe (1996: 492) das zusätzliche Argument auf, dass sich die allgemeine Balance zwischen Nutzen und Kosten von Bildungsinvestitionen trotz Bildungsexpansion und vielfältiger Bildungsreformen stetig in Richtung von Höherqualifizierung verschoben hat, während sich klassenspezifische Kosten-Nutzen-Relationen in den Bildungsentscheidungen kaum geändert haben.[11] Bleiben zudem die Relationen zwischen primären Herkunftseffekten – den langfristigen Wirkungen der Anregung und Förderung im Sozialisationsprozess, die sich in schichtspezifischen Unterschieden der schulischen Leistung und Kompetenzen des Kindes niederschlagen – und sekundären Herkunftseffekten – den kurzfristigen Folgen zwischen Sozialschichten differierender Bildungsentscheidungen – relativ konstant, so werden Bildungsungleichheiten dauerhaft reproduziert (Goldthorpe 1996: 497; Breen und Goldthorpe 1997: 294).

5. Zusammenfassung und Schlussfolgerungen

Im vorliegenden Beitrag wurde vom erklärungsbedürftigen Phänomen ausgegangen, dass die Bildungsexpansion nicht nur mit der Verlängerung der Pflichtschulzeit, der höheren und längeren Bildungsbeteiligung, der Höherqualifikation und dem Ausbau des Bildungssystems, sondern auch mit dauerhaften Bildungsungleichheiten im Bereich der höheren Bildung in Verbindung gebracht wer-

genblick, in dem seine Realisierung begann, auch schon überrollt durch ganz andere Motive – zuerst die Demokratisierung, also den Kampf der neuen Bildungsklasse um Mitbestimmung, dann durch die Curricularisierung, also die Illusion der gesellschaftlichen Veränderung durch Rahmenrichtlinien. Wie der Goldfisch, den der Karpfen schluckt, während schon der Hai nach dem Karpfen schnappt, verschwand so das Thema der Chancengleichheit, für das allein die deutsche Gesellschaft reif war, in der ‚aufgeblasenen Oberflächlichkeit' einer pseudorevolutionären Gegenaufklärung. [...] Wer hat da schuld? Am ehesten wohl die Politiker, zu denen ich in der entscheidenden Zeit auch gehörte. Sie haben es, wie so oft in Deutschland, nicht verstanden, Institutionen zugleich zu verändern und zu erhalten. So sind die einen mit hängender Zunge der Scheinprogressivität der Bildungsklasse hinterhergelaufen, während die anderen es mit der Angst bekamen und zuerst unbemerkt, dann auch lautstark eine Tendenzwende suchten" (Dahrendorf 1976: 65-66).

11 Von Becker (2003) vorgelegte empirische Analysen belegen, dass sich im Zuge der Bildungsexpansion die Kosten-Nutzen-Relationen bei den Bildungsentscheidungen in der Tat verschoben haben. Davon konnten vor allem Kinder aus Familien in der Mittelschicht profitieren, bei denen sich die Kosten-Komponente weiter abschwächte, so dass auch bei einer ungünstigeren Schulleistung des Kindes das Investitionsrisiko deutlich gesunken ist. Selbst wenn die Bildungsmotivationen nach den 1960er und 1970er Jahren nur noch geringfügig gestiegen sind, haben dann die gesunkenen Investitionsrisiken zur erhöhten Bildungsbeteiligung in der Mittelschicht geführt.

den muss. Gegenwärtig besteht weitestgehend Einigkeit darin, dass die Bildungsexpansion *nicht* zwangsläufig – wie beispielsweise von Dahrendorf (1965) erhofft – zur sozialen Öffnung des Bildungswesens und zum Abbau bestehender Ungleichheiten von Bildungschancen zwischen den Sozialschichten führt (Müller 1998). Zweifelsohne konnten in der Vergangenheit relative bildungspolitische Erfolge erzielt werden, wenn man auf die absoluten Zuwächse in der Bildungsbeteiligung in allen sozialen Klassen abstellt (Blossfeld 1988; Helberger und Palamidis 1989). Empirische Studien und auch die hier vorgelegten Analysen belegen, dass in der Nachkriegszeit die Bildungsdisparitäten zwischen sozialen Klassen für den Übergang von der Grundschule auf die Sekundarstufe und des Erwerbs von Schulabschlüssen moderat gesunken sind (Müller und Haun 1994; Henz und Maas 1995; Schimpl-Neimanns 2000). Legt man das Schwergewicht auf die soziale Selektivität beim Zugang zur höheren Bildung und des Bildungserfolgs, dann ist die Struktur der intergenerationalen Bildungsvererbung mehr oder weniger konstant geblieben. Geändert haben sich im Zuge der Bildungsexpansion, des gestiegenen Wohlstandes und des berufsstrukturellen Wandels die sozialstrukturellen Grundlagen von Bildungsungleichheiten: Während in der damaligen Zeit der Bildungserfolg durch den sozioökonomischen Status (Klassenlage) bestimmt wurde, entscheidet gegenwärtig das Bildungsniveau der Eltern über die intergenerationale Bildungstransmission mit all seinen Folgen für die ‚ständische Lebensführung'. Die dabei wirksamen Mechanismen wurden als ‚Eigendynamik der Bildungsexpansion' identifiziert, die über komplexe Prozesse zu dauerhaften Bildungsungleichheiten trotz und wegen der Bildungsexpansion geführt haben. Diese Entwicklungen, die in Form kontinuierlich steigender Bildungsbeteiligung als mehr oder weniger erwartete Folgen der Bildungsexpansion erwünscht waren, trugen zu fortbestehenden Bildungsungleichheiten als unerwartete Folge der Bildungsexpansion bei.

Welche Lehren können wir daraus ziehen? Bei aller Unvollkommenheit der initiierten Bildungsreformen sind durchaus Erfolge beim Abbau gröbster Bildungsungleichheiten erzielt worden. Aber bildungspolitische Programme, die vornehmlich – wie von Dahrendorf (1965) ins Auge gefasst – das gesellschaftspolitische Ziel verfolgen, durch ein vermehrtes Angebot an Bildungsmöglichkeiten bestehende Bildungsungleichheiten auflösen zu wollen, haben sich als weniger erfolgreich als erhofft herausgestellt: „Chancengleichheit scheint über das Bildungswesen nicht herstellbar zu sein" (Hansen und Pfeiffer 1998: 52). Bildungsreformen allein sind deswegen unzureichend, um ungerechtfertigte Bildungsungleichheiten abzubauen, weil sie zum einen die ökonomische Ressourcenstruktur der Herkunftsfamilie, ihre Position in der gesellschaftlichen Schichtung, die Determinanten der Bildungsentscheidung und den Stellenwert schichtspezifischer Lernvoraussetzungen unberücksichtigt lassen. Zum anderen lassen sie auch das Ausmaß sozialer Ungleichheiten in der Gesellschaft außer Acht, die sich auf das zwischen Sozialschichten differierende Bildungsverhalten und damit auf Entstehung und Reproduktion sozial ungleicher Bildungschancen auswirken.

Es ist Erikson und Jonsson (1996: 40) zuzustimmen, dass sich die Bildungsexpansion – allein für sich genommen – als ein stumpfes Instrumentarium herausgestellt hat, um einen Abbau von Bildungsungleichheiten zwischen Sozialschichten zu bewirken. Denn der Erfolg solch einer Strategie hängt nach Ansicht der beiden Autoren von vier Umständen ab: 1.) *Minimierung der frühen Selektion am Ende der Grundschulzeit:* In Bildungssystemen, in denen die Eltern früh über den weiteren Bildungsweg ihrer Kinder entscheiden müssen, ist die Ungleichheit größer als in Bildungssystemen ohne Elternmitverantwortung oder mit späten Übergängen. Solche Reformen wurden in der Bundesrepublik Deutschland zwar diskutiert, aber nicht umgesetzt (Friedeburg 1992). Insbesondere die frühzeitige, hochgradig institutionell geregelte Leistungshomogenisierung im mehrgliedrigen Schulsystem Deutschlands und die daraus resultierenden sozial selektiven Übergänge in die weiterführenden Schulen tragen eher zum Fortbestand von Bildungsungleichheiten als zur Anhebung von Leistungsniveau im gesamten Schulwesen bei (Becker und Schubert 2006). Entgegen der Absicht, über eine Zuordnung zu Schullaufbahnen mit unterschiedlichen Curricula, die Produktivität und Leistungsfähigkeit der Schulkinder zu fördern, die soziale Ungleichheit der Bildungsmöglichkeiten zu reduzieren, die Effizienz des Schulunterrichts zu fördern und damit eine Leistungshomogenisierung zu erzielen, fördern sie eher (a) Segregation nach sozialer Herkunft und damit Verschärfung primärer Herkunftseffekte, (b) eine sozial selektive Zuordnung zu anregungsärmeren Schullaufbahnen und Lernumwelten und damit eine Demotivierung und sinkende Lernanstrengungen unter diesen Lehr- und Lernbedingungen, (c) systematische Fehler bei der Zuordnung von Leistungsfähigkeiten zu Schullaufbahnen und Lernkontexten, (d) langsamere Entwicklungen in den unteren Schullaufbahnen und damit eine Reproduktion bestehender sozioökonomischer Ungleichheiten über Bildungschancen und Erwerb von Bildungszertifikaten und (e) sozialpsychologische Effekte wie beeinträchtigtes Selbstbewusstsein, Selbstwertgefühl und Selbstattribution von mangelnder Leistungsfähigkeit und damit Prozesse der Stigmatisierung (Ditton 2004; Solga und Wagner 2001).

2.) *Abschaffung hoher Einstiegshürden bei Bildungsübergängen*: In Deutschland sind beispielsweise Eignungstests abgeschafft worden. Weil aber elterliche Bildungsplanungen langfristig angelegt sind, können sich sozial ungleiche Lernvoraussetzungen bei der Einschulung für untere Sozialschichten als hohe Einstiegshürden herausstellen. Daher machen frühkindliche Förderung, vorschulische Betreuung und – nach der Einschulung – Ganztagsschulen durchaus Sinn, um Einflüsse des Elternhauses auf Bildungschancen ihrer Kinder zu reduzieren (Becker und Lauterbach 2004; Büchel et. al. 1997). 3.) *Finanzielle Förderung für höhere Bildung*: Sicherlich haben Stipendien und finanzielle Entlastungen einen förderlichen Effekt auf Bildungsentscheidungen. Jedoch ist dieser – wie von Müller und Mayer (1976) sowie von Becker (2003) empirisch belegt – begrenzt und unzureichend, um neben der Zunahme an Bildungsbeteiligungen eine gleichzeitige Abnahme der Bildungsungleichheiten beim Zugang zur höheren Bildung zu bewirken. Abschaffung von Schulgeld und Studiengebühren in den 1950er Jahren und Einführung der Schulgeld- und Lernmittelfreiheit in den 1960er Jahren hatten keinen Einfluss auf das Bildungsverhalten der Eltern, weil dadurch die Kosten für schulische Ausbildung nicht sehr wesentlich beeinflusst werden. Es müssen nach Ehmann (2001: 58-59) andere als monetäre Faktoren für die gestiegene Bildungsbeteiligung in allen Sozialschichten ausschlaggebend gewesen sein. 4.) *Sättigung der Bildungspartizipation in den höheren Sozialschichten:* Diese eher passive bildungspolitische Strategie würde der formalen Chancengleichheit, aber nicht den Kriterien fairer Chancen im Bildungssystem entsprechen. Wie mehrfach empirisch belegt, führt die Bildungsexpansion nicht zwangsweise zur massenhaften strukturellen Änderung des Bildungsverhaltens in den unteren Sozialschichten – auch wenn bereits die höheren Sozialschichten vollständig an der höheren Bildung partizipieren.

Abschließend bleibt festzuhalten, dass wir seit längerem über präzise Beschreibungen von Bildungsexpansion und Bildungsungleichheit verfügen und in der Zwischenzeit auch einiges über zentrale Mechanismen und Prozesse der Entstehung und Reproduktion von Bildungsungleichheiten in Erfahrung gebracht haben. Jedoch sind wir aufgrund der desolaten Datenlage, dem Mangel an historischen und miteinander vergleichbarer Daten, immer noch nicht in der Lage – und es ist zu befürchten, dass sich daran nichts mehr ändern wird –, viele Hypothesen zur Bildungsexpansion, zum Rückgang der Bildungsdisparitäten und des Fortbestands von sozialen Ungleichheiten beim Zugang zur höheren Bildung zu überprüfen. Daher dürften eher plausible Ad-hoc-Annahmen über empirisch abgesicherte Aussagen dominieren. Aber letztere wären zwingend notwendig, um rationale gesellschafts- und bildungspolitische Reformen durchführen zu können, die den Abbau sozialer Ungleichheiten von Bildungschancen zum Ziel haben.

Literatur

Baumert, Jürgen, 1991: Langfristige Auswirkungen der Bildungsexpansion. Unterrichtswissenschaft 19: 333-349.

Baur, Rita, 1972: Elternhaus und Bildungschancen. Eine Untersuchung über die Bedeutung des Elternhauses für die Schulwahl nach der 4. Klasse Grundschule. Weinheim: Beltz.

Becker, Rolf, 1999: Kinder ohne Zukunft? Kinder in Armut und Bildungsungleichheit in Ostdeutschland seit 1990. Zeitschrift für Erziehungswissenschaft 2: 263-285.

Becker, Rolf, 2000a: Klassenlage und Bildungsentscheidungen. Eine empirische Anwendung der Wert-Erwartungstheorie. Kölner Zeitschrift für Soziologie und Sozialpsychologie 52: 450-475.

Becker, Rolf, 2000b: Bildungsexpansion und Bildungsbeteiligung. Oder: warum immer mehr Schulpflichtige das Gymnasium besuchen. Zeitschrift für Erziehungswissenschaft 3: 447-479.

Becker, Rolf, 2000c: Determinanten der Studierbereitschaft in Ostdeutschland. Eine empirische Anwendung der Humankapital- und Werterwartungstheorie am Beispiel sächsischer Abiturienten in den Jahren 1996 und 1998. Mitteilungen aus der Arbeitsmarktforschung 33: 261-276.

Becker, Rolf, 2003: Educational Expansion and Persistent Inequalities of Education: Utilising the Subjective Expected Utility Theory to Explain the Increasing Participation Rates in Upper Secondary School in the Federal Republic of Germany. European Sociological Review 19: 1-24.

Becker, Rolf, 2004: Soziale Ungleichheit von Bildungschancen und Chancengleichheit. S. 161-193 in: *Rolf Becker* und *Wolfgang Lauterbach* (Hg.), Bildung als Privileg? Erklärungen und empirische Befunde zu den Ursachen von Bildungsungleichheiten. Wiesbaden: VS Verlag für Sozialwissenschaften.

Becker, Rolf, und *Anna E. Hecken*, 2005: Berufliche Weiterbildung – arbeitsmarktsoziologische Perspektiven und empirische Befunde. S. 133-168 in: *Martin Abraham* und *Thomas Hinz* (Hg.), Arbeitsmarktsoziologie. Wiesbaden: VS Verlag für Sozialwissenschaften.

Becker, Rolf, und *Wolfgang Lauterbach* (Hg.), 2004: Bildung als Privileg? Erklärungen und empirische Befunde zu den Ursachen von Bildungsungleichheiten. Wiesbaden: VS Verlag für Sozialwissenschaften.

Becker, Rolf, und *Markus Nietfeld*, 1999: Arbeitslosigkeit und Bildungschancen von Kindern im Transformationsprozess. Eine empirische Studie über die Auswirkungen sozio-ökonomischer Deprivation auf intergenerationale Bildungsvererbung. Kölner Zeitschrift für Soziologie und Sozialpsychologie 51: 55-79.

Becker, Rolf, und *Frank Schubert*, 2006: Soziale Ungleichheit von Lesekompetenzen. Eine Matching-Analyse im Längsschnitt mit Querschnittsdaten von PIRLS 2001 und PISA 2000. Kölner Zeitschrift für Soziologie und Sozialpsychologie 58: 253-284.

Becker, Rolf, und *Ekkart Zimmermann*, 1995: Statusinkonsistenz im Lebensverlauf. Zeitschrift für Soziologie 24: 358-370.

Blossfeld, Hans-Peter, 1985: Bildungsexpansion und Berufschancen. Empirische Analysen zur Lage der Berufsanfänger in der Bundesrepublik. Frankfurt a.M./New York: Campus Verlag

Blossfeld, Hans-Peter, 1988: Bildungsverläufe im historischen Wandel. Eine Längsschnittanalyse über die Veränderung der Bildungsbeteiligung im Lebenslauf dreier Geburtskohorten. S. 259-302 in: *Hans-Joachim Bodenhöfer* (Hg.), Bildung, Beruf, Arbeitsmarkt. Berlin: Duncker & Humblot.

Blossfeld, Hans-Peter, 1993: Changes in Educational Opportunities in the Federal Republic of Germany. A Longitudinal Study of Cohorts Born between 1916 and 1965. S. 51-74 in: *Hans-Peter Blossfeld* und *Yossi Shavit* (Hg.), Persistent Inequality. Boulder: Westview Press.

Blossfeld, Hans-Peter, und *Yossi Shavit*, 1993: Dauerhafte Ungleichheiten. Zur Veränderung des Einflusses der sozialen Herkunft auf die Bildungschancen in dreizehn industrialisierten Ländern. Zeitschrift für Pädagogik 39: 25-52.

Böttcher, Wolfgang, 1991: Soziale Auslese im Bildungswesen. Ausgewählte Daten des Mikrozensus 1989. Die Deutsche Schule 83: 151-161.

Boudon, Raymond, 1974: Education, Opportunity, and Social Inequality. New York: Wiley.

Bourdieu, Pierre, 1982: Die feinen Unterschiede. Frankfurt am Main: Suhrkamp.

Breen, Richard, und *John H. Goldthorpe*, 1997: Explaining Educational Differentials. Towards a Formal Rational Action Theory. Rationality and Society 9: 275-305.

Büchel, Felix C., Katharina Spieß und *Gert Wagner*, 1997: Bildungseffekte vorschulischer Kinderbetreuung. Kölner Zeitschrift für Soziologie und Sozialpsychologie 49: 528-539.

Carnap, Roderich von, und *Friedrich Edding*, 1962: Der relative Schulbesuch in den Ländern der Bundesrepublik 1952-1960. Frankfurt am Main: Hochschule für Internationale Pädagogik.

Coleman, James S., 1975: What is Meant by 'an Equal Educational Opportunity'? Oxford Review of Education 1: 27-29.

Dahrendorf, Ralf, 1965: Bildung ist Bürgerrecht. Plädoyer für eine aktive Bildungspolitik. Hamburg: Nannen.

Dahrendorf, Ralf, 1976: Bildung bleibt Bürgerrecht. Doch es heißt endgültig Abschied nehmen von gesellschaftspolitischen Illusionen. S. 63-71 in: *Hellmut Becker, Ralf Dahrendorf, Peter Glotz* und *Hans Maier,* Die Bildungsreform – eine Bilanz. Stuttgart: Klett.

Diefenbach, Heike, und *Michael Klein*, 2002: „Bringing Boys Back In". Soziale Ungleichheit zwischen den Geschlechtern im Bildungssystem zuungunsten von Jungen am Beispiel der Sekundarschulabschlüsse. Zeitschrift für Pädagogik 48: 938-958.

Ditton, Hartmut, 2004: Der Beitrag von Schule und Lehrern zur Reproduktion von Bildungsungleichheit. S. 251-290 in: *Rolf Becker* und *Wolfgang Lauterbach* (Hg.), Bildung als Privileg? Wiesbaden: VS Verlag für Sozialwissenschaften.

Ehmann, Christoph, 2001: Bildungsfinanzierung und soziale Gerechtigkeit. Bielefeld: Bertelsmann.

Erikson, Robert, und *John H. Goldthorpe*, 1992: The Constant Flux: A Study of Class Mobility in Industrial Societies. Oxford: Clarendon Press.

Erikson, Robert, und *Jan O. Jonsson*, 1996: Explaining Class Inequality in Education: The Swedish Test Case. S. 1-63 in: *Robert Erikson* und *Jan O. Jonsson* (Hg.), Can Education Be Equalized? The Swedish Case in Comparative Perspective. Boulder: Westview Press.

Erikson, Robert, 1996: Explaining Change in Educational Inequality – Economic Structure and School Reforms. S. 95-112 in: *Robert Erikson* und *Jan O. Jonsson* (Hg.), Can Education Be Equalized? The Swedish Case in Comparative Perspective. Boulder: Westview Press.

Fauser, Richard, 1983: Bildungserwartungen von Eltern für ihre Kinder. Familiäre Faktoren für Schulwünsche vor dem Übergang in den Sekundarbereich. Universität Konstanz.

Floud, Jean, 1967: Der Einfluss schichtspezifischer Faktoren auf den Schulerfolg. S. 63-83 in: *Hans Peter Widmaier* (Hg.), Begabung und Bildungschancen. Frankfurt am Main: Diesterweg.

Friedeburg, Ludwig von, 1992: Bildungsreform in Deutschland. Geschichte und gesellschaftlicher Widerspruch. Frankfurt am Main: Suhrkamp.

Friedeburg, Ludwig von, 1997: Differenz und Integration im Bildungswesen der Moderne. Zeitschrift für Sozialisationsforschung und Entwicklungssoziologie 17: 43-55.

Fröhlich, Dieter, 1973: Arbeit, Beruf und Bildungsverhalten. Köln: Institut zur Erforschung sozialer Chancen (ISO).

Geißler, Rainer, 1999: Mehr Bildungschancen, aber weniger Bildungsgerechtigkeit – ein Paradox der Bildungsexpansion. S. 19-31 in: *Marek Neumann-Schönwetter, Alexander Renner* und *Ralph C. Wildner* (Hg.), Anpassen und Untergehen. Marburg: BdWi-Verlag.

Goldthorpe, John H., 1996: Class Analysis and the reorientation of class theory: the case of persisting differentials in educational attainment. British Journal of Sociology 47: S. 481-501.

Grimm, Susanne, 1966: Die Bildungsabstinenz der Arbeiter. München: Barth.

Halsey, Anthony H., Anthony F. Heath und *J. M. Ridge*, 1980: Origins and Destinations: Family, Class, and Education in Modern Britain. Oxford: Clarendon Press.

Handl, Johann, 1985: Mehr Chancengleichheit im Bildungssystem: Erfolg der Bildungsreform oder statistisches Artefakt? Kölner Zeitschrift für Soziologie und Sozialpsychologie 37: 698-722.

Hansen, Rolf, und *Hermann Pfeiffer*, 1998: Bildungschancen und soziale Ungleichheit. S. 51-86 in: *Hans-Günter Rolff, Karl-Oswald Bauer, Klaus Klemm* und *Hermann Pfeiffer* (Hg.), Jahrbuch der Schulentwicklung 10. Weinheim: Juventa.

Helberger, Christof, und *Helene Palamidis*, 1992: Die Nachfrage nach Bildung. Theorien und empirische Ergebnisse. Berlin: Duncker & Humblot.

Henz, Ursula, und *Ineke Maas*, 1995: Chancengleichheit durch die Bildungsexpansion? Kölner Zeitschrift für Soziologie und Sozialpsychologie 47: 605-633.

Hillmert, Steffen, und *Karl Ulrich Mayer* (Hg.), 2004: Geboren 1964 und 1971. Wiesbaden: VS Verlag für Sozialwissenschaften.

Hitpass, Josef, 1965: Einstellung der Industriearbeiterschaft zu höherer Bildung. Ratingen: Henn.

Jencks, Christopher, 1973: Chancengleichheit. Reinbek bei Hamburg: Rowohlt.

Jürgens, Hans W., 1967: Familiengröße und Bildungsweg der Kinder. Bonn: BMFJ.

Jürgens, Hans W., und *Wolfgang Lengsfeld*, 1977: Der Einfluss des Elternhauses auf den Bildungsweg der Kinder. Stuttgart: Kohlhammer.

Klemm, Klaus, 1991: Jugendliche ohne Ausbildung. Die „Kellerkinder" der Bildungsexpansion. Zeitschrift für Pädagogik 37: 887-898.

Klemm, Klaus, und *Michael Weegen*, 2000: Wie gewonnen, so zerronnen. Einige Anmerkungen zum Zusammenhang von Bildungsexpansion und Akademikerangebot. S. 129-150 in: *Hans-Günter Rolff, Wilfried Bos, Klaus Klemm, Hermann Pfeiffer* und *Renate Schulz-Zander* (Hg.), Jahrbuch der Schulentwicklung (Band 11). Weinheim: Juventa.

Kob, Jan Peter, 1963: Erziehung in Elternhaus und Schule. Stuttgart: Enke.

Koch, Achim, und *Martina Wasmer*, 2004: Der ALLBUS als Instrument zur Untersuchung sozialen Wandels: Eine Zwischenbilanz nach 20 Jahren. S. 13-42 in: *Rüdiger Schmitt-Beck, Achim Koch* und *Martina Wasmer* (Hg.), Sozialer und politischer Wandel in Deutschland. Wiesbaden: VS Verlag für Sozialwissenschaften.

Köhler, Helmut, 1978: Der relative Schul- und Hochschulbesuch in der Bundesrepublik Deutschland 1952 bis 1975. Berlin: Max-Planck-Institut für Bildungsforschung.

Köhler, Helmut, 1990: Neue Entwicklungen des relativen Schul- und Hochschulbesuchs. Eine Analyse der Daten für 1975 bis 1987. Berlin: Max-Planck-Institut für Bildungsforschung.

Köhler, Helmut, 1992: Bildungsbeteiligung und Sozialstruktur in der Bundesrepublik. Zu Stabilität und Wandel von Bildungschancen. Berlin: Max-Planck-Institut für Bildungsforschung.

Lauterbach, Wolfgang, Andreas Lange und *David Wüest-Rudin*, 1999: Familien in prekären Einkommenslagen. Konsequenzen für die Bildungschancen von Kindern in den 80er und 90er Jahren. Zeitschrift für Erziehungswissenschaft 2: 361-385.

Leschinsky, Achim, und *Karl Ulrich Mayer*, 1990: Comprehensive Schools and Inequality of Opportunity in the Federal Republic of Germany. S. 13-37 in: *Achim Leschinsky* und *Karl Ulrich May-*

er (Hg.), The Comprehensive School Experiment Revisited: Evidence from Western Europe. Frankfurt am Main: Peter Lang.

Mayer, Karl Ulrich, und *Hans-Peter Blossfeld*, 1990: Die gesellschaftliche Konstruktion sozialer Ungleichheit im Lebensverlauf. S. 297-318 in: *Peter Berger* und *Stefan Hradil* (Hg.), Lebenslagen – Lebensläufe – Lebensstile. Göttingen: Otto Schwartz & Co.

Meulemann, Heiner, 1979: Soziale Herkunft und Schullaufbahn. Frankfurt am Main: Campus.

Meulemann, Heiner, 1985: Bildung und Lebensplanung. Die Sozialbeziehung zwischen Elternhaus und Schule. Frankfurt am Main: Campus.

Meulemann, Heiner, 1992: Expansion ohne Folgen? Bildungschancen und sozialer Wandel in der Bundesrepublik. S. 123-156 in: *Wolfgang Glatzer* (Hg.), Entwicklungstendenzen der Sozialstruktur. Frankfurt am Main: Campus.

Meulemann, Heiner, 1995: Gleichheit und Leistung nach der Bildungsexpansion. S. 207-221 in: *Karl-Heinz Reuband, Franz Urban Pappi* und *Heinrich Best* (Hg.), Die deutsche Gesellschaft in vergleichender Perspektive. Festschrift für Erwin Scheuch. Opladen: Westdeutscher Verlag.

Meulemann, Heiner, und *Wilhelm Wiese*, 1984: Bildungsexpansion und Bildungschancen. Soziale Selektion nach dem 10. Gymnasialschuljahr zwischen 1964 und 1973. Zeitschrift für Sozialisationsforschung und Erziehungssoziologie 4: 287-306.

Müller, Walter, 1998: Erwartete und unerwartete Folgen der Bildungsexpansion. S. 83-112 in: *Jürgen Friedrichs, Rainer M. Lepsius* und *Karl Ulrich Mayer* (Hg.), Die Diagnosefähigkeit der Soziologie. Opladen: Westdeutscher Verlag.

Müller, Walter, und *Dietmar Haun*, 1994: Bildungsungleichheit im sozialen Wandel. Kölner Zeitschrift für Soziologie und Sozialpsychologie 46: 1-43.

Müller, Walter, und *Karl Ulrich Mayer*, 1976: Chancengleichheit durch Bildung? Stuttgart: Klett.

Müller, Walter, und *Reinhard Pollak*, 2004: Weshalb gibt es so wenige Arbeiterkinder in Deutschlands Universitäten? S. 311-352 in: *Rolf Becker* und *Wolfgang Lauterbach* (Hg.), Bildung als Privileg? Wiesbaden: VS Verlag für Sozialwissenschaften.

Peisert, Hansgert, 1967: Soziale Lage und Bildungschancen in Deutschland. München: Beck.

Peisert, Hansgert, und *Ralf Dahrendorf*, 1967: Der vorzeitige Abgang vom Gymnasium. Studien und Materialien zum Schulerfolg an den Gymnasien in Baden-Württemberg 1953-1963. Villingen/Offenburg: Neckar-Verlag.

Picht, Georg, 1964: Die deutsche Bildungskatastrophe. Olten: Walter-Verlag.

Raftery, Adrian E., und *Michael Hout*, 1993: Maximally Maintained Inequality: Expansion, Reform, and Opportunity in Irish Education, 1921-75. Sociology of Education 66: 41-62.

Riese, Hajo, 1967: Die Entwicklung des Bedarfs an Hochschulabsolventen in der Bundesrepublik Deutschland. Wiesbaden: Steiner.

Rodax, Klaus, 1995: Soziale Ungleichheit und Mobilität durch Bildung in der Bundesrepublik Deutschland. Österreichische Zeitschrift für Soziologie 20: 3-27.

Schimpl-Neimanns, Bernhard, und *Paul Lüttinger*, 1993: Die Entwicklung bildungsspezifischer Ungleichheit: Bildungsforschung mit Daten der amtlichen Statistik. ZUMA-Nachrichten 32: 76-116.

Schimpl-Neimanns, Bernhard, 2000: Soziale Herkunft und Bildungsbeteiligung. Empirische Analysen zu herkunftsspezifischen Bildungsungleichheiten zwischen 1950 und 1989. Kölner Zeitschrift für Soziologie und Sozialpsychologie 52: 636-669.

Schorb, Alfons O., und *Michael Schmidbauer*, 1969: Bildungsbewegung und Raumstruktur. Stuttgart: Klett.

SOEP Group, 2001: The German Socio-Economic Panel (GSOEP) after more than 15 years – Overview. S. 7-14 in: *Elke Holst*, *Dean R. Lillard* und *Thomas A. DiPrete* (Hg.), Proceedings of the 2000 Fourth International Conference of German Socio-Economic Panel Study Users (GSOEP 2000). Vierteljahreshefte zur Wirtschaftsforschung 70.

Solga, Heike, und *Sandra Wagner*, 2001: Paradoxie der Bildungsexpansion. Die doppelte Benachteiligung von Hauptschülern. Zeitschrift für Erziehungswissenschaft 4: 107-129.

Statistisches Bundesamt, 2006: Im Fokus: Budget für Bildung, Forschung und Wissenschaft 2003/2004 (http://www.destatis.de/download/d/biwiku/budget.pdf, eingesehen am 21. Mai 2006).

Weber, Max, 1922: Wahlrecht und Demokratie in Deutschland. S. 247-248 in: *Max Weber*: Gesammelte politische Schriften. Tübingen: Mohr (Siebeck).

Wegener, Bernd, 1988: Kritik des Prestiges. Opladen: Westdeutscher Verlag.

Wiese, Wilhelm, 1982: Elternstatus, Lehrerempfehlung und Schullaufbahn: Eine empirische Analyse des Einflusses des Grundschullehrers auf die Bildungslaufbahn des Schülers. Zeitschrift für Soziologie 11: 49-63.

Anhang

Tabelle A-1: Chancenungleichheiten beim Übergang von der Grundschule in die Sekundarstufe I – Netto-Zusammenhang zwischen sozialer Herkunft und Bildungserwerb (odds ratios auf Basis multinomialer Logit-Regression)

	1967 Realschule	1967 Gymnasium	1967 Realschule	1967 Gymnasium
Individuelle Performanz				
Unzureichende Noten	1	1	1	1
Ausreichende Schulnoten	7,49***	8,52***	7,52***	8,71***
Bildungsempfehlung				
Hauptschule	1	1	1	1
Realschule	22,0***	1,16	22,6***	1,16
Gymnasium	6,65***	34,4***	6,72***	35,0***
Soziale Herkunft				
Andere Sozialschichten	1	1	1	1
Beamte	1,13	2,08***		
Arbeiter			1,21	0,50***
Pseudo-R^2	0,698		0,703	
N	1.685		1.685	
	1971 Realschule	**1971 Gymnasium**	**1971 Realschule**	**1971 Gymnasium**
Individuelle Performanz				
Unzureichende Noten	1	1	1	1
Ausreichende Schulnoten	3,87***	6,69***	3,93***	6,69***
Bildungsempfehlung				
Hauptschule	1	1	1	1
Realschule				
Gymnasium				
Realschule/Gymnasium	4,49***	5,16***	4,52***	5,20***
Soziale Herkunft				
Andere Sozialschichten	1	1	1	1
Beamte	2,23*	6,15***		
Arbeiter			0,65*	0,36***
Pseudo-R^2 (McFadden)	0,138		0,139	
N	1.840		1.840	

(Fortsetzung der Tabelle auf der nächsten Seite)

	1983 Realschule	1983 Gymnasium	1983 Realschule	1983 Gymnasium
Individuelle Performanz				
Unzureichende Noten	1	1	1	1
Ausreichende Schulnoten	7,16***	17,9***	6,73***	16,47***
Bildungsempfehlung				
Hauptschule	1	1	1	1
Realschule	17,6***	4,46***	16,9***	4,18***
Gymnasium	6,30***	23,1***	6,10***	22,5***
Realschule/Gymnasium				
Soziale Herkunft			1	1
Andere Sozialschichten	1	1		
Beamte	1,26	2,69***		
Arbeiter			0,88	0,23***
Pseudo-R^2 (McFadden)	0,472		0,504	
N	2.266		2.266	

* $p \leq 0.05$; ** $p \leq 0.01$; *** $p \leq 0.001$

Quellen:
1) 1966-67: ZA-Studie 893: Elternhaus und Bildungschancen – eigene Berechnungen;
2) 1970-71: ZA-Studie 819: Chancenzuweisung durch Ausbildung – eigene Berechnungen
3) 1982-83: ZA-Studie 1611: Bildungsverläufe in Arbeiterfamilien – eigene Berechnungen

Bildungsexpansion und kognitive Mobilisierung

Michael Becker, Ulrich Trautwein, Oliver Lüdtke,
Kai S. Cortina und Jürgen Baumert

1. Einleitung

Die kognitive Mobilisierung breiter Bevölkerungsschichten gehörte zu den vordringlichen Zielen, die mit den Bildungsreformen der 1960er Jahre verknüpft waren. Unabhängig davon, ob man die Bildungsexpansion primär als Ausweg aus dem befürchteten Bildungsnotstand (vgl. Picht 1964) sah oder insbesondere die Bildungsungleichheiten in der Bevölkerung vor Augen hatte (Dahrendorf 1965), es gab kaum einen Zweifel daran, dass Fortschritt nur über eine bessere schulische Ausbildung für mehr Schülerinnen und Schüler gelingen könnte. Dass die Bildungsexpansion zu einer kognitiven Mobilisierung führen würde, daran bestand ebenfalls wenig Zweifel. Befragt man dagegen in heutiger Zeit Lehrkräfte, die bereits mehrere Jahrzehnte im Schuldienst sind, so erhält man praktisch unisono die Auskunft, dass die Schülerkohorten über die Zeit immer weniger leistungsfähig seien (Baumert 1991).

Wie sieht aus wissenschaftlicher Sicht die Bilanz der Bildungsexpansion in Hinblick auf die kognitive Mobilisierung aus? Bedenkt man, welche zentrale Rolle der Förderung kognitiver Kompetenzen in der Bildungsexpansion zukommt, muss man über die spärliche Zahl von entsprechenden empirischen Arbeiten erstaunt sein (Avenarius et al. 2003; Cortina et al. 2003). Zudem fehlt es an systematischen Überblicksarbeiten, die eine Zusammenstellung der wenigen aussagekräftigen Arbeiten bieten (vgl. Müller 1998). Das vorliegende Kapitel dient deshalb einer kritischen Bestandsaufnahme der Veränderungen in den kognitiven Kompetenzen der Schülerschaft an deutschen Schulen über die vergangenen Jahrzehnte. Nach einer knappen Charakterisierung der Bildungsexpansion und einer Klärung der Begriffe der „kognitiven Mobilisierung" bzw. der „kognitiven Kompetenzen" liegt der Schwerpunkt auf zwei Aspekten: Zum einen zeigen wir auf, wo die theoretischen und methodischen Probleme bei der Analyse von Effekten der Bildungsexpansion auf das Fähigkeitsniveau liegen. In einem zweiten Schritt sichten wir die empirische Befundlage zur Veränderung der kognitiven Fähigkeit der Schülerinnen und Schüler in Deutschland.

2. Bildungsexpansion und kognitive Leistung

2.1 Merkmale der Bildungsexpansion

In Deutschland können drei zentrale Merkmale der Bildungsexpansion im Sekundarschulbereich identifiziert werden. Die ersten beiden Merkmale sind die *Veränderung der quantitativen Bedeutung unterschiedlicher Schulformen in der Sekundarstufe* und die *vertikale Öffnung* von Schulkarrieren. Wie in Abbildung 1 anhand der Schülerschaft der 7. Klassenstufe zwischen 1952 und 1999 zu erkennen ist, nahm in Westdeutschland der Anteil der Schülerinnen und Schüler, die die Hauptschule besuchten, konstant ab und sank fast auf ein Viertel des ursprünglichen Anteils. Der Prozentsatz der Schülerinnen und Schüler, die Realschulen oder Gymnasien besuchten, nahm dagegen um mehr als das Doppelte bzw. Dreifache zu. In den 1990er Jahren trat eine Phase der Stabilisierung ein, in der sich die Zusammensetzung der Schülerschaft an Hauptschule, Realschule und Gymnasium nur vergleichsweise wenig veränderte (vgl. auch Baumert et al. 2003a).[1]

Die Abbildung 1 gibt den Umfang der Veränderung in Bildungslebensläufen jedoch nur unzureichend wieder. Zusätzlich zu der Veränderung des relativen Schulbesuchs an den unterschiedlichen Schulformen der Sekundarstufe I fand mit der *vertikalen Öffnung* von Schulkarrieren, die über die letzten Jahrzehnte beobachtet werden konnte (vgl. Baumert et al. 2003b), eine zusätzliche Expansion statt. Im Anschluss an den Erwerb eines Bildungszertifikates kann der Bildungsweg „nach oben" weiter fortgesetzt werden; so können beispielsweise Schüler nach Abschluss der Realschule in einigen Bundesländern auf ein berufliches Gymnasium überwechseln (vgl. Köller et al. 2004).

Das dritte zentrale Merkmal der Bildungsexpansion in Deutschland stellt die *Verlängerung von Ausbildungszeiten* für identische Schulkarrieren dar; diese Verlängerung betrifft insbesondere die „niedrigen" Ausbildungsgänge (Klemm 2001). So wurde in den 1960er Jahren für die Hauptschulen das 9. Schuljahr eingeführt; in einigen Bundesländern wurde zudem in den 1990ern die Hauptschule sogar auf zehn Jahre verlängert (Baumert et al. 2003a). Zudem veränderten sich auch die beruflichen Ausbildungen, die einerseits länger wurden und andererseits mehr allgemeinbildende Komponenten erhielten. Damit dehnte sich

1 Im Unterschied zum gegliederten westdeutschen System wurde in der DDR ein einheitliches Schulsystem etabliert, das erst nach der achten Jahrgangstufe eine Gliederung aufwies. Weiterführende Schulbildung, die den Besuch einer Hochschule erlaubte, expandierte in der DDR zunächst schneller als in der alten BRD, stagnierte dann aber zunehmend gegen Ende der 1960er Jahre, so dass der Abiturienten-Anteil ab Ende der 1970er Jahre auf einem Niveau von rund 20 Prozent verharrte. Da die Datenlage für die ehemalige DDR unzureichend ist, werden sich die folgenden Analysen im Wesentlichen auf Westdeutschland beziehen.

die Beschulungszeit indirekt auch durch die Teilzeitbeschulung im dualen System aus (Klemm 2001).

Abbildung 1: Verteilung der Schüler der 7. Klasse auf verschiedene Schulformen in Deutschland (alte Bundesländer) zwischen 1952 und 1999

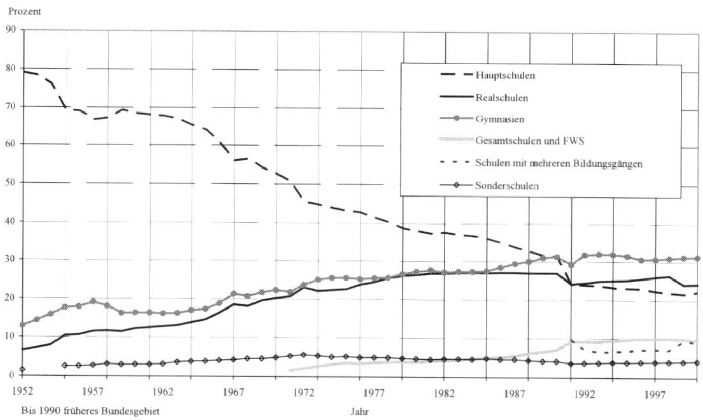

Quelle: Köhler (in Vorbereitung), Länderprofile der Schulentwicklung

2.2 Beschreibung des Untersuchungsgegenstandes

Kognitive Fähigkeiten

Um mögliche Effekte der Bildungsexpansion auf die „kognitive Mobilisierung" zu untersuchen, ziehen wir zwei Indikatoren heran. Der erste Indikator sind kognitive Kompetenzen, wie sie in standardisierten Schulleistungstests erfasst werden. Darunter fallen sowohl curriculumsnahe Leistungstests als auch Tests im Sinne von *Literacy*- und Grundfähigkeitstests (Artelt et al. 2003). Standardisierte Schulleistungstests umfassen meist vier Kernbereiche: Lese- bzw. Schreibkompetenz in der Muttersprache sowie Kenntnisse in Mathematik, Naturwissenschaften und einer (oder mehrerer) Fremdsprache(n). Der Erwerb dieser Kenntnisse ist von einer Reihe außerschulischer Faktoren wie etwa dem familiären Hintergrund sowie den Anlagen und Interessen des jeweiligen Schülers mitbestimmt. Dennoch wird der Erwerb der genannten Kompetenzen im Wesentlichen durch die Schule gewährleistet, vor allem in späteren und fortgeschrittenen Lernstadien (Köller und Baumert 2002; Baumert et al. im Druck).

Zum anderen beziehen wir kognitive Kompetenzen ein, wie sie über Intelligenztests bzw. Teilen aus Intelligenztests operationalisiert werden. Es ist bekannt, dass Intelligenz den Erwerb von Schulwissen gut vorhersagen kann (Köller und Baumert 2002). Auf der anderen Seite sind Intelligenztestleistungen jedoch auch von der Quantität (und Qualität) der Beschulung abhängig (Ceci et al. 2002; Ceci 1991; Neisser et al. 1996). Intelligenztestleistungen sollten deshalb sowohl als Indikatoren für die Lernvoraussetzungen als auch als Indikatoren für Lernprodukte betrachtet werden.

Intelligenztestleistung und Schulleistung stellen zwei Aspekte kognitiver Kompetenzen dar, die im Folgenden zum Vergleich verschiedener Schülerkohorten herangezogen werden sollen. Intelligenztests dürften weniger sensitiv für spezifische Veränderungen des Schulsystems sein als Schulleistungstests. Somit lassen sich mit Schulleistungstests Veränderungen in kognitiven Kompetenzen vermutlich einfacher nachweisen; allerdings besteht bei diesen Tests auch der Nachteil, dass die Validität der Testverfahren für verschiedene Schülerkohorten nicht automatisch gegeben ist.

Berücksichtigte Effekte der Bildungsexpansion

Um den Gesamteffekt der Bildungsexpansion im Schulbereich abzuschätzen, müsste man einen Vergleich der kognitiven Kompetenzen eines repräsentativen Querschnitts von Schülerinnen und Schülern verschiedener Kohorten nach Abschluss der jeweiligen schulischen Ausbildung vornehmen. Wenn die mittleren Leistungen der Schülerkohorten mit der Expansion kovariierten, könnte dies als ein Indiz für einen positiven Effekt der Bildungsexpansion interpretiert werden. Leider sind solche Analysen bestenfalls punktuell möglich, da es an einer geeigneten Datenbasis fehlt. Der Großteil der vorliegenden empirischen Untersuchungen bezieht sich auf Vergleiche zwischen Schülern verschiedener Kohorten, die sich zum Untersuchungszeitpunkt in derselben Klassenstufe – vor allem der Sekundarstufe – befanden und ihre Ausbildungen noch nicht abgeschlossen hatten. Anhand dieser Daten kann also nicht abgeschätzt werden, welche Kompetenzen am Ende der jeweiligen schulischen Ausbildung stehen. Somit konzentriert sich unser Beitrag auf den Effekt der sich verändernden Beteiligungsraten der Schülerschaft an Haupt-, Realschule und Gymnasium und lässt die Effekte der vertikalen Öffnung der Schulen und der längeren Ausbildungszeiten im Wesentlichen unberücksichtigt. Der von uns ins Zentrum der Betrachtung gesetzte Effekt ist somit keineswegs mit dem Gesamteffekt der Bildungsexpansion gleichzusetzen.

3. Erwartete Mechanismen, Begleiterscheinungen und interpretatorische Herausforderungen

Im folgenden Abschnitt gehen wir auf die Herausforderungen ein, die mit einer Analyse des Effekts der Bildungsexpansion auf die kognitiven Kompetenzen verbunden sind. Im ersten Schritt wird der mit der Bildungsexpansion beabsichtigte Prozess, der über eine höhere Bildungsbeteilung zu einer Mobilisierung der kognitiven Potentiale führen sollte, beschrieben. Im zweiten Schritt diskutieren wir die Folgen einer veränderten Zusammensetzung der Schülerschaft. Im dritten Schritt schließlich wird eine Reihe alternativer Wirkfaktoren näher erläutert, die ebenfalls eine Veränderung in den kognitiven Leistungen über verschiedene Schülerkohorten verursacht haben könnten.

3.1 Intendierte Mechanismen

Eine Grundüberlegung in der Diskussion über die Bildungsexpansion bestand darin, dass sich durch eine Verlagerung des relativen Schulbesuchs hin zum Gymnasium die Fähigkeiten der Schüler im Mittel erhöhen lassen (vgl. Müller 1998). Dieser Annahme lagen zwei Prämissen zugrunde. Erstens wurde vermutet, dass viele Real- und auch Hauptschüler ohne Schwierigkeiten auch eine Gymnasiallaufbahn hätten absolvieren können, da beträchtliche Überlappungen der Leistungen der Schülerschaft an den verschiedenen Schulformen beobachtet wurden (Edding 1963; Peisert 1967; Picht 1964). Zweitens wurde angenommen, dass die Qualität der Beschulung in „höheren" Schulformen besser sei.

Aus Sicht der experimentellen Interventionsforschung lassen sich die beabsichtigten Wirkungen der Bildungsexpansion vereinfachend wie folgt darstellen: Hauptschule, Realschule und Gymnasium stellen drei Ausprägungen des Faktors Beschulungsqualität dar, wobei am Gymnasium die höchste Qualität vermutet wurde. Lässt man nun einer größeren Zahl an geeigneten Personen ein wirksameres, in diesem Fall kognitiv stimulierenderes *treatment* zuteil werden (Gymnasium vs. Realschule vs. Hauptschule), müsste ein positiveres Gesamtergebnis erzielt werden.

Voraussetzung dafür, dass die gewünschten Wirkungen eintreten, ist in dieser Logik allerdings, dass nur geeignete Personen in die höheren Schulformen zusätzlich aufgenommen werden und die Unterrichtsqualität von der sich u.U. verändernden Zusammensetzung der Klasse nicht tangiert wird. Zudem müssten – um einen fairen Vergleich der unterschiedlichen Kohorten zu gewährleisten – alle relevanten Rahmenbedingungen stabil bleiben. Es ist leicht nachvollziehbar, dass die Bildungsexpansion in ihrem tatsächlichen Verlauf nur wenig der skizzierten Intervention glich. Wir wollen dies in den folgenden Abschnitten genauer erläutern.

3.2 Die Bedeutung der Klassenzusammensetzung

Besucht ein größerer Anteil der Schülerinnen und Schüler die „höheren" Schulformen, so hat das Veränderungen in der Zusammensetzung der Schülerschaft („Komposition" der Schülerschaft) von Gymnasium, Realschule und Hauptschule zur Folge. Real- und Hauptschulen verlieren jeweils ihre leistungsstarken Schüler, Gymnasien nehmen – trotz Überlappung in den Leistungsverteilungen – vermutlich vergleichsweise weniger leistungsstarke Schüler zusätzlich auf. Konkret bedeutet das für das deutsche Schulsystem, dass sich infolge der Bildungsexpansion die mittlere Leistungsfähigkeit und die Streuung der Leistungen in den drei Schulformen veränderten. Die Hauptschule wurde auf niedrigerem Niveau homogener, das Gymnasium auf niedrigerem Niveau heterogener.

Hier liegt das erste Problem der Annahme, dass man mehr Schülern eine bessere Bildung zukommen lassen kann, indem man einfach den Anteil der Gymnasiasten und Realschüler erhöht: Der Charakter einer bestimmten Schulform ändert sich, sobald sich die Zusammensetzung der Schülerschaft verändert. Dass die Zusammensetzung einer Klasse den Unterrichtserfolg mitbestimmen kann, belegen eine Reihe von Untersuchungen (Baumert et al. 2006; Opdenakker und Van Damme 2006; Slavin 1993). Im Prinzip gilt, dass es in homogenen Lerngruppen einfacher ist, die Lernzeit optimal zu nutzen (vgl. Baumert et al. 1986; Helmke und Weinert 1997). Gruppierung nach Fähigkeiten bewirkt, dass Personen zusammen mit anderen lernen, die sich das Stoffgebiet in ähnlichem Tempo aneignen können. Gesetzt den Fall, dass allein die jeweils leistungsstärkeren Schüler im Zuge der Bildungsexpansion auf die jeweils höhere Schulform wechselten, würde an den Hauptschulen eine Homogenisierung der Leistungsverteilung auf niedrigerem Niveau resultieren. Dies könnte der Theorie nach dazu führen, dass die Lernzeit optimaler genutzt wird. Für die Gymnasialpopulation hingegen implizierten solcherart veränderte Übergangsquoten eine Heterogenisierung der Lerngruppen, was negative Konsequenzen nach sich ziehen könnte.

Die Sache verkompliziert sich jedoch dadurch, dass die Homogenität einer Leistungsgruppe auf unterschiedlichem Leistungsniveau unterschiedlich wirken kann. So führt beispielsweise eine Homogenisierung der Schülerschaft an Hauptschulen zu einer Konzentration leistungsschwacher Schüler, die mit einem Absinken von Leistungsanspruch und Erwartungen von Lehrkräften und Leistungsmotivation der Schüler einhergehen kann (vgl. Baumert et al. 2006; Fuligni et al. 1995; Gamoran et al. 1996; Ireson und Hallam 2001). Eine Ballung von Schülern mit ungünstigen Lernvoraussetzungen kann in diesem Sinne zu negativ wirkenden Kompositionseffekten führen, die die potenziellen Vorteile von Leistungshomogenisierung mehr als aufwögen. Baumert et al. (2006) konnten gerade solche negativen Kompositionseffekte als ein Problem der Hauptschulen identifizieren. Eine weitere Komplikation ergibt sich dadurch, dass Veränderungen in der Zusammensetzung von Klassen auch motivationale Effekte auf die Schülerinnen und Schüler haben, die in ihrer Richtung den kognitiven Effekten entgegenlaufen (vgl. Köller 2004).

3.3 Weitere Bedingungsfaktoren kognitiver Kompetenzen

Das von Schülern erreichte Niveau kognitiver Kompetenzen ist multideterminiert (Köller und Baumert 2002; Weinert 1994). Will man die Effekte der Bildungsexpansion angemessen bewerten, muss deshalb bedacht werden, dass sich die schulischen Veränderungen der letzten Jahrzehnte nicht nur auf höhere Verteilungsquoten und die Verlängerung der Schulzeit beschränken. Auch andere Bedingungsfaktoren der kognitiven Leistungen unterlagen im Laufe der letzten Jahrzehnte Veränderungen. Im Folgenden soll in aller Kürze auf eine Reihe von Faktoren eingegangen werden, welche die kognitiven Leistungen positiv oder negativ beeinflusst haben könnten – zusätzlich zu den direkten Folgen der Bildungsexpansion. Die Aufzählung dieser Faktoren erhebt keinen Anspruch auf Vollständigkeit; sie soll dazu dienen, die Sensibilität dafür zu erhöhen, dass Leistungsunterschiede zwischen Schülerkohorten nicht monokausal interpretiert werden sollten. Im Folgenden werden diese weiteren Bedingungsfaktoren kognitiver Kompetenzen unterteilt in Faktoren, welche im Schulsystem zu verorten sind, und solchen, welche eher allgemeine gesellschaftliche Entwicklungen darstellen.

Veränderungen im schulischen Kontext

Ein erster wichtiger Aspekt ist die *differentielle Veränderung des Curriculums und der Unterrichtskultur* in den verschiedenen Schulformen. Die Angleichung der Curricula und der Unterrichtskultur in den verschiedenen Schulformen war bereits früh ein Anliegen der Kritiker des Schulsystems. Das Gymnasium blieb in seiner Unterrichtskultur über die Jahre relativ stabil (Baumert et al. 2003c); stärkere Veränderungen in der Unterrichtskultur und -programmatik erlebte vor allem die Hauptschule. Spätestens Ende der 1960er Jahre wurde die Idee der volkstümlich orientierten Bildung zugunsten einer Zielsetzung aufgegeben, wie sie ursprünglich den höheren Schulformen vorbehalten war und eher zum wissenschaftlichen Denken hinführen sollte (vgl. u.a. Hopf 1980; Leschinsky 2003). So wies zum Beispiel Klaus (1981) darauf hin, dass das Anspruchsniveau und die Förderung eigenständigen, reflexiven Denkens in den Hauptschulen gegen Ende der 1970er Jahre deutlich höher war als in Vergleichsjahrgängen zwischen 1910 und 1950.

Die Aufteilung der Stunden auf einzelne Fächer scheint sich hingegen weniger verändert zu haben. Tendenziell wird heute eine größere Zahl von Fächern unterrichtet, was vor allem die Hauptschulen betrifft. Im Zuge der Bildungsreformen kam unter anderem Englisch als neues Kernfach hinzu. Auch hierin sollte sich die angestrebte Anschlussfähigkeit der Hauptschulen widerspiegeln (Leschinsky 2003). Die Stundentafeln an den Realschulen und Gymnasien haben sich in der Nachkriegszeit hinsichtlich der Kernfächer weniger verändert (Avenarius et al. 2003). Exemplarisch sind in Tabelle 1 die Stundentafeln aus Nordrhein-Westfalen (zwischen 1952 und 1995) wiedergegeben, die veranschaulichen, dass an den Gymnasien die Stundenzahlen der Kernfächer Deutsch, Mathematik und Englisch (als erste oder zweite Fremdsprache) kaum verändert wurden. In der Hauptschule gilt dies auch für Deutsch und Mathematik; Englisch hingegen kam mit einem Umfang von rund fünf Unterrichtsstunden hinzu. In den Gymnasien waren größere Veränderungen lediglich in höheren Klassen durch die flexible Fächerwahl innerhalb des Kurssystems der reformierten Oberstufe zu beobachten (Avenarius et al. 2003; Leschinsky 2003; Leschinsky und Roeder 1980).

Tabelle 1: Stundentafel im historischen Vergleich am Beispiel von Nordrhein-Westfalen

	6. Klasse				7. Klasse			
Schultyp	VS[1] 1952	GY[2] 1961	HS[3] 1995	GY[4] 1995	VS 1952	GY 1961	HS 1995	GY 1995
Deutsch	5	4	4-6	4-5	6	4	4-5	4-5
Mathe	5	4	4-5	4-5	5	4	4-5	4-5
Englisch	-	7/-	5-6	4-6 / -	-	6 / 5	4-5	4-5/ 4-5
Pflichtstunden insgesamt	34	30	28-30	28-30	34	34	29-31	29-31

[1)] Volksschule: Stundentafel nach Amtsblatt des Kultusministeriums Nordrhein-Westfalen, 7. Jg. (1952), zitiert nach Leschinsky und Roeder (1980).
[2)] Gymnasium: Stundentafel nach Amtsblatt des Kultusministers des Landes Nordrhein-Westfalen, Jg. 13 (1961).
[3)] Hauptschule: Stundentafel (ab Schuljahr 1991/92) nach Trommer (in Vorbereitung).
[4)] Gymnasium: Stundentafel (ab Schuljahr 1991/92) nach Trommer (in Vorbereitung).
[5)] Schüler mit 1. Fremdsprache Englisch/Schüler mit anderer 1. Fremdsprache.

Deutliche Veränderungen haben sich in Hinblick auf die Anzahl von Lehrkräften pro Schüler ergeben: In allen Schultypen, aber besonders an den Hauptschulen, haben sich die Klassenstärken im Durchschnitt verringert (Baumert et al. 2003a). Darüber hinaus wurde der Anteil an jahrgangsübergreifendem Unterricht vor allem zwischen den 1960er und 1970er Jahren dramatisch reduziert – zum Beispiel senkte man in Rheinland-Pfalz den Anteil von über 40 Prozent (1967) auf weniger als 5 Prozent im Jahr 1974 (Leschinsky und Roeder 1980). Ähnliche Entwicklungen finden sich diesbezüglich auch in anderen Bundesländern.

Eine ebenfalls deutliche Veränderung ist in Hinblick auf die Lehrerschaft und ihre Ausbildung zu konstatieren. Da im Zuge der Bildungsexpansion vor allem an den Gymnasien ab den 1970er Jahren ein bedeutender Lehrermangel entstand, wurde in diesem Jahrzehnt eine große Zahl an Junglehrern eingestellt. Das hatte zur Folge, dass diese für die nächsten drei Jahrzehnte maßgeblich die Ausgestaltung des Schullebens bestimmten (Baumert et al. 2003c). Gleichzeitig veränderte sich in den vergangenen Jahrzehnten auch die Nachfrage nach dem Lehramtsstudium und, entsprechend die Zielgruppe, wer den Lehrberuf ergreift. Griesbach und Kollegen machen einen deutlichen Rücklauf bis zur Mitte der 1980er Jahre und danach eine Umkehrung des Trends aus, wobei das Attraktivitätsniveau der 1970er Jahre nicht wieder erreicht wurde (Griesbach und Heine 2000). Die differenzielle Bedeutung dieses Einstellungsschubes für die Zeit um 1970 sowie die Veränderung der Nachfrage des Lehramtes bleibt bisher offen.

Hinzu kommen auch inhaltliche Veränderungen in der Ausbildung und im Auftrag des Lehrberufes. Zum Beispiel wurde das Lehramtsstudium für künftige Lehrer an Haupt- und Realschulen wissenschaftsnäher gestaltet (vgl. Terhart 2003). Angesichts der wahrscheinlich gegenläufig wirkenden Effekte dieser Veränderungen und einem Mangel an empirischen Untersuchungen ist es völlig unklar, wie sich in den vergangenen Jahrzehnten die Kompetenzen der Lehrkräfte und damit auch die Unterrichtsqualität verändert haben.

Auch die Beteiligungsquoten an vorschulischer Betreuung haben sich über die Jahrzehnte gewandelt. Ähnlich wie sich die Schulzeiten ausdehnten, setzt schulnahe Betreuung heute schon früher ein. Mehr Kinder werden heute in Kindergärten, mindestens im Jahr vor der Einschulung, betreut. 1950 besuchten in der Bundesrepublik Deutschland 31 Prozent der Kinder einen Kindergarten, aber 1978 schon knapp drei Viertel; heute besuchen fast alle Kinder (über 90 Prozent) im Jahr vor Eintritt in die Grundschule einen Kindergarten (Avenarius et al. 2003; Dollase 2001). Gleichzeitig konnte gezeigt werden, dass sich eine solche vorschulische Erziehung, wie sie in hiesigen Kindergärten erteilt wird, positiv auf den späteren Lernerfolg auswirkt (Bos et al. 2003).

Veränderungen außerhalb des schulischen Kontexts

Auch jenseits der Schule haben sich in den vergangenen Jahrzehnten Entwicklungen ergeben, die für die Ausprägungen kognitiver Fähigkeiten relevant sein könnten. So haben sich nicht nur Schulsystem und Schulen, sondern auch die typische Familienstruktur und die Kommunikation in Familien verändert. Ein augenfälliger und für die kognitive Entwicklung relevanter Faktor ist die durchschnittliche Familiengröße, die sich im Nachkriegsdeutschland wie in fast allen westlichen Industrieländern verkleinerte (Buhren et al. 2003). Eine kleinere Familie steht wiederum in einem positiven Zusammenhang mit der kognitiven Entwicklung der Kinder (Buhren et al. 2003; Zajonc und Mullally 1997).

Entgegen stereotyper Erwartungen dürfte die Veränderung der Scheidungsraten kaum einen Effekt gehabt haben. Zwar stieg die Zahl der geschiedenen Ehen an. Jedoch betreffen diese überdurchschnittlich häufig kinderlose Ehen. Zudem scheinen insbesondere Konflikte in der elterlichen Beziehung und weniger die Scheidung selbst einen Risikofaktor für die kindliche Entwicklung darzustellen. Zuverlässige Zahlen über die Veränderung der Belastung von Kindern durch elterliche Beziehungskonflikte liegen jedoch nicht vor (Schneewind et al. 1998).

Gleichzeitig änderte sich in den Familien die Bedeutung, die der Bildung zukommt. So konnte Baumert (1991) zeigen, dass über die Zeit ein größerer Prozentsatz von Familien „bildungsbürgerliche" Praktiken pflegte. Ein Indikator hierfür ist das Beherrschen eines Musikinstrumentes. Musikalische Kompetenzen sind stärker an familiäre Unterstützung als an schulische Opportunitätsstrukturen gekoppelt und verlangen erhebliche selbstregulatorische Kompetenzen wie regelmäßiges, strukturiertes und konzentriertes Üben.

Auch eine Reihe weiterer gesellschaftlicher Entwicklungen dürfte einen bedeutsamen Effekt auf die mittlere Leistungsausprägung der Schülerinnen und Schüler haben. Unzweifelhaft hat die Migration von Arbeitskräften seit den 1960er Jahren, die zu einer sprachlichen und kulturellen Diversifizierung der Schülerschaft führt, auch einen Effekt auf die Leistungsentwicklung (vgl. Stanat 2003). 1970 waren rund zwei Prozent der Schüler ausländischer Herkunft. In Abhängigkeit davon, wie der Migrationshintergrund operationalisiert wird (zum Beispiel Staatsbürgerschaft, Geburtsland oder eine Mischung verschiedener Indikatoren), beläuft sich dieser Anteil heute auf 10 bis 30 Prozent für die alten Bundesländer (Avenarius et al. 2003; Baumert et al. 2003a) – der Anteil der Kinder mit Migrationshintergrund ist also um ein Vielfaches gestiegen. Die Leistungsentwicklung von Schülern mit Migrationshintergrund gibt bis heute Anlass zur Sorge. Diese Schüler gehören, auch nach Kontrolle des sozioökonomischen Hintergrunds, häufiger zur schulischen Risikogruppe, sind überdurchschnittlich häufig an Haupt- und Sonderschulen zu finden und beenden die

Schulzeit öfter ohne Schulabschluss (Avenarius et al. 2003; Klemm 2001; Stanat 2003, 2006).

Länderübergreifende gesellschaftliche Entwicklungen

In einer einflussreichen Arbeit postulierte Inglehart (1989) eine „kognitive Mobilisierung", die er daran festmachte, dass immer mehr Personen höhere Abschlüsse erwerben. Die Legitimation, hierbei von einer wirklichen „kognitiven Mobilisierung" zu sprechen, sieht Inglehart vor allem dadurch indiziert, dass sich breitere Bevölkerungsteile zunehmend einer vormals exklusiven kulturellen und politischen Elite annäherten und deren kulturelle Praktiken annähmen (politische und öffentliche Partizipation, Lesegewohnheiten etc.), was einerseits ein höheres intellektuell-akademisches Potential voraussetze (Effekt der Bildungsexpansion) und ebensolches über Bildungsverhalten und -aspirationen der Familien produziere (Effekt auf die Bildungsexpansion; siehe Beitrag von Becker in diesem Band). Diese Faktoren sprechen für eine einheitlichere Kultur und eine Konvergenz der Lernvoraussetzungen der Kinder, die gleichzeitig eine größere Überschneidung schulischer und außerschulischer Lebenswelten implizieren und damit schulisches Lernen begünstigen sollten. Eine Studie von Baumert (1991) belegt entsprechende Prozesse auch für Deutschland.

Allerdings wurde gleichzeitig von verschiedener Seite auch eine Abnahme schulischer Leistungsmotivation im Zusammenhang mit einem allgemeinen Wertewandel vermutet (Hofer 2003; Inglehart, 1998). Nach Inglehart finden sich zwischen den Generationen unterschiedliche allgemeine Wertvorstellungen, die unter anderem in der wirtschaftlichen Situation eines Landes begründet sind. In Zeiten wirtschaftlicher Prosperität und hoher sozialer Absicherung verliert akademische Leistung als Garant eigener wirtschaftlicher Sicherheit an Bedeutung und das Streben nach individuellem Wohlbefinden und Selbstverwirklichung nimmt zu. In einer solchen Situation wird ein Zielkonflikt zwischen schulnahen, akademischen Beschäftigungen und Freizeitaktivitäten eher zugunsten der Freizeitaktivitäten entschieden, was entsprechende Folgen für die kognitive Entwicklung der Kinder und Jugendlichen haben kann (vgl. Hofer 2003).

Es gibt eine Reihe weiterer Faktoren, die in Deutschland wie in anderen (Industrie-)Ländern schulisches Leben direkt und indirekt betreffen und vor allem im Zusammenhang mit dem nach seinem „Entdecker" benannten *Flynn-Effekt* diskutiert wurden (Flynn 2000). Der Flynn-Effekt bezeichnet den Trend, dass sich die Leistungen in Intelligenztests über die letzten Jahrzehnte verbesserten. Als eine Ursache für die zunehmende Intelligenzleistung wurde u.a. die schulische Ausbildung genannt – der Einfluss von Bildung auf die Intelligenzperformanz ist theoretisch gut begründet und empirisch gut belegt (Bronfenbrenner und Ceci 1994; Ceci 1991). Weitere Determinanten der höheren Intelligenzleistung könnten die Massenmedien, welche die Lesegewohnheiten und Lesekultur beeinflussten und eine stärker bildlich geprägte Sprachwelt erzeugten, sowie die Technisierung der Lebenswelt, die eine Steigerung der Komplexität des Alltagslebens mit sich brachte, sein (Greenfield 1998; Maynard et al. 2005; Schooler 1998).

3.4 Direkte, indirekte und von der Bildungsexpansion unabhängige Veränderungen

Welche Auswirkungen hatte die Bildungsexpansion auf die Ausprägung der kognitiven Kompetenzen von Schülern in Deutschland? Die vorangegangenen Darstellungen machen deutlich, dass diese Frage nur schwer zu beantworten sein wird. Das entscheidende Problem besteht darin, dass man die *direkten* Wirkungen der Veränderung des relativen Schulbesuchs nicht isoliert betrachten kann. Bereits die veränderte Schülerzusammensetzung an den einzelnen Schultypen sorgt dafür, dass sich der Charakter der Schulformen verändert. Während man die sich verändernden Lerngruppenzusammensetzungen vielleicht noch als direkten, der Expansion inhärenten Effekt bezeichnen würde, sind die anderen beschriebenen Veränderungen potenziell von der Bildungsexpansion unabhängige Faktoren, die jedoch gleichfalls einen Effekt auf die Schülerleistungen haben dürften – im Zusammenhang, in Ergänzung oder in gegenläufiger Richtung zu den direkten Effekten der Bildungsexpansion. Betrachtet man das komplexe Wirkungsgefüge, das hier lediglich angedeutet werden konnte, so wird deutlich, dass man Unterschiede in den Schülerleistungen verschiedener Kohorten – sollte man solche identifizieren können – *nicht vorschnell* als Folge der Bildungsexpansion interpretieren sollte.

Dies bedeutet allerdings nicht, dass man etwaige Veränderungen in den kognitiven Leistungen der Sekundarschüler zwischen verschiedenen Kohorten nicht untersuchen sollte. Im Gegenteil: Es scheint geboten zu analysieren, ob sich das mittlere Leistungsniveau von Schülerkohorten sowie die Streubreite von kognitiven Leistungen verändert haben. Auch der Versuch, diese Leistungsveränderungen durch schulische oder außerschulische Faktoren zu erklären, ist legitim – er sollte jedoch mit der notwendigen Sorgfalt und unter Beachtung des oben beschriebenen komplexen Bedingungsgefüges erfolgen. Monokausale Erklärungsmodelle sind dabei der Sache nicht angemessen.

Wir dokumentieren im Folgenden die Entwicklung von kognitiven Leistungen unterschiedlicher Schülerkohorten: Zunächst werden Entwicklungen allgemeiner Intelligenzleistungen in der Gesamtpopulation und im Gymnasium dargestellt. Darauf folgend wird der Forschungsstand zur Entwicklung schulnaher Kompetenzen wiedergegeben, wobei der Schwerpunkt auf der Entwicklung innerhalb der drei großen Schulformen liegt. Abschließend wird die Veränderung von Geschlechterunterschieden beschrieben.

4. Veränderungen der kognitiven Kompetenzen

4.1 Veränderung der Intelligenzleistung

In diesem Abschnitt wird auf Kohortenunterschiede in Intelligenzleistungen eingegangen. Im ersten Schritt soll die Gesamtpopulation aller Schüler der unterschiedlichen Kohorten hinsichtlich ihrer Intelligenzleistungen in den Blick genommen werden. Insgesamt scheinen sich die Leistungen in Intelligenztests in Deutschland – parallel zu den Entwicklungen in anderen westlichen Industrieländern – über die letzten Jahrzehnte positiv entwickelt zu haben. Zwar liegt für Deutschland keine so starke Datenbasis für den Flynn-Effekt vor, wie sie in anderen Ländern unter anderem im Zusammenhang mit Musterungen für das Militär resultierten. Aber auf der Basis verschiedener kleinerer repräsentativer Studien lässt sich auch für Deutschland bzw. den deutschsprachigen Raum bestätigen, dass die Intelligenzleistungen angestiegen sind.

Ein wichtiger Beleg für den Flynn-Effekt findet sich bei Schallberger (1985), der bei der Re-Normierung (von 1954 auf 1981) des Hamburg-Wechsler-Intelligenztests für Kinder (HAWIK) sowohl für Deutschland als auch für die Schweiz eine Zunahme der Leistungen von ungefähr einer Standardabweichung ausmachte. Die Gewinne fielen im Test der abstrakten Verarbeitungskapazitäten höher aus als im Verbalteil und im numerischen Teil. Vermutlich unterschätzen diese Befunde die tatsächlichen Effekte noch, da die Stichprobe aus dem Jahre 1954 eine positive Verzerrung aufwies.

Ein Flynn-Effekt zeigt sich auch, wenn ‚inhaltsfreie' Tests wie der Ravens-Progressive-Matrizen-Test eingesetzt wird, bei dem man in abstrakten Zeichenfolgen Muster erkennen muss. Sowohl in den ‚alten' Ländern der Bundesrepublik Deutschland (bei Schülern im Alter zwischen 10 und 14 Jahren) als auch in der ehemaligen DDR (bei Schülern von der 5. bis zur 10. Klasse) stiegen die Leistungen in diesem Test zwischen 1960 bis 1980 um ungefähr eine halbe Standardabweichung an (Flynn 1987; Kratzmeier und Horn 1979; Mehlhorn und Mehlhorn 1981).

Die Leistungszunahme scheint dabei nicht für alle Intelligenzfacetten identisch zu sein. So ergaben sich bei Tests wie dem HAWIE/HAWIK in den abstrakten bzw. non-verbalen Performanztests stets größere Gewinne als in den verbalen Tests. In den arithmetisch-numerischen Subskalen hingegen fielen die Gewinne noch einmal kleiner aus – punktuell zeigten sich sogar kleine Leistungseinbußen (Flynn 1998; Wechsler 1992).

Betrachtet man nun einzelne Subpopulationen je nach Schulform, so müsste man, wie oben bereits detailliert beschrieben, nicht von einem positiven (Netto)-Effekt innerhalb der Schulformen ausgehen. Beispielsweise sollten sich für das Gymnasium aus theoretischer Sicht im Mittel schwächere Leistungen in den jüngeren Kohorten zeigen, da das Gymnasium seinen Status als exklusive Eliteschule in den letzten Jahrzehnten verlor. In manchen Regionen nimmt es mit über 35 Prozent inzwischen den größten Anteil der Schülerschaft auf (vgl. Abb. 1). Dies könnte dazu geführt haben, dass – trotz der beobachteten Überlappung der Leistungsverteilungen in unterschiedlichen Schulformen – die mittlere Leistungsfähigkeit der Schülerinnen und Schüler abgenommen hat. Insofern wäre es überraschend, wenn die mittlere Leistung der Gymnasien hierdurch nicht gesunken wäre.

Entgegen einer solchen Erwartung finden sich Belege für den Anstieg der Intelligenzleistungen. Baumert und Mitarbeiter (in Vorbereitung) konnten historisch vergleichende Analysen mit der Schulleistungsstudie des Max-Planck-Instituts für Bildungsforschung aus dem Schuljahr 1968/69 (Edelstein 1970) durchführen. Im Vergleich mit dem 1991/92 begonnenen Projekt „Bildungsverläufe und psychosoziale Entwicklung im Jugend- und jungen Erwachsenenalter“ (Baumert et al. 1996) kann die Entwicklung der Intelligenzleistungen von Gymnasiasten der 7. Klassen abgeschätzt werden, da in beiden Studien die erste Version des Intelligenz-Strukturtests von Amthauer (1955) eingesetzt wurde. Die Autoren fanden hierin einen deutlichen Flynn-Effekt (vgl. Abb. 2): Die Gymnasialpopulation in Nordrhein-Westfalen erreichte 1991 einen IQ-Mittelwert von $M = 112.9$ Punkten, die Gymnasialklientel von 1968 erreichte hingegen nur einen Mittelwert von $M = 108.9$; der Mittelwertsunterschied beläuft sich nach dem Effektstärkenmaß von Cohen auf $d = 0.49$. Betrachtet man nun diejenigen Gymnasiasten, die jeweils die höchsten Intelligenztestwerte aufweisen (die besten zehn Prozent), so findet sich ebenso ein signifikanter Unterschied zugunsten der historisch jüngeren Gymnasialstichprobe ($d = 1.99$). Dass gerade die Leistungsspitzen einen Vorteil zugunsten der historisch jüngeren Kohorte zeigen, ist insofern von besonderem Interesse, da im Diskurs um die Bildungsexpansion eine zentrale Befürchtung darin bestand, dass die Leistungsspitze unter der Expansion leiden würde.

Die genannten Daten weisen gewisse Einschränkungen auf. Hervorzuheben ist, dass die historisch jüngere Generation den Test etwas später im Schuljahr absolvierte und eine verkürzte Testversion bearbeitete. Jedoch bewegen sich die Effekte in einer Größenordnung, die weit über dem liegt, was sich durch die in diesem Sinne differierende Testsituation gewöhnlich erklären lässt (vgl. z.B. Putz-Osterloh 1977; Stelzl et al. 1995).

Abbildung 2: IST-Mittelwerte (mit Standardabweichungen) der Gymnasiasten von 1968/69 und 1991/92 in Nordrhein-Westfalen

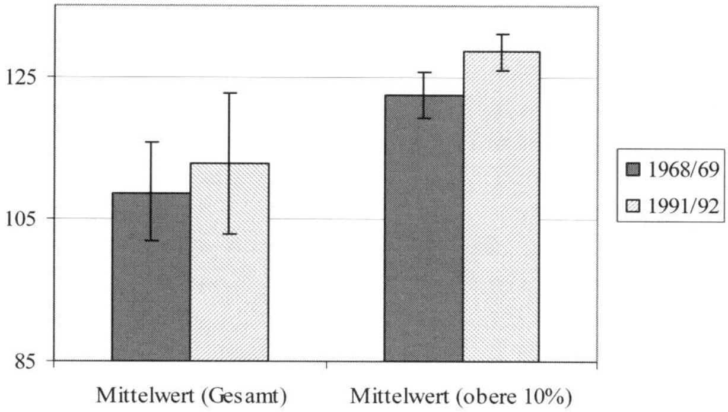

Quelle: Baumert et al. (in Vorbereitung)

4.2 Entwicklung schulnaher Leistungen

Ging es im vorangehenden Abschnitt um die Entwicklung der Intelligenzleistung sowohl in der Gesamtpopulation als auch im Gymnasium (für die Intelligenzentwicklung an Haupt- und Realschulen liegen keine Befunde vor), so sollen im Folgenden schulnahe Kompetenzen wie Mathematik und Lesen betrachtet werden.

In der ersten Studie überhaupt, die einen empirischen Vergleich verschiedener Kohorten der Nachkriegszeit anstellte, berichtete Ingenkamp (1967) für die Zeit von 1949 nach 1962 Zuwächse für die Leistungsdomänen Lesen und Mathematik. Die Befunde basieren auf einer Totalerhebung der Schüler der sechsten Klasse des Berliner Bezirks Tempelhof. Es zeigte sich ein deutlicher Leistungsanstieg im Lesen und der Mathematik, auch über die Schulformen hinweg. Es kann nicht ausgeschlossen werden, dass die Zuwächse auch mit einer Veränderung der Bevölkerungs- bzw. Sozialstruktur des Bezirks Tempelhof in Zusammenhang stehen. Die Tatsache allerdings, dass sich die Zuwächse in den Leistungen sowohl auf der Ebene der Population als auch in den einzelnen Schulen zeigen, spricht auch für einen Effekt einer allgemein verbesserten Lernsituation auf die Schulleistungen. Jedoch ist unklar, inwiefern diese Befunde generalisierbar sind, auch wenn sich die Entwicklungen im restlichen Bundesgebiet (Stabilisierung der Nachkriegssituation, Expansion der Schulformen etc.) in ähnlicher Weise vollzogen haben sollten.

Jedoch liegen Untersuchungen vor, welche einen Einblick gewähren in die Entwicklung jeweils innerhalb der drei großen Schulformen Gymnasium, Real- und Hauptschule. Damit lässt sich zumindest darstellen, welche weiteren Veränderungen sich innerhalb der einzelnen Schulformen finden lassen. Im Folgenden soll zunächst auf die Veränderungen an den Gymnasien und anschließend auf diejenigen in den Haupt- und Realschulen eingegangen werden.

Die Entwicklung der mathematischen Fähigkeiten am Gymnasium stellt einen Kontrast zu den oben berichteten Entwicklungen für die Intelligenz dar. Für diese Leistungsdomäne fanden Baumert und Mitarbeiter einen negativen Trend beim Vergleich der Schulleistungsstudie von 1968/69 mit einer Stichprobe aus Nordrhein-Westfalen aus dem Schuljahr 1996/97 (Baumert et al. in Vorbereitung; Köller 2004). Der Tabelle 2 lässt sich entnehmen, dass im Gesamtmittel die Leistung zwischen 1969 und 1997 statistisch signifikant abnahm (d = .32). Der Kohorteneffekt, der sich in der Leistungsspitze (obere 25 und obere 10 Prozent) finden ließ, war ähnlich ausgeprägt, ließ sich aber nicht signifikanzstatistisch absichern. Dies dürfte weniger auf die Größe des Effektes als auf die geringere Teststärke durch die verringerte Fallzahl in den Extremgruppen zurückzuführen sein.

Tabelle 2: Mathematische Schulleistung an Gymnasien in Nordrhein-Westfalen zwischen 1968/1969 und 1996/1997

	1968/1969	1996/1997	p-Wert	Cohens d
Mittelwert	0.17	0.00	.015	.32
Mittelwert, obere 25%	0.86	0.70	.035	.30
Mittelwert, obere 10%	1.18	1.02	.138	.30

Quelle: Baumert et al. (in Vorbereitung)

Auf den ersten Blick erscheinen diese Ergebnisse inkonsistent – Verluste (Mathematikleistung) und Gewinne (Intelligenz) zur gleichen Zeit. Aber auch andere Studien erlauben den Schluss, dass die Leistungen in den Gymnasien heterogener geworden sein könnten. Kurz et al. (1981) zeigten zum Beispiel für Bewerber an einer Fachhochschule, dass die Leistungen tendenziell heterogener und punktuell in Mathematik und Naturwissenschaften sogar besser geworden sind (siehe auch Kurz 1988). Dies bezog sich auf Gymnasiasten am Ende der Schulzeit bzw. Studienanfänger. Die Befunde zur Intelligenzentwicklung entsprechen zudem eher den Ergebnissen der Analysen von Roeder et al. (1986), die in einer synchronen Modellierung der Bildungsexpansion keine negativen

Effekte unterschiedlicher Beteiligungsraten fanden. Ebenso wenig zeigten sich in nationalen wie internationalen vergleichenden Studien systematische Zusammenhänge zwischen Leistung und Expansionsrate (Baumert et al. 2000a; Baumert et al. 2003b; Schultze 1974; Schultze und Riemenschneider 1967). Insofern spricht einiges dafür, dass die divergenten Entwicklungen, die man am Gymnasium finden kann, nicht (nur) durch die Bildungsexpansion verursacht wurden, sondern mit anderen Veränderungen innerhalb und außerhalb des schulischen Kontextes in Zusammenhang stehen.

In Hinblick auf Real- und Hauptschulen steht eine nur sehr eingeschränkte Datenbasis zur Verfügung, jedoch sind die jeweiligen Resultate wesentlich einheitlicher als diejenigen für die Gymnasien. Die vorliegenden Studien belegen einen mittleren Leistungsverlust in schulnahen Domänen für die nichtgymnasialen Schulformen. Detaillierte Befunde zur Entwicklung der Intelligenzleistung liegen hingegen bisher nicht vor.

Horn (1986) verglich eine repräsentative Eichstichprobe für den Mathematiktest RT8+, bestehend aus 4000 Schülern achter Klassen der Hauptschule des Schuljahres 1964/65, mit einer Stichprobe von Anwärtern für den einfachen Dienst bei der Bundespost. Letztere verfügten entweder bereits über einen Hauptschul- oder Realschulabschluss oder gedachten diesen im Vergleichsjahr (1984/85) zu erwerben. Die Hauptschüler aus dem Vergleichsjahr 1984/85 lagen fast eine Standardabweichung unter dem Mittel der Eichstichprobe, die Realschüler verfehlten diesen Mittelwert knapp – trotz der um zwei Jahre längeren Beschulung. Horn wies entsprechend darauf hin, dass sich die Schulleistungen „trotz Verlängerung der Schulzeit“ verschlechtert hätten (Horn 1986: 62).

Ähnliche Befunde berichtete auch Kühn (1994). Gemäß seiner Analysen sanken die mathematischen Schulleistungen von Hauptschülern zwischen den 1960er und den 1980er Jahren und blieben dann stabil. Dies wäre insofern plausibel, als gerade in den 1980er Jahren der Anteil in den Hauptschulen sich etwas weniger schnell von knapp 39 auf 33 Prozent verringerte. Methodisch problematisch an Kühns Studie ist jedoch, dass er lediglich den prozentualen Anteil gelöster Aufgaben der repräsentativen Eichstichprobe eines Rechentests mit den Lösungsanteilen in anderen, früher durchgeführten Tests verglich. Da in den Tests jüngeren Datums im Schnitt weniger Aufgaben gelöst wurden, schloss der Autor darauf, dass die Leistungen gesunken seien, ohne zu berücksichtigen, dass es sich um unterschiedliche Tests handelte, die verschiedene mittlere Lösungswahrscheinlichkeiten aufweisen könnten. Ebenso blieben methodische Fragen, wie etwa die signifikanzstatistische Absicherung, unangesprochen.

Auch Bunk (1983) und Treumann (1983) berichten Mittelwertsunterschiede zu Lasten der historisch jüngeren Kohorten an Hauptschulen der 1970er Jahre. Wewetzer (1973) fand ähnliches für die Realschulen für die frühe Phase der

Bildungsexpansion in den 1960er Jahren. Jedoch unterliegen diese Studien methodischen Einschränkungen. Bei den verwendeten Stichproben handelte es sich meistens um anfallende Stichproben, so dass die Generalisierbarkeit der Befunde unklar ist. Zusätzlich wiesen die eingesetzten Testverfahren nur selten eine direkte Verankerung zwischen den Messzeitpunkten auf, was eine Voraussetzung für die Interpretation der Leistungsunterschiede zwischen den Kohorten darstellt (vgl. methodische Kritik bei Ingenkamp 1986).

4.3 Entwicklung von Geschlechtsunterschieden

Die bedeutsamen Unterschiede zwischen Jungen und Mädchen in der Bildungsbeteiligung und den erworbenen Kompetenzen genossen in den 1960er Jahren besonders starkes Interesse. Dass die geringere Bildungsbeteiligung von Mädchen in der Sekundarstufe I und II inzwischen längst überwunden ist, ist hinlänglich demonstriert worden (vgl. Müller 1998). Dagegen besteht in Hinblick auf die Leistungsunterschiede in Intelligenztestleistungen und Schulleistungstests durchaus noch Klärungsbedarf.

Kürzlich argumentierte Hyde (2005) in einer Synthese von 46 Metaanalysen, dass in der Diskussion um Geschlechterunterschiede die tatsächlich vorliegenden Mittelwertsdifferenzen zwischen Jungen und Mädchen eher überschätzt würden. Lediglich im motorischen Bereich und in Aspekten aggressiven und sexuellen Verhaltens fielen die Unterschiede zwischen den Geschlechtern groß aus. In allen anderen Domänen fänden sich – entgegen geschlechtsstereotyper Erwartung – nur geringe Unterschiede. In der Tat zeigten sich in der Metaanalyse bei schulnahen Kompetenzen zwar punktuell große Unterschiede, zum Beispiel in verbalen Fähigkeiten zugunsten der Mädchen (*spelling*: $d = .45$, *language*: $d = .40$), jedoch waren Unterschiede für fünf weitere Aspekte verbaler Kompetenzen tendenziell klein bzw. nicht vorhanden (Effektstärken unter $d = .1$). Hinsichtlich numerisch-mathematischer Kompetenzen waren die Ergebnisse inkonsistent. Zwar berichtete Hyde für allgemeine mathematische Kompetenz einen für schulische Verhältnisse als relativ groß zu bewertenden Effekt mit $d = .16$ zugunsten der Jungen; dagegen erbrachten Schülerinnen aber in *mathematics computation* bessere Leistungen als Jungen ($d = .14$). Alle weiteren Effekte in Mathematik lagen um $d = .0$.

Fielen Geschlechterunterschiede in schulnahen Kompetenzen schon immer so gering aus oder haben sie sich in den letzten Jahrzehnten verändert? Klieme (1997) vertrat die Ansicht, dass die Unterschiede zwischen den Geschlechtern über die vergangenen 30 Jahre tendenziell stabil blieben. Eine Reihe anderer Autoren (z.B. Feingold 1992; Keeves und Kotte 1992; Parker et al. 1995; Stumpf und Klieme 1989) nahmen hingegen abnehmende Unterschiede wahr. Beispielsweise demonstrierte Hanna (2000) für den mathematischen Bereich anhand international vergleichender Studien, dass die Unterschiede zwischen Jungen und Mädchen in historisch jüngeren Kohorten eher geringer ausfielen als in den älteren Kohorten.

Auch für Deutschland lässt sich für Mathematik und die Naturwissenschaften ein Muster abnehmender Geschlechterunterschiede belegen, wenn man sich die repräsentativen Schulleistungsstudien von FIMS bis PISA zu Nutze macht. Studien wie FIMS und TIMSS waren jeweils so konstruiert worden, dass sie das Kerncurriculum der jeweiligen Zeit abbilden sollten (Baumert et al. 2000b; Baumert et al. 2001; Husén 1967; Robitaille 1997). Deshalb lässt sich abschätzen, inwiefern es Jungen und Mädchen gelang, ihre Leistungen hinsichtlich eines jeweils als relevant betrachteten Referenzrahmens zu optimieren.

Für die Mathematikleistung berichtete Husén (1967) für Deutschland noch einen Effekt von $d = .17$ zugunsten der männlichen Schüler der 7. Klasse. In der TIMS-Studie, die rund 30 Jahre später durchgeführt wurde, waren die Unterschiede hingegen minimal und nicht signifikant. Die Differenz zwischen Jungen und Mädchen betrug zwei Punkte in der 7. Klasse und einen Punkt in der 8. Klasse – bei einer Standardabweichung von $SD = 90$ (Baumert et al. 1997). In PISA zeigten sich für die Mathematik kleine, aber statistisch signifikante Differenzen zwischen 15-jährigen Jungen und Mädchen (Stanat und Kunter 2003). Die Inkonsistenz zwischen TIMSS und PISA lässt sich damit erklären, dass die Testaufgaben unterschiedlich akzentuiert sind. Im Bereich mathematischer Grundbildung, wie sie in PISA stärker abgefragt wird, lautet die Aufgabenstellung vor allem, ‚träges' Grundwissen zu aktivieren und auf spezifische Problemsituationen zu transferieren. Genau hierin zeigen Jungen die bessere Performanz. Johnson (1996) und Klieme (1997) fanden jeweils die deutlichsten Unterschiede im Bereich (komplexen) mathematischen Problemlösens zugunsten männlicher Schüler. Werden hingegen ‚Standardleistungen' gefordert, also mathematische Leistungen, die curriculumsnah sind, lassen sich kaum Unterschiede finden – auch nach der Pubertät, in der sich die meisten Unterschiede zwischen den Geschlechtern erst ausbilden. FIMS und TIMSS enthalten vor allem Routineaufgaben und stellen insofern die vergleichbareren Studien dar. Bei einem Vergleich dieser Studien wird erkennbar, dass die Geschlechterunterschiede geringer wurden.

Ein ähnliches Muster abnehmender Geschlechterunterschiede zeigt sich auch im Vergleich der *First International Science Study* (FISS) aus dem Jahr 1970 (Comber und Keeves 1973) und TIMSS bzw. PISA. Hier sind vor allem drei Ergebnisse bedeutsam: Die Unterschiede fallen größer aus, je älter die betrachtete Schülergruppe ist, sie sind je nach Domäne unterschiedlich und sie sinken in Deutschland von FISS zu TIMSS, aber auch zu PISA. Der Geschlechtereffekt zugunsten der Jungen belief sich für die Biologie in FISS auf $d = .15$, in Physik jedoch auf d = .77 (14-jährige Schüler). Die Differenz in TIMSS betrug 18 Punkte in Physik (bei einer Standardabweichung von SD = 101). In Biologie verschwanden die Unterschiede sogar vollständig (Baumert et al. 1997). Die gleichen Verhältnisse zeigten sich in PISA (Stanat und Kunter 2003): Im globalen naturwissenschaftlichen Maß, in *life sciences*, die allerdings sehr biologisch orientiert sind, fanden sich keine Unterschiede zwischen Jungen und Mädchen. Betrachtet man allerdings Subdomänen, so zeigten sich in Physik und Chemie leichte Unterschiede zugunsten der Jungen, während in Biologie keine Unterschiede identifiziert werden konnten.

Insgesamt lässt sich somit in Bezug auf die naturwissenschaftlichen und mathematischen Schulleistungen vorsichtig das Fazit ziehen, dass die Unterschiede zwischen den Geschlechtern in den vergangenen Jahrzehnten abnahmen. Für curriculumsnahe Kompetenzen treten deutlich geringere Unterschiede als noch vor wenigen Jahrzehnten auf. Dies ist wahrscheinlich darauf zurückzuführen, dass Mädchen heute eine deutlich bessere Bildungsbeteiligung aufweisen. Innerhalb der Schulformen blieben die Unterschiede bislang teilweise noch bestehen (z.B. Hosenfeld et al. 1999). Für das Fach Deutsch bzw. die Lesekompetenzen, bei denen deutliche Geschlechterunterschiede zugunsten der Mädchen zu finden sind, fehlt es leider an belastbaren Daten für einen historischen Vergleich.

5. Zusammenfassung und Ausblick

Welchen Zusammenhang findet man zwischen Bildungsexpansion und den kognitiven Kompetenzen unterschiedlicher Schülerkohorten? Zusammenfassend lässt sich auf Grundlage der berichteten Befunde konstatieren, dass positive Entwicklungen neben negativen stehen (vgl. Tabelle 3). Entscheidend dafür, ob man Verluste oder Gewinne im Vergleich von späteren mit früheren Schülerkohorten findet, ist vor allem, welche Domäne kognitiver Kompetenzen man betrachtet. Bei relativ allgemeinen Maßen wie Leistungen in Intelligenztests zeigen sich positive Entwicklungen, die in Einklang mit der Hypothese stehen, dass die (inner- wie außerschulischen) Entwicklungsumwelten anregungsreicher geworden sind.

Betrachtet man dagegen einzelne schulische Fächer, so legen die sehr selektiven Befunde nahe, dass positive Entwicklungen in der frühen Phase der Bildungsexpansion Leistungsverlusten in der späten Phase gegenüberstehen. Ungeklärt muss hierbei bleiben, ob zum Beispiel die Verluste in Mathematik durch Leistungszuwächse in anderen Bereichen kompensiert wurden, die teilweise erst spät den Weg in die Schulen fanden (z.B. Computerkenntnisse) – zu berücksichtigen ist allerdings auch, dass eine Reihe von früher gelernten Kompetenzen heute obsolet sind (z.B. Umgang mit dem Rechenschieber).

Tabelle 3: Übersicht über die historische Entwicklung ausgewählter kognitiver Fähigkeitsaspekte

	Gesamt	Gymnasien	Real-/ Hauptschulen	Beispielreferenzen
Intelligenz	+	+		Schallberger (1985), Flynn (1987)
Mathematikleistung, frühe Expansion	+	+	+	Ingenkamp (1967)
Mathematikleistung, späte Expansion	-	-	-	Baumert et al. (in Vorbereitung)
Leseleistung, frühe Expansion	+	+	+	Ingenkamp (1967)

Die Unterschiede zwischen den Kohorten allein deskriptiv zu erfassen, lässt sich angesichts der spärlichen Datenlage und methodischer Probleme (Repräsentativität, Vergleichbarkeit von Stichproben und Testaufgaben etc.) bereits als Herausforderung beschreiben. Darüber hinaus exakt zu quantifizieren, in welchem Maße die beobachteten Unterschiede zwischen den Kohorten auf direkte oder indirekte Folgen der Bildungsexpansion zurückgehen, dürfte ein nicht lösbares Problem darstellen. Zu viele Veränderungen haben sich in Folge oder unabhängig von der Bildungsexpansion ergeben, die ebenfalls einen Effekt auf die Entwicklung kognitiver Kompetenzen haben dürften. Wir haben einige dieser Faktoren ausführlich beschrieben.

Gleichwohl lassen sich die folgenden Aussagen guten Gewissens treffen: Betrachtet man Intelligenztestleistungen als Indikatoren für vorhandene Lernvoraussetzungen, so weist die heutige Schülerschaft gute Lernvoraussetzungen auf. Sowohl für die Gesamtpopulation als auch für das Gymnasium lässt sich eine positive Entwicklung für die Intelligenzleistung belegen. Als relativ gut gesichert kann auch die Entwicklung der Geschlechterunterschiede gelten: Im mathematisch-naturwissenschaftlichen Bereich, für den belastbare Daten vorliegen, näherten sich die Leistungen von Jungen und Mädchen an. Für den Bereich des Lesens, in dem heute die größten Unterschiede – wohlgemerkt zugunsten der Mädchen – bestehen, ist die historische Entwicklung unklar.

Was kann man vom Vergleich der Schülerkohorten der vergangenen 40 Jahre lernen? Um Fragen nach der Vergleichbarkeit der Leistungen über verschiedene Generationen beantworten zu können und mögliche Determinanten solcher Veränderungen besser identifizieren zu können, ist es unverzichtbar, dass eine adäquate Datengrundlage geschaffen wird. Es ist zu vermuten, dass Entwicklungstrends in kognitiven Leistungen zwischen den verschiedenen Kohorten in Zukunft einfacher dokumentiert werden können, da Studien wie PISA und IGLU den Anforderungen an aussagekräftige Vergleiche (Repräsentativität der Stichproben, Testverfahren, Validität zu den Curricula etc.) besser nachkommen, als dies frühere Studien taten (vgl. Avenarius et al. 2003). Insofern wird diese Frage in zukünftigen Studien wahrscheinlich besser zu beantworten sein. Ob sich jedoch auch die Frage nach den Effekten von Beteiligungsquoten eindeutiger beantworten lässt, wird sich erst noch erweisen müssen.

Literatur

Amthauer, Rudolf, 1955: I-S-T. Intelligenz-Struktur-Test: Handanweisung für die Durchführung und Auswertung (2. erw. u. verb. Aufl.). Göttingen: Hogrefe Verlag für Psychologie.

Amtsblatt des Kultusministers des Landes Nordrhein-Westfalen, Jg. 13, 1961: Stundentafeln der höheren Schulen im Land Nordrhein-Westfalen (Anlage).

Artelt, Cordula, Martin Brunner, Wolfgang Schneider, Manfred Prenzel und *Michael Neubrand,* 2003: Literacy oder Lehrplanvalidität? Ländervergleiche auf der Basis lehrplanoptimierter PISA-Tests. S. 77-108 in: *Jürgen Baumert, Cordula Artelt, Eckhard Klieme, Michael Neubrand, Manfred Prenzel, Ulrich Schiefele, Wolfgang Schneider, Klaus-Jürgen Tillmann* und *Manfred Weiß* (Hg.), PISA 2000: Ein differenzierter Blick auf die Länder der Bundesrepublik Deutschland. Opladen: Leske + Budrich.

Avenarius, Hermann, Hartmut Ditton, Hans Döbert, Klaus Klemm, Eckhard Klieme, Matthias Rürup, Heinz-Elmar Ternoth, Horst Weishaupt und *Manfred Weiß,* 2003: Bildungsbericht für Deutschland: Erste Befunde. Opladen: Leske + Budrich.

Baumert, Jürgen, 1991: Langfristige Auswirkungen der Bildungsexpansion. Unterrichtswissenschaft 19: 333-349.

Baumert, Jürgen, Peter M. Roeder, Fritz Sang und *Bernd Schmitz,* 1986: Leistungsentwicklung und Ausgleich von Leistungsunterschieden in Gymnasialklassen. Zeitschrift für Pädagogik 32: 639-660.

Baumert, Jürgen, Peter M. Roeder, Sabine Gruehn, Susanne Heyn, Olaf Köller, Rolf Rimmele, Kai U. Schnabel und *Bettina Seipp,* 1996: Bildungsverläufe und psychosoziale Entwicklung im Jugendalter (BIJU). S. 170-180 in: *Klaus-Peter Treumann, Georg Neubauer, Renate Möller* und *Jürgen Abel* (Hg.), Methoden und Anwendungen empirischer pädagogischer Forschung. Münster: Waxmann.

Baumert, Jürgen, Rainer Lehmann, Manfred Lehrke, Bernd Schmitz, Marten Clausen, Ingmar Hosenfeld, Olaf Köller und *Johanna Neubrand,* 1997: TIMSS – Mathematisch-naturwissenschaftlicher Unterricht im internationalen Vergleich: Deskriptive Befunde. Opladen: Leske + Budrich.

Baumert, Jürgen, Wilfried Bos und *Rainer Watermann,* 2000a: Fachleistungen im voruniversitären Mathematik- und Physikunterricht im internationalen Vergleich. S. 129-180 in: *Jürgen Baumert, Wilfried Bos* und *Rainer Lehmann* (Hg.), TIMSS/III: Dritte Internationale Mathematik- und Naturwissenschaftsstudie: Mathematische und naturwissenschaftliche Bildung am Ende der Schullaufbahn. Opladen: Leske + Budrich.

Baumert, Jürgen, Wilfried Bos und *Rainer Lehmann,* 2000b: TIMSS/III: Dritte Internationale Mathematik- und Naturwissenschaftsstudie: Mathematische und naturwissenschaftliche Bildung am Ende der Schullaufbahn. Opladen: Leske + Budrich.

Baumert, Jürgen, Petra Stanat und *Anke Demmrich,* 2001: PISA 2000: Untersuchungsgegenstand, theoretische Grundlagen und Durchführung der Studie. S. 15-68 in: *Jürgen Baumert, Eckhard Klieme, Michael Neubrand, Manfred Prenzel, Ulrich Schiefele, Wolfgang Schneider, Petra Stanat, Klaus-Jürgen Tillmann* und *Manfred Weiß* (Hg.), PISA 2000: Basiskompetenzen von Schülerinnen und Schülern im internationalen Vergleich. Opladen: Leske + Budrich.

Baumert, Jürgen, Kai S. Cortina und *Achim Leschinsky,* 2003a: Grundlegende Entwicklungen und Strukturprobleme im allgemein bildenden Schulwesen. S. 52-147 in: *Kai S. Cortina, Jürgen Baumert, Achim Leschinsky, Karl Ulrich Mayer* und *Luitgard Trommer* (Hg.), Das Bildungswesen in der Bundesrepublik Deutschland: Strukturen und Entwicklungen im Überblick. Reinbek bei Hamburg: Rowohlt.

Baumert, Jürgen, Ulrich Trautwein und *Cordula Artelt,* 2003b: Schulumwelten: Institutionelle Bedingungen des Lehrens und Lernens. S. 259-330 in: *Jürgen Baumert, Cordula Artelt, Eckhard Klieme, Michael Neubrand, Manfred Prenzel, Ulrich Schiefele, Wolfgang Schneider, Klaus-Jürgen Tillmann* und *Manfred Weiß* (Hg.), PISA 2000: Ein differenzierter Blick auf die Länder der Bundesrepublik Deutschland. Opladen: Leske + Budrich.

Baumert, Jürgen, Peter M. Roeder und *Rainer Watermann,* 2003c: Das Gymnasium – Kontinuität im Wandel. S. 487-524 in: *Kai S. Cortina, Jürgen Baumert, Achim Leschinsky, Karl Ulrich Mayer* und *Luitgard Trommer* (Hg.), Das Bildungswesen in der Bundesrepublik Deutschland: Strukturen und Entwicklungen im Überblick. Reinbek bei Hamburg: Rowohlt.

Baumert, Jürgen, Petra Stanat und *Rainer Watermann,* 2006: Schulstruktur und die Entstehung differenzieller Lern- und Entwicklungsmilieus. S. 95-188 in: *Jürgen Baumert, Petra Stanat* und *Rainer Watermann* (Hg.), Herkunftsbedingte Disparitäten im Bildungswesen: Differenzielle Bildungsprozesse und Probleme der Verteilungsgerechtigkeit. Wiesbaden: VS Verlag für Sozialwissenschaften.

Baumert, Jürgen, Martin Brunner, Oliver Lüdtke und *Ulrich Trautwein, im Druck:* Was messen internationale Schulleistungsstudien? - Resultate kumulativer Wissenserwerbsprozesse. Eine Antwort auf Heiner Rindermann. Psychologische Rundschau.

Baumert, Jürgen, Michael Becker, Oliver Lüdtke, Ulrich Trautwein, Kai S. Cortina, Olaf Köller und *Ingmar Hosenfeld*, in Vorbereitung: Kognitive Effekte der Bildungsexpansion.

Bos, Wilfried, Eva-Maria Lankes, Manfred Prenzel, Knut Schwippert, Renate Valtin und *Gerd Walther* (Hg.), 2003: Erste Ergebnisse aus IGLU: Schülerleistungen am Ende der vierten Jahrgangsstufe im internationalen Vergleich. Münster: Waxmann.

Bronfenbrenner, Urie und *Stephen J. Ceci*, 1994: Nature-nurture reconceptualized in developmental perspective: A bioecological model. Psychological Review 101: 568-586.

Buhren, Claus G., Winfried Witjes und *Peter Zimmermann,* 2003: Veränderte Kindheit und Jugend: Schwierigere Schülerinnen und Schüler? S. 323-378 in: *Heinz-Günter Holzappels, Klaus Klemm, Hermann Pfeiffer, Hans-Günter Rolff* und *Renate Schulz-Zander* (Hg.), Jahrbuch für Schulentwicklung, Bd. 12: Daten, Beispiele, Perspektiven. Weinheim: Juventa.

Bunk, Gerhard P., 1983: Zur Leistungsfähigkeit der Jugendlichen in Rechnen und Rechtschreiben beim Übergang von der allgemeinbildenden Schule in die Berufsausbildung. Pädagogische Rundschau 38: 719-739.

Ceci, Stephen J., 1991: How much does schooling influence general intelligence and its cognitive components? A reassessment of the evidence. Developmental Psychology 27: 703-722.

Ceci, Stephen J., Paul B. Papierno und *Katrin U. Müller-Johnson*, 2002: The twisted relationship between school spending and academic outputs: in search of a new metaphor. Journal of School Psychology 40: 477-484.

Comber, L. C. und *John P. Keeves,* 1973: Science education in nineteen countries. An empirical study. Stockholm/New York: Almquivist und Wiksell/John Wiley und Sons.

Cortina, Kai S., Jürgen Baumert, Achim Leschinsky, Karl Ulrich Mayer und *Luitgard Trommer,* 2003: Das Bildungswesen in der Bundesrepublik Deutschland: Strukturen und Entwicklungen im Überblick. Reinbek bei Hamburg: Rowohlt.

Dahrendorf, Ralf, 1965: Bildung ist Bürgerrecht: Plädoyer für eine aktive Bildungspolitik. Hamburg: Nannen.

Dollase, Rainer, 2001: Veränderte Kindheit. S. 7141-7749 in: *Detlef H. Rost* (Hg.), Handwörterbuch Pädagogische Psychologie (2., überarb. u. erw. Aufl.). Weinheim: PVU.

Edding, Friedrich, 1963: Ökonomie des Bildungswesens: Lehren und Lernen als Haushalt und als Investition. Freiburg i. Br.: Rombach.

Edelstein, Wolfgang, 1970: Das „Projekt Schulleistung" im Institut für Bildungsforschung in der Max-Planck-Gesellschaft. Zeitschrift für Pädagogik 16: 517-529.

Feingold, Alan, 1992: Sex differences in variability in intellectual abilities: A new look at an old controversy. Review of Educational Research 62: 61-84.

Flynn, James R., 1987: Massive IQ gains in 14 nations: What IQ tests really measure. Psychological Bulletin 101: 171-191.

Flynn, James R., 1998: IQ gains over time: Toward finding the causes. S. 25-66 in: *Ulric Neisser* (Hg.), The rising curve: Long-term gains in IQ and related measures. Washington, DC: American Psychological Association.

Flynn, James R., 2000: IQ gains and fluid g. American Psychologist 55 (5): 543.

Fuligni, Andrew J., Jacquelynne S. Eccles und *Bonnie L. Barber*, 1995: The long-term effects of seventh-grade ability grouping in mathematics. Journal of Early Adolescence 15: 58-89.

Gamoran, Adam, Martin Nystrand, Mark Berends und Paul C. LePore, 1996. An organizational analysis of the effects of ability grouping. American Educational Research Journal 32: 687-715.

Greenfield, Patricia, 1998: The cultural evolution of IQ. S. 81-123 in: *Ulric Neisser* (Hg.), The rising curve: Long-term gains in IQ and related measures. Washington, DC: American Psychological Association.

Griesbach, Heinz und *Christoph Heine*, 2000: Trends beim Hochschulzugang in den neuen und alten Ländern. Gemeinsamkeiten und Unterschiede. Beiträge zur Hochschulforschung 1/2: 101-124.

Hanna, Gila, 2000: Declining gender differences from FIMS to TIMSS. Zentralblatt der Didaktik der Mathematik 32: 11-17.

Helmke, Andreas und *Franz E. Weinert,* 1997: Bedingungsfaktoren schulischer Leistung. S. 71-176 in: *Franz E. Weinert* (Hg.), Psychologie des Unterrichts und der Schule: Enzyklopädie der Psychologie. Serie Pädagogische Psychologie Bd. 3. Göttingen: Hogrefe.

Hofer, Manfred, 2003: Wertewandel, schulische Motivation und Unterrichtsorganisation. S. 235-253 in: *Wolfgang Schneider* und *Monika Knopf* (Hg.), Entwicklung, Lehren und Lernen. Göttingen: Hogrefe.

Hopf, Dieter, 1980: Mathematikunterricht: Eine empirische Untersuchung zur Didaktik und Unterrichtsmethodik in der 7. Klasse des Gymnasiums, Band 4. Stuttgart: Klett-Cotta.

Horn, Ralf, 1986: Schulleistungen früher und heute. Psychologie in Erziehung und Unterricht 33: 61-63.

Hosenfeld, Ingmar, Olaf Köller und *Jürgen Baumert*, 1999: Why sex differences in mathematics achievement disappear in German secondary schools: A reanalysis of the German TIMSS data. Studies in Educational Evaluation 25: 143-161.

Husén, Torsten, 1967: International study of achievement in mathematics: A comparison of 12 countries, Band I und II. Stockholm: Almqvist und Wiksell.

Hyde, Janet Shibley, 2005. The gender similarities hypothesis. American Psychologist 60: 581-592.

Ingenkamp, Karlheinz, 1967: Schulleistungen – damals und heute: Meinungen und Untersuchungen zur Veränderung des Leistungsniveaus unserer Schuljugend, Band 7. Weinheim: Beltz.

Ingenkamp, Karlheinz, 1986: Zur Diskussion über die Leistungen unserer Berufs- und Studienanfänger. Zeitschrift für Pädagogik 32: 1-30.

Inglehart, Ronald, 1989: Kultureller Umbruch. Frankfurt a.M.: Campus.

Inglehart, Ronald, 1998: Modernisierung und Postmodernisierung. Frankfurt a.M.: Campus.

Ireson, Judith und *Susan Hallam,* 2001: Ability grouping in education. London: Sage.

Johnson, Sandra, 1996: The contribution of large-scale assessment programmes to research on gender differences. Educational Research and Evaluation 2: 25-49.

Keeves, John P. und *Dieter Kotte,* 1992: Disparities between the sexes in science education 1970-1984. S. 141-164 in: *John P. Keeves* (Hg.), The IEA study of science III. Changes in science education and achievement: 1970 to 1984. Oxford: Pergamon.

Klaus, Friedrich, 1981: Langfristige Veränderungen von Risikofaktoren der Verhaltensstörungen bei Kindern und Jugendlichen. Freiburg: Universität Freiburg.

Klemm, Klaus, 2001: Bildungsexpansion, Erfolge und Mißerfolge sowie Bildungsbeteiligung. S. 331-342 in: *Wolfgang Böttcher, Klaus Klemm* und *Thomas Rauschenbach* (Hg.), Bildung und Soziales in Zahlen: Statistisches Handbuch zu Daten und Trends im Bildungsbereich. Weinheim: Juventa.

Klieme, Eckhard, 1997: Gender-related differences in mathematical abilities: Effect size, spatial mediation, and item content. Paper, vorgestellt auf der 7th Conference of the European Association for Research in Learning and Instruction (EARLI), Athens, Greece.

Köhler, Helmut, in Vorbereitung: Länderprofile der Schulentwicklung.

Köller, Olaf, 2004: Konsequenzen von Leistungsgruppierung. Münster: Waxmann.

Köller, Olaf und *Jürgen Baumert,* 2002: Entwicklung schulischer Leistungen. S. 756-786 in: *Rolf Oerter* und *Leo Montada* (Hg.), Entwicklungspsychologie: Ein Lehrbuch. Weinheim: Psychologie Verlags Union.

Köller, Olaf, Rainer Watermann, Ulrich Trautwein und *Oliver Lüdtke,* 2004: Wege zur Hochschulreife in Baden-Württemberg: TOSCA – Eine Untersuchung an allgemein bildenden und beruflichen Gymnasien. Opladen: Leske + Budrich.

Kratzmeier, Heinrich und *Ralf Horn,* 1979: Manual: Raven-Matrizen-Test. Weinheim: Beltz.

Kühn, Rolf, 1994: Was leisten Hauptschulen in der Mathematik? S. 280-285 in: *Richard Olechowski* und *Brigitte Rollett* (Hg.), Theorie und Praxis: Aspekte empirisch-pädagogischer Forschung. Quantitative und qualitative Methoden. Frankfurt a.M.: Lang.

Kurz, Günther, 1988: Das Eingangswissen von Studienanfängern in Mathematik und Physik. Wiederholte Querschnittsuntersuchungen an der FHT Esslingen. Empirische Pädagogik 2: 5-32.

Kurz, Günther, Hans-Joachim Brenne, Günther Voss und *R. F. Weber,* 1981. Das Eingangswissen in Mathematik und Physik von Studienanfängern an Fachhochschulen technischer Richtung. Die neue Hochschule 2: 12-16.

Leschinsky, Achim, 2003: Die Hauptschule – Sorgenkind im Schulwesen. S. 392-428 in: *Kai S. Cortina, Jürgen Baumert, Achim Leschinsky, Karl Ulrich Mayer* und *Luitgard Trommer* (Hg.),

Das Bildungswesen in der Bundesrepublik Deutschland: Strukturen und Entwicklungen im Überblick. Reinbek bei Hamburg: Rowohlt.

Leschinsky, Achim und *P.M. Roeder,* 1980: Didaktik und Unterricht in der Sekundarstufe I seit 1950: Entwicklung der Rahmenbedingungen. S. 283-391 in: *Projektgruppe Bildungsbericht am Max-Planck-Institut für Bildungsforschung* (Hg.), Bildung in der Bundesrepublik Deutschland: Daten und Analysen. Bd. 1: Entwicklungen seit 1950. Reinbek bei Hamburg: Rowohlt.

Maynard, Ashley E., Kaveri Subrahmanyam und *Patricia M. Greenfield,* 2005: Technology and the development of intelligence: From the loom to the computer. S. 29-53 in: *Robert J. Sternberg* und *David D. Preiss* (Hg.), Intelligence and technology: The impact of tools on the nature and development of human abilities. Mahwah, NJ: Lawrence Erlbaum Associates.

Mehlhorn, Hans-Georg und *Gerlinde Mehlhorn*, 1981: Intelligenz-Tests und Leistung. Wissenschaft und Fortschritt 31: 346-351.

Müller, Walter, 1998: Erwartete und unerwartete Folgen der Bildungsexpansion. S. 81-112 in: *Jürgen Friedrichs*, *Rainer M. Lepsius* und *Karl Ulrich Mayer* (Hg.), Die Diagnosefähigkeit der Soziologie. Opladen: Westdeutscher Verlag.

Neisser, Ulric, Gwyneth Boodoo, Thomas J. Jr. Bouchard, A. Wade Boykin, Nathan Brody, Stephen J. Ceci, Diane F. Halpern, John C. Loehlin, Robert Perloff, Robert J. Sternberg und *Susana Urbina*, 1996: Intelligence: Knowns and unknowns. American Psychologist 51: 77-101.

Opdenakker, Marie-Christine und *Jan Van Damme*, 2006: Differences between secondary schools: A study about school context, group composition, school practice and school effects with special attention to Catholic schools and types of schools. School Effectiveness and School Improvement 17: 87-117.

Parker, Lesley H., Léonie J. Rennie und *Jan Harding,* 1995: Gender equity. S. 186-210 in: *Barry J. Fraser* und *Herbert J. Walberg* (Hg.), Improving science education. Chicago, IL: University of Chicago Press.

Peisert, Hansgert, 1967: Soziale Lage und Bildungschancen in Deutschland. München: Piper.

Picht, Georg, 1964: Die Deutsche Bildungskatastrophe. Olten/Freiburg i.Br.: Walter.

Putz-Osterloh, Wiebke, 1977: Über Problemlöseprozesse bei dem Test Würfelaufgaben aus dem Intelligenzstrukturtest IST und IST-70 von Amthauer. Diagnostica 23: 252-265.

Robitaille, David F., 1997: National contexts for mathematics and science education. An encyclopedia of the education systems participating in TIMSS. Vancouver: Pacific Educational Press.

Roeder, Peter M., Jürgen Baumert, Fritz Sang und *Bernd Schmitz*, 1986: Expansion des Gymnasiums und Leistungsentwicklung. Zeitschrift für Soziologie 15: 210-220.

Schallberger, Urs, 1985: HAWIK und HAWIK-R: Ein empirischer Vergleich. Zürich: Psychologisches Institut der Unversität Zürich.

Schneewind, Klaus A., Gabriele Vierzigmann und *Veronika Backmund,* 1998: Scheidung. S. 1101-1109 in: *Rolf Oerter* und *Leo Montada* (Hg.), Entwicklungspsychologie. Weinheim: Psychologie Verlags Union.

Schooler, Carmi, 1998: Environmental complexity and the Flynn effect. S. 67-79 in: *Ulric Neisser* (Hg.), The rising curve: Long-term gains in IQ and related measures. Washington, DC: American Psychological Association.

Schultze, Walter, 1974: Die Leistungen im naturwissenschaftlichen Unterricht in der Bundesrepublik im internationalen Vergleich. Frankfurt a. M.: Deutsches Institut für Internationale Pädagogische Forschung.

Schultze, Walter und *Lothar Riemenschneider*, 1967: Eine vergleichende Studie über die Ergebnisse des Mathematikunterrichts in zwölf Ländern. Mitteilungen und Nachrichten: Deutsches Institut für Internationale Pädagogische Forschung 46/47: 1-34.

Slavin, Robert E., 1993: Ability grouping in the middle grades: Achievement effects and alternatives. The Elementary School Journal 93: 535-552.

Stanat, Petra, 2003: Schulleistungen von Jugendlichen mit Migrationshintergrund: Differenzierung deskriptiver Befunde aus PISA und PISA-E. S. 241-257 in: *Jürgen Baumert, Cordula Artelt, Eckhard Klieme, Michael Neubrand, Manfred Prenzel, Ulrich Schiefele, Wolfgang Schneider, Klaus-Jürgen Tillmann* und *Manfred Weiß* (Hg.), PISA 2000: Ein differenzierter Blick auf die Länder der Bundesrepublik Deutschland. Opladen: Leske + Budrich.

Stanat, Petra, 2006: Schulleistungen von Jugendlichen mit Migrationshintergrund: Die Rolle der Zusammensetzung der Schülerschaft. S. 189-219 in: *Jürgen Baumert, Petra Stanat* und *Rainer Watermann* (Hg.), Herkunftsbedingte Disparitäten im Bildungswesen. Vertiefende Analysen im Rahmen von PISA 2000. Wiesbaden: VS Verlag für Sozialwissenschaften.

Stanat, Petra und *Mareike Kunter,* 2003: Kompetenzerwerb, Bildungsbeteiligung und Schullaufbahn von Mädchen und Jungen im Ländervergleich. S. 211-243 in: *Jürgen Baumert, Cordula Artelt, Eckhard Klieme, Michael Neubrand, Manfred Prenzel, Ulrich Schiefele, Wolfgang Schneider, Klaus-Jürgen Tillmann* und *Manfred Weiß* (Hg.), PISA 2000: Ein differenzierter Blick auf die Länder der Bundesrepublik Deutschland. Opladen: Leske + Budrich.

Stelzl, Ingeborg, Ferdinand Merz, Theodor Ehlers und *Herbert Remer*, 1995: The effect of schooling on the development of fluid and cristallized intelligence: A quasi experimental study. Intelligence 21: 279-296.

Stumpf, Heinrich und *Eckhard Klieme*, 1989. Sex-related differences in spatial ability: More evidence for convergence. Perceptual and Motor Skills 69: 915-921.

Terhart, Ewald, 2003: Die Lehrerbildung. S. 787-810 in: *Kai S. Cortina, Jürgen Baumert, Achim Leschinsky, Karl Ulrich Mayer* und *Luitgard Trommer* (Hg.), Das Bildungswesen in der Bundesrepublik Deutschland: Strukturen und Entwicklungen im Überblick. Reinbek bei Hamburg: Rowohlt.

Treumann, Klaus, 1983: Projekt ‚Hauptschule'. S. 97-101 in: *Max-Planck-Institut für Bildungsforschung*: Jahresbericht 1983. Berlin.

Trommer, Luitgard, in Vorbereitung: Stundentafeln in den Ländern der Bundesrepublik Deutschland. Berlin: Max-Planck-Institut für Bildungsforschung.

Wechsler, David, 1992: WISC-III: Wechsler Intelligence Scale for Children (Australian adaption, 3rd. edition). New York: The Psychological Corporation and Harcourt Brace Jovanovich.

Weinert, Franz E., 1994: Entwicklung und Sozialisation der Intelligenz, der Kreativität und des Wissens. S. 259-284 in: *Klaus A. Schneewind* (Hg.), Psychologie der Erziehung und Sozialisation. Göttingen: Hogrefe.

Wewetzer, Horst, 1973: Strukturwandel und Leistungsdifferenzierung an der Realschule: Ergebnisse aus dem Schulversuch ‚Salzgitterplan' an der Emil-Langen-Realschule in Salzgitter. Die Realschule 81: 343-346.

Zajonc, Robert B. und *Patricia R. Mullally*, 1997: Birth order: Reconciling conflicting effects. American Psychologist 52: 685-699.

Teil 2

Berufsstruktur und Arbeitsmarkt

Bildungsexpansion und berufsstruktureller Wandel

Frank Schubert und Sonja Engelage

1. Einleitung

Die Bildungsexpansion ist eine Entwicklung, die moderne Staaten wie etwa Deutschland kennzeichnet (Müller 1998). Einer der wichtigsten Gründe für ihre Initiierung war die wirtschaftliche Modernisierung in der Nachkriegszeit (Picht 1964). Die Bildungsexpansion wurde vom Staat angestoßen, um die Nachfrage der Privatwirtschaft nach höher qualifizierten Arbeitskräften zu befriedigen, und um gleichzeitig die wohlfahrtsstaatlichen Programme wie Bildung, Gesundheit und Sozialfürsorge ausbauen zu können. Kritiker hoben aber neben wirtschaftlichen Beweggründen den humanistischen Aspekt in den Vordergrund. Demokratie basiere auf der Entscheidungsfähigkeit mündiger Bürger und nur durch Bildung kann diese Grundvoraussetzung gewährleistet werden (Dahrendorf 1965).

Durch den Ausbau des Bildungssystems erhöhte sich in der Folge der Arbeitskräftebedarf des Bildungssystems selbst, so dass der öffentliche Dienst die Produktion von Qualifikationen, die er initialisiert hat, wiederum größtenteils selbst absorbierte (Becker 1993). Diese Entwicklung hat offensichtlich zum Wandel der Wirtschafts- und Berufsstruktur hin zu einer Tertiarisierung beigetragen.[1] Vor dem Hintergrund dieser Entwicklung ist die Frage zu stellen, welche Folgen sich aus der Bildungsexpansion für die Berufsstruktur ergeben haben. Im vorliegenden Beitrag analysieren wir anknüpfend an Forschungsergebnisse aus den 1980er und 1990er Jahren insbesondere die Wechselwirkung zwi-

---

1 Wird die *sektorale* Entwicklung auf dem Arbeitsmarkt betrachtet, so ist eine Abnahme der Wichtigkeit und Größe des landwirtschaftlichen Sektors evident. Auch im Bereich der Produktion ist ein Rückgang zu verzeichnen. Zugenommen hat hingegen der Dienstleistungssektor, so dass heute der Begriff der Dienstleitungsgesellschaft ein Gemeinplatz ist. Der technische Fortschritt in den modernen Industrienationen und der Ausbau moderner Telekommunikation begünstigen die Entstehung neuer Berufe, beispielsweise in der IT-Branche, während andere Berufsfelder zunehmend an Bedeutung verlieren oder ganz wegfallen. Mit den veränderten beruflichen Anforderungen im Zuge dieser Modernisierung sind *Professionalisierungstendenzen*, über alle Berufe hinweg und insbesondere im öffentlichen Dienst, zu verzeichnen.

schen Bildungsexpansion und Ausdehnung der Beschäftigung im öffentlichen Dienst. Gab es einen parallelen Verlauf zwischen Bildungs- und Staatsexpansion oder existierten die Wandlungstendenzen unabhängig voneinander? Falls es eine Abhängigkeit dieser Entwicklungen gab, ist nun zu fragen, ob sich wegen der heute konstatierten Sättigung im staatlichen Beschäftigungsbereich eine Entkopplung von Bildungsexpansion und Staatsbeschäftigung ergeben hat. Wo verbleiben die zuvor von der Bildungsexpansion selbst absorbierten Höherqualifizierten und welche Konsequenzen ergeben sich daraus für den öffentlichen Dienst und die Privatwirtschaft?

2. Theoretische Perspektiven, Forschungsstand und Hypothesen

Um berufsstrukturellen Wandel analysieren zu können, müssen zuvor die verschiedenen Dimensionen des Wandels aufgeschlüsselt werden. Hierbei unterscheiden wir zum einen die Verschiebung der Sektoren und andererseits den Trend zur Professionalisierung, der sich im sekundären Sektor – also insbesondere im Produktionssektor – niederschlägt. Schließlich zeichnen sich Veränderungen auch im tertiären Sektor ab. Gemäß der Drei-Sektoren-Theorie von

Abbildung 1: Erwerbstätigkeit nach Wirtschaftsbereich in Prozent

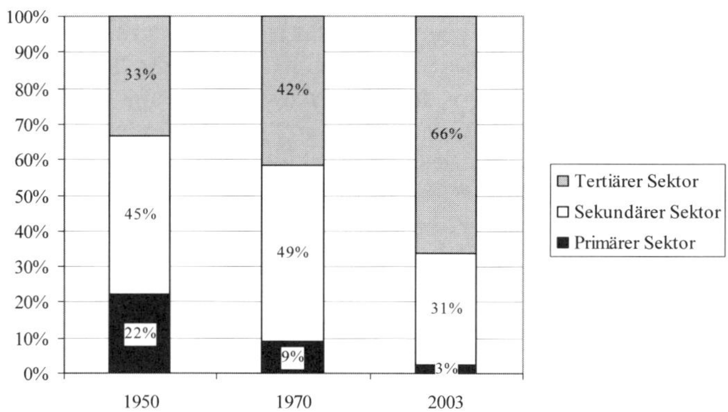

Quelle: Statistisches Bundesamt 2005; eigene Darstellung

Clark (1940) zeigt sich zunächst mit fortschreitender Industrialisierung eine Verschiebung der Gewichtung, weg von dem primären Produktionssektor (Landwirtschaft), hin zum sekundären Sektor (Industrie). Die damit verbundene und rasch zunehmende Tertiarisierung wird dabei als Indikator für die wirtschaftliche Entwicklung einer Gesellschaft betrachtet (Fourastié 1954).[2]

2.1 Der sekundäre Sektor

Neben der quantitativen Verschiebung zwischen den verschiedenen Sektoren sind auch qualitative Veränderungen in der Arbeitsorganisation des Produktionssektors zu verzeichnen. Dies zeigt sich unter anderem in der Arbeitsorganisation, den gewandelten Ansprüchen und Anforderungen und den Arbeitsbedingungen. Daran schließt sich die Diskussion an, ob von einer Entwertung der beruflichen Erstausbildung gesprochen werden kann und ob das duale System heute immer noch Garant für einen qualifizierten Arbeitsplatz ist bzw. was mit denjenigen geschieht, die keine dieser Qualifikationen aufweisen können.

Wie Kern und Schumann (1984) am Beispiel der Automobilindustrie bereits in den 1980er Jahren aufgezeigt haben, führten Unternehmen veränderte Abläufe und Anforderungen ein. Gegenläufig zur vorherigen Taylorisierung der Arbeit mit der typischen Trennung in Hand- und Kopfarbeit wurde ein Trend hin zu Aufgabenintegration und Reprofessionalisierung in der Produktion offenbar. Spätere Forschungsarbeiten bestätigen diese Entwicklung, die durch den technischen Fortschritt weiter angeschoben wird, auch für die 1990er Jahre (Kuhlmann 2001). Das Bundesinstitut für Berufsbildung (BIBB) befragte Arbeitnehmer nach Veränderungen in den Arbeitsbedingungen und stellt eine Verstärkung dieser Tendenz bei gleichzeitigem Übergreifen in andere Produktionsbereiche fest. 42 Prozent berichten über gestiegene fachliche Anforderungen (Jansen 2002). Weitere Evidenz findet sich bei Baethge und Baethge-Kinksy (2001), die bedingt durch die gestiegenen Ansprüche in der Produktionsarbeit, zum Beispiel im Bereich der Prozesssteuerung und im Qualitätsmanagement, eine schärfere Selektionierung und schließlich sogar die Auflösung des klassischen Facharbeiterkonzepts konstatieren.

Theoretisch werden diese Befunde untermauert von den von Braverman (1977) dargestellten Implikationen der Veränderungen im Produktionssektor, die zu einer Tendenz der Qualifikationspolarisierung führen. Unter den Bedingungen der Taylorisierung bei gleichzeitig wachsenden Märkten „sind im Rahmen des Rationalisierungsprozesses an die Stelle des einstigen Handwerkers sowohl eine begrenzte Zahl von Technikern und Ingenieuren als auch eine gros-

2 Zur Kritik an der Drei-Sektorentheorie, insbesondere hinsichtlich der unterschiedlichen Möglichkeiten der Zuordnung einzelner Branchen oder Berufe zu den Sektoren und der damit verbundenen verschieden großen Ausprägungen der Tertiarisierung vgl. Pohl (1970).

se Zahl von un- und angelernten Produktionsarbeitern getreten." (Blossfeld 1989: 34).[3]

Die Ausgliederung von Produktionskonzeption und Produktionskontrolle führte im weiteren Verlauf zu einer raschen Zunahme von Dienstleistungsberufen. Begründet wird diese Veränderung in der Berufsstruktur und Arbeitsorganisation damit, „dass moderne industrielle Produkte ohne den verstärkten Einsatz von Dienstleistungen – Forschen, Entwickeln, Planen, Koordinieren – weder kostengünstig herzustellen, noch gewinnbringend zu verkaufen sind" (Ruhland 1992: 723). So spricht Bell in seiner Beschreibung des Übergangs zur nachindustriellen Gesellschaft von einem Aufschwung des Dienstleistungssektors aufgrund von technischer Entwicklung und damit einhergehenden gestiegenen qualifikatorischen Anforderungen. In der Konsequenz sieht er eine zunehmende Dominanz professionalisierter und technisch anspruchsvoller Berufe in der Arbeitsgesellschaft (Bell 1975: 33).

2.2 Der tertiäre Sektor

Neben der Reorganisation des sekundären Sektors fand die Expansion des tertiären Sektors (Dienstleitungssektor) zunächst vor allem im öffentlichen Dienst statt. So ist zum einen die Integration häuslicher Dienste in den Markt zu beobachten, bei denen Sicherheitsleistungen des Familien- und Verwandtschaftssystem, zum Beispiel in der Altenpflege, durch staatliche Versorgungsangebote substituiert werden (siehe auch: Rabe-Kleeberg 1993; Winter 1994; Stiegler 1999). Ein weiterer Grund für die Beschäftigungsdynamik im Gesundheits- und Sozialwesen findet sich im Ausbau des Wohlfahrtstaates und der zunehmenden Bedeutung der Sozialversicherungssysteme.

Zum anderen ist die Beschäftigungsentwicklung im Bildungswesen von herausragender Bedeutung. So sind die steigenden Schüler- und Studentenzahlen

3 Die These der Entwertung der beruflichen Erstausbildung und des damit verbundenen Orientierungs- und Allokationsverlusts der Ausbildung wird von Mowitz-Lambert (2002) zurückgewiesen. Im Rahmen seiner empirischen Untersuchung, einer Befragung von Absolventen des dualen Ausbildungssystems, stellt er dar, dass das duale System nach wie vor als Brücke zwischen Schule und Erwerbsleben fungiert und die meisten Absolventen diese Schwelle zügig überschreiten können. Demgegenüber stehen Ergebnisse der BIBB-Erhebung, die zeigen, dass es lernschwächeren Jugendlichen zunehmend schwerer fällt sich gegen hochqualifizierten Nachwuchs innerhalb des dualen Systems durchzusetzen (Ulrich 2004). So hat Solga (2002) darauf hingewiesen, dass ein Teil der Hauptschulabsolventen von vorn herein keinen Zugang mehr zum Arbeitsmarkt findet; dies nicht nur aufgrund mangelnder Qualifikationen, sondern auch aufgrund ungünstiger familiärer Sozialisationsbedingungen und gesellschaftlicher Stigmatisierungsprozesse. Ein Nebeneffekt ist, dass in bisherigen Analysen des berufsstrukturellen Wandels (z.B. Blossfeld 1985, 1989) diese Gruppe in der Berufsverteilung nicht mit erfasst wird. Somit wird nur die Qualifikationsstruktur der tatsächlich Beschäftigten dargestellt und nicht die Qualifikationsstruktur aller Schulabgänger, die ein etwas anderes Bild abgeben würde.

und die längere Verweildauer im Bildungssystem im Zuge der Bildungsexpansion zwangsläufig direkt mit einer zusätzlichen Nachfrage nach Lehrpersonal und nach einer Erweiterung der Kapazitäten des Schulsystems verbunden. Neben den Bildungsinstitutionen im Rahmen der obligatorischen Schulpflicht sind auch alle anderen daran anschließenden Ausbildungen und insbesondere tertiäre Ausbildungsgänge betroffen. So wird konstatiert, dass auf dem Höhepunkt der Bildungsexpansion ganze Jahrgänge von Universitätsabsolventen vom Bildungssystem absorbiert wurden (Becker 1993). In den letzten Jahren wurde diese Entwicklung insbesondere durch den Ausbau von Weiterbildungsangeboten fortgeführt (Kuwan und Thebis 2004).

Der tertiäre Sektor hat sich nicht nur im öffentlichen Dienst weiterentwickelt, sondern auch im privatwirtschaftlichen Bereich (vgl. Müller 1983). Der technische Fortschritt in den modernen Industrienationen und der Ausbau moderner Telekommunikation begünstigt die Entstehung neuer Berufe, z.B. in der IT-Branche, während andere Berufsfelder zunehmend an Bedeutung verlieren oder ganz wegfallen. Mit den veränderten beruflichen Anforderungen im Zuge dieser Modernisierung sind Professionalisierungstendenzen, über alle Berufe hinweg und insbesondere im öffentlichen Dienst zu verzeichnen.

3. Bildungsexpansion und Berufsstruktur

Die Bildungsexpansion führt dazu, dass immer mehr Menschen über eine immer bessere Ausbildung verfügen. Es wurde argumentiert, dass die Hochqualifizierten zunächst vom öffentlichen Dienst absorbiert wurden (Becker 1993; Blossfeld und Becker 1989). Da aber der öffentliche Dienst heute nicht mehr expandiert, sondern – im Gegenteil – Stellen abgebaut werden, stellt sich die Frage, welche Konsequenzen sich aus dem „Überhang" an sehr gut ausgebildeten Arbeitskräften ergeben.

Zudem ist der Anteil Beschäftigter im industriellen Bereich durch die sektorale Entwicklung und Rationalisierungsprozesse rückläufig. „Dadurch verschiebt sich die gesamte Berufsstruktur – und das besonders ausgeprägt bei den Berufsanfängern – von den herstellenden manuellen Tätigkeiten hin zu qualifizierten Dienstleistungsberufen" (Blossfeld 1984: 24). Und auch hier ist zu fragen, ob für die Besetzung zusätzlicher Stellen im Dienstleistungssektor freie Arbeitskräfte vom Arbeitsmarkt rekrutiert werden oder ob hauptsächlich Berufsanfänger diese Entwicklung tragen.

Es bleibt zu klären, ob Arbeitskräfte im Laufe ihrer Berufskarriere aus der Privatwirtschaft in den öffentlichen Dienst oder umgekehrt wechseln. Im Folgenden wird daher die Struktur der Arbeitsmärkte im öffentlichen Dienst der Struktur privatwirtschaftlich organisierter Arbeitsmärkte gegenüber gestellt.

Berufstrukturen in der Privatwirtschaft und im öffentlichen Dienst – ein Vergleich

Segmentationstheorien gehen davon aus, dass der Arbeitsmarkt in verschiedene Teilarbeitsmärkte differenziert ist, die spezifische Charakteristika aufweisen und zwischen denen die Mobilität stark eingeschränkt ist. Der Fokus liegt hier auf den strukturellen Merkmalen der Arbeitsplätze wie zum Beispiel Qualifikationsanforderungen, Lohnhöhe, Betriebsgröße und Arbeitsplatzsicherheit.

Während die Unternehmen der Privatwirtschaft danach streben, Aufwendungen zu minimieren und Gewinne zu maximieren, ist im Gegensatz dazu im öffentlichen Dienst die Orientierung am Gemeinwohl bestimmend. „Aufgrund der grundsätzlich verschiedenen Ziel- und Aufgabenbestimmungen von privatwirtschaftlichem und staatlichem Sektor ist zu erwarten, dass sich die Struktur und die Dynamik der Berufsbereiche in beiden Sektoren sowie ihre institutionellen Regelungen deutlich unterscheiden und sich auf die Arbeitsmarktprozesse in restriktiver Weise auswirken" (Blossfeld und Becker 1989: 234).[4]

Neben dem Motiv des wirtschaftlichen Handelns kann eine weitere Differenzierung im Bereich der Aufgaben und Tätigkeiten ausgemacht werden. So sind in der Privatwirtschaft alle Aufgabenbereiche um die Produktions- und Verkaufstätigkeit gruppiert, die Basis für gewinnorientiertes Handeln ist. Gleichzeitig ist die Stellenstruktur weniger starr als im öffentlichen Dienst. So charakterisiert Weber die Bürokratie – wie sie in modernen Gesellschaften im öffentlichen Dienst anzutreffen ist – als System von festen Positionen mit klaren Aufgabendefinitionen, Handlungsbefugnissen und vom Stelleninhaber zu erfüllenden Kompetenzen (Weber 1976).

Ein wesentlicher Unterschied zwischen privatem und öffentlichem wirtschaftlichen Handeln liegt in der Rationalisierbarkeit der Abläufe. Im primären und sekundären Wirtschaftssektor ermöglicht der technische Fortschritt enorme Produktivitätssteigerungen bei gleichzeitiger Ausweitung der Produktion und Reduzierung eingesetzter Arbeitskräfte. Demgegenüber ist der Dienstleistungssektor mit seinen personalintensiven Tätigkeiten weniger rationalisierbar und gewinnt daher, gemessen an der Zahl der Beschäftigten, an Größe. Der Staat als Arbeitgeber nimmt hier zunehmend eine wichtigere Rolle im Gesamtarbeitsmarkt ein, da der Dienstleistungssektor überwiegend der öffentlichen Hand obliegt, hingegen Industrie und Landwirtschaft vornehmlich privat organisiert

4 Demgegenüber kann kritisch angemerkt werden, dass die Orientierung am Gemeinwohl im öffentlichen Dienst zunehmend überlagert wird von betriebswirtschaftlichen Ansätzen, um das Verhältnis zwischen Daseinsvorsorge und finanzieller Machbarkeit zu balancieren. Mit der Daseinsvorsorge wird die Aufgabe des Staates definiert, Güter und Leistungen bereitzustellen, die für ein sinnvolles und menschliches Dasein notwendig sind (z.B. öffentliche Einrichtungen wie Schulen, die Versorgung mit Strom und Wasser usw.).

sind. Es ist festzuhalten, dass der öffentliche Dienst unter Verantwortung des Staates aufgrund weitgehender Unberührtheit von konjunkturellen Schwankungen einen quasi geschützten Arbeitsmarkt generiert, der sich durch verringerte Arbeitslosigkeitsrisiken und die Besonderheiten des Beamtenstatus auszeichnet.

Für die Privatwirtschaft ist es von existenzieller Bedeutung auf die jeweilige wirtschaftliche Lage möglichst flexibel reagieren zu können. In Anpassung an diese sich ständig verändernden Rahmenbedingungen, in denen Privatunternehmen wirtschaften, entstehen segmentierte Teilarbeitsmärkte. „Teilarbeitsmärkte entstehen, wenn Betriebe und Organisationen ihren laufenden Arbeitskräftebedarf decken, das Personal flexibel an veränderte Absatz- und Arbeitsbedingungen anpassen und die Arbeitskräftenutzung möglichst effizient zu gestalten versuchen" (Blossfeld und Mayer 1988: 265). Gemäß der Segmentationstheorie von Lutz und Sengenberger (1974) sind berufsfachliche Arbeitsmärkte, Jedermannsarbeitsmärkte und interne betriebliche Arbeitsmärkte in der Bundesrepublik zu differenzieren.[5] Während berufsfachliche und interne Arbeitsmärkte gute Beschäftigungsstrukturen und Beschäftigungschancen aufweisen (Lohn, Sicherheit Arbeitsplatz, Karrierechancen, Arbeitsbedingungen), sind Jedermannsarbeitsmärkte durch eine hohe Fluktuation und geringe Einkommen gekennzeichnet. Die Stellen der Jedermannsarbeitsmärkte profitieren nicht in gleichem Maße vom Kündigungsschutz, das heißt, die Betriebe erreichen die bereits erwähnte notwendige Flexibilität in der Beschäftigungsstruktur überwiegend aus diesem Arbeitssegment.

Der Arbeitsmarkt des öffentlichen Dienstes ist hingegen einheitlich strukturiert und lässt sich durch die Theorie der internen Arbeitsmärkte (Becker 1990; Doeringer und Piore 1971) beschreiben. Interne Arbeitsmärkte zeichnen sich durch spezifische Charakteristika aus, welche die Fluktuation von Arbeitnehmern verringern und die Bindung an den Arbeitsplatz stärken. Der Zutritt zu internen Arbeitsmärkten erfolgt im Allgemeinen über so genannte Entry-Jobs mit daran anschließenden Karriereleitern nach dem Senioritätsprinzip. Interne Arbeitsmärkte sind nach außen relativ geschlossen und erlauben daher nur in Einzelfällen Quereinstiege. Diese Arbeitsmärkte finden sich neben dem staatlichen Sektor auch in Großbetrieben – für die Besetzung qualifizierter und Führungslaufbahnen (Blossfeld und Mayer 1988; Doeringer und Piore 1971).

Werden die Arbeitskräftepools der Privatwirtschaft und des öffentlichen Dienstes verglichen, so können kaum Überschneidungen konstatiert werden; nur ein Teil aller Arbeitnehmer sind entsprechend ihrer Qualifikation in der Lage in beiden Arbeitsmärkten Beschäftigung zu finden. Dabei handelt es sich um Per-

5 Diese Kategorisierung wurde für die BRD entwickelt. Fachliche Arbeitsmärkte sind nicht in allen Gesellschaften vorhanden. Dort können z.T. andere Arbeitsmarktsegmentierungen ausgemacht werden.

sonen im kaufmännisch-verwalterischen Tätigkeitsbereich (Blossfeld und Becker 1989). Der überwiegende Teil der privatwirtschaftlich Angestellten verfügt über andere Qualifikationen, als im staatlichen Sektor benötigt werden. Zum Beispiel können medizinisch-pflegerische und pädagogische Positionen daher kaum von Angestellten der Privatwirtschaft übernommen werden.

Die Struktur interner Arbeitsmärkte verhindert darüber hinaus Eintritte in den öffentlichen Dienst im späteren Verlauf der individuellen Berufskarriere auch bei passenden Qualifikationen. Somit kann nur eine sehr geringe bzw. keine Mobilität zwischen diesen Teilarbeitsmärkten festgestellt werden.

Da kaum intrapersonale Mobilität zwischen den Sektoren zu verzeichnen ist, werden die dargestellte sektorale Verschiebung und der damit einhergehende berufsstrukturelle Wandel insbesondere über Berufsanfänger wirksam. Berufsanfänger erschließen neue Berufsfelder und erwerben gleichzeitig im Zuge der Bildungsexpansion zunehmend höhere Bildungsabschlüsse. So hat die Zahl der Studienanfänger an Hochschulen in Deutschland seit den 1970er Jahren von 5 Prozent im Jahr 1980 auf 36 Prozent im Jahr 2000 zugenommen (vgl. Becker in diesem Band).[6] Diese gut ausgebildeten Arbeitskräfte stehen nun theoretisch beiden Arbeitsmärkten, dem öffentlichen und dem privaten, zur Verfügung.

In der Privatwirtschaft spielte das System höherer Bildung bei der Rekrutierung von Arbeitskräften traditionell nur eine marginale Rolle. „Die Beziehung der privatwirtschaftlich Beschäftigten zum System höherer Bildung [ist] überwiegend durch Distanz und Indifferenz gekennzeichnet“ (Lutz 1991: 228). Diese Indifferenz liegt darin begründet, dass die Privatwirtschaft für die Deckung ihres Qualifikationsbedarfes nicht auf das System höherer Bildung angewiesen war, sondern vielmehr für die relativ wenigen benötigten Führungspositionen auf Nachwuchskräfte aus den eigenen Reihen zurückgreifen konnte. Anstelle einer Selektion für Leitungspositionen über höhere Bildungszertifikate ist Aufstieg durch „Bewährung“ das vorherrschende Mobilitätsmuster. In der Regel traten Absolventen höherer Bildung in den privatwirtschaftlichen Sektor nur in spezifische Teilbereiche ein; z.B. Ingenieure mit Spezialqualifikationen (Lutz 1991).

Der öffentliche Sektor hingegen deckt seinen Arbeitskräftebedarf traditionell mit Absolventen höherer Bildung. Die Eintrittspositionen für Berufsanfänger sind an spezifische Qualifikationsanforderungen und vor allem an Bildungszertifikate geknüpft. Schon der preußische Staatsapparat baute das System höherer Bildung aus, um Verwaltungspositionen in der staatlichen Bürokratie zu besetzen. Heute stehen Kaderpositionen im öffentlichen Dienst in der Regel nur Absolventen tertiärer Bildung zur Verfügung.

6 Die Studienanfängerquote beschreibt den Anteil der 18-22jährigen Bevölkerung, der ein Studium an Universitäten oder Fachhochschulen aufgenommen hat.

Im Zuge der Expansion im Gesundheits- und Bildungswesen entstanden bis in die 1980er Jahre in großem Umfang neue Stellen im öffentlichen Dienst. Die Rekrutierung dafür nötiger Arbeitskräfte konnte, wie zuvor argumentiert, aufgrund der geringen Durchlässigkeit zwischen Privatwirtschaft und öffentlichen Dienst nicht über bereits freie Arbeitskräfte am Arbeitsmarkt gedeckt werden. Vielmehr wurden mehrheitlich Berufsanfänger eingestellt (Blossfeld und Becker 1989). Große Teile der durch die Bildungsexpansion generierten Absolventen höherer Bildung wurden in der Folge vom öffentlichen Dienst absorbiert. Dabei wurden nicht nur neue Stellen im Staatswesen geschaffen, sondern darüber hinaus führte diese Entwicklung zu einer Höherqualifizierung und Professionalisierung des gesamten öffentlichen Dienstes. Beispielhaft für die zunehmende Bedeutung des öffentlichen Dienstes stieg der Anteil der Beamten an allen Erwerbstätigen von 4,1 Prozent 1950 auf knapp 9 Prozent Mitte der 1980er Jahren an. Seither ist die Zahl der Beamten rückläufig und lag 2004 bei 6,3 Prozent.

Abbildung 2: Erwerbstätige nach Stellung im Beruf

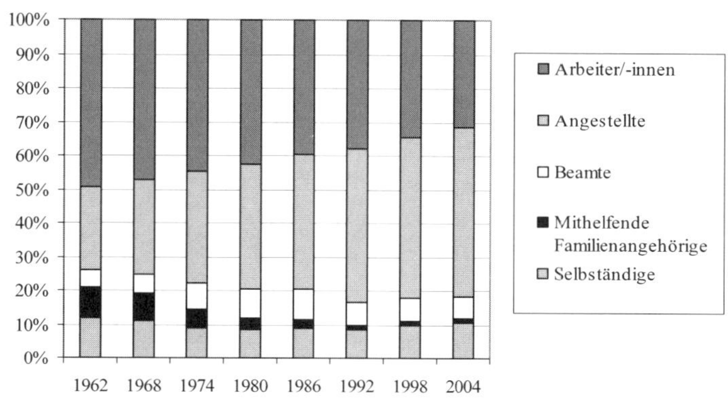

Quelle: Statistisches Bundesamt 2005; eigene Darstellung

Unklar ist bislang, ob und in welchem Maße die Höherqualifizierung von Berufsanfängern im öffentlichen Dienst anhält. Bei Stagnierung der Expansion des öffentlichen Dienstes wäre eine ungleiche Entwicklung zwischen Zunahme der Absolventen höherer Bildung und deren Beschäftigung im öffentlichen Dienst denkbar und zu erwarten. Der sich daraus ergebende Überhang an Hochgebildeten würde dann in den privatwirtschaftlichen Arbeitsmarkt drängen.

Der Arbeitsmarkt der 1980er und 1990er Jahre wird beschrieben als von Rezession und steigender Arbeitslosigkeit geprägt. Die hohe Knappheit der öffentlichen Haushalte und die dadurch eingeschränkten Neueinstellungen im öffentlichen Dienst bei gleichzeitig wachsender Bildungsbeteiligung auf der Sekundarstufe haben sich aber im Ganzen betrachtet nicht nachteilig auf die Berufschancen der Berufseinsteiger ausgewirkt (Mayer 2004: 204). Mayer hält zwar anhand einer neueren Untersuchung der Lebensverlaufsdaten fest, dass die Lebenswege komplizierter und potentiell risikoreicher werden, belegt aber, dass der mittlere Berufsstatus bei Männern trotzdem stabil geblieben und bei Frauen sogar angestiegen ist.

Auf der Grundlage des EU Labour Force Surveys argumentiert Gangl (2000) in seiner vergleichenden Analyse westeuropäischer Gesellschaften, dass der Anteil an Professionen auf der Angebotsseite am Arbeitsmarkt im Verlauf der 1990er Jahre zugenommen hat. Dieses Angebot an hochqualifizierten Arbeitskräften induziere eine erhöhte Nachfrage nach solchen Qualifikationen am Arbeitsmarkt. Gleichzeitig zeigt er anhand von verzögerten Korrelationskoeffizienten aber auch, dass zwischen diesen beiden Effekten eine zeitliche Lücke (time-lag) existiert. Gangl schlussfolgert, dass ein Überangebot an hochqualifizierten Fachkräften kein Problem darstelle, da sich die Beschäftigungsstruktur am Arbeitsmarkt nachträglich anpasse. Dies widerspricht früheren Prognosen, dass mit dem Ende der Expansion des öffentlichen Dienstes verschlechterte Arbeitsmarktchancen für hochqualifizierte Arbeitskräfte zu erwarten wären (Blossfeld und Becker 1989: 244f.). Gleichzeitig stellt sich hier die Frage, ob diese Absolventen höherer Bildung mehrheitlich im öffentlichen Dienst beschäftigt werden, oder ob die erhöhte Nachfrage durch die Privatwirtschaft erzeugt wird.

Lutz hat 1979 einen wegweisenden Aufsatz über die Auswirkungen der Bildungsexpansion auf den Arbeitsmarkt in Deutschland verfasst und gleichzeitig daran anknüpfend ein Phasenmodell skizziert, indem er die beobachteten Tendenzen auf dem Arbeitsmarkt und ihre Folgen für die Berufsstruktur analysiert und prognostiziert. Zunächst einmal wird die Vermutung zurückgewiesen, dass die Bildungsexpansion ihre Dynamik verloren und sich seit Mitte der 1970er Jahren ein Gleichgewicht zwischen Sozialstruktur und Bildungssystem eingependelt habe. Vielmehr geht er davon aus, dass sich die Expansion des Bildungswesens und ihre Folgen in Wellen vollziehen. Die mit der Bildungsexpansion einhergehende größere Anzahl höher Qualifizierter auf dem Arbeitsmarkt werde sich auch die Privatwirtschaft erstmals zunutze machen, die zunehmend einer geringeren Auswahl berufspraktisch qualifizierter Arbeitnehmer gegenüber steht. Die Privatwirtschaft reagiere bei der Besetzung höherer Positionen aufgrund der Verknappung von berufspraktischen Qualifikationen mit der Rekrutierung von Absolventen höherer Bildung. Dies verstärke Prozesse der Qualifikationspolarisierung zwischen wissenschaftlich ausgerichteten Angestellten und einfachen Arbeitern. Lutz spricht in diesem Zusammenhang von zwei typischen Aufstiegsmustern: Dem in der Privatwirtschaft traditionellen „Aufstieg durch Bewährung im Beruf" und dem „Aufstieg durch Bildung", welcher bislang vor allem für höhere Positionen im staatlichen Sektor charakteristisch war. Die Verknüpfung von Qualifikationen und Positionen in der Hierarchie privater Unternehmen führe zu einem Wandel der Mobilitätsmuster hin zum Aufstieg durch Bildung. Bildungshierarchische Strukturen würden somit erweitert. Angesichts dieser neuen Entwicklung werde in der Bevölkerung ein sozialer Lernprozess in Gang gesetzt, welcher erneut zu einer steigenden Nachfrage nach höherer Bildung führe. Lutz prognostiziert weiter, dass spätestens nach Ausscheiden der Generation welche noch zu „alten" Bedingungen eingestellt wurde, autonome Tätigkeiten in Betrieben zukünftig ausschließlich von Personen ausgeübt werden, die über ein ausgewiesenes Fähigkeitszeugnis verfügen. Schliesslich werde es ohne entsprechende Bildungszertifikate keinen Aufstieg mehr geben; Aufstieg durch Bewährung im Beruf wird nicht mehr möglich sein.

Betrachtet man den berufsstrukturellen Wandel aufgrund der sektoralen Verschiebung, der Bildungsexpansion und der Professionalisierung und verknüpft dies mit dem Phasenmodell von Lutz, ergeben sich folgende zwei Szenarien:

1) Der berufsstrukturelle Wandel kann auf zweierlei Art wirksam werden. Einerseits durch die Höher- und Neuqualifikation bereits Beschäftigter, andererseits über den Wechsel der Generationen. Letzteres bedeutet ein Ausscheiden von Generationen mit „alten" Qualifikationen und den Neueintritt jüngerer Generationen mit neuen, höheren Bildungszertifikaten. Gerade in einem kredenzialistischen Bildungssystem wie in Deutschland (oder zum Beispiel auch in der Schweiz), in dem der Beruf wie ein Titel behandelt wird (Berger et al. 2001: 214), kommt dem Wandel über die Generationen deutlich größere Bedeutung zu. *Die erste Hypothese lautet daher, dass der berufsstrukturelle Wandel in der Qualifikationsstruktur von Berufsanfängern besonders deutlich werden sollte. Die allgemeine Veränderung der Berufsstruktur aller abhängig Beschäftigten sollte sich bedeutend langsamer vollziehen.*

2) Neben der allgemeinen Absorption höher Gebildeter im Gesamtarbeitsmarkt aufgrund der veränderten Beschäftigungsstruktur wird noch ein zweiter Mechanismus erwartet. Die stetig größere Zahl an Hochschulabsolventen ist, wie bereits argumentiert, durch die Expansion des öffentlichen Dienstes und die gleichzeitige Höherqualifizierung von Berufsanfängern im öffentlichen Dienst zunächst aufgefangen worden. Es ist nun zu erwarten, dass nach dem Ende der Ausweitung der Staatstätigkeit zwar durch Höherqualifizierung weiterhin Absolventen tertiärer Ausbildungsgänge im öffentlichen Sektor absorbiert werden,

gleichzeitig jedoch das Angebot von Berufsanfängern mit höheren Bildungszertifikaten schneller gestiegen ist. Der dabei neu entstehende Überhang an gut qualifizierten Arbeitskräften konkurriert somit um Jobs in der Privatwirtschaft, deren Beschäftigte aufgrund des traditionell dominanten Mobilitätsmusters „Aufstieg durch Bewährung“ bislang weniger stark formal gebildet sind. Durch diese Konkurrenzsituation von Berufserfahrung und höherer Bildung und damit eintretende soziale Lernprozesse erfolgt eine Verdrängung des bisherigen intragenerationalen Mobilitätsmusters durch einen intergenerationalen „Aufstieg durch höhere Bildung“. Dies sollte an einer zunehmenden Differenz der Qualifikationsstruktur von jüngeren Kohorten und der Gesamtheit der in Leitungsfunktionen Beschäftigten sichtbar werden. *Die im Folgenden zu testende Hypothese ist, ob sich im Zeitverlauf das durchschnittliche Bildungsniveau von Arbeitnehmern in der Privatwirtschaft in anspruchsvollen und leitenden Positionen insgesamt erhöht hat. Darüber hinaus sollte dieser Wandel bei jüngeren Kohorten noch deutlicher sichtbar werden.*

4. Datenbasis und methodisches Vorgehen

Für die folgenden Analysen werden die als „scientific-use-files“ verfügbaren Mikrozensusdaten im Zeitraum 1989-2003 in 2-Jahres-Schritten sowie der Mikrozensus 2004 verwendet. Der Mikrozensus ist eine Ein-Prozent-Stichprobe aller Haushalte in der Bundesrepublik Deutschland, die mit dem Verfahren der partiellen Rotation (jeder Haushalt verbleibt vier Jahre im Sample) als einstufige Flächenstichprobe durchgeführt wird. Für die scientific-use-files wird daraus eine faktisch anonymisierte 70prozentige Unterstichprobe gezogen. Da im Folgenden auch Subgruppen der Bevölkerung analysiert werden, stellt der Mikrozensus als umfangreichster für Deutschland verfügbarer Datensatz eine besonders valide Datenquelle dar. Die gesetzlich verpflichtende Teilnahme führt dabei zu einer breiten Datenbasis für die Analyse berufsstrukturellen Wandels.

Die Erwerbstätigkeit im Mikrozensus wird anhand der in der Berichtswoche ausgeübten beruflichen Tätigkeit erfasst und mittels der Klassifikation der Berufe in einen dreistelligen Zahlencode codiert (KldB 92). Diese vom Statistischen Bundesamt entwickelte Klassifikation durchlief 1992 eine Anpassung und Überarbeitung an die sich verändernde Berufslandschaft (Statistisches Bundesamt 1996). Um Tendenzen und Veränderungen sichtbar werden zu lassen, wurden für die folgenden Analysen die Berufe in zwölf Untergruppen und drei Hauptgruppen aggregiert. Die Einteilung ist dabei vor 1993 identisch mit dem für die Volks- und Berufszählung 1970 sowie die Mikrozensen 1978 und 1982 von Blossfeld entwickelten Schema (Blossfeld 1985: 68). Die Zuordnung der dreistelligen Berufskennziffern zu den Berufsgruppen findet sich in Tabelle 1.

Tabelle 1: Berufsklassifikation in Berufsgruppen

	Klassifikation vor 1993	Klassifikation ab 1993
Produktion		
Agrarberufe	011-022, 041-051, 053-062	011-024, 041-051, 053-062
Einfache manuelle Berufe	071-133, 135-141, 143, 151-162, 164, 176-193, 203-213, 222-244, 252, 263, 301, 313, 321-323, 332-346, 352-371, 373, 375-377, 402-403, 412, 423-433, 442, 452-463, 465-472, 482, 486, 504, 512-531, 543-549	070-141, 145-164, 176, 179-194, 211-220, 222-250, 259, 276-278, 300, 309, 313, 317, 321-349, 352-371, 373, 376, 393, 423-440, 442-480, 482, 486, 488, 505-510, 512-540, 544-550
Qualifizierte manuelle Berufe	134, 142, 144, 163, 171-175, 201-202, 221, 251, 261-262, 270-291, 302, 305-312, 314-315, 331, 351, 372, 374, 378-401, 411, 421-422, 441, 451, 464, 481, 483-485, 491-503, 511, 541-542	142, 171-175, 178, 201, 221, 252-256, 261-274, 281-295, 302, 305-308, 310-312, 315-316, 318, 351, 372, 374, 378-392, 401-421, 441, 481, 483-485, 487, 491-502, 511, 541
Techniker	303, 304, 621-635, 721-722, 733, 857	303, 304, 620-652, 721, 857-858
Ingenieure	032, 052, 601-612, 726, 883	032, 052, 600-612, 726, 774-775, 883
Dienstleistung		
Einfache Dienste	685-686, 688, 706, 713-716, 723-725, 741-744, 791-794, 805, 838, 911-913, 923-937	685-686, 672, 706, 713-716, 723-724, 741-744, 771-773, 791-796, 805, 838-839, 911-915, 923-937
Qualifizierte Dienste	684, 704-705, 711-712, 801-804, 812, 814, 831-837, 851-852, 854-856, 892-902, 921-922	675, 704-705, 711-712, 754, 777, 801-804, 812, 814, 831, 831-837, 851-852, 854-856, 859, 864-867, 894-902, 921
Semiprofessionen	821-823, 853, 861-864, 873-877	821-823, 853, 861-863, 868-869, 870, 873-879
Professionen	811, 813, 841-844, 871-872, 881-882, 891	811, 813, 841-844, 871-872, 880-882, 884-891
Verwaltung		
Einfache kaufmännische und Verwaltungsberufe	682, 687, 731-732, 734, 773, 782-784	660-663, 687-689, 731-735, 773, 782-784, 789
Qualifizierte kaufmännische und Verwaltungsberufe	031, 681, 683, 691-703, 771-772, 774-781	031, 670-674, 676-683, 691-703, 764-765, 771-772, 776, 778-779, 780, 785-788
Manager	751-763	750-753, 755-763

Die berufsstrukturelle Verschiebung kann nicht nur anhand der Beschäftigung sondern auch anhand von Wirtschaftszweigen, in denen Unternehmen tätig sind, analysiert werden. Die im Folgenden verwendete, auf drei Wirtschaftssektoren (primärer, sekundärer und tertiärer Sektor) aggregierte, Klassifikation von 1979 wurde in den Jahren 1993 und 2003 – also im Untersuchungszeitraum – den veränderten Strukturen angepasst (Statistisches Bundesamt 2004). Die im Mikrozensus erhobene Variable, ob der Befragte zuletzt im öffentlichen Dienst beschäftigt war, wird zur Abgrenzung des öffentlichen Dienstes von der Privatwirtschaft herangezogen – die Vergleichbarkeit der Berufsstruktur wird durch die Einschränkung auf abhängig Beschäftigte verbessert (Blossfeld 1985: 70).

Schwieriger ist die Abgrenzung von Berufseinsteigern, anhand derer der berufsstrukturelle Wandel besonders deutlich werden sollte, weil weder der Zeitpunkt des Eintritts in den Arbeitsmarkt noch die Dauer der Berufserfahrung direkt aus den Daten entnommen werden können. Stattdessen wird im Folgenden auf das Kohortenkonzept zurückgegriffen. Auf Grundlage des Geburtsjahres und unter Berücksichtigung des für unterschiedliche Bildungsabschlüsse typischen Eintrittsalters lassen sich Berufsanfängerkohorten abgrenzen. Um genügend Untersuchungseinheiten in den Subgruppen zu gewährleisten wurde für den Berufseintritt eine Zeitspanne von zehn Jahren gewählt. Darüber hinaus werden in allen nachfolgenden Darstellungen von Berufsanfängern Personen ausgeschlossen, die sich noch in Ausbildung befinden. Tabelle 2 gibt Auskunft über die Operationalisierung des Berufsanfängerstatus.

Tabelle 2: Definition der Berufsanfängerkohorte anhand erworbener Bildungsabschlüsse

Erworbener Bildungsabschluss	Eintrittsalter in den Arbeitsmarkt
kein Abitur, keine abgeschlossene Berufsausbildung	16 bis 25 Jahre
kein Abitur, abgeschlossene Berufsausbildung	19 bis 28 Jahre
Abitur oder weiterführende berufliche Ausbildung	20 bis 29 Jahre
Fachhochschulabschluss	24 bis 33 Jahre
Hochschulabschluss	26 bis 35 Jahre

5. Empirische Ergebnisse

Zunächst wird der strukturelle Wandel der deutschen Wirtschaft in den letzten 15 Jahren dargestellt. Wie anhand der *Wirtschaftssektoren* in Tabelle 3 ersichtlich, hat der Trend abnehmender Beschäftigungszahlen in Landwirtschaft und Produktion angehalten. Während 1989 noch 3,7 Prozent der Erwerbsbevölkerung in Betrieben der Landwirtschaft beschäftigt war, ging der Anteil bis 2004 auf 2,4 Prozent zurück. Ein ähnliches Bild zeigt sich im Produktionssektor: Im Unterschied zu 40,9 Prozent im Jahr 1989 sind 2004 nur noch 30,8 Prozent hier beschäftigt. Gegenläufig dazu die Entwicklung im Dienstleistungssektor. Seit 1989 steigt der Anteil Beschäftigter kontinuierlich an – im Verlauf der betrachteten 15 Jahre um insgesamt etwas über 10 Prozent der Erwerbsbevölkerung. Damit setzt sich der eingangs beschriebene Trend in Richtung einer dienstleistungsdominierten Wirtschaftsstruktur weiter fort.

Während die Analyse der Betriebszugehörigkeit zu Wirtschaftszweigen den gesamtwirtschaftlichen Rahmen darstellt, ist der Zusammenhang zwischen Bildungsexpansion und berufsstrukturellem Wandel darüber kaum fassbar. Vielmehr ist es notwendig, die *Berufs- und Tätigkeitsstruktur* der Beschäftigten zu analysieren. In Abbildung 3 zeigt sich dabei ein ähnliches Bild zur sektoralen

Tabelle 3: Veränderung des Anteils Erwerbstätiger in den Wirtschaftssektoren in Prozent

	1989	1991	1993	1995	1997	1999	2001	2003	2004
Land- und Forstwirtschaft	3,7	4,3	3,5	3,3	3,0	2,9	2,6	2,5	2,4
Produzierendes Gewerbe	40,9	41,0	38,4	35,7	34,1	33,2	32,3	31,0	30,8
Handel, Gastgewerbe, Verkehr und sonstige Dienstleistungen	55,4	54,7	58,1	61,0	62,9	64,0	65,2	66,5	66,9
in %	100,0	100,0	100,0	100,0	100,0	100,0	100,0	100,0	100,0
N	168.894	237.579	226.685	222.730	219.849	221.700	222.193	217.102	212.588

Quelle: Mikrozensen 1989-2004; eigene Berechnungen

Verteilung. Während der Anteil deutscher Erwerbstätiger aus den alten Bundesländern mit Berufen des Produktionsprozesses kontinuierlich seit den 1970er Jahren gesunken ist, stieg der Anteil derer mit Dienstleistungsberufen wie erwartet kontinuierlich und seit 1991 nochmals beschleunigt an. Kaufmännisch-verwalterische Berufe nahmen anteilmäßig in der westdeutschen Erwerbsbevölkerung noch bis Ende der 1980er Jahre ebenfalls zu und blieben in den darauf folgenden Jahren bei rund 34 Prozent weitgehend stabil.[7]

Bislang wurde die Berufsstruktur aller Beschäftigten verglichen. Richtet man das Augenmerk jedoch auf die Auswirkungen der Bildungsexpansion, so sollte wie im theoretischen Teil argumentiert eine getrennte Betrachtung jüngerer Kohorten den Wandel stärker verdeutlichen als die Gesamtschau aller Erwerbstätigen, da Berufsanfänger über höhere Bildungsqualifikationen verfügen als ältere Generationen. Im Folgenden wird daher die Veränderung der Berufsstruktur für diese beiden Gruppen getrennt dargestellt.

Betrachtet man zunächst die 16-65jährigen Erwerbstätigen in Tabelle 4 so geht der Anteil in der Produktion insgesamt zurück: Der Anteil manueller Beru-

7 Für die Darstellung wird sowohl auf Ergebnisse von Blossfeld (1986) als auch auf eigene Berechnungen mit dem Mikrozensus zurückgegriffen. Da in der Volkszählung von 1970 keine Ausländer befragt wurden, sind die Auswertungen von Blossfeld nur für die deutsche Erwerbsbevölkerung getrennt verfügbar.

fe sinkt im Verlauf der 13 Jahre um erhebliche 7,5 Prozent. Gleichzeitig nimmt der Anteil hochqualifizierter Produktionsberufe kontinuierlich zu. Der Prozentsatz der Ingenieure steigt von 3,0 Prozent (1991) auf 4,3 Prozent (2004) an, der Prozentsatz der Techniker von 4,1 Prozent auf 4,6 Prozent. Der Anteil Erwerbstätiger in Agrarberufen sinkt im betrachteten Zeitraum stetig um insgesamt 1,3 Prozent. Es setzt sich hier der aufgezeigte Trend der verringerten Bedeutung manueller und agrarwirtschaftlicher Tätigkeiten für den Arbeitsmarkt fort. Die von Braverman (1977) prognostizierte Qualifikationspolarisierung wird durch die vorliegenden Ergebnisse für Deutschland nicht gestützt. Dies bestätigt damit auch frühere Befunde (Blossfeld 1985).

Abbildung 3: Berufsverteilung 16-65-jähriger deutscher Erwerbstätiger in Westdeutschland in Prozent

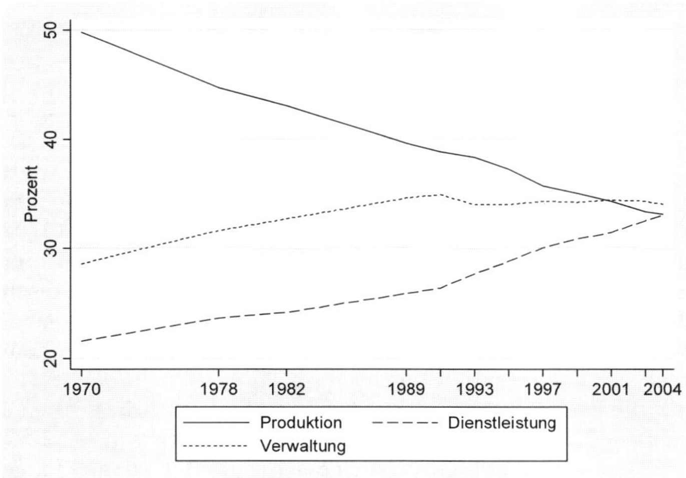

Quellen: Volks- und Berufszählung 1970; Mikrozensen 1978, 1982 (Blossfeld 1985: 79); Mikrozensen 1989-2004; eigene Berechnung

Der Anteil dienstleistungsorientierter Berufe steigt zwischen 1991 und 2004 deutlich an. Während in den 1970er und 1980er Jahre zunächst Semiprofessionen (z.B. pflegende Angestellte im Gesundheitssektor sowie Haupt- und Realschullehrer) die stärksten Zuwachsraten verzeichnen konnten (Blossfeld 1985), stieg seit 1991 der Prozentsatz qualifizierter Dienste besonders stark an – um insgesamt 3,0 Prozent bis 2004. Kaufmännisch-verwalterische Berufe bleiben hingegen in den 1990er Jahren in ihrem Anteil an der Erwerbsbevölkerung überwiegend konstant. Vergleicht man die Tendenzen in der gesamten Erwerbsbevölkerung mit den Veränderungen bei den Berufsanfängern, verstärken sich die beschriebenen Trends durchgängig nochmals. Der Wandel der Berufsstruktur über den Generationenwechsel ist somit, wie in den Hypothesen erwartet, auch unter den aktuellen Rahmenbedingungen vielfältiger Weiterbildungsangebote und deren zunehmender Bedeutung im Lebensverlauf (Bolder und Hendrich 2000; Kuwan und Thebis 2004) weiterhin wirksam. Dies stützt erneut Befunde aus den 1980er Jahren. Zudem lässt sich im Bereich der kaufmännisch-verwalterischen Berufe der erwartete Trend zur Professionalisierung ausmachen: während sich der Anteil einfacher Tätigkeiten um 1,4 Prozent verringert, steigt der Anteil an Berufsanfängern in qualifizierten und hochqualifizierten Berufen im gleichen Zeitraum um 1,2 Prozent an.

Tabelle 4: Veränderung der Berufsstruktur Erwerbstätiger in Prozent

	16-65-jährige						Berufsanfänger					
	1991	1995	1999	2003	2004	Δ 1991-2004	1991	1995	1999	2003	2004	Δ 1991-2004
Agrarberufe	3,6	3,1	2,8	2,5	2,4	-1,3	2,7	2,3	2,2	2,0	1,9	-0,8
Einfache manuelle Berufe	12,7	11,5	10,2	9,5	9,5	-3,2	11,6	9,5	8,3	7,6	7,9	-3,7
Qualifizierte manuelle Berufe	17,7	16,2	15,1	13,8	13,4	-4,3	21,7	19,7	18,7	16,9	16,9	-4,8
Techniker	4,1	4,7	4,5	4,5	4,6	0,5	3,5	4,2	3,9	3,7	3,7	0,3
Ingenieure	3,0	3,7	4,0	4,3	4,3	1,3	3,1	4,3	5,0	5,1	4,9	1,8
Einfache Dienste	10,5	10,5	11,3	11,6	11,8	1,4	6,7	6,7	6,9	7,5	7,5	0,8
Qualifizierte Dienste	6,8	8,2	8,8	9,6	9,8	3,0	10,2	12,0	12,9	13,8	14,1	3,9
Semiprofessionen	7,1	7,3	7,7	8,2	8,2	1,1	7,5	7,6	8,0	8,7	8,5	1,0
Professionen	2,4	3,1	3,3	3,5	3,7	1,2	2,7	3,8	4,3	4,2	4,4	1,7
Einfache kaufmännische und Verwaltungsberufe	8,2	9,2	8,9	8,2	8,3	0,1	8,1	8,0	6,8	6,6	6,7	-1,4
Qualifizierte kaufmännische und Verwaltungsberufe	19,8	19,2	19,8	20,6	20,2	0,4	20,0	20,1	20,9	21,5	21,0	1,0
Manager	4,1	3,5	3,6	3,9	4,0	-0,1	2,3	1,8	2,2	2,5	2,6	0,2
in %	100,0	100,0	100,0	100,0	100,0		100,0	100,0	100,0	100,0	100,0	
N	228.558	213.582	215.770	210.958	206.786		32.393	26.758	14.242	13.513	12.992	

Quelle: Mikrozensen 1991-2004, eigene Berechnung

Bislang wurde die Berufsstruktur unabhängig von der Arbeitsmarktsegmentierung grosso modo analysiert. Wie im theoretischen Teil argumentiert, wurde ein Großteil der im Zuge der Bildungsexpansion höher Gebildeten zunächst als Folge zweier Mechanismen vom staatlichen Sektor absorbiert – der Expansion des öffentlichen Dienstes insgesamt einerseits und der steigenden Höherqualifizierung von Berufsanfängern im staatlichen Sektor andererseits.

Betrachten wir zunächst die quantitative *Bedeutung des Staates als Arbeitgeber* in Tabelle 5. Bis 1993 stieg der Anteil im öffentlichen Dienst abhängig Beschäftigter noch leicht an, um danach bis Ende der 1990er Jahre auf etwas unter 22 Prozent zu sinken. Damit zeigen die Sparmaßnahmen zur Reduzierung der Staatsquote hier etwas verzögert Wirkung. Mit Augenmerk auf die sich im Zeitverlauf reduzierenden Fallzahlen aller abhängig Beschäftigten wird deutlich, dass trotz relativ konstantem prozentualen Anteil der im öffentlichen Dienst tätigen Personen die absolute Zahl im Staatsektor Beschäftigter sinkt (vgl. auch Kriete-Dodds 2005).

Tabelle 5: Abhängig Beschäftigte nach Arbeitsmarktsegment in Prozent

	1989	1991	1993	1995	1997	1999	2001	2003	2004
Privatwirtschaft	74,4	73,9	73,0	75,1	77,1	78,1	78,7	78,4	78,4
Öffentlicher Dienst	25,6	26,1	27,0	25,0	22,9	21,9	21,3	21,6	21,6
N	141.707	203.981	195.388	193.955	187.767	188.574	189.642	184.424	179.526

Quelle: Mikrozensen 1989-2004; eigene Berechnungen

Der zweite Aspekt der *Höherqualifizierung* im öffentlichen Dienst und dessen Bedeutung für die Arbeitsmarkt- und Berufschancen von Berufsanfängern ist in der nachfolgenden Tabelle 6 dargestellt. Dabei zeigen sich sehr deutliche Entwicklungen. Der Anteil im öffentlichen Dienst beschäftigter Hauptschulabsolventen sinkt um 13,1 Prozent von 33,4 Prozent (1991) auf 20,3 Prozent (2004) ab. Gleichzeitig steigt der Prozentsatz von Abiturienten mit Berufsausbildung um etwas mehr als 7 Prozent. Auch im tertiären Bildungsbereich setzt sich die Höherqualifizierung staatlich Angestellter fort: So nimmt der Anteil Hochschulabsolventen seit der Wiedervereinigung um 5,2 Prozent zu. Gleichzeit verlangsamt sich jedoch dieser Anstieg im Zeitverlauf.

Ein deutlicheres Bild der Auswirkungen der Professionalisierungs- und Höherqualifizierungstendenzen zeichnet die Analyse der Berufsanfänger. Im Unterschied zur Gesamtqualifikationsstruktur nimmt der Anteil Hauptschüler mit Berufsausbildung im öffentlichen Dienst unter den Berufsanfängern bereits wieder langsamer ab – schon 1991 liegt deren Anteil 13,7 Prozent niedriger als unter allen Beschäftigten im Staatsdienst und sinkt dann nochmals um weitere 6,5 Prozent nach 1991. Der stärkste Rückgang findet sich hingegen bei den Absolventen mit mittlerer Reife und Berufsausbildung, deren Anteil von 44,9 Prozent (1991) auf 30,4 Prozent (2004) zurückgeht. Gleichzeitig steigt die Anzahl Abiturienten mit Berufsausbildung, die nach der Ausbildung in den öffentlichen Dienst eintritt, insbesondere seit Ende der 1990er Jahre.

Tabelle 6: Bildungsverteilung abhängig Erwerbstätiger im öffentlichen Dienst

16-65-Jährige	1989	1991	1993	1995	1997	1999	2001	2003	2004	Δ 1991-2004
Hauptschule ohne Berufsausbildung	8,9	6,6	6,0	5,2	5,4	4,8	4,3	3,9	3,9	-2,7
Hauptschule mit Berufsausbildung	31,8	26,8	25,7	24,4	20,7	19,0	17,7	16,7	16,4	-10,4
Mittlere Reife ohne Berufsausbildung	2,7	2,4	2,2	2,9	2,4	2,1	1,9	2,0	1,9	-0,5
Mittlere Reife mit Berufsausbildung	24,2	32,8	33,1	31,4	31,2	32,0	32,8	31,8	32,0	-0,8
Abitur ohne Berufsausbildung	1,4	1,2	1,5	2,0	2,0	2,0	2,2	2,4	2,0	0,8
Abitur mit Berufsausbildung	5,7	6,2	6,4	6,8	6,9	10,4	11,4	13,3	13,3	7,1
Fachhochschulabschluss	7,1	6,3	7,0	7,8	9,6	8,3	8,1	7,5	7,7	1,4
Hochschulabschluss	18,3	17,7	18,2	19,6	21,9	21,4	21,7	22,5	22,9	5,2
in Prozent	100,0	100,0	100,0	100,0	100,0	100,0	100,0	100,0	100,0	
N	35.625	48.291	47.434	45.872	40.795	38.766	37.813	37.016	35.912	
Berufsanfänger	1989	1991	1993	1995	1997	1999	2001	2003	2004	Δ 1991-2004
Hauptschule ohne Berufsausbildung	2,3	1,5	1,9	1,8	1,6	1,6	1,3	1,6	1,4	-0,1
Hauptschule mit Berufsausbildung	17,1	13,1	13,5	12,5	9,1	8,5	7,2	6,7	6,5	-6,5
Mittlere Reife ohne Berufsausbildung	2,2	2,0	2,1	3,0	2,3	2,0	1,9	2,7	2,5	0,4
Mittlere Reife mit Berufsausbildung	36,0	44,9	43,0	38,4	35,2	34,1	31,3	31,2	30,4	-14,5
Abitur ohne Berufsausbildung	2,0	1,7	2,1	2,9	2,3	2,3	2,9	3,0	2,4	0,8
Abitur mit Berufsausbildung	10,1	9,7	9,1	9,5	9,5	13,7	14,4	16,0	16,4	6,7
Fachhochschulabschluss	9,0	6,8	7,4	8,3	11,5	9,1	8,8	7,7	7,8	1,0
Hochschulabschluss	21,4	20,4	21,0	23,7	28,6	28,7	32,3	31,1	32,6	12,2
in Prozent	100,0	100,0	100,0	100,0	100,0	100,0	100,0	100,0	100,0	
N	7.420	9.150	9.016	7.888	5.900	5.115	4.723	4.577	4.274	

Quelle: Mikrozensen 1989-2004, eigene Berechnung

Der zahlenmäßig grösste Zuwachs wird bei den Hochschulabsolventen beobachtet: Deren Anteil an allen Berufsanfängern nimmt im Betrachtungszeitraum um 12,2 Prozent zu. Gleichwohl findet dieser Zuwachs jedoch vor 2001 statt. Seither bleibt der Anteil bei rund 32 Prozent konstant. Noch deutlicher zeigt sich diese Tendenz bei den Fachhochschulabgängern: Während bis 1997 deren Anteil noch deutlich zunimmt (um 4,7 Prozent innerhalb von 6 Jahren), sinkt er danach wieder auf 7,8 Prozent im Jahre 2004 ab.

In der Gesamtschau lassen die Ergebnisse der Bildungsverteilung im Staatssektor abhängig Erwerbstätiger auf Decken- bzw. Ceiling-Effekte der Höherqualifizierung schließen. Gerade im Bereich der tertiären Bildungsabschlüsse scheint derzeit keine weitere Expansion stattzufinden. Betrachtet man Hochschulabsolventen und Fachhochschulabsolventen gemeinsam, so sinkt deren Anteil unter den Berufsanfängern nach 2001 sogar leicht ab. Dennoch steigen die Zugangsvoraussetzungen für berufliche Ausbildungen im öffentlichen Dienst weiter deutlich an. Vor allem die wachsende Zahl an Abiturienten mit Berufsausbildung und der geringe Anteil Hauptschüler im öffentlichen Dienst legen dafür Zeugnis ab. Dabei hat diese Entwicklung wohl zwei Ursachen – zum einen die Professionalisierungstendenzen mit immer anspruchsvolleren Berufsausbildungen, aber zum anderen auch Verdrängungseffekte und Marginalisierungseffekte von Schulabgängern mit Hauptschulabschluss.

Wenn der Staatsdienst in seinen Beschäftigungszahlen nicht mehr expandiert, die Höherqualifizierung im öffentlichen Dienst stagniert und die Bildungsexpansion weiter voranschreitet, sollte sich ein zunehmender Überhang an höherqualifizierten Berufsanfängern bilden. Diese in den Arbeitsmarkt eintretenden Arbeitskräfte sollten nun in der Privatwirtschaft um berufliche Positionen konkurrieren. In Tabelle 7 ist daher die Bildungsverteilung in der Privatwirtschaft Erwerbstätiger dargestellt.

Wie auch schon im öffentlichen Dienst zeigen sich unter den 16- bis 65-jährigen abhängig Beschäftigten deutliche strukturelle Veränderungen in der Bildungsverteilung. Wiederum sinkt der Anteil Hauptschulabsolventen mit Berufsausbildung am stärksten. Gleichzeitig steigen die Anteile von Abiturienten und Realschülern, die eine Berufsausbildung absolviert haben, in der Privatwirtschaft an. Weniger ausgeprägt ist hingegen der Zuwachs an Hochschulabsolventen in der Privatwirtschaft, der etwa gleich hoch ausfällt wie der Anstieg an Fachhochschulabsolventen. Dies bestätigt die bereits andernorts konstatierte Attraktivität des Fachhochschulstudiums in der Privatwirtschaft (z.B. Briedis und Minks 2004).

Die Veränderungen in der Berufsstruktur der Berufsanfänger in der Privatwirtschaft unterscheiden sich kaum von den Entwicklungen in der Gesamtstruktur der Beschäftigten. Eine Ausnahme stellt der Anteil der Lehrlinge mit

Tabelle 7: Bildungsverteilung abhängig Erwerbstätiger in der Privatwirtschaft

16-65-Jährige	1989	1991	1993	1995	1997	1999	2001	2003	2004	Δ 1991-2004
Hauptschule ohne Berufsausbildung	18,2	12,7	11,9	10,3	10,9	11,1	10,4	9,1	8,9	-3,8
Hauptschule mit Berufsausbildung	47,1	42,0	40,4	37,9	36,5	34,0	32,4	31,0	30,4	-11,6
Mittlere Reife ohne Berufsausbildung	2,1	2,0	2,0	2,9	2,5	2,8	2,8	2,7	2,4	0,4
Mittlere Reife mit Berufsausbildung	19,8	29,9	30,3	31,7	31,2	31,7	32,8	34,2	34,5	4,6
Abitur ohne Berufsausbildung	1,0	1,0	1,2	1,7	1,7	2,0	2,2	2,3	2,2	1,3
Abitur mit Berufsausbildung	5,2	5,0	5,7	6,2	6,5	8,0	8,7	9,3	9,6	4,5
Fachhochschulab-schluss	3,0	3,0	3,6	4,0	4,9	4,5	4,7	5,0	5,3	2,2
Hochschulabschluss	3,6	4,4	5,0	5,3	5,7	6,0	6,2	6,5	6,7	2,4
in Prozent	100,0	100,0	100,0	100,0	100,0	100,0	100,0	100,0	100,0	
N	104.866	137.769	126.961	135.821	134.616	134.997	136.432	131.228	127.278	
Berufsanfänger	1989	1991	1993	1995	1997	1999	2001	2003	2004	Δ 1991-2004
Hauptschule ohne Berufsausbildung	7,9	5,3	4,3	4,3	4,4	5,4	5,7	5,4	4,7	-0,6
Hauptschule mit Berufsausbildung	39,4	32,0	29,4	26,9	25,1	23,2	22,0	21,2	20,7	-11,3
Mittlere Reife ohne Berufsausbildung	1,9	1,8	1,7	2,7	2,2	2,6	3,2	2,7	2,6	0,8
Mittlere Reife mit Berufsausbildung	30,9	42,0	42,0	40,7	39,5	37,1	36,6	37,2	38,1	-3,9
Abitur ohne Berufsausbildung	1,2	0,9	1,1	2,1	1,6	1,8	1,9	2,2	1,9	1,0
Abitur mit Berufsausbildung	9,2	8,1	9,0	9,5	9,5	10,8	12,2	12,8	13,6	5,5
Fachhochschulab-schluss	3,8	3,6	4,7	5,2	7,3	6,9	6,7	6,9	6,8	3,2
Hochschulabschluss	5,6	6,4	7,8	8,6	10,5	12,1	11,8	11,6	11,7	5,3
in Prozent	100,0	100,0	100,0	100,0	100,0	100,0	100,0	100,0	100,0	
N	24.838	29.967	26.217	25.941	21.805	19.735	19.214	17.817	17.126	

Quelle: Mikrozensen 1989-2004, eigene Berechnung

mittlerer Reife unter den Berufsanfängern dar: Er sinkt deutlich von 1991 bis 2004 um 3,9 Prozent, während deren Anteil an allen Beschäftigten im gleichen Zeitraum noch um 4,6 Prozent anstieg. Zurückzuführen ist diese gegenläufige Entwicklung auf die Wirkung der Bildungsexpansion vor der Betrachtungsperiode, die bereits zu hohen Niveauunterschieden zwischen Berufsanfängern (1991 42 Prozent) und allen abhängig Beschäftigten der Privatwirtschaft (1991 29,9 Prozent) geführt hat.

Bezüglich der Beschäftigten mit tertiären Abschlüssen zeigt sich ein deutliches Bild. Während der Anteil Hochschul- und Fachhochschulabsolventen 1991 unter den Berufsanfängern noch 3,6 Prozent höher war als unter allen Beschäftigten der Privatwirtschaft, stieg diese Differenz bis 2004 auf 6,5 Prozent an. Noch lässt sich jedoch aus den dargestellten Zahlen nicht eindeutig die Frage nach dem Verbleib gut ausgebildeter Fachkräfte klären. In Tabelle 8 wird daher die Bildungsverteilung abhängig erwerbstätiger Berufsanfänger in der gemeinsamen Prozentuierung über die Gesamtgesellschaft dargestellt. Es zeigt sich das in den Hypothesen erwartete Bild: Anteilig an allen Berufsanfängern wächst der Anteil Hochschulabsolventen, die in Privatwirtschaft arbeiten, zwischen 1991

Tabelle 8: Bildungsverteilung abhängig erwerbstätiger Berufsanfänger in der Privatwirtschaft und im öffentlichen Dienst – gemeinsame Prozentuierung über die Gesamtgesellschaft

	1991		1995		1999		2003		2004		Δ 1991-2004	
	PW	öD	PW	öD	PW	öD	PW	öD	PW	öD	PW	öD
Hauptschule ohne Berufsausbildung	4,0	0,4	3,3	0,4	4,3	0,3	4,3	0,3	3,7	0,3	-0,3	-0,1
Hauptschule mit Berufsausbildung	24,5	3,1	20,6	2,9	18,4	1,8	16,9	1,4	16,6	1,3	-7,9	-1,7
Mittlere Reife ohne Berufsausbildung	1,4	0,5	2,0	0,7	2,1	0,4	2,2	0,5	2,1	0,5	0,7	0,0
Mittlere Reife mit Berufsausbildung	32,2	10,5	31,2	9,0	29,4	7,0	29,6	6,4	30,5	6,1	-1,7	-4,4
Abitur ohne Berufsausbildung	0,7	0,4	1,6	0,7	1,4	0,5	1,7	0,6	1,5	0,5	0,8	0,1
Abitur mit Berufsausbildung	6,2	2,3	7,3	2,2	8,6	2,8	10,2	3,3	10,9	3,3	4,7	1,0
Fachhochschulabschluss	2,8	1,6	4,0	1,9	5,5	1,9	5,4	1,6	5,4	1,6	2,7	0,0
Hochschulabschluss	4,9	4,8	6,6	5,5	9,6	5,9	9,3	6,4	9,4	6,5	4,5	1,7
in Prozent	100,0		100,0		100,0		100,0		100,0			

Anmerkung: PW – Privatwirtschaft, öD – öffentlicher Dienst

Quelle: Mikrozensen 1991-2004, eigene Berechnung

bis 2004 deutlich um 4,5 Prozent an. Wesentlich weniger ausgeprägt ist dieser Anstieg hingegen im öffentlichen Dienst. Gleiches gilt auch für Fachhochschulabsolventen, deren Anteil im öffentlichen Dienst gar nicht mehr ansteigt.

Damit ergibt sich seit den 1990er Jahren eine neue Entwicklung. So hatte Blossfeld (1985: 108) noch festgehalten, dass bis 1982 die Expansion von Fachhochschulabsolventen und von Hochschulabsolventen vor allem im staatlichen Sektor stattfand. Die hier präsentierten Ergebnisse jedoch stützen die erwartete steigende Bedeutung der Privatwirtschaft als Arbeitgeber von Arbeitskräften mit tertiären Bildungsabschlüssen und die sich deutlich verlangsamende Höherqualifizierung im öffentlichen Dienst.

Abbildung 4 zeigt den Anteil Fachhochschulabsolventen und Hochschulabsolventen von Führungskräften in der Privatwirtschaft und im öffentlichen Dienst auf.[8] Wie in den Hypothesen erwartet steigt die Bedeutung tertiärer Abschlüsse für die Besetzung von Führungspositionen zunächst deutlich an,

Abbildung 4: Anteil Führungskräfte mit Universitäts- oder Fachhochschulabschluss

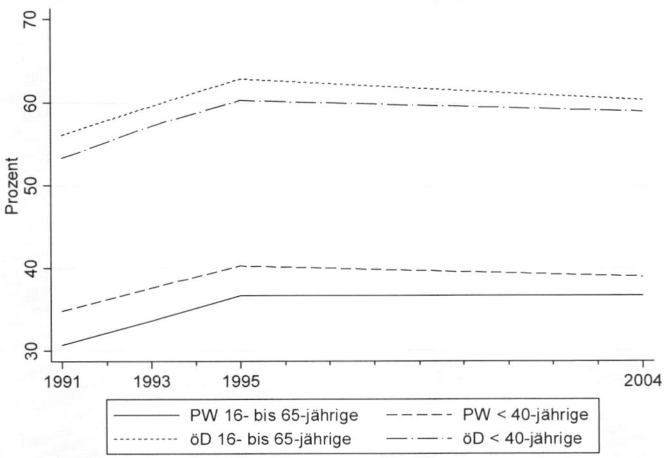

Anmerkung: PW – Privatwirtschaft, öD – öffentlicher Dienst

Quelle: Mikrozensen 1991-2004, eigene Berechnung

8 Die Stellung im Betrieb wurde nur unregelmäßig im Mikrozensus erhoben. Daher sind in unserem Sample nur die Erhebungszeitpunkte 1991, 1993, 1995 und 2004 verfügbar.

scheint aber danach eher konstant zu bleiben. In der Tendenz sind keine Unterschiede zwischen Privatwirtschaft und öffentlichem Dienst vorhanden. Gleichwohl ist die Bedeutung tertiärer Abschlüsse im staatlichen Sektor, wie erwartet und im theoretischen Teil argumentiert, wesentlich höher, da der Staat traditionell Kaderpositionen über das System höherer Bildung deckt.

Ein weiterer Unterschied in der Bedeutung von höheren Abschlüssen für die Besetzung von Kaderpositionen zeigt sich schließlich im Vergleich der unter 40-Jährigen mit allen Beschäftigten. Während in der Privatwirtschaft der Anteil studierter Führungskräfte in den jüngeren Kohorten deutlich erhöht ist, zeigt sich im öffentlichen Dienst eine gegensätzliche Entwicklung. Dies verstärkt nochmals das Argument der gestiegenen Bedeutung tertiärer Abschlüsse für die Besetzung von Führungspositionen in der Privatwirtschaft. Andererseits könnte die Entwicklung im öffentlichen Dienst Hinweise darauf geben, dass der staatliche Sektor sich in seinen Steuerungsmechanismen zunehmend an der Privatwirtschaft orientiert.

6. Schlussfolgerungen und Ausblick

Der Wandel der Wirtschaftsstruktur seit der Industrialisierung ist bereits vielfach dargestellt worden. Auch seit Beginn der 1990er Jahre hat sich der Trend der Tertiarisierung weiter fortgesetzt. Dabei ist diese Veränderung nicht nur anhand der Wirtschaftszweige, sondern eben gerade auch am Wandel der Berufsstruktur abzulesen. Der technische Fortschritt hat sowohl neue Berufsbilder hervor gebracht als auch ältere verschwinden lassen. Veränderte Produktionsbedingungen haben zudem zu einer neuerlichen Aufgabenintegration und Reprofessionalisierung geführt. Diese Entwicklungen im Produktionssektor werden begleitet von einem enormen Bedeutungszuwachs des Dienstleistungssektors, in dem eine Vielzahl neuer Tätigkeitsbereiche entsteht. Entsprechend konnte gezeigt werden, dass der Anteil qualifizierter Berufe allgemein und im Dienstleistungssektor im Besonderen seit 1991 angestiegen ist. Diese Entwicklung fand überwiegend über den Generationenwechsel statt, wie der Vergleich zu den Berufsanfängern deutlich macht.

Gleichzeitig findet in allen Wirtschaftsbereichen ein allgemeines „Upgrading“ der Berufsstruktur statt, was auch als eine der zentralen Folgen der Bildungsexpansion bereits von Müller (1998) benannt wurde. Unter dem Eindruck einsetzender Massenarbeitslosigkeit wurde in den 1980ern die These der Bildungsinflation (Beck 1986) populär. Dabei wurden empirische Evidenzen ignoriert, die das Gegenteil nahe legen (Blossfeld 1985) und deutlich machen, dass die Verknüpfung von Bildung und Beschäftigung weiterhin hoch ist. Ebenso konnte mit den aktuellen Auswertungen des Mikrozensus die These der Qualifikationspolarisierung und einer damit einhergehenden grösseren Zahl gering qualifizierter Beschäftigungsverhältnisse widerlegt werden. Vielmehr verringert sich der Anteil niedrig qualifizierter Jobs am Gesamtarbeitsmarkt im betrachteten Zeitraum deutlich.

Die Bildungsexpansion hat dazu geführt, dass immer mehr Schulabgänger über immer bessere Bildungsabschlüsse verfügen. Frühere Forschungsergebnisse haben ergeben, dass gerade Absolventen von Fachhochschulen und Universitäten bis in die 1980er Jahre hinein weitgehend vom öffentlichen Dienst absorbiert wurden, der über eine langen Zeitraum hinweg stark expandierte. Darüber hinaus ist eine kontinuierliche Höherqualifizierung der Berufsstruktur im öffentlichen Dienst festzustellen, wodurch sich ebenfalls die Arbeitsmarktchancen höher Gebildeter im Staatssektor steigern.

Spätestens seit Anfang der 1990er Jahre kann jedoch nicht mehr von einer Expansion des öffentlichen Dienstes gesprochen werden. Vielmehr haben wir gezeigt, dass der Anteil im Staatsdienst Beschäftigter seit 1993 zurückgegangen ist. Auch die Höherqualifizierung von Berufsanfängern im öffentlichen Dienst hat sich im Laufe der vergangenen zehn Jahre verlangsamt. So ist der Anteil an Hochschul- und Fachhochschulabsolventen seit 2001 leicht rückläufig; hier werden Ceiling-Effekte sichtbar.

Diese neuere Entwicklung führt zu einem gut ausgebildeten Überhang an Berufsanfängern, die der Privatwirtschaft zur Verfügung stehen. Traditionell spielte das System höherer Bildung bei der Rekrutierung von Arbeitskräften in der Privatwirtschaft nur eine marginale Rolle. Es stellt sich die Frage, ob die von Burkhard Lutz prognostizierte Bedeutungszunahme von höheren Bildungsabschlüssen für die Privatwirtschaft eintritt. Wie Gangl (2004) demonstriert hat, passt sich die Arbeitskräftenachfrage der Privatwirtschaft der Qualifikationsstruktur der freien Kräfte am Arbeitsmarkt an. Dieser Prozess vollzieht sich jedoch nicht gleichzeitig, sondern die Berufsstrukturen wandeln sich mit einer zeitlichen Verzögerung.

Wir konnten darstellen, dass gerade die Absolventen der höchsten Ausbildungsgänge zunehmend in der Privatwirtschaft beschäftigt werden, womit sich seit den 1990er Jahren ein gegenläufiger Trend zu den zuvor publizierten Ergebnissen offenbart (vgl. Blossfeld 1985: 108). Was die Besetzung von Führungspositionen in der Privatwirtschaft und im öffentlichen Dienst betrifft, stellen wir schließlich kaum Unterschiede in der Entwicklung fest. Es bleibt aber festzuhalten, dass höhere Bildung trotz steigender Bedeutung für die Besetzung von Kaderpositionen in der Privatwirtschaft immer noch eine deutlich geringere Rolle spielt, als im öffentlichen Dienst. Obschon wir erste Hinweise für die zunehmende Dominanz des Mobilitätsmusters „Aufstieg durch Bildung" über das konkurrierende Muster „Aufstieg durch Bewährung" gefunden haben (Lutz 1990), lassen unsere Daten keine endgültige Klärung dieser Frage zu. Dies sollte anhand von Lebensverlaufsdaten in zukünftigen Untersuchungen überprüft werden.

Gerade in den vergangenen zwei Jahrzehnten hat im Zuge der Globalisierung ein konkurrierendes Erklärungsmuster für die aktuellen Entwicklungen des berufsstrukturellen Wandels an Bedeutung gewonnen. Wenngleich dies hier nicht bearbeitet wurde, ist davon auszugehen, dass ein bestimmter Teil der dargestellten Entwicklung auf die sich verändernden weltwirtschaftlichen Rahmenbedingungen und nicht auf die Theorien der Veränderung innerhalb der Arbeitsgesellschaft zurück zu führen ist. Das Entstehen eines globalisierten und bislang kaum reglementierten Weltarbeitsmarktes (Steingart 2006) hat erhebliche Verschiebungen von Produktionsstandorten zur Folge. Dies könnte insbesondere – aber durchaus nicht nur – zu Lasten gering qualifizierter Arbeitskräfte in den Industrieländern gehen und ein zusätzlicher Erklärungsgrund für die beobachteten berufsstrukturellen Veränderungen in Deutschland sein. Zukünftige Analysen sollten trotz der offensichtlichen empirischen Unwägbarkeiten hier unbedingt Evidenzen prüfen.

Literatur

Baethge, Martin, Friedrich Gerstenberger, Herbert Oberbeck und *Rüdiger Seltz,* 1980: Auswirkungen des erhöhten Angebots an Absolventen weiterführender Bildungseinrichtungen auf das Ausbildungsverhalten und die Personalrekrutierung in angestelltenintensiven Bereichen des Beschäftigungssystems. S. 171-182 in: *Ulrich Beck, Karl H. Hörning* und *Wilke Thomssen* (Hg.), Bildungsexpansion und betriebliche Beschäftigungspolitik. Aktuelle Entwicklungstendenzen im Vermittlungszusammenhang von Bildung und Beschäftigung. Frankfurt a.M.: Campus.

Baethge-Kinsky, Volker, 2001: Prozessorientierte Arbeitsorganisation und Facharbeiterzukunft. S. 99-114 in: *Werner Dostal* und *Peter Kupka* (Hg.), Globalisierung, veränderte Arbeitsorganisation und Berufswandel. Beiträge zur Arbeitsmarkt- und Berufsforschung 240.

Beck, Ulrich, 1986: Risikogesellschaft. Auf dem Weg in eine andere Moderne. Frankfurt a. M.: Suhrkamp.

Becker, Rolf, 1990: Arbeitsmärkte im öffentlichen Dienst und in der Privatwirtschaft. Eine Längsschnittuntersuchung aus der Perspektive von Berufsverläufen. Zeitschrift für Soziologie 19: 360-375.

Becker, Rolf, 1993: Staatsexpansion und Karrierechancen. Berufsverläufe im öffentlichen Dienst und in der Privatwirtschaft. Frankfurt a.M./New York: Campus.

Berger, Peter A., Dirk Konietzka und *Matthias Michailow,* 2001: Beruf, Soziale Ungleichheit und Individualisierung. S. 209-238 in: *Thomas Kurtz* (Hg.), Aspekte des Berufs in der Moderne. Opladen: Leske + Budrich.

Blossfeld, Hans-Peter, 1983: Bildungsreform und Beschäftigung der jungen Generation im öffentlichen und privaten Sektor. Eine empirisch vergleichende Analyse. Soziale Welt 35: 159-189.

Blossfeld, Hans-Peter, 1984: Bildungsexpansion und Tertiarisierungsprozess. Eine Analyse der Entwicklung geschlechtsspezifischer Arbeitsmarktchancen von Berufsanfängern unter Verwendung eines log-linearen Pfadmodells. Zeitschrift für Soziologie 13: 20-44.

Blossfeld, Hans-Peter, 1985: Bildungsexpansion und Berufschancen. Empirische Analysen zur Lage der Berufsanfänger in der Bundesrepublik. Frankfurt a.M./New York: Campus.

Blossfeld, Hans-Peter, 1987: Karriereprozesse im Wandel der Arbeitsmarktstruktur. Ein dynamischer Ansatz zur Erklärung intragenerationaler Mobilität. Mitteilungen aus der Arbeitsmarkt- und Berufsforschung 20: 74-88.

Blossfeld, Hans-Peter, und *Karl Ulrich Mayer,* 1988: Arbeitsmarktsegmentation in der Bundesrepublik Deutschland. Eine empirische Überprüfung von Segmentationstheorien aus der Perspektive des Lebenslaufs. Kölner Zeitschrift für Soziologie und Sozialpsychologie 40: 262-283.

Blossfeld Hans-Peter, und *Rolf Becker,* 1989: Arbeitsmarktprozesse zwischen öffentlichem und privatwirtschaftlichem Sektor. Mitteilungen aus der Arbeitsmarkt- und Berufsforschung 22: 233-247.

Blossfeld, Hans-Peter, 1989: Kohortendifferenzierung und Karriereprozess. Eine Längsschnittstudie über die Veränderung der Bildungs- und Berufschancen im Lebenslauf. Frankfurt a.M./New York: Campus.

Blossfeld, Hans-Peter, 1990: Berufsverläufe und Arbeitsmarktprozesse. Ergebnisse sozialstruktureller Längsschnittuntersuchungen S. 118-145 in: *Karl Ulrich Mayer* (Hg.), Lebensverläufe und sozialer Wandel. Opladen: Westdeutscher Verlag.

Blossfeld, Hans-Peter, und *Karl Ulrich Mayer,* 1991: Berufsstruktureller Wandel und soziale Ungleichheit. Entsteht in der Bundesrepublik Deutschland ein neues Dienstleistungsproletariat? Kölner Zeitschrift für Soziologie und Sozialpsychologie 43: 671-696.

Blossfeld, Hans-Peter, und *Johannes Huinink,* 2001: Lebensverlaufsforschung als sozialwissenschaftliche Forschungsperspektive. Themen, Konzepte, Methoden und Probleme. Zeitschrift für Biographieforschung und Oral History 14: 5-31.

Bolder, Axel, und *Wolfgang Hendrich,* 2000: Fremde Bildungswelten. Alternative Strategien lebenslangen Lernens. Opladen: Leske + Budrich.

Braverman, Harry, 1977: Die Arbeit im modernen Produktionsprozess. Frankfurt a.M.: Campus.

Briedis, Kolja, und *Karl Heinz Minks,* 2004: Zwischen Hochschule und Arbeitsmarkt. Eine Befragung von Hochschulabsolventinnen und Hochschulabsolventen des Prüfungsjahres 2001. Bundesministerium für Bildung und Forschung.

Doeringer, Peter B., und *Michael J. Piore,* 1971: Internal Labour Markets and Manpower Analysis. Lexington,MA: Heath Lexington Books.

Esping-Andersen, Gøsta, 1993: Changing Classes. Stratification and Mobility in Post-Industrial Societies. London/Newbury Park/New Delhi: Sage.

Fourastié, Jean, 1954: Die große Hoffnung des 20. Jahrhunderts. Köln: Deutz.

Gangl, Markus, 2000: Changing Labour Markets and Early Career Outcomes. Labour Market Entry in Europe over the Past Decade. Mannheim: Mannheimer Zentrum für empirische Sozialforschung.

Hillmert, Steffen, 2002: Stabilität und Wandel des „deutschen Modells". Lebensverläufe im Übergang zwischen Schule und Beruf. S. 65-82 in: *Matthias Wingens* und *Reinhold Sackmann* (Hg.), Bildung und Beruf. Ausbildung und berufsstruktureller Wandel in der Wissensgesellschaft. Weinheim/München: Juventa.

Hillmert, Steffen, 2004: Berufseinstieg in Krisenzeiten. Ausbildungs- und Arbeitsmarktchancen in den 1980er und 1990er Jahren. S. 23-38 in: *Steffen Hillmert* und *Karl Ulrich Mayer* (Hg.), Geboren 1964 und 1971. Neuere Untersuchungen zu den Ausbildungs- und Berufschancen in Westdeutschland. Wiesbaden: VS Verlag für Sozialwissenschaften.

Jansen, Rolf, 2002: Der strukturelle Wandel der Arbeitswelt und seine Auswirkungen auf die Beschäftigten. S. 7-31 in: *Rolf Jansen* (Hg.), Die Arbeitswelt im Wandel. Weitere Ergebnisse aus der BIBB/IAB-Erhebung 1998/99 zur Qualifikation und Erwerbssituation in Deutschland. Bielefeld: Bertelsmann.

Kern, Horst, und *Michael Schumann,* 1984: Das Ende der Arbeitsteilung? Rationalisierung in der industriellen Produktion. München: Beck.

Kriete-Dodds, Susan, 2005: Beschäftigte der öffentlichen Arbeitgeber am 30. Juni 2994. Wirtschaft und Statistik 12: 1297-1308.

Kuhlmann, Martin, 2001: Reorganisation der Produktionsarbeit in der Automobilindustrie: Entwicklungslinien und Arbeitsfolgen. S. 99-114 in: *Werner Dostal* und *Peter Kupka* (Hg.), Globalisierung, veränderte Arbeitsorganisation und Berufswandel. Beiträge aus der Arbeitsmarkt und Berufsforschung 240.

Kupka, Peter, und *Wolfgang Biersack,* 2005: Berufsstruktur im Wandel – Veränderungen zwischen 1994 und 2004. S. 75-90 in: *Marita Jacob* und *Peter Kupka* (Hg.), Perspektiven des Berufskonzepts – Die Bedeutung des Berufs für Ausbildung und Arbeitsmarkt. Beiträge aus der Arbeitsmarkt- und Berufsforschung 297.

Kuwan, Helmut, und *Frauke Thebis,* 2004: Berichtssystem Weiterbildung IX. Ergebnisse der Repräsentativbefragung zur Weiterbildungssituation in Deutschland. Bonn: Bundesministerium für Bildung und Forschung.

Lutz, Burkart, 1979: Die Interdependenz von Bildung und Beschäftigung und das Problem der Erklärung der Bildungsexpansion. S. 634-670 in: *Joachim Matthes* (Hg.), Sozialer Wandel in Westeuropa. Frankfurt a.M.: Campus.

Lutz, Burkart, 1990: Bildungsexpansion und soziale Ungleichheit. Eine historisch-soziologische Skizze. S. 221-245 in: *Reinhard Kreckel* (Hg.), Soziale Ungleichheiten. (Soziale Welt, Sonderband 2). Göttingen: Schwartz.

Lutz, Burkhart, und *Werner Sengenberger,* 1974: Arbeitsmarktstrukturen und öffentliche Arbeitsmarktpolitik. Göttingen: Kommission für wirtschaftlichen und sozialen Wandel.

Mayer, Karl Ulrich, 2004: Unordnung und frühes Leid? Bildungs- und Berufsverläufe in den 1980er und 1990er Jahren. S. 201-214 in: *Steffen Hillmert* und *Karl Ulrich Mayer* (Hg.), Geboren 1964 und 1971. Neuere Untersuchungen zu den Ausbildungs- und Berufschancen in Westdeutschland. Wiesbaden: VS Verlag für Sozialwissenschaften.

Mowitz-Lambert, Joachim, 2001: Übergangsmuster in der Statuspassage von beruflicher Ausbildung in die Erwerbstätigkeit. S. 199-220 in: *Reinhold Sackmann* und *Matthias Wingens* (Hg.), Strukturen des Lebenslaufs. Übergang – Sequenz – Verlauf. Weinheim/München: Juventa

Müller Walter, 1983: Wege und Grenzen der Tertiarisierung: Wandel der Berufsstruktur in der Bundesrepublik Deutschland 1950-1980. S. 142-160 in: *Joachim Matthes* (Hg.), Krise der Arbeitsgesellschaft? Frankfurt a.M.: Campus.

Müller, Walter, 1998: Erwartete und unerwartete Folgen der Bildungsexpansion. S. 83-112 in: *Jürgen Friedrichs, M. Rainer Lepsius* und *Karl Ulrich Mayer* (Hg.), Die Diagnosefähigkeit der Soziologie. Opladen: Westdeutscher Verlag.

Müller, Walter, Markus Gangl und *Stefani Scherer,* 2002, Übergangsstrukturen zwischen Bildung und Beschäftigung. S. 39-64 in: *Matthias Wingens* und *Reinhold Sackmann* (Hg.), Bildung und Beruf. Weinheim: Juventa.

Rabe-Kleberg, Ursula, 1993: Verantwortlichkeit und Macht: Ein Beitrag zum Verhältnis von Geschlecht und Beruf angesichts der Krise traditioneller Frauenberufe. Bielefeld: Kleine Verlag.

Ruhland, Hans-Josef, 1992: Veränderungen von Berufsstruktur und Arbeitsorganisation. Berufsbildende Schule 44: 721-734.

Solga, Heike, 2002: Ausbildung als soziales Stigma in Bildungsgesellschaften. Ein soziologischer Erklärungsbeitrag für die wachsenden Arbeitsmarktprobleme von gering qualifizierten Personen. Kölner Zeitschrift für Soziologie und Sozialpsychologie 54: 476-505.

Statistisches Bundesamt, 1996: Bevölkerung und Erwerbstätigkeit. S. 317-323 in: Beruf, Ausbildung und Arbeitsbedingungen der Erwerbstätigen 1995 (Fachserie 1, Reihe 4.1.2, Ergebnisse des Mikrozensus). Stuttgart: Metzler-Poeschel.

Statistisches Bundesamt, 2004, Bevölkerung und Erwerbstätigkeit. In: Stand und Entwicklung der Erwerbstätigkeit (Fachserie 1, Reihe 4.1.1, Ergebnisse des Mikrozensus 2004), www.destatis.de (Stand 22.09.2006).

Statistisches Bundesamt, 2005: http://www.destatis.de/themen/d/thm_erwerbs.php (Stand 22.09. 2006).

Steingart, Gabor, 2006: Weltkrieg um Wohlstand. Wie Macht und Reichtum neu verteilt werden. München: Piper.

Stiegler, Barbara, 1999: Berufe brauchen kein Geschlecht: Zur Aufwertung sozialer Kompetenzen im Dienstleistungsbereich. Friedrich Ebert Stiftung, Abteilung Arbeit und Sozialpolitik: Bonn.

Weber, Max, 1976: Wirtschaft und Gesellschaft. Tübingen: Mohr.

Winter, Regine, 1994: Frauen verdienen mehr. Zur Neubewertung von Frauenarbeit im Tarifsystem. Berlin: Edition Sigma.

Bildungsexpansion und Frauenerwerbstätigkeit

Anna Etta Hecken

> „Mädchen und ihre Eltern ziehen den früheren Abschluss vor, weil der Beruf, zu dem er Zugang verschafft, lediglich als Übergang und nicht als lebenslängliche Tätigkeit angesehen wird. Diese Auffassung ist realistisch und kurzsichtig zugleich. Sie ist realistisch, weil die Hauptlast der häuslichen Pflichten auch in der absehbaren Zukunft von den Frauen getragen werden muss und der Beruf insofern tatsächlich ein Nebenberuf bleibt. Andererseits ist sie irrational. Als Entscheidung über die Zukunft widerspricht sie dem individuellen und dem gesamtgesellschaftlichen Interesse. Einseitig orientiert sie sich an heutigen Gegebenheiten, ohne die Möglichkeit einzubeziehen, dass diese sich ändern." (Pross 1969: 37).

1. Einleitung

Die Integration von Frauen in den Arbeitsmarkt gilt als wesentlicher Indikator für Gleichberechtigung von Frauen und Männern in einer Gesellschaft. Einen Beruf zu haben und auszuüben ist grundsätzlich ein Indiz sozialer Integration, es ist *das* Vehikel vertikaler Mobilität, befriedigt soziale Bedürfnisse und definiert das soziale Ansehen. Da es – besonders in einem dualen Ausbildungssystem – eine enge Verknüpfung von Ausbildung und beruflichen Chancen gibt, kann eine höhere Bildungsbeteiligung von Frauen als Motor für ihre Arbeitsmarktintegration betrachtet werden. In den letzten Jahrzehnten lassen sich sowohl eine deutlich höhere Bildungs- als auch eine höhere Erwerbsbeteiligung sowie eine starke Erwerbsorientierung von Frauen beobachten.

Erwerbstätigkeit von Frauen wird in vielfältigen Zusammenhängen thematisiert. In den Analysen zum Strukturwandel der Arbeit, zu Einkommensunterschieden, der Arbeitsmarktsegregation, Teilzeitarbeit, Flexibilisierung und Prekarisierung von Arbeitsplätzen, dem Wandel der Familie usw. nehmen das Ausmaß und die Veränderung der Frauenerwerbstätigkeit einen prominenten Platz ein. Aus diesen komplexen Themengebieten sollen im vorliegenden Beitrag einzelne Aspekte diskutiert und untersucht werden. Die Frage des Einflusses der gestiegenen Bildungsbeteiligung von Frauen auf ihre Erwerbstätigkeit steht dabei im Zentrum. Es wird erörtert, wie sich das höhere Bildungsniveau einerseits auf die Arbeitsmarktsegregation und das Berufswahlverhalten auswirkt, andererseits empirisch auf den Berufsstatus von Frauen niederschlägt. Grundsätzlich scheint der Zusammenhang zwischen Bildungsexpansion und

Frauenerwerbstätigkeit unbestritten, allerdings kann die gestiegene Bildungsbeteiligung kaum als primäre Ursache für die größere Arbeitsmarktorientierung der Frauen angesehen werden. Zu erwarten ist aber, dass das höhere Bildungsniveau von Frauen ihre Position auf dem Arbeitsmarkt verbessert bzw. Nachteile reduziert, weil sie über eine bessere Humankapitalausstattung verfügen. In einem Kohortenvergleich wird untersucht, inwiefern sich das höhere Bildungsniveau auf den Berufsstatus von Männern und Frauen auswirkt.

Der positive Einfluss der Höherqualifizierung der Frauen auf ihre Arbeitsmarktintegration wird durch die Tatsache eingeschränkt, dass sich Frauen und Männer nach wie vor bezüglich Arbeitszeit und Berufstyp unterscheiden, der Arbeitsmarkt also weiterhin geschlechtsspezifisch segregiert ist. Sowohl teilzeitliche Arbeitsmodelle als auch eine Tätigkeit in frauentypischen Berufszweigen wirken sich nicht positiv auf eine berufliche Karriere aus. Eine gängige These ist, dass Frauen ihre besseren Bildungschancen nicht angemessen in bessere Berufschancen umsetzen können. Mehrere Studien belegen, dass sich die geschlechtsspezifischen Barrieren beim Zugang zu Bildung aufgelöst haben, im Berufsleben aber fortbestehen (Bothfeld et al. 2005; Mayer 2005; Buchmann et al. 2002; BMFSFJ 2001; Gottschall 1995; Beckmann und Engelbrech 1994).

Im Folgenden werden die Bildungsexpansion und die gestiegene Erwerbsbeteiligung von Frauen in der Schweiz kurz umrissen. Auf die Präsentation ausgewählter Forschungsergebnisse folgen die Darstellung relevanter theoretischer Ansätze und die Ausarbeitung der Hypothesen. Zum Schluss werden die eigenen empirischen Analysen erläutert und ein Fazit gezogen.

1.1 Bildungsexpansion und Geschlecht

Die in der Nachkriegszeit einsetzende Bildungsexpansion führte zu einer starken Erweiterung der Bildungsbeteiligung und damit zu längeren Ausbildungszeiten sowie höheren beruflichen Qualifikationen. In der Schweiz sinkt seit den 1950er Jahren der Anteil der Bevölkerung stark, der nach der obligatorischen Schule keine weitere Ausbildung absolviert. Hingegen erwerben immer größere Bevölkerungsanteile einen höheren Bildungsabschluss.

Während in Deutschland neben wirtschaftlichen Überlegungen auch stark sozialpolitische und demokratische Argumente die Bildungsexpansion initiieren, dominiert in der schweizerischen Diskussion die Begründung des Arbeitskräftedefizits (Rieger 2001). Die politische Unterstützung ist während der 1950er Jahre und bis in die 1970er Jahre groß; Arbeitgeberverbände und Politiker warnen gleichermaßen vor riesigen Nachwuchslücken und mangelnder internationaler Wettbewerbsfähigkeit auf dem Arbeitsmarkt, wenn nicht ein massiver Ausbau der Mittelschulen und Universitäten angestrebt wird (ebd.: 50f). Die daraufhin stark ansteigenden Schülerinnenzahlen sind allerdings eher als unerwartete

Folge zu interpretieren. In der öffentlichen Diskussion werden größere, brachliegende „Begabungsreserven“ konstatiert – Kinder aus unteren sozialen Schichten und Jugendliche vom Land –, die Bedarfsanalysen qualifizierter Arbeitskräfte haben aber mehrheitlich männliche Arbeitnehmer im Blick. Für den Kanton Zürich beispielsweise hat Rieger recherchiert, dass die „mögliche Angleichung der Gymnasialquoten von Frauen und Männern [...] in den Zielvorgaben des Mittelschulausbaus keinerlei Rolle [spielte]“ (ebd.: 54f)[1].

Abbildung 1: Höchste abgeschlossene Ausbildung nach Alter und Geschlecht

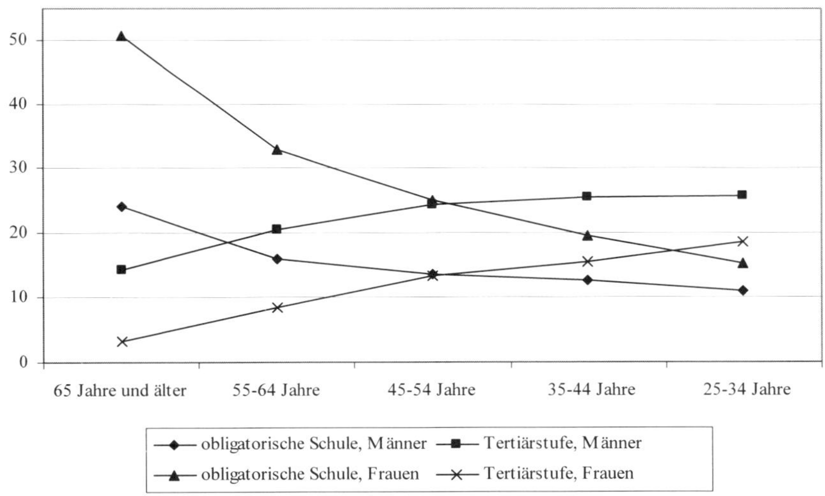

Quelle: BFS – Statistisches Lexikon der Schweiz 2005; Datengrundlage: SAKE 2005; eigene Darstellung

Grundsätzlich wird – pro- oder retrospektiv – von der Bildungsexpansion neben der Rekrutierung der Begabungsreserve für das wirtschaftliche Wohlergehen des Staates ein Abbau der sozialen Selektivität im Bildungswesen erwartet (siehe Becker in diesem Band). Herkunftsbedingte Unterschiede in der Bildungsbeteiligung sollen wie die Unterschiede zwischen den Konfessionen reduziert

1 „Die Argumentation für den Mittelschulausbau ging sehr stark vom Bedarf der Industrie und Wissenschaft nach zusätzlichen hoch qualifizierten Arbeitskräften aus. Wenn davon die Rede war, man brauche immer mehr Ingenieure, Techniker, Naturwissenschafter usw., so waren damit effektiv Männer gemeint“ (Rieger 2001: 55).

werden. Es wird angestrebt, dass Kinder aus ländlichen Gebieten keine Benachteiligungen erfahren und zwischen den Geschlechtern sollen sich die Bildungschancen ebenfalls angleichen. Während die Bildungsungleichheiten zwischen den sozialen Schichten die aktuelle Forschung immer noch stark beschäftigen und kontrovers diskutiert werden (Müller 1998), sind Kinder aus ländlichen Regionen deutlich weniger stark im Nachteil und konfessionelle Bildungsungleichheiten abgebaut. Als die eigentlichen Gewinnerinnen der Bildungsexpansion gelten die Frauen. Ihr Aufholen in allen Ausbildungstypen in den vergangenen vier Jahrzehnten ist beachtlich, an den Gymnasien sind sie inzwischen sogar in der Überzahl. Zudem wiederholen Mädchen weniger oft eine Klasse als Jungen und sind weniger häufig in Sonderklassen sowie im Schultyp mit Grundansprüchen anzutreffen (Bühler und Heye 2005; Mantovani Vögeli 1994; für Deutschland: vgl. Cornelißen et al. 2005; Reinberg und Hummel 2002; Müller et al. 1997). Allerdings haben Frauen in der Schweiz immer noch häufiger keinen nachobligatorischen Bildungsabschluss und seltener einen Tertiärabschluss als die männliche Bevölkerung ab 25 Jahren. Hartnäckig halten sich auch die geschlechtsspezifischen Unterschiede in den Ausbildungstypen wie auch in der Berufs- und Fächerwahl (Leemann und Keck 2005). Dies zeigt sich vor allem in der nachobligatorischen Ausbildung: Die Mehrheit aller jungen Leute wählt zwar eine mehrjährige Berufsausbildung, allerdings besuchen deutlich mehr männliche Schulabgänger eine Lehre, während die jungen Frauen stärker in weiterführenden allgemein bildenden Schulen vertreten sind. Sowohl in den gewählten Berufsbereichen als auch in der Schwerpunktfächerwahl der Maturitätsschulen unterscheiden sich die weiblichen und männlichen Lehrlinge resp. Gymnasiast/innen.

Es ist unwahrscheinlich, dass allein die erweiterten Bildungsgelegenheiten der zentrale Faktor für die stark gestiegene Bildungsbeteiligung sind – zumal dies in den Anfängen der Bildungsexpansion auch politisch nicht als Kernziel definiert wurde. „Der entscheidende Impuls dürfte in der Entfaltung des neuen und emanzipierteren Verständnisses der Rolle der Frau zu finden sein“, schreibt Müller (1998: 91) und Reinberg et al. (1995) betonen, dass die vermehrten Ausbildungsanstrengungen von Frauen mit zu ihrer gestiegenen Erwerbsquote beigetragen haben, aber „darüber hinaus waren natürlich auch andere gravierende Veränderungen individueller, familiärer und sozialstruktureller Rahmenbedingungen der letzten Jahrzehnte für die wachsende Frauenerwerbstätigkeit verantwortlich“ (ebd.: 314). Besonders der veränderte Arbeitskräftebedarf muss berücksichtigt werden; der stark wachsende Dienstleistungssektor schuf in den Bereichen Sozial-, Erziehungs- und Gesundheitswesen viele neue Arbeitsplätze, die von Frauen häufig nachgefragt werden. Es wird auch davon ausgegangen, dass die starke Zunahme der Teilzeitarbeit die Frauenerwerbstätigkeit begünstigt hat (vgl. z.B. Flückiger und Falter 2004; Blossfeld und Hakim 1997). Zudem haben (familiäre) Lebensformen und Wertvorstellungen in den letzten Jahrzehnten starke Veränderungen erfahren und die kulturell bedingten Geschlechterrollen haben sich gewandelt.[2]

1.2 Die gestiegene Erwerbsbeteiligung von Frauen

Historisch gesehen etabliert sich im Prozess der Industrialisierung eine neue Arbeitsorganisation. Die ehemals haushaltsorientierten Arbeitsplätze werden im Laufe des 19. Jahrhunderts von den getrennten Sphären Erwerbsarbeit und Hausarbeit abgelöst. Dies verändert die Arbeitsteilung zwischen den Geschlechtern und führt zu geschlechtsspezifischen Arbeitsformen. Frauen erledigen (vorwiegend) die Hausarbeit und werden nicht zu gleichen Anteilen in die Erwerbsarbeit einbezogen. Männer hingegen sind voll in die Erwerbsarbeit außer Haus eingebunden, ihnen wird die Funktion des Hauptverdieners und Ernährers zugeschrieben. Für das Geschlechterverhältnis resp. innereheliche Machtverhältnisse ist diese Form der Arbeitsteilung nicht unbedeutend, sie bringt beispielsweise eine asymmetrische (ökonomische) Abhängigkeit der Frauen von den Männern hervor (Müller et al. 1983).

Seit den 1970er-Jahren stieg in der Schweiz die Erwerbsquote von Frauen stetig an, innerhalb von drei Jahrzehnten erhöhten sich die durchschnittlichen Erwerbsquoten von Schweizer Frauen im Haupterwerbsalter (25- bis 49-jährigen) von 40 auf 78 Prozent. Die Erwerbsquoten von in der Schweiz wohnhaften Ausländerinnen betrugen 1970 bereits knapp 70 Prozent, heute sind die Erwerbsquoten dieser beiden Gruppen ausgewogen (Bühler und Heye 2005: 24f). Zwischen den Generationen bestehen allerdings große Unterschiede, die Jüngeren sind generell stärker im Arbeitsmarkt integriert und Frauen mit Kindern neigen heutzutage dazu, nach einem Unterbruch schneller wieder ins Erwerbsleben einzusteigen als vorherige Generationen (Branger et al. 2003: 37). Die Mehrheit der Frauen (56,7 Prozent) ist teilzeitbeschäftigt (BFS 2005a), während nur jeder zehnte Mann Teilzeit arbeitet – Männer mit Kind(ern) unter 15 Jahren allerdings noch seltener. Hingegen ist „der Anteil Frauen mit einem kleinen Teilzeitpensum (unter 50 Prozent) bei den Frauen mit Kind(ern) unter 15 Jahren mehr als doppelt so hoch wie bei Frauen ohne Kind(er) unter 15 Jahren" (ebd.: 38). Von aktuellen Entwicklungen auf dem Arbeitsmarkt wie Flexibilisierung und Deregulierung der Arbeitsverhältnisse sind Frauen stärker negativ betroffen. Die Arbeitslosenquote von Frauen war in der Schweiz im Beo-

2 Kritisch hinterfragen Born et al. in ihrer Monographie „Der unentdeckte Wandel" die gängige Annahme, dass die Bildungsexpansion eine „Hinwendung zu beruflicher Qualifizierung in der weiblichen Lebensführung" (1996: 272) ausgelöst hat, die Orientierung an einer Berufsausbildung sei schon für die 1945 jungen Frauen selbstverständlich gewesen.

bachtungszeitraum von 1970 bis 2000 stets höher als diejenige der Männer und das Erwerbslosigkeitsrisiko hat zugenommen (Bühler und Heye 2005: 41).

Abbildung 2: Erwerbsmodelle in Paarhaushalten mit Kindern unter 15 Jahren

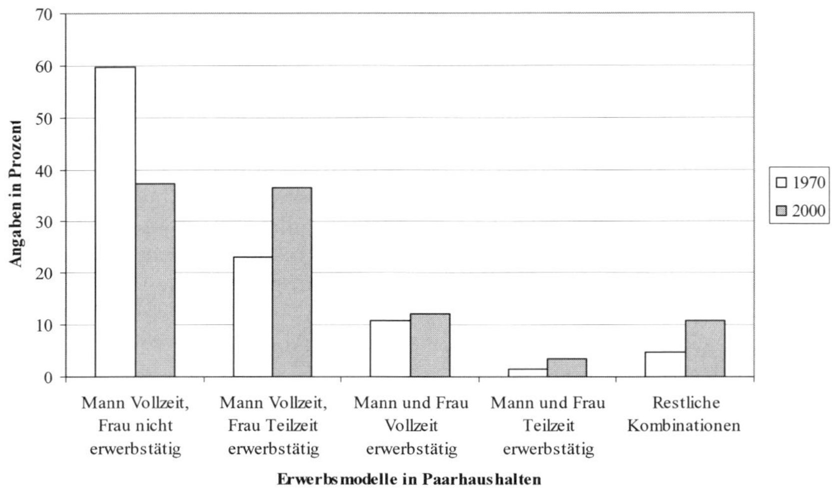

Quelle: BFS – Statistisches Lexikon der Schweiz 2005; Datengrundlage: Volkszählung; eigene Darstellung

Mit 44,6 Prozent sind knapp die Hälfte der Erwerbstätigen Frauen, damit hat sich im Zeitraum von 1970 bis 2000 der Anteil der Frauen am Total der Erwerbstätigen also um mehr als 10 Prozent erhöht. Zudem erhielt das traditionell dominierende Erwerbsmodell in Paarhaushalten – Mann Vollzeit erwerbstätig und Frau nicht erwerbstätig – ein gleich stark vertretenes Pendant: Vollzeit erwerbstätiger Mann und Teilzeit arbeitende Frau (siehe Abbildung 2). Diese Veränderungen können aber nicht als umwälzende strukturelle Umgestaltungen interpretiert werden (ebd.: 27). Die strukturelle Zusammensetzung der Erwerbsbevölkerung bezüglich Geschlecht und Erwerbsumfang (siehe Tabelle 1) weist auf die Persistenz der traditionellen Rollenverteilung (vollzeitbeschäftigte Männer und teilzeitbeschäftigte Frauen) hin.

Frauen und Männer ohne Kinder unterscheiden sich kaum in ihrer durchschnittlichen Erwerbsarbeitszeit (38 resp. 42 Wochenstunden), sind aber Kinder vorhanden, dann reduzieren sich bei den erwerbstätigen Frauen die durchschnittlichen Wochenstunden um die Hälfte. Erst wenn die jüngsten Kinder im schulpflichtigen Alter sind, steigt die durchschnittliche Erwerbsarbeitszeit der Frauen wieder leicht an, erreicht aber nicht mehr das Niveau der Kinderlosen (ebd.: 28f). Entsprechend beträgt – trotz der relativ hohen Erwerbsquoten von Frauen – das Total an geleisteten Arbeitsstunden nur 35,8 Prozent. Wird der standardisierte Bruttolohn von Frauen und Männern verglichen, so beläuft sich im Jahr 2002 die Lohndifferenz auf 20,7 Prozent (1996 betrug sie 22,9 Prozent) (BFS 2005a). Das hängt unter anderem mit der beruflichen Stellung zusammen, die Frauen im Verlauf ihres Berufslebens einnehmen. Zwischen 1970 und 2000 stieg der Anteil von Frauen in den Unternehmensleitungen von 10 Prozent auf 15 Prozent, im mittleren und unteren Kader übersteigen die Frauenanteile die 30 Prozent-Marke, die als Grenze zum Minderheitenstatus angesehen wird (Bühler und Heye 2005: 31ff).

Tabelle 1: Verteilung der erwerbstätigen Personen nach Beschäftigungsgrad und Geschlecht (in Prozent), 1970-2000

	Männer Vollzeit erwerbstätig	**Männer Teilzeit erwerbstätig**	**Frauen Vollzeit erwerbstätig**	**Frauen Teilzeit erwerbstätig**	**Total**
1970	63.1	2.7	24.1	10.1	100.0
1980	61.1	2.9	23.5	12.5	100.0
1990	57.9	3.1	22.3	16.7	100.0
2000	51.3	5.0	21.5	22.3	100.0

Quelle: Bühler et al. 2005: 27

Im internationalen Vergleich sind die schweizerischen Erwerbsquoten von Männern und Frauen sehr hoch, wenn man allerdings nur die Personen im Haupterwerbsalter berücksichtigt, dann befinden sich die Erwerbsquoten der Männer immer noch im Spitzenfeld, diejenigen der Frauen dagegen im Mittelfeld. Das verweist auf „eine im europäischen Vergleich geringe Unterstützung der Familien in der Schweiz, aber auch auf eine relativ geringe Beteiligung der Väter an der Kinderbetreuung und –erziehung" (ebd.: 26). Nicht zu vernachlässigen ist auch, dass im internationalen Vergleich in der Schweiz überdurchschnittlich viele Frauen Teilzeit arbeiten und ein sehr geringer Frauenanteil bei den vollzeitbeschäftigten Personen auszumachen ist. Nachteile von Teilzeitarbeit sind schlechtere Sozialleistungen, geringere Karrierechancen und finanzielle Abhängigkeiten (besonders bei Beschäftigungspensen unter 50 Prozent). Zugleich stellt sich auch die Frage der Unterbeschäftigung. Gemäß neuesten

Erhebungen geben viermal mehr Frauen als Männer an, dass sie unterbeschäftigt sind (BFS 2005b).

In Deutschland ist die Erwerbsbeteiligung von Frauen leicht höher – fast die Hälfte der Erwerbstätigen sind weiblich (47 Prozent) –, aber mit 38,8 Prozent Anteil am gesamtwirtschaftlichen Arbeitsvolumen (Wanger 2006: 4) unterscheidet sich die Situation nicht wesentlich von der Schweiz. Eine stark steigende Teilzeitbeschäftigung ermöglicht die Entwicklung, dass trotz der Zunahme der Zahl erwerbstätiger Frauen das Erwerbsarbeitsvolumen tief bleibt. Die deutschen Frauen sind weniger stabil in den Arbeitsmarkt integriert als die deutschen Männer, geringfügige Beschäftigungsverhältnisse sind mit 71 Prozent eine Frauendomäne, Frauen sind überdurchschnittlich von nicht realisierten Erwerbswünschen und sowohl häufiger als auch länger von Arbeitslosigkeit betroffen (ebd.: 4f). Im Dienstleistungssektor steigen die Frauenanteile stetig, während sie in den anderen Wirtschaftsbereichen abnehmen. Des Weiteren ist der Publikation „Bericht zur Berufs- und Einkommenssituation von Frauen und Männer“ aus dem Jahre 2001 des Bundesministeriums für Familie, Senioren, Frauen und Jugend zu entnehmen, dass auch die Einkommensdifferenzen zwischen Männern und Frauen für die beiden Nachbarländer vergleichbar sind. In den alten Bundesländern hat eine abhängig beschäftigte Frau ein im Durchschnitt 25 Prozent geringeres Jahresbruttoeinkommen als ein Mann. Innerhalb von 20 Jahren hat sich dieser Abstand nur um 2,8 Prozentpunkte verringert. Ein höheres Ausbildungsniveau der Frauen vergrößert den geschlechtsspezifischen Einkommensabstand sogar, stellt die Forschungsgruppe fest: „Zwar steigt mit zunehmender Qualifikation das Einkommen bei Frauen und bei Männern an, aber wie der Geschlechtervergleich zeigt, führt eine hohe Ausbildung bei Frauen nicht automatisch auch zu einem gleich hohen Einkommen wie bei Männern“ (BMFSFJ 2001: 6). Die innereheliche Arbeitsteilung unterscheidet sich nicht wesentlich zwischen Westdeutschland und der Schweiz. Frauen sind, „sobald sie sich in einer Paar-Konstellation befinden, sehr häufig in Teilzeit oder gar nicht erwerbstätig“ (ebd.: 9), während Männer im erwerbsfähigen Alter fast ausschließlich abhängig oder selbständig in Vollzeittätigkeiten sind. Die Forschungsgruppe vermutet, dass sich das in Zukunft auch nicht wesentlich verändern wird. Frauen bleiben wegen der Kinderbetreuung nach wie vor ganz oder überwiegend dem Arbeitsmarkt fern, allerdings verkürzt sich die zeitliche Erwerbsunterbrechung (ebd.: 11). Die sozialpolitischen Rahmenbedingungen begünstigen die Arbeitsmarkteinbindung von Frauen nicht. Für Deutschland lässt sich beispielsweise zeigen, dass das Steuer- und Sozialleistungssystem einseitig die Institution Ehe unterstützt und eine Reihe von Regelungen „negative Anreize für das Erwerbsarbeitsangebot von verheirateten Frauen“ (ebd.: 19) beinhaltet.

Die Zunahme der weiblichen Erwerbstätigkeit ist ein weltweites Phänomen, sie ist in den westlichen Ländern weitgehend auf die stärkere Erwerbsbeteiligung von Müttern zurückzuführen (Charles 2002: 208). Bezüglich der Frauenerwerbsquote befinden sich die deutschsprachigen Länder im mittleren Bereich, die tiefsten Erwerbsquoten weisen Spanien und Italien auf, die höchsten die skandinavischen Länder. Die zeitliche Intensität des Erwerbsverhaltens darf allerdings nicht vernachlässigt werden; die hohen Erwerbsquoten von Frauen in Schweden und Norwegen erklären sich mit einem hohen Anteil an teilzeitbeschäftigten Frauen (ebd.). Obwohl die stark gestiegene Teilzeitarbeit als begünstigend für die Frauenerwerbstätigkeit angesehen wird, ist ihre Bewertung ambivalent. Denn die Möglichkeit, Teilzeit zu arbeiten, „wird mit Nachteilen beim Einkommen, der Karriere und der sozialen Sicherung erkauft. Teilzeitarbeit entspricht momentan zwar häufig den Wünschen von Frauen. Dies aber oft nur, weil sie wegen ungünstiger Rahmenbedingungen keine bessere Alternative haben, berufliche und familiäre Interessen unter einen Hut zu bringen" (Wanger 2006: 38).

1.3 Determinanten der Frauenerwerbstätigkeit

In einem historischen Vergleich des Strukturwandels der Frauenarbeit zwischen 1880-1980 begründen Müller et al. (1983) das Ausmaß der Erwerbsbeteiligung von Frauen als abhängig von der Arbeitsmarktnachfrage, den Bildungsqualifikationen, den beruflichen Gelegenheitsstrukturen sowie der ökonomischen Lage der Familie. Die Autoren stellen fest, dass die Erwerbsbeteiligung von Frauen mit dem Familienzyklus variiert, sich in der Kohortenabfolge aber sukzessive erhöht.[3] Im Verlauf von 45 Jahren (von 1925 bis 1970) fand ein eindrücklicher normativer Wandel statt: 1925 war Erwerbstätigkeit nach der Heirat eine Ausnahme, 1970 bildete hingegen der Verzicht auf Erwerbstätigkeit nach der Heirat eine Ausnahme. Diese Analysen legen nahe, dass die Erhöhung der Erwerbsbeteiligung verheirateter Frauen historisch zuerst durch einen Verhaltenswandel unmittelbar nach der Familiengründung erfolgte. Für die vorliegende Fragestellung scheint hierbei interessant, dass primär eine Verhaltensänderung resp. ein Wertewandel als ursächlich für die vermehrte Erwerbstätigkeit verheirateter Frauen angenommen wird.

Einen aktuellen Überblick über den Forschungsstand zur geschlechtsspezifischen Erwerbstätigkeit in der Schweiz sowie im internationalen Vergleich, lie-

3 Die phasenweise Erwerbstätigkeit von Frauen wurde in der Forschungsliteratur zuerst als Zwei-Phasen-Modell beschrieben; der Erwerbstätigkeit in jungen Jahren folgt nach der Heirat resp. Familiengründung die Konzentration auf die Hausarbeit. Später wurde das veränderte Erwerbsmuster von Frauen mit einem Drei-Phasen-Modell skizziert; nach der Erwerbsunterbrechung folgt der Wiedereinstieg ins Berufsleben, in der Regel in Teilzeitanstellungen.

fern Buchmann et al. (2002). Neben der Bildungsausstattung als möglichem Bestimmungsfaktor für die Arbeitsmarktbeteiligung werden in der Regel Fragen der Erwerbskontinuität, der Familienkonstellation, der innerfamiliären Arbeitsteilung, der Kinderzahl, des Alters, des Haushalteinkommens sowie des Arbeitsmarktkontextes und der geschlechterkulturellen Leitbilder diskutiert. Es wird immer wieder die Notwendigkeit betont, sowohl individuelle als auch kontextuelle Merkmale zur Erklärung hinzuzuziehen, weil Berufsverläufe von individuellen Entscheidungen, aber auch von wirtschaftlichen und sozialen Gegebenheiten beeinflusst werden.

Zentrale Ergebnisse sind, dass ungleiche Chancenstrukturen fortbestehen und nach wie vor der Familienkonstellation eine herausragende Bedeutung bei der Erklärung des Arbeitsmarktverhaltens von Frauen zukommt. In Lebensverlaufsstudien sind keine Unterschiede im Ausmaß und den Gründen der Arbeitsmarktaustritte feststellbar. Hingegen zeigen sich Unterschiede in der Unterbrechungsdauer und dem Rückkehrverhalten von Frauen (vgl. z.B. Lauterbach 1994). Die sehr zählebige geschlechtshierarchische Arbeitsteilung führt zu einem Modell familiärer Arbeitsteilung, das allein dadurch eine Modernisierung erfährt, „als sich die weibliche Rolle [...] um die Möglichkeit einer meist marginalen Teilzeitbeschäftigung erweitert hat" (Buchmann et al. 2002: 232). Als Hauptproblem für die mangelnde Arbeitsmarkteinbindung von Frauen werden einerseits Defizite in der öffentlichen Kinderbetreuung angesehen (BMFSFJ 2001). Andererseits gelten Erwerbs- und Familienverläufe auch als stark von den Arbeitsmarkt- und Berufsbedingungen strukturiert (Lauterbach 1994: 254).

Da der Familienzyklus eine entscheidende Determinante im Arbeitsmarktverhalten ist, liegt es nahe, dass für eine differenzierte Analyse Lebensverlaufsstudien unerlässlich sind. Zwar sind Bildungsabschlüsse entscheidende Weichenstellungen für den Berufseinstieg und den weiteren Berufsverlauf, aber ebenso wichtige Faktoren sind Prozesse des Erwerbsaustritts und Wiedereintritts sowie die Chancen der Vereinbarkeit von Familie und Beruf.[4] Denn „die Eigenrationalitäten des Berufssystems und des Arbeitsmarktes (bestimmen) in Verbindung mit der Datierung familialer Ereignisse wie der Heirat oder der Geburt von Kindern [bestimmen] die Struktur individueller Erwerbsverläufe weitgehend" (Lauterbach 1994: 247). Die Lebensverläufe von Männern und Frauen sind sich ähnlicher geworden, dennoch „hat sich die feste Koppelung des Frauenlebens an das Familienleben überlebt und führt oft zu ambivalenten Lebensvorstellungen von Frauen" (Sørensen 1990: 608). Des Weiteren müssen auch demographische, konjunkturelle und strukturelle Entwicklungen sowie die Ver-

4 Für den männlichen Erwerbsverlauf hat das Ausbildungsniveau als Startchance den bedeutsamsten Einfluss.

änderungen weiblicher und männlicher Werte- und Verhaltensmuster berücksichtigt werden (Beckmann und Engelbrech 2002).

Konkrete Forschungsergebnisse zum Einfluss der Höherbildung auf die Erwerbstätigkeit berichtet beispielsweise Engelbrech in einem Vergleich von 1977 und 1985. Er stellt fest, dass die Erwerbsbeteiligung von Frauen ohne Berufsausbildung unverändert niedrig geblieben ist, verheiratete Frauen mit weiterführendem Schulabschluss aber überdurchschnittlich länger und häufiger als 1977 vollzeitbeschäftigt sind (Engelbrech 1987: 184). Das gestiegene Bildungsniveau wirkt sich also auf das Arbeitsmarktverhalten aus und führt zu einer stärkeren Bindung an den Beruf. Auch Lauterbach et al. berichten: „Gerade besser ausgebildete Frauen hatten zunehmend höhere Erwerbsquoten, kürzere Unterbrechungsphasen und längere wie stetigere Verweildauern im Beschäftigungssystem als minder qualifizierte Frauen, die durch diese Differenzierung auch zusätzlich Einbussen in ihren Lebenschancen hinnehmen mussten“ (Lauterbach et al. 1994: 200). Neuere Ergebnisse für Deutschland kommen zum gleichen Schluss: „mit steigendem beruflichen Bildungsniveau nimmt die Erwerbsneigung bei Frauen wie bei Männern sichtbar zu“ (BMBF 2003). Bildung und Berufserfahrung beeinflussen die Arbeitsmarkteinbindung von Frauen in der Schweiz, dies stellen Buchmann et al. empirisch fest: „Hochqualifizierte Frauen mit viel Berufserfahrung unterbrechen ihre Erwerbstätigkeit seltener und sie steigen zudem schneller beziehungsweise öfter wieder ein“ (Buchmann et al. 2002: 236; vgl. auch Baumgartner 2003); wobei der Zusammenhang zwischen Bildungsniveau und Arbeitsmarktintegration nicht linear ist.

Corsten und Hillmert (2001) untersuchen Einflussfaktoren, die die Bildungs- und Erwerbsverläufe in den achtziger und neunziger Jahren prägen. Sie gehen davon aus, dass sich das deutlich gestiegene Bildungsniveau der Frauen in ihrem individuellen Erwerbsverhalten niederschlagen wird. Ihr Fazit ist aber, dass eine längere Beteiligung am Erwerbsgeschehen, höhere Positionen im Erwerbsverlauf und verbesserte Einkommen empirisch nur in Ansätzen nachweisbar sind – im direkten Vergleich mit männlichen Erwerbsverlaufsmustern vielmehr eine hohe Persistenz bisheriger Ungleichheiten auffällt. Mögliche Erklärungen ihrerseits sind geschlechtsspezifische Zuweisungsprozesse bei der Personalrekrutierung und bei Berufswahlprozessen sowie gesamtgesellschaftliche Bedingungslagen: die institutionelle Rahmung des Erwerbssystems sowie die Koppelung von Erwerbstätigkeit und Familienarbeit.

1.4 Bildungsexpansion und geschlechtsspezifische Segregation

Herauszustreichen sind die Forschungsergebnisse zum Zusammenhang zwischen der gestiegenen Bildungsbeteiligung von Frauen und dem Phänomen der Arbeitsmarktsegregation sowie dem Berufswahlverhalten von Jugendlichen. Ein interessanter Befunde ist, dass trotz gestiegener Bildungs- und Erwerbsbeteiligung von Frauen der Arbeitsmarkt nach wie vor deutlich geschlechtsspezifisch segregiert ist (Charles und Grusky 2004). Das anhaltende Phänomen der geschlechtsspezifischen Arbeitsmarktsegregation lässt vermuten, dass das askriptive Merkmal Geschlecht bei der Berufswahl und Jobsuche wirksam (geblieben) ist.[5]

Handl (1986) zeigt für Deutschland, dass die Angleichung der Bildungschancen zwischen Männern und Frauen in der Nachkriegszeit nicht zu einer Verringerung der Segregation geführt hat. Er schließt aus seinen Analysen, dass nur ein Teil „der Schlechterstellung von Frauen im Beschäftigungssystem durch Bildungsunterschiede erklärbar ist, während zumindest ein beachtlicher Anteil durch Strukturen und Mechanismen verursacht wird, die unabhängig von formalen Qualifikationen sind“ (ebd.: 131). Seither sind viele Studien, auch für die Schweiz, zum Schluss gekommen, dass gestiegene Bildungschancen nicht automatisch zu einer Reduktion der Segregation führen (Anker 1998; Blossfeld 1987; Charles 1992; Charles und Bradley 2002; Heintz et al. 1997).[6] Charles

5 Segregation wird dann zu einem Phänomen sozialer Ungleichheit, wenn die Verteilung auf Berufe und Berufspositionen systematisch mit Vor- und Nachteilen gekoppelt ist. Geschlechtsspezifische Segregation auf dem Arbeitsmarkt ist ein weltweites Phänomen und birgt gegenwärtig für Frauen in der Regel schlechtere Arbeitsbedingungen, namentlich niedrigere Einkommen, niedrigeres Sozialprestige, höhere Arbeitsmarktrisiken und schlechtere Aufstiegs- und Weiterbildungsmöglichkeiten (BMFSFJ 2001; Charles 1987, 1992; Charles und Buchmann 1994; Charles und Grusky 2004; Jacobs 1999; Lauterbach 1994; Li et al. 1998; Maume 1999).

6 Es gilt zu beachten, dass die Expansion der Ausbildungssysteme und die Diversifikation des Tertiärbereichs zu einer größeren vertikalen und horizontalen Stratifikation führen. Die Überführung frauendominierter Bereiche wie Gesundheitswesen und Lehramt im Zuge der Professionalisierung von der Sekundärstufe in die Tertiärstufe hat in den USA zwar zur Folge gehabt, dass die Zugangsquote von Frauen zur Tertiärstufe gestiegen ist, aber keine qualitative Veränderung der Beschäftigungsoptionen zur Folge hatte (Bradley und Charles 2004). Dennoch ist die Persistenz der Arbeitsmarktsegregation erklärungsbedürftig und Thema vieler internationaler Studien. Es stellt sich heraus, dass Länder mit breiter Gleichstellungspolitik und hoher Arbeitsmarktbeteiligung von Frauen (Skandinavien) häufig eine höhere Segregation aufweisen, als Länder mit traditionellerer Geschlechterpolitik (Italien, Japan). Eine Erklärung dieser Befunde ist, dass in der Logik der Gleichstellungspolitik primär die vertikale Segregation delegitimiert wird, die horizontale Segregation hingegen nicht hinterfragt, sondern im Sinne eines „gleich aber verschieden“ akzeptiert wird (Charles und Grusky 2004). Zudem wirkt die Erweiterung des Dienstleistungssektors, die sich parallel zur steigenden Erwerbsbeteiligung von Frauen vollzog/vollzieht und viele „typisch weibliche“ Bereiche neu in den Arbeitsmarkt eingliedert (z.B. Betreuungs- und Ernährungsaufgaben), der Integration entgegen (vgl. Charles 1992: 484).

und Buchmann (1994) begründen die hohe geschlechtsspezifische Beschäftigungssegregation in der Schweiz mit dem stark differenzierten schweizerischen Ausbildungssystem. Die Abschlussqualifikation der formalen Berufsausbildung ist in der Regel sehr eng mit der anschließenden Beschäftigungssituation verbunden und der eingeschlagene Pfad bei der Berufswahl ist nur schwer zu revidieren. Franzen et al. (2004) belegen für die Schweizer Hochschulen eine in ihrem quantitativen Ausmaß stagnierende geschlechtsspezifische Fächersegregation in den letzten 25 Jahren. Dies erstaunt insofern, als die Hochschulen in diesem Zeitraum einen unerhörten Zustrom an weiblichen Studierenden hatten. Während früher formale Einschränkungen im Berufs- und Bildungssystem wesentliche Ursachen der geschlechtsspezifischen Segregation waren, müssen heute informelle Mechanismen für die Ungleichverteilung verantwortlich sein.

Wird das Berufswahlverhalten von Jugendlichen vor dem Hintergrund der Höherqualifizierung der Mädchen betrachtet, zeigt sich entsprechend, dass die geschlechtsspezifische Berufswahl in den letzten Jahrzehnten erstaunlich stabil geblieben ist. Mädchen wählen trotz durchschnittlich besserer schulischer Qualifikation anforderungsärmere Berufe (Herzog et al. 2004; Leemann und Keck 2005) oder (gesellschaftlich minderbewertete) frauentypische Berufe, die zwar höhere schulische Eingangsqualifikationen fordern, aber letztlich beschränkte Aufstiegschancen bieten (Imdorf 2005). Die weiblichen Jugendlichen besuchen häufiger eine allgemein bildende Schule oder legen ein Überbrückungsjahr nach der obligatorischen Schulzeit ein und nehmen erst mit durchschnittlich 19 Jahren eine Berufsausbildung auf – zu einem Zeitpunkt, an dem männliche Jugendliche ihre berufliche Ausbildung beendet haben und ins Erwerbsleben einsteigen (Leemann und Keck 2005). Das Berufsspektrum, aus dem Mädchen wählen, ist geringer, was zu einer erhöhten Konkurrenz untereinander (Borkowsky 2000) und einer begrenzten Karriereplanung führt (Bund-Länder-Kommission 2000). Als Mechanismus für diese berufliche Selbstbeschränkung wird der persönliche Lebensentwurf, der für Mädchen das Problem der Vereinbarkeit von Beruf und Familie beinhaltet, als ausschlaggebend angesehen (Herzog et al. 2004). Diese Vereinbarkeitsproblematik beginnt bereits im Jugendalter und betrifft nach wie vor nur die Frauen.

Der Schluss liegt nahe, dass sich die besseren Bildungschancen von jungen Frauen nicht angemessen in bessere Berufschancen umsetzen lassen (Gottschall 1995), obwohl Berufstätigkeit einen zentralen Wert in der Lebensplanung junger Frauen eingenommen hat. Die „veränderten beruflichen Erwartungen junger Frauen (implizieren aber) noch keine lebenslange Berufstätigkeit mit gleichen Ansprüchen und Selbstverständlichkeiten wie bei den Männern“ (Horstkemper 1990: 139, zitiert nach Imdorf 2005: 123).

1.5 Bildungsexpansion und Erwerbstätigkeit

Die Diskussion, wie sich die Bildungsexpansion auf die Beschäftigungschancen auswirkt, ist im Zusammenhang mit der vorliegenden Fragestellung kurz zu erwähnen. Aus modernisierungstheoretischem Blickwinkel sollte der größere Anteil gut ausgebildeter Personen aufgrund der sich wandelnden Berufsstruktur und des zunehmenden Bedarfs an hoch qualifizierten Arbeitskräften gut in den Arbeitsmarkt integriert werden können. Die Befürchtungen, dass die Bildungsexpansion ein Überangebot an Hochqualifizierten produziert und somit eine Entwertung der Bildungsabschlüsse stattfindet (siehe Pollmann-Schult in diesem Band), dominieren in den 1970er Jahren. In der Folge wird diskutiert, dass im Zuge der Bildungsexpansion das Bildungssystem seine statusverteilende Funktion eingebüsst (Beck 1986). Ein guter Abschluss alleine reicht nicht mehr für eine gute Berufsposition aus, extrafunktionale Hintergrundkriterien (z.B. soziale Netzwerke) werden für die Statusverteilung bedeutsamer. Empirische Befunde zu sinkenden Bildungsrenditen von (einzelnen) Ausbildungsgängen (Butz 2001; Müller et al. 2002) und zu dauerhaften Bildungsungleichheiten (Blossfeld und Shavit 1993) stützen diese These vorerst. Die Bildungsrenditen sinken allerdings nicht drastisch, Ausbildungsabschlüsse auf Hochschulebene schützen vor schlechteren Arbeitsmarktbedingungen und es wird vermutet, dass primär der Berufseinstieg schwieriger geworden ist (Bellmann et al. 1994). Eine andere Perspektive nimmt die Verdrängungsthese ein. Falls alle vorhandenen Positionen je mit den höchst ausgebildeten Personen besetzt werden, setzt ein größerer Pool an sehr gut ausgebildeten Personen einen Verdrängungsprozess in Gang (Blossfeld 1985). Die Höherqualifikation der Bevölkerung hat also auch zur Folge, dass immer höhere Bildungsabschlüsse für den Einstieg in statushohe Berufe notwendig sind. Diese nicht intendierte Folge der Bildungsexpansion resultiert dann in geringeren Bildungserträgen trotz höheren Bildungsanstrengungen.

2. Theoretische Erklärungsansätze

Die gängigen Erklärungen der Arbeitsmarktteilnahme setzen auf der Individualebene an. Fokussiert auf die Angebotsseite des Arbeitsmarktes wird in individualistischen Ansätzen das unterschiedliche Arbeitsmarktverhalten von Frauen und Männern bezüglich Qualifikationsstrukturen, Erwerbsbeteiligung, Kontinuität, Beschäftigungsgrad und Arbeitszeitpräferenzen thematisiert. Eine ungleiche Teilhabe am Erwerbsleben und auch segregative Strukturen resultieren damit aus der Summe von Selbstselektionen, die auf geschlechtstypischen Entscheidungen, Strategien und Neigungen beruhen.

Die *Humankapitaltheorie* wollte ursprünglich Einkommensunterschiede mit unterschiedlicher Humankapitalausstattung und der damit einhergehenden größeren oder kleineren lohnwirksamen Produktivität erklären. Seit einiger Zeit wird sie prominent zur Erklärung von Bildungsinvestitionen herangezogen, die als rationale Kosten-Nutzen-Kalkulationen vor dem Hintergrund der Maximierung des Arbeitseinkommens während des gesamten Erwerbsverlaufs modelliert werden. Schließlich beeinflusst die Höhe des durch Bildung und Berufserfahrung akkumulierten Humankapitals auch die Entscheidung ob und in welchem Ausmaß eine Person einer bezahlten Erwerbstätigkeit nachgeht oder nicht. Diese Argumentation erfährt innerhalb der Haushaltsökonomik von Becker (1985) eine weitere Perspektive, indem der Haushalt als Einheit betrachtet und es als rational gilt, wenn sich in einem Haushalt eine Person eher auf die Familien- und Hausarbeit und die andere Person auf die bezahlte Erwerbstätigkeit spezialisiert.

Während Jahrzehnten war das Bildungsniveau und somit auch das Humankapital von Frauen tatsächlich geringer als dasjenige der Männer und die Humankapitaltheorie konnte gegebene Einkommensunterschiede schlüssig erklären. Es wurde angenommen, dass Frauen aufgrund familiärer Verpflichtungen Erwerbsunterbrechungen antizipieren und folglich ihr Handeln optimieren, indem sie Beschäftigungen wählen, die eine flachere Einkommensentwicklung (= höheres Einstiegseinkommen) und weniger Wissensabschreibungen aufweisen. Mit den haushaltsökonomischen Argumentationen stützen sich die Vertreter dieses Rational-Choice-Ansatzes allerdings deutlich auf eine gegebene traditionelle familiäre Arbeitsteilung und begründen diese mit einer biologischen Prädisposition der Frau für die Spezialisierung auf Familienarbeit (vgl. ebd.). Veränderungen der tradierten Geschlechterrollen und insbesondere Veränderungen im Bildungsinvestitions- und Erwerbsverhalten von Frauen, die zunehmend höhere Bildungsabschlüsse nachfragen und stärker am Arbeitsmarkt partizipieren, schränken die Argumentationskraft dieser Erklärungen aber ein. Die Humankapitaltheorie ist nicht in der Lage zu erklären, warum gleiches Humankapital nicht gleich verwertbar ist. Zudem gibt es wenig empirische Evidenz, dass frauentypische Berufe oder Studienfächer höhere Einstiegslöhne sowie geringere Wissensabschreibung haben und sich dadurch auszeichnen, besonders gut mit Familienverpflichtungen vereinbar zu sein (Achatz 2005; Charles 1987; England et al. 1988; England 1999; Glass 1990; Heintz et al. 1997; Trappe und Rosenfeld 2001). Des Weiteren ist die Wechselwirkung zwischen Beruf und familiärer Rollenteilung zu bedenken, denn die „behauptete Kausalrichtung des Zusammenhangs zwischen der Berufswahl und den erzielbaren Einkommen (ist) nicht zwingend“, geschlechtsspezifische Lohnunterschiede haben „ihrerseits einen starken ökonomischen Anreiz für Rollenspezialisierungen nach dem traditionellen Schema" (Achatz 2005: 265).

Die *Theorie segmentierter Arbeitsmärkte* postuliert, dass Arbeitnehmende je nach Arbeitsmarktsegment (innerbetriebliche Arbeitsmärkte, fachliche Arbeitsmärkte, Jedermanns-Arbeitsmarkt) mit verschiedenen Optionen, Entwicklungsmöglichkeiten und Absicherungen ihrer Interessen konfrontiert sind. Die Annahme, dass Frauen in einem der drei Teilarbeitsmärkte, dem so genannten ‚Jedermanns-Arbeitsmarkt', gehäuft auftreten, ließ sich nicht bestätigen, vielmehr ist eine geschlechtsspezifische Hierarchisierung innerhalb aller Teilarbeitsmärkte nachweisbar (Maier 1990). „Die Trennung zwischen Frauen- und Männerarbeitsplätzen verläuft, so wurde offensichtlich, quer zu den Segmentationsgrenzen" (Schäfgen 1998: 121). Diese Form der Trennung – und der damit einhergehenden Hierarchisierung – lässt sich besser mit dem Begriff der beruflichen Segregation fassen, während der Begriff der beruflichen Segmentation eine Form der Arbeitsmarkstrukturierung beschreibt. Hilfreich ist aber die Segmentationstheorie insofern, als dass sich daraus ableiten lässt, dass Frauen in betriebsinternen Arbeitsmärkten aufgrund relativ fester Karriereleitern, die stark mit kontinuierlicher Vollzeiterwerbstätigkeit verknüpft sind, Wettbewerbsnachteile um Eintrittspositionen und im weiteren Berufsverlauf haben. Berufliche Segregation beim Eintritt ins Beschäftigungssystem hat zur Folge, dass sich die Aufstiegs- und Mobilitätschancen im Karriereprozess noch verstärken (Blossfeld 1987). Buchmann et al. (2002) zeigen in ihren Analysen, dass zwischen berufsfachlichen Teilarbeitsmärkten unterschiedliche Erwerbschancen und Randbedingungen für Frauen bestehen. Dies ist ein Hinweis darauf, dass kontextuelle Merkmale den individuellen Berufsverlauf mit beeinflussen. Im Weiteren beobachten sie mit ihren Daten auch einen negativen Einfluss der Betriebsgröße als Bestimmungsfaktor für die Frauenerwerbstätigkeit und interpretieren das als relative Schließung der internen Arbeitsmärkte größerer Unternehmen.

Nachfrageseitige Erklärungen stützen sich auf rationale, aber unter Umständen diskriminierende betriebliche Rekrutierungsstrategien. Zur Reduktion von Such- und Informationskosten werden Gruppenmerkmale als Entscheidungsindikatoren hinzugezogen. So wird beispielsweise eine Frau mit gleichen Qualifikationen wie ihr männlicher Konkurrent nicht angestellt, weil angenommen wird, dass Frauen generell weniger kontinuierlich erwerbstätig sind (*statistische Diskriminierung*). Becker (1973) spricht von so genannten *„tastes for discrimination"*, wobei Vorurteile gegenüber spezifischen Gruppen mit der Befürchtung höherer Kosten (nicht nur monetärer Art) einhergehen. Frauen werden für bestimmte Arbeitsbereiche oder Hierarchiestufen als kostspieligere Arbeitnehmende betrachtet (mehr Absenzen, höhere Fluktuation, geringere Flexibilität, geringere Einsatzbereitschaft) (Anker 1997).

Organisationstheoretische Ansätze argumentieren, dass Merkmale des betrieblichen Umfeldes die Erwerbschancen von Frauen beeinflussen. Kaderpositionen gehen zwar mit guten Anstellungsbedingungen einher, sind jedoch durch die unflexible Arbeitszeitbelastung kaum mit Familienpflichten zu vereinbaren. Zudem sind Leitungsfunktionen auf lückenlose Vollzeitkarrieren zugeschnitten, die Unterbrechungen und Wiedereinstiege nicht vorsehen.

Aus struktureller Sicht wird die Form der gesellschaftlichen Arbeitsteilung oder das gängige Geschlechter-Arrangement als eine der wichtigsten Ursachen für das unterschiedliche Arbeitsmarktverhalten genannt. Wird dieses Phänomen berücksichtigt, muss ein systematischer Bezug zwischen Produktions- und Reproduktionsbereich hergestellt werden. Die Besonderheiten der Erwerbsarbeit von Frauen können weder rein strukturell, noch allein als Ergebnis privater Aushandlungsprozesse modelliert werden (Geissler 1998). Der Ansatz der *„Doppelten Vergesellschaftung"* (Becker-Schmidt 1987) zielt darauf ab, diesem Anspruch gerecht zu werden. Die Beziehung von Familienarbeit und Erwerbsarbeit wird für Frauen als ein Spannungsverhältnis beschrieben, welches für Männer in dem Sinne nicht existiert. Die historisch gewachsene weibliche Haus- und Familienarbeit und die männliche lebenslange Vollzeiterwerbstätigkeit verlieren mit der zunehmenden Bedeutung der Ausbildung und der Berufstätigkeit von Frauen ihre Grundlage. Die Trennung wurde/wird aber nur einseitig aufgehoben und hat somit zu spezifischen neuen weiblichen Erwerbsformen geführt. Treten junge Frauen in den Arbeitsmarkt ein oder bereiten sich auf ihn vor, so orientieren sie sich dabei an dem neuen Leitbild der doppelten Lebensführung. „Bei der Entwicklung eines entsprechenden Lebensentwurfs können sie sich jedoch weder ungebrochen auf das dominante institutionelle Verlaufsprogramm (den männlichen Erwerbsverlauf) beziehen, noch können sie die männlichen Relevanzstrukturen gegenüber der Erwerbsarbeit übernehmen oder sich als biographische Leitlinie auf den (männlichen) Erwerbsverlauf beziehen" (Geissler 1998: 14). Folglich unterscheiden sich weibliche Lebensführungen von männlichen Lebensführungen, weil sich die ihnen zugrunde liegende Arbeitsteilung im Wesentlichen nicht verändert hat. Der Modernisierungsprozess führt zu widersprüchlichen Anforderungen an Frauen. Sie sind einerseits hauptverantwortlich für den Bereich der Reproduktion, andererseits zunehmend im Bereich der Produktion beteiligt. Die Vereinbarkeit dieser strukturell getrennten Lebensbereiche ist mit Schwierigkeiten verbunden. Eine Konsequenz für gut ausgebildete Frauen ist, dass sie häufiger in Teilzeit arbeiten, weniger berufliche Weiterbildungen absolvieren und eher inadäquat beschäftigt sind (Christof et al. 2005). Um diese Konflikte aufzulösen müssten nicht alleine Frauen, sondern auch Männer sowohl ihr Erwerbsverhalten, als auch ihre Beteiligung an Familien- und Betreuungsarbeit ändern.

3. Hypothesen

Aufgrund der Humankapitaltheorie ist zu erwarten, dass der Indexwert des beruflichen Status von Frauen über die Kohortenabfolge „ansteigt", weil im Laufe der Bildungsexpansion die Humankapitalinvestitionen von Frauen zugenommen haben. Mehr Humankapital sollte sich in einem höheren Berufsstatus niederschlagen. Diese Zunahme des Berufsstatus wird aber durch das anhaltende Phänomen der geschlechtsspezifischen Segregation abgebremst, weil Frauen immer noch die „falschen" Berufe wählen. Zusätzlich führt auch eine geringere Arbeitsmarktpartizipation zu eingeschränkten beruflichen Entwicklungsmöglichkeiten. Der aktuell erreichte Berufsstatus wird ja nicht allein durch den Ausbildungsabschluss determiniert, sondern kann durch Berufserfahrung, Training on the job oder Weiterbildungsmaßnahmen modifiziert werden.

Über die Kohorten hinweg sollte die allgemeine Höherqualifizierung durch die Bildungsexpansion sowohl für Männer als auch für Frauen generell zu einem steigenden Berufsstatus führen. Allerdings kann aufgrund der Verdrängungsthese die Hypothese aufgestellt werden, dass es für jede Bildungsstufe – bis auf die höchste – eine leichte Verringerung der Bildungserträge gegeben hat.

Die Höhe des Berufsstatus sollte – aufgrund des einheitlichen Befunds, dass ein hohes berufliches Bildungsniveau zu einer stärkeren Erwerbsneigung führt – sich im gewählten Beschäftigungsausmaß niederschlagen. Es wird aber angenommen, dass Teilzeitarbeit bei Männern und Frauen anders motiviert ist. Wenn Frauen mit hohem Berufsstatus Teilzeit arbeiten, werden sie aufgrund ihrer stärkeren Berufsbindung und ihrer höheren Opportunitätskosten eher mehr als 50 Prozent arbeiten und nicht einer geringfügigen Beschäftigung nachgehen. Frauen mit niedrigerem Berufsstatus werden eher Teilzeitanstellungen von unter 50 Prozent haben. Bei Männern hingegen wird vermutet, dass Teilzeitarbeit keinen Zusammenhang mit dem Berufsstatus aufweist, es wird in dieser kleinen und vermutlich heterogenen Gruppe von Teilzeit arbeitenden Männern keine Systematik erwartet.

4. Daten und Messinstrumente

Für die empirischen Analysen werden Daten der SAKE verwendet. Die Schweizerische Arbeitskräfteerhebung (SAKE) wird jährlich vom Bundesamt für Statistik (BFS) durchgeführt. Die Grundgesamtheit der SAKE ist die ständige, in Privathaushalten wohnhafte Bevölkerung ab 15 Jahren. Ziel der Erhebung ist die Erfassung und Beschreibung der Erwerbstätigen, Erwerbslosen und Nichterwerbspersonen in der Schweiz. Neben soziodemographischen Informationen werden Daten zum Erwerbsverhalten, Beschäftigungsgrad, Beruf, Dauer der

Arbeitslosigkeit und vieles mehr erhoben. Im Jahr 2000 wurden 17.748 Personen über sich und ihren Haushalt befragt.
Für die vorliegende Analyse wird als abhängige Variable der sozioökonomische Index des beruflichen Status ISEI (International Socio-Economic Index of Occupational Status) gewählt. Der Index wurde von Ganzeboom und Treimann (1996) aufgrund von 31 Umfragen zur Schichtung und sozialen Mobilität in 16 verschiedenen Ländern[7] entwickelt und kann aus der Berufsklassifikation ISCO-88[8] generiert werden. Es handelt sich dabei nicht um einen Prestigewert im engeren Sinne, sondern um die Messung des Berufsstatus unter Berücksichtigung der Ausbildung und des Einkommens. Damit wird eine kontinuierliche Variable geschaffen, die alternativ zu sozioökonomischen Statuskategorien verwendet werden kann. Kritisiert wird allerdings, dass neben Ausbildung und Einkommen andere Faktoren sozioökonomischer Lagen außer Acht gelassen werden: „selbstständige vs. abhängige Beschäftigung, befristete Tätigkeiten und geringfügige Beschäftigungsverhältnisse oder Aspekte vertikaler sozialer Ungleichheit, wie beispielsweise die Unterscheidung von Inhabern gleicher Berufe nach Qualifikation, Funktion und Autonomie innerhalb des Betriebes" (Schimpl-Neimanns 2004: 157). Für die vorliegende Fragestellung kann man diesen Mängeln Positives abgewinnen. Denn beim Vergleich von Männern und Frauen bezüglich arbeitsmarktrelevanter Merkmale tauchen häufig Selektivitäts- und Zensierungsprobleme auf. Männer arbeiten häufiger Vollzeit, Frauen dagegen mehr Teilzeit, entsprechend unterscheiden sie sich bezüglich beruflicher Stellung und Einkommen. Von Interesse für die Analyse aber ist, ob Frauen durch die Bildungsexpansion einen höheren Berufsstatus erreichen konnten, vorerst unabhängig davon, ob und in welchem Ausmaß sie diesen Beruf auch ausüben.[9] Die in ISEI nur rudimentär abgebildete Stellung in der betrieblichen Hierarchie, die Nichtberücksichtigung des Beschäftigungsgrades sowie des aktuell erzielten Einkommens ermöglichen den Einbezug von Nichterwerbspersonen und Erwerbslosen. Besonders für den Kohortenvergleich ist es sinnvoll, die Renterinnen und Rentner nicht auszuschließen, so dass der Einfluss der Bildungsexpansion auf den beruflichen Status eruiert werden kann.

In Tabelle 2 ist die Operationalisierung der Variablen erläutert. Die gewählten unabhängigen Variablen sind Geschlecht, Anzahl Bildungsjahre resp.

7 Allerdings bildeten in den zwischen 1966 und 1982 erhobenen Umfragen nur Vollzeit Beschäftigte und männliche Erwerbstätige die Basis für die Konstruktion des Indexes. Das schränkt die Übertragung und Anwendung des ISEI auf Frauen etwas ein.

8 ISCO ist die Abkürzung für International Standard Classification of Occupations und ist eine von der Internationalen Arbeitsorganisation zusammengestellte Liste aller Berufe.

9 Im vorliegenden Fall liegen von den Nichterwerbstätigen und den Erwerbslosen Angaben zum zuletzt ausgeübten oder erlernten Beruf vor.

Tabelle 2: Operationalisierung der Variablen

Variable	**Operationalisierung**	**Deskriptive Statistik**
Ausgeübter Beruf	ISCO-88-Klassifikation des aktuellen oder zuletzt ausgeübten Berufs.	
Prestigewert	Der von Ganzeboom und Treiman (1996) entwickelte International Socio-Economic Index of Occupational Status (ISEI) kann aufgrund der ISCO-88-Klassifikation generiert werden.[10]	Range von 16-90 Mittelwert: 45,4 Mittelwert Männer: 47,1 Mittelwert Frauen: 43,6
Geschlecht	0=Männer, 1=Frauen	Anteilswerte: Männer: 45,9 Prozent Frauen: 54,1 Prozent
Anzahl Ausbildungsjahre	Umkodierung der kategorialen Angaben zur höchsten abgeschlossenen Ausbildung in Anzahl Ausbildungsjahren: Obligatorische Grundschule (9 Jahre), Anlehre (10 Jahre), Diplommittelschule (11 Jahre), Berufslehre (12 Jahre), Vollzeitberufschule (12.5 Jahre), Maturität (13 Jahre), Höhere Berufsausbildung (15 Jahre), Universität/Hochschule (17,5 Jahre).	Mittelwert: 12,5 Jahre
Höchste abgeschlossene Ausbildung	Es werden vier Dummy-Variablen gebildet:	Anteilswerte:
	Obligatorische Grundschule, Anlehre, Diplommittelschule (Referenzkategorie)	20,7 Prozent
	Berufslehre	42,6 Prozent
	Vollzeitberufschule	7,0 Prozent
	Maturität	7,0 Prozent
	Höhere Berufsausbildung	13,3 Prozent
	Universität/Hochschule	9,4 Prozent
Kohorten	Berücksichtigt werden die Jahrgänge von 1929 bis 1968, Kohortenbildung:	Anteilswerte:
	1929-1938 (Referenzkategorie)	18,9 Prozent
	1939-1948	22,8 Prozent
	1949-1958	24,9 Prozent
	1959-1968	33,5 Prozent
Zivilstand	*Verheiratet (Referenzkategorie)*	63,3 Prozent
	Ehemals verheiratet (verwitwet oder getrennt)	19,3 Prozent
	Ledig	17,4 Prozent
Beschäftigungsausmaß	*Vollzeit (Referenzkategorie)*	47,8 Prozent (M 76,1%, F 23,8%)
	Beschäftigungsausmaß: Teilzeit 50% bis 89%	13,0 Prozent (M 4,6%, F 20,2%)
	Beschäftigungsausmaß: Teilzeit < 50%	11,2 Prozent (M 2,7%, F 18,3%)
	Nichterwerbspersonen	28,0 Prozent (M 16,5%, F 37,7%)

10 Der höchste Wert beträgt 90 Punkte und wird für die Berufsklassifikation des Richteramts vergeben, 88 Punkte erreicht ein/e Arzt/Ärztin. Der niedrigste Wert (16 Punkte) wird für Hilfskräfte, Haushaltshilfen oder Reinigungspersonal verteilt.

höchste abgeschlossene Ausbildung, Zivilstand und Beschäftigungsausmaß. Weiter werden vier Kohorten berücksichtigt, die jeweils zehn Jahrgänge umfassen. Obwohl auch für jüngere Jahrgänge Individualdaten vorliegen, umfasst die jüngste Kohorte bewusst nur Personen bis und mit Geburtsjahr 1968. Es ist davon auszugehen, dass die zum Zeitpunkt der Erhebung 32-Jährigen den Übergang von der Ausbildung in den Beruf vollzogen haben.

In den multivariaten Modellen werden OLS-Regressionen gerechnet. Weil in die Konstruktion des sozioökonomischen Indexes des beruflichen Status unter anderem explizit die Ausbildung eingeflossen ist, können – wenn als unabhängige Variable die Anzahl der Schuljahre aufgenommen wird – nicht die *Bestimmungsfaktoren* der abhängigen Variable geschätzt werden. Vielmehr zielt die vorliegende Analyse auf eine *Zerlegung* der ISEI-Werte. Es soll also getrennt nach Geschlechtern und über die Kohorten[11] hinweg berechnet werden, wie sich mit den vorhandenen Individualdaten die Indexpunkte je nach Ausbildungsniveau durchschnittlich verteilen.

5. Ergebnisse

In der deskriptiven Abbildung der durchschnittlichen Anzahl Schuljahre pro Kohorte ist einerseits der allseits festgestellte Aufwärtstrend gut ersichtlich und andererseits wird auch deutlich, dass die Bildungsexpansion von der Abfolge der Kohorten getragen wird (Abbildung 3). Der Prozess des qualifikatorischen Upgradings der Bevölkerung findet in der Schweiz allerdings in einem geringeren Maße statt als in Deutschland (vergleiche Becker in diesem Band). Auch die Angleichung zwischen Männern und Frauen fällt im Vergleich geringer aus, wenngleich bei den Frauen in der beobachteten Zeitspanne die durchschnittliche Anzahl Schuljahre stärker anstieg.
Der Mittelwert des sozioökonomischen Index des beruflichen Status ISEI nimmt über die Kohorten hinweg zu, allerdings steigt er vor allem von der ältesten zur zweitältesten Kohorte stark an und hat anschließend einen eher stagnierenden Verlauf (Abbildung 4). Dies könnte als erster Hinweis für eine zunehmende Heterogenisierung der Verwertbarkeit der Bildungsabschlüsse, d.h. sinkende Abstände zwischen verschiedenen Bildungsabschlüssen im Hinblick auf die Verwertbarkeit, interpretiert werden. Für eine differenzierte Betrachtung der Verwertungschancen muss allerdings das Bildungsniveau berücksichtigt werden.

11 Beim Einbezug von Interaktionseffekten sind Multikollinearitätseffekte unvermeidlich; um diese zu verringern wird bei der Bildung der Interaktionseffekte das mittelwertszentrierte Geburtsjahr herangezogen .

Abbildung 3: Durchschnittliche Anzahl Schuljahre pro Kohorte

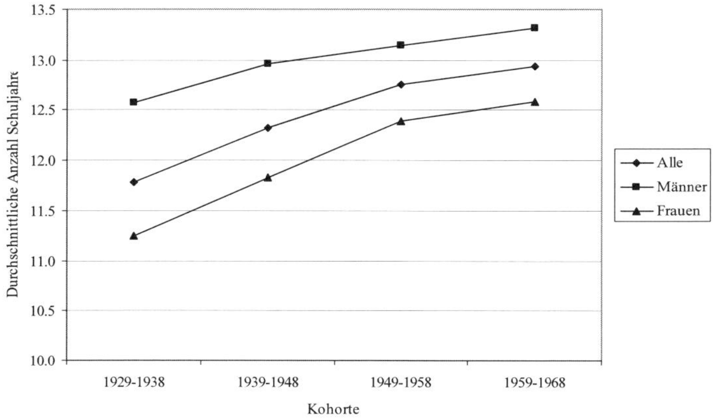

Quelle: SAKE 2000, eigene Berechnungen

Abbildung 4: Mittelwerte des Prestigewertes ISEI je Kohorte

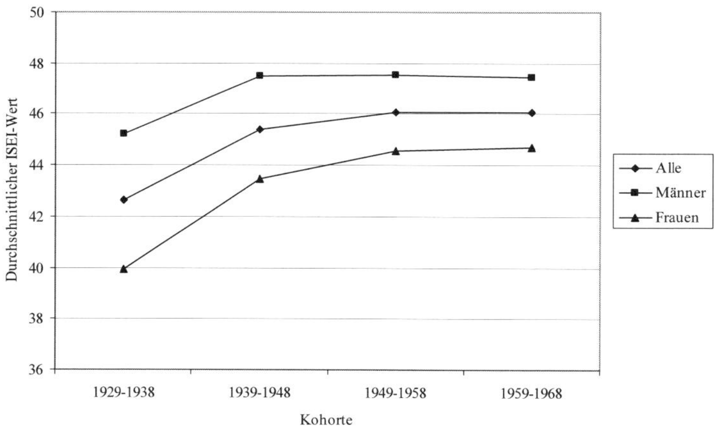

Quelle: SAKE 2000, eigene Berechnungen

Alternativ könnte der beschriebene Verlauf auch als ‚Erfolg' der Bildungsexpansion interpretiert werden: eine allgemein höhere Humankapitalausstattung führt zu höheren Bildungsrenditen und hebt den Mittelwert des beruflichen Status an. Mittels eines Scheffé-Tests lässt sich die für den Vergleich erforderliche Varianzhomogenität belegen, d.h. die Kohorten unterscheiden sich nicht bezüglich der Streuung um den Mittelwert. Vorerst soll dies als Hinweis verstanden werden, dass die Bildungsrenditen (gemessen am erreichten beruflichen Status) nicht stärker ausdifferenziert sind.

Tabelle 3: Einfluss der kohortenspezifischen Höherqualifizierung auf den beruflichen Status

OLS-Regression; AV=ISEI	Modell I
Konstante	7.41***
Geschlecht	-0.09
Anzahl Ausbildungsjahre	3.11***
Interaktion Geschlecht und Anzahl Ausbildungsjahre	-0.31**
Kohorte 1929-1938 (Referenzkategorie)	
Kohorte 1939-1948	1.51***
Kohorte 1949-1958	0.98*
Kohorte 1959-1968	0.30
N	10530
Korrigiertes R-Quadrat	0.27

*** = $p < 0.001$; ** = $p < 0.01$; * = $p < 0.05$
Es werden die unstandardisierten B-Koeffizienten berichtet

Quelle: SAKE 2000; eigene Berechnungen

Weiter soll in einem linearen Regressionsmodell überprüft werden, ob infolge der allgemeinen Höherqualifizierung der berufliche Status in der Kohortenfolge ansteigt. In Modell I[12] (siehe Tabelle 3) ist kein direkter Geschlechtereffekt erkennbar; wird allerdings der Interaktionseffekt (Geschlecht und Anzahl Ausbildungsjahre) betrachtet, zeigt sich die Tendenz, dass Frauen die gleiche Anzahl Schuljahre wie Männer nicht gleichermaßen in ISEI-Punkte umsetzen können. Das bedeutet, dass der Statuszuwachs pro weiterem Ausbildungsjahr bei Frauen geringer ist als bei Männern. Die Kohorteneffekte fallen nicht so deutlich aus wie erwartet, geben aber die deskriptiven Ergebnisse wieder. Im Vergleich zur ältesten Kohorte (1929-1938) erfährt die zweitälteste Kohorte (1939-

12 Aufgrund der Konstruktion des ISEI erweist sich die Anzahl Ausbildungsjahre logischerweise als relevant für den erreichten Berufsstatus.

1948) einen signifikanten Zuwachs an ISEI-Punkten. Dies gilt auch für die darauf folgende Kohorte, wenngleich zu einem geringeren Wert. Bei der jüngsten Kohorte hingegen ist kein signifikanter Effekt mehr zu sehen. Dieser Befund ist auf den ersten Blick widersprüchlich, weil bei einer allgemeinen Höherqualifizierung ein genereller Zuwachs an Berufsstatus pro Kohorte erwartet wird. Die Annahme der Heterogenisierung der Ausbildungsabschlüsse scheint sich hier aber zu bestätigen. Eine weitere Möglichkeit zur Überprüfung dieses Phänomens ist die Berechnung der Interaktionseffekte von Kohorte und Ausbildungstyp.

In Modell II in Tabelle 4 werden einerseits die Effekte der verschiedenen Ausbildungstypen auf die Höhe des Berufsstatus, andererseits Interaktionseffekte aus Kohorte und Bildungsniveau getrennt für Männer und Frauen geschätzt. Die signifikanten Interaktionseffekte bei den Männern weisen darauf hin, dass im Vergleich zur Referenzkategorie (Interaktion Kohorte und obligatorische Schule) in fast allen Ausbildungstypen der Zuwachs an ISEI-Punkten über die Kohorten hinweg geringer ausfällt – was auf sinkende Bildungsrenditen hinweist. Das bedeutet, dass es den jüngeren Kohorten mit einer Berufslehre, einer Vollzeitberufsschule, einer Maturität oder einer höheren Berufsschule als höchste Ausbildung – im Vergleich zu den älteren Kohorten – weniger gut gelingt ihre Ausbildungszertifikate in einen gleich hohen Berufsstatus umzusetzen. Einzige Ausnahme ist der Universitätsabschluss, der offenbar vor dieser Tendenz schützt. Interessanterweise sind sämtliche Interaktionseffekte bei den Frauen aber nicht signifikant. Jüngere Frauenkohorten können ihre Ausbildungsabschlüsse gleich gut – aber auch nicht besser – in berufliche Positionen umsetzen als ältere Frauenkohorten. Das kann so gedeutet werden, dass der erhöhte Wettbewerb um Berufspositionen bei ihnen weniger stark ausgeprägt ist resp. von anderen Trends abgefedert wird. Zu beachten ist allerdings, dass bei den Geschlechtern jeweils andere Vergleichsrelationen vorliegen. Weil Frauen größere Bildungsdefizite wettmachen mussten, ist ihr Bildungsniveau über die Kohorten hinweg deutlich stärker angestiegen als bei den Männern.

Von Interesse ist auch die Zerlegung des erreichten beruflichen Status nach Ausbildungstyp. Grundsätzlich steigt der in ISEI gemessene Berufstatus für jede höhere Bildungsstufe an. Im Vergleich zu Personen, die als höchste abgeschlossene Ausbildung die obligatorische Schule, eine Anlehre oder eine Diplommittelschule angegeben haben, schlägt eine Berufslehre bei Männern und Frauen mit 6 resp. 7 ISEI-Punkten zu Buche. Personen, die eine Vollzeitberufsschule besucht haben, haben einen vergleichsweisen Zuwachs von 12 resp. 10.5 ISEI-Punkten. Während es männlichen Personen gelingt, mit einer Matura als höchste abgeschlossene Ausbildung im Vergleich zur Gruppe mit der niedrigsten

Tabelle 4: Bildungsniveau und beruflicher Status im Zeitverlauf

OLS-Regression; AV=ISEI	Modell II Männer	Modell II Frauen	Modell III Männer	Modell III Frauen
Konstante	35.53***	35.65***	35.18***	36.26***
Obligatorische Schule oder Anlehre (Referenzkategorie)				
Berufslehre	6.08***	6.80***	6.07***	6.71***
Vollzeitberufsschule	12.10***	10.43***	12.09***	10.09***
Maturität	17.80***	11.60***	17.72***	11.24***
Höhere Berufsschule	16.60***	13.59***	16.63***	12.97***
Universität/Hochschule	31.67**	29.00***	31.59***	28.32***
Interaktion Kohorte und obligatorische Schule (Referenzkategorie)				
Interaktion Kohorte und Berufslehre	-0.16**	-0.03	-0.17***	-0.03
Interaktion Kohorte und Vollzeitberufsschule	-0.16†	-0.06	-0.17†	-0.05
Interaktion Kohorte und Maturität	-0.20*	-0.01	-0.21*	-0.01
Interaktion Kohorte höhere Berufsschule	-0.16**	0.09	-0.17**	0.08
Interaktion Kohorte und Universität/ Hochschule	-0.10	-0.07	-0.11	-0.08
Mittelwertstandardisiertes Geburtsjahr	0.12*	0.02	0.12**	0.02
Zivilstand: verheiratet (Referenzkategorie)				
Zivilstand: ledig			1.08*	3.06***
Zivilstand: ehemals verheiratet			0.73	1.12*
Beschäftigungsausmaß: Vollzeit (Referenzkategorie)				
Beschäftigungsausmaß: Teilzeit 50% bis 89%			0.70	-0.90†
Beschäftigungsausmaß: Teilzeit < 50%			0.79	-3.25***
Nichterwerbspersonen			0.14	-1.23*
N	5254	5301	5254	5301
Korrigiertes R-Quadrat	0.33	0.23	0.33	0.24

*** = $p < 0.001$; ** = $p < 0.01$; * = $p < 0.05$, † = $p < 0.1$
Es werden die unstandardisierten B-Koeffizienten berichtet

Quelle: SAKE 2000; eigene Berechnungen

Bildung knapp 18 Punkte mehr Berufsprestige zu erreichen, sind dies bei den Frauen mit Matura gut 6 Punkte weniger. Auch Frauen mit einem Abschluss einer höheren Berufsschule oder einer Universität haben einen vergleichsweise geringeren ISEI-Wert.

Wird die aufgeklärte Varianz zwischen den zwei Varianten im Modell II betrachtet, so vermögen offenbar die gewählten unabhängigen Variablen für die Männer mehr zu erklären als für die Frauen. Aufgrund theoretischer Überlegungen, die für Männer und Frauen andere Einflussfaktoren auf die Erwerbstätigkeit prognostizieren, wurden in Modell III zusätzlich der Zivilstand und das Beschäftigungsausmaß in die Schätzung miteinbezogen. Die neuen Variablen machen das Modell aber kaum aussagekräftiger. Offenbar sind Frauen mit einem höheren Berufsstatus eher unverheiratet und Frauen mit einem Beschäftigungsgrad kleiner als 50 Prozent haben eher einen geringeren Berufsstatus als Frauen die Vollzeit arbeiten. Ledige Männer haben zwar auch einen signifikanten Effekt, ihr Berufsstatus ist im Vergleich zu den verheirateten Männern leicht höher, aber er fällt um rund 2 Punkte kleiner aus als bei den Frauen. Gemäß den erläuterten Hypothesen sind die Koeffizienten bezüglich Beschäftigungsausmaß bei den Männern allesamt nicht signifikant.

Zwar ist durch die Bildungsexpansion das Angebot an qualifizierten Personen gestiegen, aber offenbar bedeutet das nicht, dass der durchschnittliche berufliche Status in der Bevölkerung ähnlich einem Fahrstuhleffekt parallel ansteigt. Es ist zu vermuten, dass mit der Höherqualifizierung auch die Anforderungen am Arbeitsplatz gestiegen sind und die Zugangsbarrieren zu vielen Berufen und Positionen deutlich höher sind. Die Konkurrenz unter gleich gut ausgebildeten Personen verschärft sich in diesem Prozess ebenfalls. Davon weniger betroffen sind (vorerst?) Personen mit einer akademischen Ausbildung und Frauen in den anderen Ausbildungstypen (Berufsschule, Maturität, etc.).

6. Fazit

Die Arbeitsmarktintegration von Frauen ist seit dem Aufkommen der Frauenbewegung und der Etablierung gleichstellungspolitischer Aspekte in allen demokratischen Gesellschaften ein ausgemachtes Ziel und hat sich in der gesetzlichen Verankerung der Gleichstellungsidee auch formal niedergeschlagen. Insgesamt sind die Ausgangsbedingungen – besonders bezüglich des Bildungsniveaus – für Männer und Frauen ähnlicher geworden. Frauen haben ihre Bildungsdefizite im Laufe der Bildungsexpansion mehr als aufgeholt. Allerdings bestehen weiter große Unterschiede in der Berufswahl und die horizontale und vertikale Segregation bleibt ein hartnäckiges Phänomen. Der wichtigste Indikator für die Arbeitsmarktintegration ist das Ausmaß der Erwerbsbeteiligung. Es ist eine steigende Erwerbsbeteiligung vor allem von verheirateten Frauen zu beobachten. Die Arbeitsorientierung von Frauen ist sehr ausgeprägt, aber dennoch sind ihre Berufsverläufe stärker von Diskontinuität gekennzeichnet als diejenigen der Männer. Diese Brüche sind im weiteren Berufsverlauf häufig nicht gut ausgleichbar. Aufgrund einer wenig veränderten traditionellen Verantwortlichkeit für Hausarbeit haben sich keine grundlegenden strukturellen Veränderungen ergeben, sondern die traditionelle Versorgerehe wird um neue Erwerbsmodelle in Paarhaushalten ergänzt. Eine tendenziell schlechtere Position auf dem Arbeitsmarkt, kombiniert mit der gesellschaftlich legitimierten Zuständigkeit für die Familienarbeit und schlechtere berufliche Entwicklungs- und Verdienstmöglichkeiten bedingen sich wechselseitig. Weiter von Bedeutung sind die steigende Nachfrage und auch das steigende Angebot an Teilzeitarbeit. Ist das Erste auf eine Veränderung der individuellen Handlungsdispositionen zurückzuführen, so hat das Zweite mit dem berufsstrukturellen Wandel und dem so genannten Tertiarisierungsprozess zu tun. Auch in Zukunft werden die Erwerbsmöglichkeiten von Frauen neben der gesellschaftlichen Arbeitsteilung und des Zugangs zu höherer Bildung eng an den Strukturwandel der Arbeitswelt gekoppelt sein. Mit den neuen Möglichkeiten der Lebensgestaltung für Frauen ist aber auch eine größere soziale Ungleichheit zwischen den Frauen verbunden.

Die vorliegende Analyse fokussiert nicht die Determinanten der Frauenerwerbstätigkeit, sondern überprüft, inwiefern das gestiegene Bildungsniveau der Frauen sich auf einen höheren beruflichen Status auswirkt. Mit der Wahl des erreichten beruflichen Status als abhängige Variable können auch Personen in die Analysen miteinbezogen werden, die aktuell keiner Erwerbstätigkeit (mehr) nachgehen. Der aktuelle oder zuletzt ausgeübte Beruf wird als ISEI-Variable kodiert, d.h. in einen von Ganzeboom und Treiman konstruierten Index des beruflichen Status. Die Zuwächse im beruflichen Status steigen nicht linear von Kohorte zu Kohorte an, ein deutlicher Anstieg ist vor allem für die Kohorten 1929-1938 und 1939-1948 auszumachen. Die allgemeine Höherqualifizierung schlägt sich also nicht in einem kontinuierlichen Zuwachs an Berufsstatus nieder. Vielmehr gibt es Hinweise, dass die Bildungsexpansion zu einer Heterogenisierung der Verwertbarkeit von Ausbildungsabschlüssen geführt hat. Eine mögliche These lautet, dass ein Verdrängungsprozess zu einer größeren Statuskonkurrenz führt (vgl. Becker in diesem Band). Nachweisbar ist, dass Frauen ihre schulischen Ausbildungsabschlüsse – auch unter Kontrolle der Kohorten – nicht gleich gut in beruflichen Status ummünzen können wie Männer. Hingegen scheinen Frauen weniger von der erhöhten Statuskonkurrenz betroffen zu sein.

Grundsätzlich sind Analysen mit Querschnittdaten in ihrer Aussagekraft begrenzt, wenn Ereignisse im Lebensverlauf als entscheidende Variable für das zu erklärende Phänomen angenommen werden müssen (Blossfeld und Rohwer 2002). Allerdings besteht für die Untersuchung der Auswirkungen der Bildungsexpansion das methodische Problem, dass die betroffenen Personen in den jüngeren Geburtsjahrgängen, die von der Bildungsexpansion profitiert haben, sowieso erst zu Beginn oder in der Mitte ihres Erwerbslebens stehen, es also noch keine Daten geben kann, die die erwerbsrelevanten Aspekte des gesamten Berufs- und Lebensverlaufs dokumentieren.

Im Weiteren braucht es neben Untersuchungen zur Erwerbskontinuität und Arbeitszeitmodellen in Paarhaushalten auch Studien, die strukturelle Rahmenbedingungen näher beleuchten. Die Normierung auf voll verfügbare Arbeitskräfte im Erwerbsleben fördert weder die Arbeitsmarktintegration von Frauen mit Kindern noch die Familienarbeitsintegration von Männern. Denn gleiche Bildungsabschlüsse und ähnliche Erwerbsneigung der Geschlechter bringen nicht viel, wenn innerhalb der gesellschaftlichen Ordnung die geschaffenen Möglichkeiten nicht in gleicher Weise genutzt werden können. Ein Blick auf die Unterschiede innerhalb der Gruppe der Frauen ist ein weiterer notwendiger analytischer Zugang.

Die Aussage eingangs des Artikels von Helge Pross, eine der ersten Soziologieprofessorinnen Deutschlands, war sehr weitsichtig. Obwohl heute Mädchen und ihre Eltern nicht mehr den frühen Abschluss vorziehen, hat sich an der Tatsache, dass Frauen die Hauptlast der häuslichen Arbeit tragen, nichts verändert und offenbar ist trotz schulischer und beruflicher Höherqualifizierung der Beruf eine modifizierte Form von Nebenberuf geblieben. Es wird sich zeigen, wie lange es dauert, dass Frauen ihre überdurchschnittlichen Erfolge im Bildungssystem in entsprechende Erwerbsverläufe umsetzten können – im Sinne von adäquaten Beschäftigungsverhältnissen, Aufstiegs- und Einkommenschancen. Die bisherige Bildungsexpansion hat diesen Prozess offensichtlich beschleunigt, scheint aber nicht ausreichend zu sein, um die geschlechtsspezifischen Disparitäten von Berufschancen und beruflichem Erfolg endgültig verschwinden zu lassen.

Literatur

Achatz, Juliane, 2005: Geschlechtersegregation im Arbeitsmarkt. S. 263-301 in: *Martin Abraham* und *Thomas Hinz* (Hg.), Arbeitsmarktssoziologie. Probleme, Theorien, empirische Befunde. Wiesbaden: VS Verlag für Sozialwissenschaften.

Anker, Richard, 1997: Theories of occupational segregation by sex: An overview. International Labour Review 136: 315-339.

Anker, Richard, 1998: Gender and jobs: Sex segregation of occupations in the world. Geneva: International Labour Office.

Baumgartner, Doris A., 2003: Erwerbsverläufe von Frauen mit Kindern. Aarau: SKBF / CSRE.

Beck, Ulrich, 1986: Risikogesellschaft. Auf dem Weg in eine andere Gesellschaft. Frankfurt am Main: Suhrkamp.

Becker, Gary S., 1973: The economics of discrimination. Chicago, London: University of Chicago Press.

Becker, Gary S., 1985: Human capital, effort, and the sexual division of labor. Journal of Labor Economics 3: 33-58.

Becker-Schmidt, Regina, 1987: Die doppelte Vergesellschaftung – die doppelte Unterdrückung: Besonderheiten der Frauenforschung in den Sozialwissenschaften. S. 10-25 in: *Lilo Unterkirchner* und *Ina Wagner* (Hg.), Die andere Hälfte der Gesellschaft. Wien: Verlag des Österreichischen Gewerkschaftsbundes.

Beckmann, Petra, und *Gerhard Engelbrech*, 1994: Arbeitsmarkt für Frauen 2000 – Ein Schritt vor oder ein Schritt zurück? Kompendium zur Erwerbstätigkeit von Frauen. Nürnberg: Institut für Arbeitsmarkt- und Berufsforschung der Bundesanstalt für Arbeit.

Beckmann, Petra, und *Gerhard Engelbrech*, 2002: Chancengleichheit als spezifisches Forschungsfeld und Querschnittaufgabe (Gender Mainstreaming) in der Arbeitsmarkt- und Berufsforschung. S. 347-356 in: *Gerhard Kleinhenz* (Hg.), IAB-Kompendium Arbeitsmarkt- und Berufsforschung. Nürnberg: IAB.

Bellmann, Lutz, Alexander Reinberg und *Manfred Tessaring*, 1994: Bildungsexpansion, Qualifikationsstruktur und Einkommensverteilung. Eine Analyse mit Daten des Mikrozensus und der Beschäftigtenstatistik. S. 13-60 in: *Reiner Lüdeke* (Hg.), Bildung, Bildungsfinanzierung und Einkommensverteilung. Berlin: Duncker & Humblot.

BFS, 2005a: Arbeitsmarktindikatoren 2005. Kommentierte Ergebnisse für die Periode 1999-2005. Neuchâtel: Bundesamt für Statistik.

BFS, 2005b: Statistisches Lexikon der Schweiz. http://www.bfs.admin.ch/bfs/portal/de/index/themen/03/22/lexi.html (15. Mai 2006)

Blossfeld, Hans-Peter, 1985: Bildungsexpansion und Berufschancen. Empirische Analysen zur Lage der Berufsanfänger in der Bundesrepublik. Frankfurt a.M./New York: Campus Verlag

Blossfeld, Hans-Peter, 1987: Berufseinstieg und Segregationsprozess – Eine Kohortenanalyse über die Herausbildung von geschlechtsspezifischen Strukturen im Bildungs- und Berufsverlauf. S. 281-314 in: *Ansgar Weymann* (Hg.), Bildung und Beschäftigung. Grundzüge und Perspektiven des Strukturwandels. Göttingen: Verlag Otto Schwartz.

Blossfeld, Hans-Peter, und *Yossi Shavit*, 1993: Dauerhafte Bildungsungleichheiten. Zur Veränderung des Einflusses der sozialen Herkunft auf die Bildungschancen in dreizehn industrialisierten Ländern. Zeitschrift für Pädagogik 39: 25-52.

Blossfeld, Hans-Peter, und *Catherine Hakim*, 1997: Introduction: A Comparative Perspective on Part-Time Work. S. in: *Hans-Peter Blossfeld* und *Catherine Hakim* (Hg.), Between Equalization and Marginalization. Woman Working Part-Time in Europe and the United States of America. Oxford: Oxford University Press.

Blossfeld, Hans-Peter, und *Götz Rohwer*, 2002: Techniques of event history modeling: new approaches to casual analysis. (2. Auflage). Mahwah: Lawrence Erlbaum.

BMBF, 2003: Lebenslagen von Mädchen und Frauen im Zusammenhang mit Bildung, Wissenschaft, Arbeit und Einkommen. Bonn: Bundesministerium für Bildung und Forschung.

BMFSFJ, 2001: Bericht zur Berufs- und Einkommenssituation von Frauen und Männern. Düsseldorf, Stadtbergen, Berlin: Bietergemeinschaft WSI in der HBS/ INIFES/ Forschungsgruppe Tondorf im Auftrag des Bundesministeriums für Familie/ Senioren/ Frauen und Jugend.

Borkowsky, Anna, 2000: Frauen und Männer in der Berufsbildung in der Schweiz. Schweizerische Zeitschrift für Bildungswissenschaften 22: 279-293.

Born, Claudia, Helga Krüger und *Dagmar Lorenz-Meyer*, 1996: Der unentdeckte Wandel. Annäherung an das Verhältnis von Struktur und Norm im weiblichen Lebenslauf. Berlin: edition sigma.

Bothfeld, Silke, Ute Klammer, Christine Klenner, Simone Leiber, Anke Thiel und *Astrid Ziegler*, 2005: WSI-FrauenDatenReport 2005. Berlin: Edition sigma.

Bradley, Karen, und *Maria Charles*, 2004: Uneven Inroads: Understanding Woman's Status in Higher Education. Research in Sociology of Education 14: 247-274.

Branger, Katja, Pascale Gazareth und *Jacqueline Schön-Bühlmann*, 2003: Auf dem Weg zur Gleichstellung? Frauen und Männer in der Schweiz. Dritter statistischer Bericht. Neuchâtel: Bundesamt für Statistik.

Buchmann, Marlis, Irene Kriesi, Andrea Pfeifer und *Stefan Sacchi*, 2002: Halb drinnen – halb draussen. Analysen zur Arbeitsmarktintegration von Frauen in der Schweiz. Chur, Zürich: Verlag Rüegger.

Bühler, Caroline, und *Corinna Heye*, 2005: Fortschritte und Stagnation in der Gleichstellung der Geschlechter 1970-2000. Neuchâtel: BFS.

Bund-Länder-Kommission, 2000: Verbesserung der Chancen von Frauen in Ausbildung und Beruf. Ausbildungs- und Studienwahlverhalten von Frauen. Bonn.

Butz, Markus, 2001: Lohnt sich Bildung noch? Ein Vergleich der bildungsspezifischen Nettoeinkommen 1982 und 1995. S. 95-117 in: *Peter A. Berger* und *Dirk Konietzka* (Hg.), Die Erwerbsgesellschaft. Neue Ungleichheiten und Unsicherheiten. Opladen: Leske + Budrich.

Charles, Maria, 1987: Geschlechterspezifische Arbeitsmarktsegregation in der Schweiz. Schweizerische Zeitschrift für Soziologie 13: 1-27.

Charles, Maria, 1992: Cross-national variation in occupational sex segregation. American Sociologial Review 57: 483-502.

Charles, Maria, 2002: Schweizerische Besonderheiten im Vergleich mit anderen westlichenLändern. S. 207-228 in: *Marlis Buchmann, Irene Kriesi, Andrea Pfeifer* und *Stefan Sacchi* (Hg.), Halb drinnen – halb draussen. Analysen zur Arbeitsmarktintegration von Frauen in der Schweiz. Chur, Zürich: Verlag Rüegger.

Charles, Maria, und *Marlis Buchmann*, 1994: Assessing micro-level explanations of occupational sex segregation: human-capital developement and labor market opportunities in Switzerland. Schweizerische Zeitschrift für Soziologie 20: 595-620.

Charles, Maria, und *Karen Bradley*, 2002: Equal but separate? A cross-national study of sex segregation in higher education. American Sociologial Review 67: 573-599.

Charles, Maria, und *David B. Grusky*, 2004: Occupational ghettos. The worldwide segregation of woman and men. Stanford, California: Standford University Press.

Christof, Eveline, Edgar Forster, Lydia Müller, Barbara Pichler, Nina Rebhandl, Christopher Schlembach, Petra Steiner und *Barbara Strametz*, 2005: Feministische Bildungsarbeit. Leben und Lernen zwischen Wunsch und Wirklichkeit. Opladen: Verlag Barbara Budrich.

Cornelißen, Waltraud, 2005: 1. Datenreport zur Gleichstellung von Frauen und Männern in der Bundesrepublik Deutschland. München: Deutsches Jugendinstitut e.V. in Zusammenarbeit mit dem Statistischen Bundesamt.

Corsten, Michael, und *Stefan Hillmert*, 2001: Qualifikation, Berufseinstieg und Arbeitsmarktverhalten unter Bedingungen erhöhter Konkurrenz. Was prägt Bildungs- und Erwerbsverläufe in den achtziger und neunziger Jahren? Arbeitspapier Nr. 1 des Projekts Ausbildungs- und Berufsverläufe der Geburtskohorten 1964 und 1971 in Westdeutschland.: Max-Planck-Institut für Bildungsforschung.

Engelbrech, Gerhard, 1987: Erwerbsverhalten und Berufsverlauf von Frauen: Ergebnisse neuerer Untersuchungen im Überblick. Mitteilungen aus der Arbeitsmarkt- und Berufsforschung 20: 181-195.

England, Paula, 1999: Comparable worth. Theories and evidence. New York: Aldine de Gruyter.

England, Paula, George Farkas, Barbara Kilbourne und *Thomas Dou*, 1988: Explaining occupational sex segregation and wages: findings from a model with fixed effects. American Sociologial Research 53: 544-588.

Flückiger, Yves, und *Jean-Marc Falter*, 2004: Bildung und Arbeit. Entwicklung des Arbeitsmarktes in der Schweiz. Neuchâtel: BFS.

Franzen, Axel, Anna Hecken und *Christoph Kopp*, 2004: Bildungsexpansion und die geschlechtsspezifische Segregation an Schweizer Hochschulen. Soziale Welt 55: 317-336.

Ganzeboom, Harry B. G., und *Donald J. Treiman*, 1996: Internationally Comparable Measures of Occupational Status for the 1988 ISCO. Social Science Research 25: 201-239.

Geissler, Birgit, 1998: Weibliche Lebensführung und Erwerbsverlauf – Ein lebenslauf-theoretischer Beitrag zur Analyse der Frauenerwerbsarbeit. S. 145-164 in: *Birgit Geissler, Friederike Maier* und *Birgit Pfau-Effinger* (Hg.), FrauenArbeitsMarkt. Der Beitrag der Frauenforschung zur sozioökonomischen Theorieentwicklung. Berlin: sigma.

Glass, Jennifer, 1990: The impact of occupational segregation on working conditions. Social Forces 68: 779-796.

Gottschall, Karin, 1995: Geschlechterverhältnis und Arbeitsmarktsegregation. S. 125-162 in: *Regina Becker-Schmidt* und *Gudrun-Axeli Knapp* (Hg.), Das Geschlechterverhältnis als Gegenstand der Sozialwissenschaften. Frankfurt a.M./New York: Campus.

Handl, Johann, 1986: Führt die Angleichung der Bildungschancen zum Abbau geschlechtsspezifischer beruflicher Segregation? Eine einfache Frage, aber kontroverse Antworten. Zeitschrift für Soziologie 15: 125-132.

Heintz, Bettina, Eva Nadai, Regula Fischer und *Hannes Ummel*, 1997: Ungleich unter Gleichen. Studien zur geschlechtsspezifischen Segregation des Arbeitsmarktes. Frankfurt a.M./New York: Campus.

Herzog, Walter, Markus P. Neuenschwander und *Evelyne Wannack*, 2004: Berufwahlprozesse bei Jugendlichen: Schlussbericht zuhanden des Schweizerischern Nationalfonds. Bern: Universität Bern, Institut für Pädagogik und Schulpädagogik.

Imdorf, Christian, 2005: Schulqualifikation und Berufsfindung. Wie Geschlecht und nationale Herkunft den Übergang in die Berufsbildung strukturieren. Wiesbaden: VS Verlag für Sozialwissenschaften.

Jacobs, Jerry, 1999: The sex segregation of occupations. Prospects for the 21st Century. S. 125-141 in: *Gary N. Powell* (Hg.), Handbook of Gender & Work. Thousand Oaks: CA: Sage Publications.

Lauterbach, Wolfgang, 1994: Berufsverläufe von Frauen: Erwerbstätigkeit, Unterbrechung und Wiedereintritt. Frankfurt (a.M.): Campus Verlag.

Lauterbach, Wolfgang, Johannes Huinink und *Rolf Becker*, 1994: Erwerbsbeteiligung und Berufschancen von Frauen. Theoretische Ansätze, methodische Verfahren und empirische Ergebnisse aus der Lebensverlaufsperspektive. S. 175-208 in: *Petra Beckmann* und *Gerhard Engelbrech* (Hg.), Arbeitsmarkt für Frauen 2000 – Ein Schritt vor oder ein Schritt zurück? Kompendium zur Erwerbstätigkeit von Frauen. Nürnberg: Institut für Arbeitsmarkt- und Berufsforschung der Bundesanstalt für Arbeit.

Leemann, Regula J., und *Andrea Keck*, 2005: Der Übergang von der Ausbildung in den Beruf. Die Bedeutung von Qualifikaiton, Generation und Geschlecht. Neuchâtel: Bundesamt für Statistik.

Li, Jiang Hong, Marlis Buchmann, Markus König und *Stefan Sacchi*, 1998: Patterns of Mobility for Women in Female-Dominated Occupations: An Event-History Analysis of Two Birth Cohorts of Swiss Women. European Sociological Review 14: 49-67.

Maier, Friederike, 1990: Arbeitsmarktsegregation und patriarchale Gesellschaftsstruktur – Thesen zu einem gesellschaftssystem-übergreifenden Zusammenhang. S. 54-90 in: *Autorinnengemeinschaft* (Hg.), Erklärungsansätze zur geschlechtsspezifischen Strukturierung des Arbeitsmarktes. Paderborn: SAMF.

Mantovani Vögeli, Linda, 1994: Fremdbestimmt zur Eigenständigkeit. Mädchenbildung gestern und heute. Chur, Zürich: Verlag Rüegger.

Maume, David J., 1999: Occupational segregation and the career mobility of withe men and woman. Social Forces 77: 1433-1459.

Mayer, Karl Ulrich, 2005: Übergänge ins Erwachsenenalter. Neuere Entwicklungen zu den Geburtsjahrgängen 1964 und 1971 auf der Grundlage von Befunden der Deutschen Lebensverlaufsstudie. ifb-Materialien 7/2005.

Müller, Walter, 1998: Erwartete und unerwartete Folgen der Bildungsexpansion. S. 83-112 in: *Jürgen Friedrich, Rainer M. Lepsius* und *Karl Ulrich Mayer* (Hg.), Die Diagnosefähigkeit der Soziologie. Opladen: Westdeutscher Verlag.

Müller, Walter, Angelika Willms und *Johann Handl*, 1983: Strukturwandel der Frauenarbeit 1980-1980. Frankfurt, New York: Campus Verlag.

Müller, Walter, Susanne Steinmann und *Reinhart Schneider*, 1997: Bildung in Europa. S. 177-245 in: *Stefan Hradil* und *Stefan Immerfall* (Hg.), Die westeuropäischen Gesellschaften im Vergleich. Opladen: Leske + Budrich.

Müller, Walter, Hildegard Brauns und *Susanne Steinmann*, 2002: Expansion und Erträge tertiärer Bildung in Deutschland, Frankreich und im Vereinigten Königreich. Berliner Journal für Soziologie 12: 37-62.

Pross, Helge, 1969: Über die Bildungschancen von Mädchen in der Bundesrepublik. Frankfurt am Main: Suhrkamp Verlag.

Reinberg, Alexander, Günther Fischer und *Manfred Tessaring*, 1995: Auswirkungen der Bildungsexpansion auf die Erwerbs- und Nichterwerbstätigkeit. Mitteilungen aus der Arbeitsmarkt- und Berufsforschung 28: 300-322.

Reinberg, Alexander, und *Markus Hummel*, 2002: Zur langfristigen Entwicklung des qualifikationsspezifischen Arbeitskräfteangebots und -bedarfs in Deutschland. Empirische Befunde und aktuelle Projektionsergebnisse. Mitteilungen aus der Arbeitsmarkt- und Berufsforschung 35: 580-600.

Rieger, Andreas, 2001: Bildungsexpansion und ungleiche Bildungspartizipation am Beispiel der Mittelschulen im Kanton Zürich, 1830 bis 1980. Schweizerische Zeitschrift für Bildungswissenschaften 23: 41-71.

Schäfgen, Katrin, 1998: Die Verdoppelung der Ungleichheit. Sozialstruktur und Geschlechterverhältnisse in der Bundesrepublik und in der DDR. Berlin: Humbold-Universität.

Schimpl-Neimanns, Bernhard, 2004: Zur Umsetzung des Internationalen Sozioökonomischen Index des beruflichen Status (ISEI) mit den Mikrozensen ab 1996. ZUMA-Nachrichten 28: 154-170.

Sørensen, Annemette, 1990: Unterschiede im Lebenslauf von Frauen und Männern. S. 304-321 in: *Karl Ulrich Mayer* (Hg.), Lebensverläufe und sozialer Wandel. Opladen: Westdeutscher Verlag.

Trappe, Heike, und *Rachel A. Rosenfeld*, 2001: Geschlechtsspezifische Segregation in der DDR und der BRD. S. 152-181 in: *Bettina Heintz* (Hg.), Geschlechtersoziologie. Wiesbaden: Westdeutscher Verlag.

Wanger, Susanne, 2006: Erwerbstätigkeit, Arbeitszeit und Arbeitsvolumen nach Geschlecht und Altersgruppen. Ergebnisse der IAB-Arbeitszeitrechnung nach Geschlecht und Alter für die Jahre 1991-2004. IAB Forschungsbericht Nr. 2/2006.

Veränderung der Einkommensverteilung infolge von Höherqualifikationen

Matthias Pollmann-Schult

1. Einleitung

Ein zentrales Ziel der Bildungsexpansion war die langfristige Stimulierung und Unterstützung des Wirtschaftswachstums. Zu Beginn der 1960er Jahre kritisierte insbesondere Picht (1964) die im internationalen Vergleich geringen Bildungsausgaben und äußerte die Befürchtung, die Bundesrepublik würde in den kommenden Jahrzehnten wegen der Rückständigkeit ihres Bildungswesens wirtschaftlich als auch politisch nur noch eine untergeordnete Rolle spielen. Ein Ausbau des Bildungswesens sei daher unabdingbar, um die Fortsetzung des Wirtschaftsaufschwungs zu sichern. Obwohl sich die damaligen bildungsökonomischen Studien in erster Linie mit makroökonomischen Effekten der Bildungsexpansion beschäftigten, implizieren diese Überlegungen eine allgemeine Verbesserung der individuellen Verdienstmöglichkeiten infolge einer Höherqualifizierung der Erwerbstätigen.

Während anfänglich der Optimismus weit verbreitet war, dass die Bildungsexpansion sowohl wirtschaftlich sinnvoll und nützlich sei als auch durch Abbau sozialer Barrieren im Bildungssystem zu einer Demokratisierung der Gesellschaft beitrage, setzte sich ab Beginn der 1970er Jahre eine eher pessimistische Beurteilung der Bildungsexpansion durch (siehe Teichler 1987). Es wurde angenommen, die Expansion sei über das Ziel hinausgeschossen, indem mehr Akademiker ausgebildet als tatsächlich im Beschäftigungssystem benötigt würden. Verschiedene Studien prognostizierten als Folge eines solchen qualifikatorischen Ungleichgewichts zwischen Arbeitsangebot und -nachfrage einen Anstieg der Arbeitslosigkeit unter den Akademikern, vor allem aber eine Entwertung der Bildungsabschlüsse und einen zunehmenden Verdrängungswettbewerb zwischen den verschiedenen Qualifikationsgruppen (Blossfeld 1985; Müller 1998). Gemäß der Verdrängungsthese erfolgt die Integration der über den Bedarf des Arbeitsmarktes hinaus ausgebildeten Hochschulabsolventen durch eine Beschäftigung auf Berufspositionen, die klassischerweise von Nicht-Akademikern ausgeübt werden. Dieser Verdrängungsprozess führe zu einer vermehrten unterwertigen Beschäftigung von Hochschulabsolventen und damit zu geringeren Einkommenschancen als auch zu einer zunehmenden Arbeitslosigkeit unter den Geringqualifizierten, die aus ihrem angestammten Arbeitsmarktsegment herausgedrängt würden. Infolge der Entwertung des Ausbildungsabschlusses verliere das Bildungsniveau als Statuszuweisungskriterium an Bedeutung: „Was viele besitzen, kann nicht das ausschlaggebende Kriterium für die Verteilung von Privilegien an wenige sein“ (Geißler 1978: 482). Bildungsabschlüsse seien nicht länger eine hinreichende, sondern eine notwendige Bedingung zur Erlangung bessergestellter Berufspositionen.

Zwar wurden mögliche negative Effekte der andauernden Höherqualifizierung in den 1970er Jahren ausgiebig und zuweilen konträr diskutiert (siehe etwa Mertens 1976; Teichler 1974), jedoch stützten sich die jeweiligen Argumentationen auf nur dünnes empirisches Material. Erst zu Beginn der 1980er Jahre wurden umfassendere Studien zur qualifikatorischen Einkommensentwicklung vorgelegt. Helbergers (1980) Untersuchung zur Entwicklung der Ausbildungsrendite der Erwerbstätigen deutet auf einen Rückgang der qualifikationsspezifischen Einkommensdifferenzen während der 1970er Jahre hin. Ebenfalls berichtet die Studie von Blossfeld (1984) einen tendenziellen Rückgang der Bildungsrenditen zwischen 1970 und 1982. Im Gegensatz zu Helberger (1980) und den meisten anderen Studien beschränken sich Blossfelds Analysen auf die Einkommensentwicklung von Berufseinsteigern, womit der Überlegung, dass der Einfluss der Bildungsexpansion auf das Einkommen bei den Ausbildungsabsolventen am deutlichsten hervortreten sollte, Rechnung getragen wird. Lehners (1997) Analysen für die Jahre 1980 und 1994 auf Basis des ALLBUS zeigt eine geringe Zunahme des Einkommensabstands zwischen männlichen Akademikern und Personen ohne abgeschlossene Berufsausbildung. Dagegen können Butz' (2001) Einkommensanalysen anhand der Mirkozensusdaten für den gleichen Zeitraum (1982 bis 1995) keine gravierenden Veränderungen der Bildungsrenditen nachweisen. Bellmann et al. (1994) untersuchen die Entwicklung der qualifikatorischen Einkommensstruktur zwischen 1976 und 1989 sowohl für Berufsanfänger als auch für die Gesamtheit der Erwerbstätigen und konstatieren eine tendenzielle Verringerung der qualifikatorischen Einkommensabstände bei den Berufsanfängern, jedoch keine gravierenden Veränderungen bei der Gesamtheit der Arbeitskräfte. Aufgrund dieses Befunds äußern Bellmann et al. (1994) die Vermutung, dass im Zuge der Bildungsexpansion zwar der Berufseinstieg schwieriger geworden sei, jedoch die Berufskarrieren und damit auch das Einkommen nach der Einstiegsphase auf das bisherige Trendniveau einschwenken würden.

Die Diskussion um sinkende Bildungsrenditen fand zumindest in der US-amerikanischen Arbeitsmarktforschung zu Beginn der 1990er Jahre ein jähes Ende, nachdem zahlreiche empirische Studien einen wieder zunehmenden Einkommensabstand zwischen College-Absolventen und niedriger qualifizierten Arbeitskräften berichteten (Katz und Murphy 1992; Levy und Murnane 1992). Als mögliche Ursache für den Anstieg der qualifikatorischen Einkommensunterschiede wurde in erster Linie ein im Zuge des technischen Fortschritts ansteigender Bedarf an höher qualifizierten Arbeitskräften genannt („skill-biased technological change"). Ein „Upgrading" der Berufsstruktur war zwar schon in den 1970er Jahren zu beobachten, wurde aber durch die Höherqualifikation der Erwerbstätigen überdeckt (Bound und Johnson 1992).[1] Angeregt durch den Befund ansteigender Einkommensungleichheit in den USA und mehreren europäischen Ländern befassten sich verschiedene Untersuchungen mit der Frage, inwiefern auch in Deutschland im Zuge des technischen Fortschritts und der Globalisierung der qualifikatorische Einkommensabstand ansteigt (Abraham und Houseman 1995; Prasad 2004; Steiner und Wagner 1998). Insgesamt finden diese Studien kaum empirische Evidenz für eine Zunahme der qualifikationsbedingten Einkommensdisparität in den letzten beiden Jahrzehnten. Dagegen ist in Deutschland – anders als etwa in den USA – ein deutlicher Anstieg der Arbeitslosigkeit unter den Niedrigqualifizierten seit Beginn der 1980er Jahre zu beobachten (siehe Reinberg und Hummel 2002 für Deutschland). Die unterschiedliche Entwicklung der Einkommensungleichheit und der qualifikatorischen Arbeitslosigkeit in den USA und Deutschland wird häufig mit der rigideren Lohnstruktur hierzulande begründet (Nickel und Bell 1996): Ein Upgrading der Berufsstruktur könne sich entweder in einer zunehmenden qualifikatorischen Einkommensspreizung äußern oder in einem Anstieg der Arbeitslosigkeit unter den Nicht-Qualifizierten, wie in Deutschland zu beobachten ist.

Das eher uneinheitliche Ergebnismuster der oben angeführten Studien ist nicht zuletzt durch die Nutzung unterschiedlicher Datenbasen und die Verwendung verschiedener Methoden der Einkommensmessung bedingt. Während beispielsweise Steiner und Wagner (1998), Abraham und Houseman (1994) sowie teilweise Hellberger (1980) das monatliche Bruttoeinkommen analysieren, nutzen Blossfeld (1984), Butz (2001), Lehner (1997) das monatliche Nettoeinkommen als unabhängige Variable. Ferner basieren die Analysen von Blossfeld (1985), Bellmann et al. (1994) sowie Butz (2001) nicht auf Einkommensangaben in metrischer Form, sondern auf kategorialen Angaben in Gestalt von Einkommensklassen. Die in der mikroökonomischen Forschung üblicherweise

1 Eine weitere mögliche Ursache für die steigenden Qualifikationsanforderungen wird in der zunehmenden Verlagerung von Einfacharbeitsplätzen in Niedriglohnländer gesehen (Wood 1995).

analysierte Größe, der metrisch gemessene Bruttostundenlohn, wird aufgrund von Datenrestriktionen in keiner der oben angeführten Studien verwendet. Ebenfalls ist anzumerken, dass viele der zitierten Studien relativ kurze Zeiträume betrachten und daher mögliche Verschiebungen der qualifikatorischen Einkommensstruktur nur unzureichend erfassen können. Des Weiteren werfen die angeführten Einkommensanalysen die Frage auf, ob ein möglicher Rückgang der Bildungsrendite durch einen sich verringernden Einkommensabstand zwischen qualifizierten bzw. hochqualifizierten und einfachen *Tätigkeiten* bedingt ist, oder aber auf ein zunehmendes Ausmaß an unterwertiger Beschäftigung (mit entsprechend niedrigeren Löhnen) zurückzuführen ist. Einschlägige Studien zur Entwicklung von unterwertiger Beschäftigung konstatieren allenfalls eine geringfügige Abnahme der Verwertungschancen von Berufsqualifikationen. So zeigt die Studie von Blossfeld (1985), dass sich die Zugangschancen zu qualifizierten Berufen für Berufsanfänger mit einer nicht-akademischen Ausbildung zwischen 1970 und 1982 leicht verringert haben, für Hochschulabsolventen wird dagegen ein konstantes Berufseinstiegsmuster beobachtet. Ebenfalls beobachten Müller et al. (1998) leicht abnehmende Verwertungschancen für Berufsanfänger mit einer Berufsausbildung, gleichzeitig aber einen Anstieg der Berufschancen von Hochschulabsolventen. Abnehmende Berufschancen bei Erwerbstätigen mit einer nicht-akademischen Ausbildung konstatiert ebenfalls Henninges (1996) für den Arbeiterbereich. Henninges Studie auf Basis der Beschäftigungsstatistik zeigt zwischen den Jahren 1976 und 1994 einen überproportionalen Anstieg an erwerbstätigen Facharbeitern im Vergleich zum Zuwachs der entsprechenden Berufspositionen, wodurch gelernte Arbeiter zunehmend auf Hilfsarbeiterpositionen beschäftigt werden. Steinmann (2000) beobachtet dagegen keine gravierende Verschlechterung der Platzierungschancen von Berufsanfängern mit einer betrieblichen Berufsausbildung im Zeitverlauf. Insgesamt erbringen die angeführten Studien keinen Beleg für einen Anstieg der unterwertigen Beschäftigung von Hochschulabsolventen.

Der vorliegende Beitrag ist folgendermaßen strukturiert. Im zweiten Abschnitt werden zwei zentrale Ansätze zur Erklärung abnehmender Einkommensdifferentiale – die Humankapitaltheorie von Becker (1964) sowie das Job-Competition-Modell von Thurow (1975) – geschildert. Hieran anschließend wird die Datenbasis der empirischen Analysen beschrieben. In den darauf folgenden Abschnitten wird die Veränderung der Qualifikationsstruktur dargelegt und die Entwicklung der qualifikatorischen Einkommensabstände zum Zeitpunkt des Berufseinstiegs sowie im 30. Lebensjahr über mehrere Geburtskohorten hinweg untersucht.

2. Theoretische Ansätze zur Erklärung sinkender Bildungsrenditen

Zur Erklärung sinkender Bildungsrenditen werden zumeist zwei Theorieansätze bemüht, die Humankapitaltheorie und das Job-Competition-Modell. Die Humankapitaltheorie (Becker 1964) befasst sich in erster Linie mit der Erklärung der individuellen Bildungsnachfrage. Dieser Erklärungsansatz begreift das Humankapital von Individuen – in Analogie zum physischen Kapital – als einen eigenständigen Produktionsfaktor, der von den Unternehmen zur Güterproduktion benötigt und nachgefragt wird. Das Humankapital einer Person setzt sich aus mehreren Komponenten zusammen, neben der Berufsausbildung, die vor Eintritt in den Arbeitsmarkt erworben wird, zählen hierzu Berufserfahrung und betriebsspezifische Kenntnisse. Gemäß der Humankapitaltheorie werden die Beschäftigten stets entsprechend ihres Produktivitätsbeitrags entlohnt, wobei ein positiver Zusammenhang zwischen dem Humankapitalbestand einer Person und ihrer Produktivität unterstellt wird. Folglich kann das individuelle Erwerbseinkommen durch Investitionen in das Humankapital gesteigert werden. Solche Humankapitalinvestitionen sind jedoch mit Kosten verbunden, die sich aus den direkten Ausbildungskosten und den Opportunitätskosten, dem entgangenen Erwerbseinkommen während der Ausbildungszeit, zusammensetzen. Demnach investieren Individuen nur so lange in ihre Ausbildung, wie die mit dem Bildungserwerb einhergehenden Einkommenszuwächse höher ausfallen als die Bildungskosten. Da die Humankapitaltheorie flexible Löhne unterstellt, führt ein Überangebot an qualifizierten Personen zu einer Lohnabsenkung und damit zu einem Rückgang der Bildungsrendite, wodurch wiederum die Bildungsnachfrage gebremst wird. Somit wirkt sich die Entwicklung des Arbeitsplatzangebots prozyklisch auf die Ausbildungsnachfrage aus, wobei ein zunehmender Bedarf an qualifizierten Arbeitskräften das Lohnniveau anhebt und einen Anstieg der individuellen Bildungsnachfrage initiiert, aber ein Nachfragerückgang im Beschäftigungssystem mit einer Absenkung des Lohnniveaus bzw. einer Verschlechterung der Erwerbschancen einhergeht und dadurch einen Rückgang der Bildungsnachfrage einleitet. Folglich befindet sich die Bildungsnachfrage stets im Gleichschritt mit der Nachfrageentwicklung nach qualifizierten Arbeitskräften. In der kurzfristigen Betrachtung können zwar Phasen des Über- oder Unterangebots an Berufsqualifikationen auftreten, langfristig jedoch besteht der Humankapitaltheorie zufolge ein Gleichgewicht zwischen dem Qualifikationserwerb im Bildungssystem und der Qualifikationsnachfrage im Beschäftigungssystem. Damit liefert die Humankapitaltheorie keine eingängige Erklärung für permanente Einkommenseinbußen als Folge der Bildungsexpansion.

Das Job-Competition-Modell (Thurow 1975, 1978) basiert auf der Grundannahme, dass die Lohnstruktur der Arbeitsplätze aufgrund institutioneller Regelungen relativ rigide ist und eine Anpassung der Löhnhöhe nur dann stattfindet, wenn sich Arbeitsangebot und -nachfrage über einen längeren Zeitraum im Ungleichgewicht befinden. Gleichzeitig unterstellt das Job-Competition-Modell, dass den Arbeitgebern bei der Besetzung eines Arbeitsplatzes Transaktionskosten in Form von Einarbeitungs- und Qualifizierungskosten entstehen. Als Indikator für die Höhe dieser Kosten dient den Arbeitgebern vor allem die Ausbildung der Bewerber. Anhand der Berufsausbildung und anderer individueller Merkmale wie dem Alter sortieren Arbeitgeber die Arbeitsplatzbewerber in eine Arbeitskräfteschlange, an deren Kopf der Bewerber mit den günstigsten Hintergrundmerkmalen – welche die geringsten Einarbeitungskosten und die höchste Produktivität erwarten lassen – steht. Die bestplatzierten Bewerber in der Arbeitsmarktschlange werden den einträglichsten Arbeitsplätzen zugeordnet. Dies impliziert, dass die Arbeitnehmer nicht über die Lohnhöhe, wie von der Humankapitaltheorie angenommen wird, sondern über die Einarbeitungskosten miteinander um Arbeitsplätze konkurrieren. Die Allokation der Arbeitsplatzbewerber ist im Job-Competition-Modell von der individuellen Position in der Arbeitskräfteschlange sowie der – im Modell exogen gegebenen – Arbeitsplatzstruktur abhängig; Berufsqualifikationen haben keinen absoluten Wert, sondern lediglich die Eigenschaften von „positional goods“ (Hirsch 1977). Ein Überangebot an qualifizierten Arbeitskräften führt aufgrund der rigiden Lohnstruktur nicht direkt zu einer Absenkung der Lohnhöhe, wohl aber zu unterwertiger Beschäftigung, die wiederum mit einem Rückgang der Bildungsrendite einhergeht. Da der Zugang zu begehrten Arbeitsplätzen in erheblichem Maße vom erreichten Bildungsniveau abhängt, versuchen die Individuen komparative Vorteile über den Erwerb immer höherer Bildungszertifikate zu erzielen. Hierdurch kann eine Bildungsspirale in Gang gesetzt werden, die, obwohl aus einem rationalen, nutzenmaximierenden Verhalten der einzelnen Individuen resultierend, auf der Aggregatebene einen gegenteiligen, paradoxen Effekt der Entwertung von Bildungszertifikaten hat (Boudon 1974). Anders als beim Humankapitalansatz wird im Job-Competition-Modell die Bildungsnachfrage nicht durch negative Signale des Beschäftigungssystems gebremst, vielmehr ist ein antizyklischer Effekt der wirtschaftlichen Entwicklung auf die Bildungsnachfrage zu erwarten, da die Konkurrenz um Arbeitsplätze in Rezessionsphasen zunimmt. Gemäß den Analysen von Windolf (1992) verhält sich die Bildungsnachfrage in Deutschland weitgehend unabhängig von der Nachfrageentwicklung im Beschäftigungssystem.

3. Datenbasis und Methode

3.1 Datenbasis

Die empirischen Analysen basieren auf den Daten der Westdeutschen Lebensverlaufsstudie, die zwischen 1979 und 2005 am Max-Planck-Institut für Bildungsforschung, Berlin durchgeführt wurde (siehe Brückner und Mayer 1998; Hillmert 2004). Diese Datenbasis besteht aus einer Reihe von Retrospektivbefragungen von Personen aus ausgewählten Geburtsjahrgängen. Die Westdeutsche Lebensverlaufsstudie umfasst 4 Teilstudien, in denen quantitative Lebensverlaufsdaten von insgesamt 8 Geburtskohorten erhoben wurden. Zwischen 1981 und 1983 wurden die Daten der Kohorten 1929-31, 1939-41, 1949-51 erhoben. Im Zeitraum von 1985 bis 1988 erfolgte die Datenerhebung der Kohorte 1919-21. Im Jahr 1989 wurde die Befragung der Kohorten 1954-1956 und 1959-61 durchgeführt. Die Daten der beiden jüngsten Kohorten 1964 und 1971 wurden in den Jahren 1998 und 1999 erhoben. Insgesamt umfasst die Westdeutsche Lebensverlaufsstudie Daten von 8.500 Personen, wobei auf die einzelnen Kohorten zwischen 700 und 1.400 Respondenten entfallen. Grundgesamtheit ist die deutsche Wohnbevölkerung in Privathaushalten in Westdeutschland (Teilstudien I-III) bzw. die deutschsprachige Wohnbevölkerung in Privathaushalten in den alten Bundesländern (Teilstudie IV).

Die folgenden Analysen beschränken sich auf die Kohorten 1929-1931, 1939-41, 1949-51, 1954-56 und 1964. Die Kohorten 1959-61 und 1971 werden von der Analyse ausgeschlossen, da in diesen Kohorten ein beträchtlicher Anteil der Respondenten, die einen Hochschulabschluss anstreben, zum Befragungszeitpunkt noch in Ausbildung waren und somit den Berufseinstieg noch nicht erfahren hatten. Ferner bleibt die Kohorte 1919-21 unberücksichtigt, weil in dieser Kohorte der Berufseinstieg der Hochschulabsolventen durch die äußerst prekäre Wirtschaftslage in den unmittelbaren Nachkriegsjahren gestört wurde und damit nicht mit dem der nachfolgenden Kohorten vergleichbar ist.

Um ein umfassendes Bild über die Entwicklung der qualifikatorischen Einkommensdisparitäten zu erhalten, wird die Einkommensstruktur zu zwei Zeitpunkten im Lebensverlauf analysiert: zum Zeitpunkt des Berufseinstiegs und zum Zeitpunkt des 30. Geburtstags. Als Berufseinstieg gilt die erste Beschäftigung von mindestens 6-monatiger Dauer nach Abschluss der ersten Ausbildung. Bei Personen ohne abgeschlossene Ausbildung bezieht sich die Analyse auf das Einkommen zum Zeitpunkt des 18. Geburtstags.

Die folgenden Einkommensanalysen sind mit einigen datentechnischen Problemen behaftet. Die Analyse des Erwerbseinkommens zum Zeitpunkt des 30. Geburtstags wird dadurch erschwert, dass Einkommensinformationen lediglich für Beginn und Ende der einzelnen Beschäftigungsverhältnisse vorliegen.

Da die wenigsten Befragten im Monat ihres 30. Geburtstags eine Tätigkeit begonnen oder beendet haben, liegen praktisch keine Einkommensangaben für diesen Zeitpunkt vor. Aus diesem Grund wurde das Einkommen anhand der Einkommensinformationen bei Beginn und Beendigung der Beschäftigung berechnet, indem die Angaben der am 30. Geburtstag ausgeübten Tätigkeit unter Berücksichtigung der jährlichen Einkommensentwicklung fort- bzw. rückgeschrieben wurden. Ferner ist die Analyse des Einkommens beim Berufseinstieg für die 1930er Kohorte problembehaftet, da ein Großteil der um 1930 Geborenen vor 1948 und somit vor Einführung der DM ihre erste Berufstätigkeit aufgenommen hat. Da diese Einkommensangaben nicht sinnvoll analysiert werden können, finden nur solche Berufstätigkeiten Berücksichtigung, die nach 1949 begannen (vgl. Schömann 1994).

In die Analyse des Einkommens beim Berufseinstieg gehen Informationen von insgesamt 2.924 Personen ein. Die Fallzahl der Einkommensanalyse zum Zeitpunkt des 30. Geburtstags fällt wegen der Erwerbsunterbrechungen von Müttern niedriger aus; sie umfasst 2.248 Personen. In den Analysen werden nur abhängig Beschäftigte berücksichtigt, d.h. Selbstständige bleiben ausgeschlossen. Ferner werden Ausländer ausgeschlossen, da in einigen Teilstudien der verwendeten Datenbasis lediglich Personen mit der deutschen Staatsangehörigkeit befragt wurden. Aus fallzahltechnischen Gründen werden keine getrennten Analysen für Männer und Frauen durchgeführt (vgl. Schömann et al. 1991).

3.2 Variablen

Da in der verwendeten Datenbasis keine Angaben zum Bruttoeinkommen vorliegen, dient als unabhängige Variable der Nettostundenlohn. In den multivariaten Analysen geht der Stundenlohn in logarithmierter Form ein. Bei einer solchen semi-logarithmischen Regression kann der exponentierte Koeffizient [exp(β)-1] als prozentualer Effekt der Kovariaten auf die abhängige Variable interpretiert werden (Baltagi 2002: 84).[2] Die Berechnung einer semilogarithmischen anstelle einer gewöhnlichen Regressionsgleichung hat den Vorteil, dass sich die geschätzten Koeffizienten unabhängig vom Einkommensniveau interpretieren lassen, so dass die Resultate verschiedener Regressionsschätzungen direkt miteinander verglichen werden können.

Die Einkommensangaben wurden über die betrachteten Kohorten hinweg nicht deflationiert. Jedoch werden Einkommensverzerrungen innerhalb der einzelnen Kohorten, die dadurch entstehen, dass die Angehörigen einer Kohorte

2 Bei kleinen Koeffizienten wird auch β als prozentualer Effekt der unabhängigen auf die abhängige Variable interpretiert. In diesem Fall gilt : $\beta \approx \exp(\beta)-1$.

zu unterschiedlichen Zeitpunkten ihren Berufseinstieg realisieren, anhand der Entwicklung der durchschnittlichen Bruttomonatsverdienste korrigiert.[3]

Als zentrale Determinante des Einkommens wird das erreichte Bildungsniveau in die Analysen aufgenommen. Das Bildungsniveau wird in zwei verschiedenen Formen berücksichtigt. Zum einen schätzen wir eine klassische Einkommensregression nach Mincer (1974), bei der als unabhängige Variable das Ausbildungsniveau gemessen in Ausbildungsjahren verwendet wird. Diese metrische Variable wurde durch die Addition der üblicherweise zur Erlangung von schulischen und beruflichen Ausbildungsabschlüssen notwendigen Ausbildungsjahre gebildet.[4] Der Nachteil dieser an sich sehr leistungsfähigen Modellierung besteht darin, dass qualitative Unterschiede zwischen Ausbildungsabschlüssen mit einer gleichen Ausbildungsdauer – wie z.B. zwischen einer Handwerkslehre und einer kaufmännischen Ausbildung – nicht erfasst werden. Aus diesem Grund werden in einer zweiten Modellspezifikation die Ausbildungsabschlüsse in kategorialer Form berücksichtigt, wobei zwischen den Kategorien „keine Ausbildung“, „Handwerkslehre“, „Lehre in der Industrie“, „kaufmännische Lehre“, „Berufsfachschulabschluss“, „Fachhochschulabschluss“ und „Hochschulabschluss“ unterschieden wird. Es ist zu erwarten, dass die Verwendung des Nettostundenlohns anstelle des Bruttostundenlohns die Analysen verzerrt, da die Höhe des Nettostundenlohns durch den Familienstand bzw. die Steuerklasse mitgeprägt wird. Deswegen wird das Geschlecht, der Familienstand sowie ein Interaktionsterm zwischen Geschlecht und Familienstand in die multivariaten Analysen aufgenommen.

4. Entwicklung der Qualifikationsstruktur zwischen 1950 und 1994

Die Entwicklung der Qualifikationsstruktur der hier analysierten Berufsanfänger ist in Tabelle 1 wiedergegeben. Es zeigt sich ein beträchtlicher Anstieg des Qualifikationsniveaus im Zeitverlauf, wobei das Upgrading der Qualifikationsstruktur zwischen den 1930 und den 1950 Geborenen besonders stark ausfiel. Während etwa jeder zweite Angehörige der 1930er Geburtskohorte keine Ausbildung abgeschlossen hat, traf dies nur noch auf jeden Zehnten unter den 1964 Geborenen zu. Dagegen stieg der Anteil der (Fach-)Hochschulabsolventen zwi-

3 Andere Studien, wie etwa Blossfeld (1984), umgehen dieses Problem, indem nicht Geburtskohorten, sondern Berufseinstiegskohorten betrachtet werden.

4 Bei der Variablenkonstruktion wurde den verschiedenen Abschlüssen die jeweils durchschnittlich erforderliche Anzahl von Schul- bzw. Ausbildungsjahren zugeordnet: Volks- bzw. Hauptschulabschluss ohne Berufsausbildung = 9 Jahre, Volksschul- bzw. Hauptschulabschluss mit Berufsausbildung = 11 Jahre, Mittlere Reife ohne Berufsausbildung = 10 Jahre, Mittlere Reife mit Berufsausbildung = 12 Jahre, Abitur = 13 Jahre, Abitur mit Berufsausbildung = 15 Jahre, Fachhochschulabschluss = 17 Jahre, Universitätsabschluss = 18 Jahre.

schen den Kohorten 1930 und 1964 von 5 auf 14 Prozent. Der leichte Rückgang des Anteils der (Fach-)Hochschulabsolventen in der 1964er Kohorte ist wahrscheinlich auf einen Kohorteneffekt zurückzuführen. Der Jahrgang 1964 war der geburtenstärkste seit Bestehen der Bundesrepublik Deutschland und somit einer erhöhten Konkurrenz auf dem Ausbildungsmarkt ausgesetzt (Hillmert und Mayer 2004). In den nachfolgenden Kohorten wird allgemein ein erneuter Anstieg des Bildungsniveaus beobachtet. So betrug den Berechnungen von Pollmann-Schult und Mayer (2004) zufolge der Anteil der (Fach-)Hochschulabsolventen in der 1971er Kohorte etwa 17 Prozent. Innerhalb der Gruppe der Nicht-Akademiker sind die prozentualen Anteilswerte der Absolventen mit einer Industrielehre, einer kaufmännischen Ausbildung und einem Berufsfachschulabschluss etwa gleich stark gestiegen, wogegen der Anteil der Personen mit einer Handwerksausbildung im Zeitverlauf relativ stabil geblieben ist.

Tabelle 1: Entwicklung der Qualifikationsstruktur (in Prozent)

	1930er	1940er	1950er	1955er	1964er
			Geburtskohorte		
Keine abgeschl. Ausbildung	48,5	32,6	19,3	12,3	10,4
Handwerkslehre	22,0	20,1	17,4	16,9	19,5
Lehre in der Industrie	7,3	12,6	12,4	13,5	15,8
Kaufmännische Lehre	12,1	18,8	27,3	26,5	27,4
Berufsfachschulabschluss	5,0	7,9	8,5	14,0	13,0
Fachhochschulabschluss	2,4	4,0	6,2	7,2	6,8
Hochschulabschluss	2,7	4,0	8,9	9,6	7,1
Fallzahl	660	693	662	902	1318

Quelle: Westdeutsche Lebensverlaufsstudie, eigene Berechnungen

5. Die Einkommensentwicklung zwischen 1950 und 1994

5.1 Univariate Ergebnisse

Die Entwicklung der durchschnittlichen Nettostundenlöhne zum Zeitpunkt des Berufseinstiegs über die betrachteten Kohorten hinweg ist in Tabelle 2 dargestellt. Das Niveau der berechneten qualifikatorischen Einkommensabstände entspricht weitgehend den Ergebnissen früherer Studien. Auffällig ist jedoch die ausgeprägte Einkommensspreizung zwischen Unqualifizierten und Berufsanfängern mit einer nicht-akademischen Ausbildung in der 1940er Kohorte. Dieses Ergebnis ist möglicherweise auf einen Kohorteneffekt zurückzuführen: Die Angehörigen der 1940er Kohorte traten während einer Phase eines extremen

Arbeitskräftemangels in das Beschäftigungssystem ein und fanden somit überdurchschnittlich günstige Beschäftigungs- und Einkommenschancen vor. Ebenfalls unerwartet ist der Befund, dass Fachhochschulabsolventen der 1930er und 1940er Kohorte ein höheres Einkommen berichten als Hochschulabsolventen.[5]

Tabelle 2: Nettostundenlohn zum Zeitpunkt des Berufseinstiegs, differenziert nach Kohortenzugehörigkeit

	1930er	1940er	1950er	1955er	1964er
			Geburtskohorte		
	Absolut (in DM)				
Keine abgeschlossene Ausbildung	2,2	3,3	8,2	9,4	11,5
Handwerkslehre	3,1	5,3	9,9	10,8	12,6
Lehre in der Industrie	3,4	5,9	10,7	11,5	13,7
Kaufmännische Lehre /Verwaltung	2,6	4,3	10,3	10,6	12,7
Berufsfachschulabschluss	2,8	5,3	11,3	11,2	13,9
Fachhochschulabschluss	4,4	6,8	12,6	13,3	16,2
Hochschulabschluss	4,0	6,3	13,5	16,3	17,6
	Index (Unqualifizierte = 100)				
Keine abgeschlossene Ausbildung	100	100	100	100	100
Handwerkslehre	141	161	121	115	110
Lehre in der Industrie	155	179	130	122	119
Kaufmännische Lehre /Verwaltung	118	130	126	113	110
Berufsfachschulabschluss	128	161	138	119	121
Fachhochschulabschluss	200	206	154	140	141
Hochschulabschluss	182	191	165	173	153
Fallzahl	319	494	514	701	896

Quelle: Westdeutsche Lebensverlaufsstudie, eigene Berechnungen

Eine plausible Erklärung für diesen Befund kann nicht geliefert werden. Insgesamt zeigt Tabelle 2 eine deutliche Verringerung der qualifikatorischen Einkommensunterschiede über den betrachteten Zeitraum. Augenfällig ist insbesondere die Angleichung der Stundenlöhne von Unqualifizierten und Erwerbstätigen mit einer nicht-akademischen Ausbildung. So verringerte sich der Einkommensabstand zwischen Berufsanfängern mit einer Handwerkslehre und

5 Die Fachhochschulen wurden erst Ende der 1960er Jahre aus den früheren Ingenieurschulen und einem Teil der Höheren Fachschulen gebildet. Bei den hier ausgewiesenen Fachhochschulabsolventen der 1930er und 1940er Kohorte handelt es sich um Absolventen von Ingenieurschulen und der Höheren Fachschulen.

Ungelernten von 41 Prozent in der 1930er Kohorte auf 10 Prozent in der 1964er Kohorte. Ähnlich drastische Einkommenseinbußen mussten Berufsanfänger mit einer industriellen Lehre hinnehmen, deren Einkommensabstand gegenüber Unqualifizierten von 55 Prozent auf 19 Prozent zurückging. Starke Einkommenseinbußen erfuhren auch Fachhochschulabsolventen (von 100 Prozent auf 41 Prozent) sowie Hochschulabsolventen, bei denen der Einkommensunterschied von 82 Prozent auf 53 Prozent sank.

Einen Überblick über die Entwicklung der qualifikatorischen Durchschnittseinkommen (auf Basis von Tabelle 1) bietet ebenfalls Abbildung 1. Demnach verdienten Unqualifizierte der 1964er Kohorte etwa 5-mal so viel wie Ungelernte der 1930er Kohorte. Einen ähnlich starken Einkommensanstieg verzeichnen Berufsanfänger mit einer kaufmännischen Ausbildung bzw. einem Berufsfachschulabschluss, wobei jedoch zu berücksichtigen ist, dass beide Absolventengruppen in der 1930er Kohorte ein auffällig niedriges Einkommen berichten. Die Einkommen der übrigen Absolventengruppen – Personen mit einer Handwerks- oder Industrielehre sowie Hochschulabsolventen – verzeichnen einen deutlich niedrigeren Einkommensanstieg. Das Einkommen dieser Personengruppen erhöhte sich lediglich um 300 bzw. 340 Prozent. Den niedrigsten Einkommensanstieg weisen Fachhochschulabsolventen auf, deren Einkommen im betrachteten Zeitraum nur um etwa 270 Prozent anstieg.

Abbildung 1: Einkommensindex (Einkommen der 1930er Kohorte = 100)

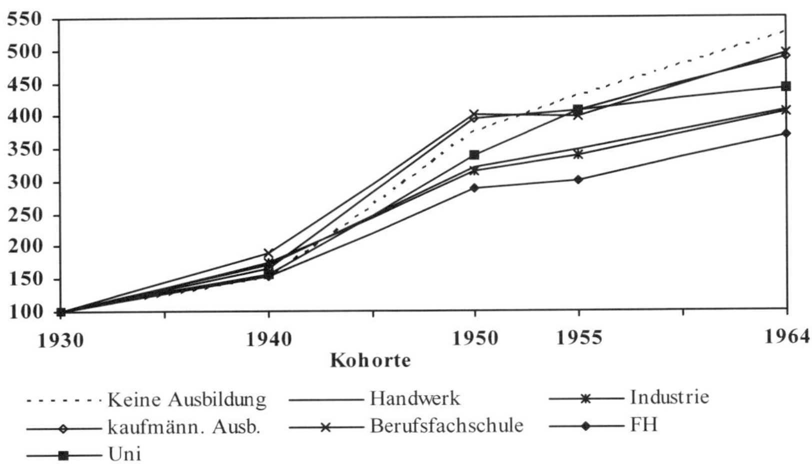

Quelle: Westdeutsche Lebensverlaufsstudie, eigene Berechnungen

Die qualifikatorischen Einkommensabstände zum Zeitpunkt des 30. Geburtstags sind in Tabelle 3 dargestellt. Insgesamt zeigt sich auch hier ein deutlicher Rückgang der qualifikatorischen Einkommensunterschiede. Vergleicht man die qualifikatorischen Einkommensabstände zum Zeitpunkt des Berufseinstiegs mit jenen zum Zeitpunkt des 30. Geburtstags, sind – zumindest für die jüngeren Kohorten – keine systematischen Unterschiede erkennbar. So verdienten Erwerbstätige der 1964er Kohorte mit abgeschlossener kaufmännischer Lehre zu beiden Zeitpunkten 10 Prozent mehr als Erwerbstätige ohne formale Ausbildung.

Tabelle 3: Nettostundenlohn zum Zeitpunkt des 30. Geburtstags (Einkommensindex)

	1930er	1940er	1950er	1955er	1964er
			Geburtskohorte		
Keine abgeschlossene Ausbildung	100	100	100	100	100
Handwerkslehre	132	135	123	118	112
Lehre in der Industrie	132	127	134	131	117
Kaufmännische Lehre /Verwaltung	136	145	130	120	110
Berufsfachschulabschluss	145	154	129	116	111
Fachhochschulabschluss	171	156	156	150	131
Hochschulabschluss	177	184	158	172	146
Fallzahl	286	307	357	532	766

Quelle: Westdeutsche Lebensverlaufsstudie, eigene Berechnungen

5.2 Multivariate Ergebnisse

Die Ergebnisse der multivariaten Analysen für den Berufseinstieg werden in Tabelle 4 präsentiert. Es werden zwei verschiedene Modelle geschätzt, wobei das erste Modell der klassischen Mincer-Einkommensgleichung entspricht, bei der das Bildungsniveau anhand der Ausbildungsjahre berücksichtigt wird und im zweiten Modell die Bildungsabschlüsse in kategorialer Form in die Analyse eingehen.[6] Gemäß den Ergebnissen des ersten Modells steigt mit jedem zusätzlichen Bildungsjahr das zu erwartende Einkommen der 1930er Kohorte um 7 Prozent. Die Bildungsrendite der 1940er Kohorte fiel mit etwa 10 Prozent deutlich höher aus als die der 1930er Kohorte; in den nachfolgenden Kohorten ist jedoch ein stetiger Abfall der Rendite zu beobachten. So erzielte jedes

6 Neben den Bildungsjahren berücksichtigt die Mincer-Einkommensgleichung üblicherweise die Berufserfahrung (in Jahren). Da hier das Einkommen zum Zeitpunkt des Berufseinstiegs untersucht wird, entfällt diese Variable.

Tabelle 4: Determinanten des Nettostundenlohns zum Zeitpunkt des Berufseinstiegs

OLS-Regression	1930er	1940er	1950er Geburtskohorte	1955er	1964er
Regressionsgleichung I: Schooling-Variable					
Ausbildungsjahre	0,071**	0,098**	0,051**	0,044**	0,035**
	(0,020)	(0,021)	(0,008)	(0,005)	(0,054)
Mann	0,561**	0,401**	0,156**	0,151**	0,154**
	(0,084)	(0,064)	(0,040)	(0,027)	(0,020)
Verheiratet	0,539**	0,229	0,046	0,128*	-0,017
	(0,142)	(0,205)	(0,077)	(0,060)	(0,048)
Mann • Verheiratet	-0,343**	0,001	0,095	-0,052	0,051
	(0,176)	(0,260)	(0,108)	(0,076)	(0,069)
Konstante	-0,388†	0,059	1,589**	1,758**	2,056**
R-Quadrat (korrigiert)	0,182	0,130	0,118	0,142	0,120
Regressionsgleichung II: Ausbildungsvariablen (Dummies)					
Keine abgeschlossene Ausbildung (Ref).	-	-	-	-	-
Handwerkslehre	0,173†	0,382**	0,098	0,095†	0,005
	(0,102)	(0,104)	(0,068)	(0,054)	(0,046)
Lehre in der Industrie	0,226	0,510**	0,188*	0,173**	0,094*
	(0,148)	(0,118)	(0,078)	(0,056)	(0,0469
Kaufmännische Lehre /Verwaltung	0,212†	0,327**	0,216**	0,139**	0,098*
	(0,118)	(0,089)	(0,058)	(0,048)	(0,042)
Berufsfachschulabschluss	0,410*	0,476**	0,361**	0,185**	0,202**
	(0,162)	(0,127)	(0,088)	(0,055)	(0,047)
Fachhochschulabschluss	0,552**	0,663**	0,397**	0,309**	0,276**
	(0,199)	(0,165)	(0,094)	(0,065)	(0,052)
Hochschulabschluss	0,633**	0,617**	0,484**	0,513**	0,350**
	(0,231)	(0,240)	(0,083)	(0,061)	(0,054)
Mann	0,499**	0,274**	0,160**	0,131**	0,162**
	(0,099)	(0,082)	(0,048)	(0,031)	(0,023)
Verheiratet	0,555**	0,360†	0,043	0,119*	-0,040
	(0,145)	(0,210)	(0,079)	(0,060)	(0,054)
Mann • Verheiratet	-0,339†	-0,210	-0,004	-0,068	0,047
	(0,180)	(0,267)	(0,113)	(0,078)	(0,074)
Konstante	0,238**	0,862**	1,968**	2,117**	2,355**
R-Quadrat (korrigiert)	0,201	0,155	0,139	0,171	0,152

Signifikanzniveau: **=p< 0,01; *=p< 0,05; †=p< 0,1.

Abhängige Variable: Logarithmierter Nettostundenlohn

Quelle: Westdeutsche Lebensverlaufsstudie, eigene Berechnungen

zusätzliche Bildungsjahr für Angehörige der 1964er Kohorte einen Einkommenszuwachs von lediglich 3,5 Prozent.

Die hier ausgewiesenen Bildungsrenditen entsprechen den Ergebnissen anderer Studien. So liegt die von Bellmann et al. (1994) für die 1970er und 1980er Jahre berechnete Rendite bei etwa 6 Prozent. Des Weiteren zeigen die vorliegenden Ergebnisse signifikante geschlechtsspezifische Einkommensdifferenzen in allen betrachteten Kohorten. Gemäß den Koeffizienten verdienen (unverheiratete) Männer der 1960er Kohorte auch nach Kontrolle der Ausbildungsdauer etwa 15 Prozent mehr als (unverheiratete) Frauen. Die extrem großen geschlechtsspezifischen Einkommensunterschiede in der 1930er und 1940er Kohorte sind hauptsächlich auf gravierende Einkommensunterschiede zwischen unqualifizierten Männern und Frauen zurückzuführen. Zwar ist der geschlechtsspezifische Einkommensunterschied unter den Niedrigqualifizierten auch in den nachfolgenden Kohorten überdurchschnittlich groß, jedoch fallen diese Einkommensdisparitäten in den jüngeren Kohorten aufgrund des kompositionellen Wandels der Bildungsverteilung weniger stark ins Gewicht.

Abbildung 2: Geschätzter Effekt des Ausbildungsabschlusses auf den Nettostundenlohn zum Zeitpunkt des Berufseinstiegs (aus Tabelle 4, Regressionsgleichung II)

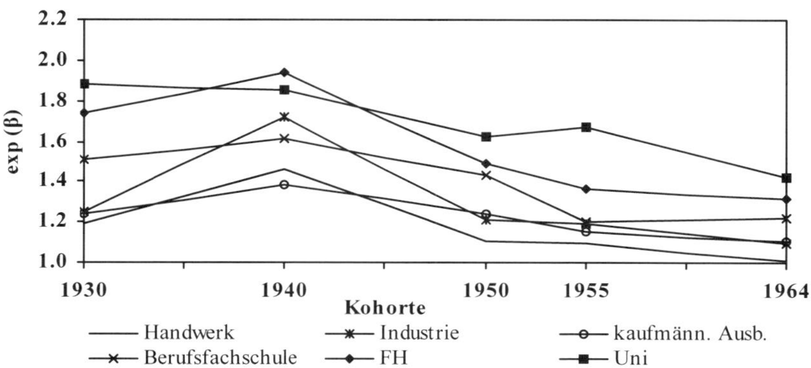

Quelle: Westdeutsche Lebensverlaufsstudie, eigene Berechnungen

Im zweiten Modell werden die Bildungsabschlüsse in kategorialer Form in das Modell aufgenommen, wodurch bestehende qualitative Unterschiede zwischen Bildungsabschlüssen der gleichen Qualifikationsstufe berücksichtigt werden. Auch hier ist ein gravierender Rückgang der qualifikatorischen Einkommensdisparitäten in der Kohortenfolge zu beobachten. Während beispielsweise das

Einkommen von Hochschulabsolventen der 1930er Kohorte um das 1,88-fache [=exp(0,633)] höher ausfiel als das der Unqualifizierten, betrug der Einkommensvorsprung der Hochqualifizierten in der 1964er Kohorte nur noch 41 Prozent (siehe auch Abbildung 2). Ebenfalls hat sich die Bildungsrendite der übrigen Ausbildungsgruppen über den hier betrachteten Zeitverlauf mindestens halbiert. Damit fällt die Verringerung der Einkommensabstände in der multivariaten Analyse stärker aus als bei der rein deskriptiven Betrachtung. Beachtenswert ist der Befund, dass Handwerker in den jüngeren Kohorten nicht signifikant mehr verdienen als unqualifizierte Personen.

Abbildung 3: Geschätzter Effekt des Ausbildungsabschlusses auf den Nettostundenlohn im 30. Lebensjahr (OLS-Regression)

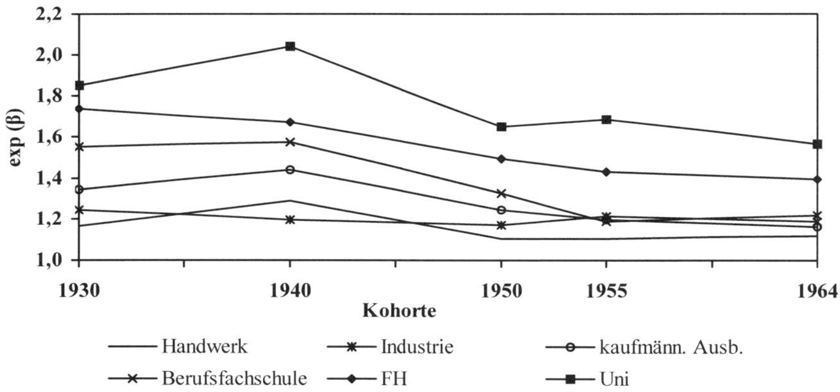

Quelle: Westdeutsche Lebensverlaufsstudie, eigene Berechnungen

In Abbildung 3 werden – analog zu Abbildung 2 – die Koeffizienten der Einkommensanalyse zum Zeitpunkt des 30. Geburtstags wiedergebeben. Als Kovariaten wurden neben den in Tabelle 4 angeführten Variablen – Geschlecht, Familienstand und ein Interaktionsterm zwischen diesen beiden Variablen – die Berufserfahrung (in Jahren) in linearer und quadrierter Form in das Modell aufgenommen. Auch hier ist eine deutliche Verringerung des qualifikatorischen Einkommensabstands im Kohortenverlauf zu beobachten, jedoch scheint der beobachtete Rückgang der Bildungsrendite zum Zeitpunkt des 30. Lebensjahrs schwächer auszufallen als beim Berufseinstieg. Vergleicht man die Bildungsrenditen zum Zeitpunkt des Berufseinstiegs und des 30. Lebensjahres in den jüngeren Kohorten, so ist zu erkennen, dass die qualifikatorischen Einkommensunterschiede zwischen diesen beiden Zeitpunkten angestiegen sind. So verdienten unseren Berechnungen zufolge Handwerker der 1964er Kohorte beim Berufseintritt nicht mehr als Niedrigqualifizierte, wogegen Erwerbstätige mit einer Handwerkslehre im 30. Lebensjahr einen Einkommensvorsprung von etwa 10 Prozent gegenüber Unqualifizierten verzeichnen konnten.

Ebenfalls erhöhte sich die Bildungsrendite der Hochschulabsolventen von 42 (Berufseinstieg) auf 57 Prozent (30. Lebensjahr) und die der Fachhochschulabsolventen von 32 auf 40 Prozent. Dieses Ergebnis bekräftigt die von Bellmann et al. (1994) geäußerte Vermutung, dass die Einkommensnivellierung beim Berufseinstieg besonders stark ausfällt, sich im Berufsverlauf aufgrund des höheren Einkommenszuwachses der qualifizierten Erwerbstätigen jedoch abschwächt.

6. Zusammenfassung und Fazit

Im vorliegenden Beitrag wurde untersucht, inwiefern das im Zuge der Bildungsexpansion gestiegene Angebot an qualifizierten und hochqualifizierten Arbeitskräften zu einer Verringerung der Einkommensrelationen zwischen den verschiedenen Qualifikationsgruppen geführt hat. Diese Fragestellung wurde für die alten Bundesländer anhand der vom Max-Planck-Institut für Bildungsforschung, Berlin erhobenen Westdeutschen Lebensverlaufsstudie behandelt. Untersucht wurde das Nettoerwerbseinkommen von 5 Geburtskohorten (1929-31, 1939-41, 1949-51, 1955, 1964) zum Zeitpunkt des Berufseinstiegs sowie im 30. Lebensjahr. Damit wird die historische Entwicklung der qualifikatorischen Einkommensabstände über einen deutlich längeren Zeitraum betrachtet als in den meisten anderen Studien.

Im Einklang mit den Ergebnissen von Blossfeld (1984) und Bellmann et al. (1994) zeigen die vorliegenden Analysen, dass sich die qualifikatorischen Einkommensabstände junger Erwerbstätiger in der Kohortenfolge deutlich verringert haben, wobei Personen mit einer nicht-akademischen Ausbildung und (Fach-)Hochschulabsolventen einen etwa gleich starken relativen Einkommensrückgang verzeichneten. Vergleicht man die qualifikatorischen Einkommensabstände beim Berufseinstieg mit jenen zum Zeitpunkt des 30. Geburtstags, so wird deutlich, dass sich einkommensnivellierende Effekte am stärksten bei Berufsanfängern bemerkbar machen. Dieser Befund legt nahe, dass qualifizierte und hochqualifizierte Personen im Berufsverlauf einen größeren Einkommensanstieg als Unqualifizierte erfahren und damit die zum Berufseinstieg beobachtete Einkommensnivellierung im Berufsverlauf teilweise wieder wettmachen können. Dieses Resultat bekräftigt die bereits in einigen früheren Studien geäußerte Vermutung, dass sich der Berufseinstieg hochqualifizierter Personen in der Kohortenfolge zusehends schwieriger gestaltet. Aufgrund des jungen Alters der

Befragungspersonen konnte nicht geklärt werden, ob die beobachtete Einkommensnivellierung bei Berufsanfängern und jungen Erwerbstätigen nachhaltig anhält, oder ob sich der qualifikatorische Einkommensabstand – infolge des höheren Einkommenszuwachses der qualifizierten Erwerbstätigen – den in früheren Kohorten beobachteten Einkommensdisparitäten annähert.

In Bezug auf die häufig geäußerte Annahme, im Zuge der Bildungsexpansion hätten sich die Verwertungschancen von Berufsqualifikationen gravierend verschlechtert, lässt sich festhalten, dass sich die Bildungsrenditen in den letzten Jahrzehnten tatsächlich verringerten, jedoch keine Anzeichen einer drastischen Entwertung der Bildungszertifikate erkennbar sind. Damit schließt sich die vorliegende Studie dem Fazit Müllers (1998: 106) an, dass die in den 1970er Jahren entworfenen Szenarien einer Entkoppelung zwischen Bildungs- und Beschäftigungssystem bzw. einer entscheidenden Qualifikationsentwertung stark überzeichnet waren. Auch heute verfügen Hochschulabsolventen über deutlich bessere Arbeitsmarktchancen als Personen mit einer nichtakademischen Ausbildung. Dies zeigt sich nicht nur in dem hier ausgewiesenen beträchtlichen Einkommensvorsprung von Akademikern gegenüber anderen Qualifikationsgruppen, sondern ebenfalls in dem deutlich geringeren Arbeitslosigkeitsrisiko unter den Hochqualifizierten.

Literatur

Abraham, Katharine G., und *Susan N. Houseman,* 1995: Earnings inequality in Germany. S. 371-403 in: *Richard B. Freeman* und *Lawrence K. Katz* (Hg.), Differences and changes in wage structures. Chicago: University of Chicago Press.

Baltagi, Badi H., 2002: Econometrics. Berlin: Springer.

Becker, Gary S., 1964: Human capital. New York: University of Chicago Press.

Bellmann, Lutz, Alexander Reinberg und *Manfred Tessaring*, 1994: Bildungsexpansion, Qualifikationsstruktur und Einkommensverteilung. Eine Analyse mit Daten des Mikrozensus und der Beschäftigtenstatistik. S. 13-70 in: *Reiner Lüdeke* (Hg.), Bildung, Bildungsfinanzierung und Einkommensverteilung II. Berlin: Duncker & Humblot.

Blossfeld, Hans-Peter, 1984: Die Entwicklung der qualifikationsspezifischen Verdienstrelationen von Berufsanfängern zwischen 1970 und 1982. Regressionsanalytische Untersuchungen auf Basis von Volkszählungs- und Mikrozensusdaten. Kölner Zeitschrift für Soziologie und Sozialpsychologie 36: 292-322.

Blossfeld, Hans-Peter, 1985: Bildungsexpansion und Berufschancen. Empirische Analysen zur Lage der Berufsanfänger in der Bundesrepublik. Frankfurt a.M./New York: Campus Verlag.

Boudon, Raymond, 1974: Education, opportunity, and social inequality. New York: John Wiley & Sons.

Bound, John, und *George Johnson*, 1992: Changes in the structure of wages in the 1980's: An evaluation of alternative explanations. American Economic Review 85: 371-392.

Brückner, Erika, und *Karl Ulrich Mayer*, 1998: Collecting life history data: experience from the German Life History Study. S. 152-181 in: *Janet Z. Giele* und *Glen H. Elder* (Hg.), Methods of life course research: qualitative and quantitative approaches. Thousand Oaks: Sage.

Bundesamt für Statistik, verschiedene Jahrgänge: Statistisches Jahrbuch für die Bundesrepublik Deutschland. Wiesbaden: Statistisches Bundesamt.

Butz, Marcus, 2001: Lohnt sich Bildung noch? Ein Vergleich der bildungsspezifischen Nettoeinkommen 1982 und 1995. S. 95-117 in: *Peter A. Berger* und *Dirk Konietzka* (Hg.), Die Erwerbsgesellschaft. Neue Ungleichheiten und Unsicherheiten. Opladen: Leske + Budrich.

Geißler, Rainer, 1978: Statuszuordnung durch das Bildungssystem. Kölner Zeitschrift für Soziologie und Sozialpsychologie 30: 468-487.

Helberger, Christof, 1980: Veränderung der bildungsspezifischen Einkommensunterschiede zwischen 1969/71 und 1978. Frankfurt/Mannheim: SFB 3-Arbeitspapier Nr. 51.

Henninges, Hasso von, 1996: Steigende Qualifikation im Arbeiterbereich? Mitteilungen aus der Arbeitsmarkt- und Berufsforschung 29: 73-92.

Hillmert, Steffen, 2004: Die Westdeutsche Lebensverlaufsstudie, Kohorten 1964 und 1971: Projekt, Datenerhebung und Edition. S. 215-230 in: *Steffen Hillmert* und *Karl Ulrich Mayer* (Hg.), Geboren 1964 und 1971 – Neuere Untersuchungen zu Ausbildungs- und Berufschancen in Westdeutschland. Wiesbaden: VS Verlag für Sozialwissenschaften.

Hillmert, Steffen, und *Karl Ulrich Mayer*, 2004: Die Geburtsjahrgänge 1964 und 1971: Ein Überblick. S. 17-22 in: *Steffen Hillmert* und *Karl Ulrich Mayer* (Hg.), Geboren 1964 und 1971 – Neuere Untersuchungen zu Ausbildungs- und Berufschancen in Westdeutschland. Wiesbaden: VS Verlag für Sozialwissenschaften.

Hirsch, Fred, 1977: Limits to growth. Cambridge: Harvard University Press.

Katz, Lawrence F., und *Kevin M. Murphy*, 1992: Changes in relative wages, 1963-1987: supply and demand factors. Quarterly Journal of Economics 107: 35-78.

Lehner, Anja, 1997: Der "kleine Unterschied" – Wandel in der Einkommensungleichheit zwischen den Geschlechtern? S. 79-109 in: *Walter Müller* (Hg.), Soziale Ungleichheit. Neue Befunde zu Strukturen, Bewußtsein und Politik. Opladen: Leske + Budrich.

Levy, Frank, und *Richard J. Murnane*, 1992: US earnings levels and earnings inequality: a review of recent trends and proposed explanations. Journal of Economic Literature 30: 1333-1381.

Mertens, Dieter, 1976: Unterqualifikation oder Überqualifikation? Anmerkungen zum Bedarf an unqualifizierten Arbeitskräften. Gewerkschaftliche Monatshefte 26: 488-497.

Mincer, Jacob, 1974: Schooling, experience, and earnings. New York/London: Columbia University Press.

Müller, Walter, 1998: Erwartete und unerwartete Folgen der Bildungsexpansion. S. 83-112 in: *Jürgen Friedrichs*, *Rainer M. Lepsius* und *Karl Ulrich Mayer* (Hg.), Die Diagnosefähigkeit der Soziologie. Opladen: Westdeutscher Verlag.

Müller, Walter, *Susanne Steinmann* und *Renate Ell*, 1998: Education and labour-market entry in Germany. S. 143-188 in: *Yossi Shavit* und *Walter Müller* (Hg.), From school to work. A comparative study of educational qualifications and occupational destinations. Oxford: Clarendon Press.

Nickell, Stephen, und *Brian Bell*, 1996: Changes in the Distribution of Wages and Unemployment. American Economic Review 86: 302-308.

Picht, Georg, 1964: Die deutsche Bildungskatastrophe. Olten: Walter-Verlag

Pollmann-Schult, Matthias, und *Karl Ulrich Mayer*, 2004: Returns to skills: vocational training in Germany 1935-2000. Yale Journal of Sociology 4: 73-97.

Prasad, Eswar S., 2004: The unbearable stability of the German wage structure: Evidence and Interpretation. IMF Staff Paper 51: 354-385.

Reinberg, Alexander, und *Markus Hummel,* 2002: Qualifikationsspezifische Arbeitslosenquoten – reale Entwicklung oder statistisches Artefakt? IAB Werkstattbericht Nr. 4. Nürnberg: Bundesanstalt für Arbeit.

Schömann, Klaus, *Michael T. Hannan* und *Hans-Peter Blossfeld*, 1991: Die Bedeutung von Bildung und Arbeitsmarktsegmenten für die Arbeitseinkommen von Frauen und Männern. S. 163-184 in: *Karl Ulrich Mayer*, *Jutta Allmendinger* und *Johannes Huinink* (Hg.), Vom Regen in die Traufe. Frauen zwischen Beruf und Familie. Frankfurt a.M.: Campus.

Schömann, Klaus, 1994: The Dynamics of Labor Earnings over the Life Course – A Comparative and Longitudinal Analysis of Germany and Poland. Max-Planck-Institut für Bildungsforschung. Berlin: edition sigma.

Steiner, Victor, und *Kersten Wagner*, 1998: Has earnings inequality in Germany changed in the 1980's? Zeitschrift für Wirtschafts- und Sozialwissenschaften 118: 29-59.

Steinmann, Susanne, 2000: Bildung, Ausbildung und Arbeitsmarktchancen in Deutschland – Eine Studie zum Wandel der Übergänge von der Schule in das Erwerbsleben. Opladen: Leske + Budrich.

Teichler, Ulrich, 1974: Struktur des Hochschulwesens und "Bedarf" an sozialer Ungleichheit: Zum Wandel der Beziehungen zwischen Bildungssystem und Beschäftigungssystem. Mitteilungen aus der Arbeitsmarkt- und Berufsforschung 7: 197-209.

Teichler, Ulrich, 1987: Beziehungen von Bildungs- und Beschäftigungssystem. Erfordern die Entwicklungen der achtziger Jahre neue Erklärungsansätze? S. 27-57 in *Ansgar Weymann* (Hg.), Bildung und Beschäftigung. Grundzüge und Perspektiven des Strukturwandels. Soziale Welt - Sonderband 5. Göttingen: Otto Schwartz & Co.

Thurow, Lester C., 1975: Generating inequality. Mechanisms of distribution in the US economy. New York: Basic Books.

Thurow, Lester C., 1978: Die Arbeitskräfteschlange und das Modell des Arbeitsplatzwettbewerbs. S. 117-137 in: *Werner Sengenberger* (Hg.), Der gespaltene Arbeitsmarkt. Probleme der Arbeitsmarktsegmentation. Frankfurt a.M./New York: Campus Verlag.

Windolf, Paul, 1992: Zyklen der Bildungsexpansion 1870-1990: Ergebnisse der Spektralanalyse. Zeitschrift für Soziologie 21: 110-125.

Wood, Adrian, 1995: North-south trade, employment and inequality: changing fortunes in a skill-driven world. Oxford: Clarendon Press.

Teil 3

Politik, Kultur und Lebensführung

Politisches Interesse und politische Partizipation

Andreas Hadjar und Rolf Becker

1. Einleitung

Die Förderung politischen Interesses und politischer Partizipation gehörte zu den wesentlichen Zielen der Bildungsreform, die Ende der 1960er Jahren eine sich bereits abzeichnende Bildungsexpansion zusätzlich anschob. Bildung wurde als „eine Grundvoraussetzung für die Entstehung und Sicherung einer demokratischen Gesellschaft mündiger Bürger" (Müller 1998: 85) angesehen. So forderte Dahrendorf (1965) Bildung als Bürgerrecht ein, so dass allen die Partizipation an der Demokratie ermöglicht werden sollte. Dies zielte letztlich auch auf eine Stabilisierung der Demokratie der Bundesrepublik Deutschland, denn zu deren Grundpfeilern gehören nicht nur politische Institutionen, sondern auch politisch interessierte und partizipierende Bürgerinnen und Bürger. In den letzten Jahren wird im öffentlichen Diskurs immer wieder eine zunehmende Politikverdrossenheit beklagt. Diese Sorge betrifft vor allem die junge Generation, die als besonders desinteressiert an politischen Prozessen gilt. Thesen über einen (nahezu linearen) Trend abnehmenden Politikinteresses ist jedoch mit großer Skepsis zu begegnen. Die oftmals theorielosen und empirisch falschen Betrachtungen von Veränderungen auf der Aggregatebene führen häufig zu Fehlschlüssen. Im Dunkeln bleiben bei einer solchen simplifizierenden Betrachtung soziale Mechanismen auf der individuellen Ebene, die Prozesse des sozialen Wandels stützen. Die Zeit allein vermag es nicht, soziale Tatbestände zu verändern, sondern es sind sozialstrukturelle und ideologische Bedingungen sowie soziale Akteure in ihren spezifischen gesellschaftlichen Verhältnissen, die den sozialen Wandel des politischen Interesses bzw. der politischen Partizipation antreiben.

Im Rahmen dieses Kapitels soll untersucht werden, inwieweit Bildung und politisches Interesse sowie politische Partizipation miteinander verknüpft sind und welche Veränderungen dieser Zusammenhänge im Zuge der Bildungsexpansion zu konstatieren sind. Letztlich ist die Frage zu beantworten, ob einige der reformerischen Ziele der Bildungsexpansion verwirklicht werden konnten. Ausgehend von der These, dass Individuen höherer Bildung erweiterte Reflexionsfähigkeiten und Kompetenzen besitzen und sich daher mehr für Politik interessieren, wird angenommen, dass im Zuge der Bildungsexpansion eine kognitive Mobilisierung stattgefunden hat. Wesentliches Merkmal dieser kognitiven Mobilisierung ist die Zunahme des politischen Interesses in der Bevölkerung.

Zur detaillierten Exploration der Folgen der Bildungsexpansion für das politische Interesse und die politische Partizipation und der dahinter stehenden sozialen Mechanismen, wird der Beitrag zwei verschiedene Untersuchungsstrategien verfolgen. Zunächst wird die Entwicklung des politischen Interesses über die Kohortenabfolge und den Analysezeitraum zwischen 1980 und 2002 untersucht. Als adäquates Analyseverfahren wird die A-P-K-Analyse herangezogen, im Rahmen derer soziale Tatbestände nicht als geschichtslose Zustände, sondern als Komposition der Effekte von Sozialisationserfahrungen (Kohorte), struktureller Einflüsse zum Untersuchungszeitpunkt (Periode) und des Alterns bzw. der Stellung im Lebenszyklus begriffen werden. Ziel ist somit die detaillierte Untersuchung des Wandels des politischen Interesses unter besonderer Berücksichtigung des sozialen Mechanismus der Bildung und der Höherqualifikation der Bevölkerung. In einem zweiten Teil sollen anhand von kohortenspezifischen Strukturgleichungsmodellen zur Erklärung politischen Interesses und politischer Partizipation die Zusammenhänge zwischen sozialer Herkunft, Berufsprestige, Bildungsstand und Political Efficacy, politischem Interesses und politischer Partizipation dargestellt werden. Eine kohortenspezifische Betrachtung wird erste Hinweise liefern, welche Unterschiede bezüglich dieser Zusammenhänge zwischen den einzelnen Kohorten, die jeweils spezifische Stadien der Bildungsexpansion repräsentieren, bestehen.

2. Bildungsexpansion, politisches Interesse und politische Partizipation

Im Zentrum der folgenden Analysen steht die Frage, wie sich politisches Interesse und politisches Partizipationsverhalten im Zuge der Bildungsexpansion entwickelt haben. Politisches Interesse bezeichnet den Grad, mit dem „politics arouses citizen's curiosity“ (van Deth 1990: 278), wobei sich 'politics' auf Gegenstände bzw. Personen, Prozesse und Vorgänge in der Sphäre der Politik bezieht. Im öffentlichen Diskurs wird politisches Interesse meist in seiner Umkehrung, der Politikverdrossenheit, thematisiert. Politisches Interesse ist eine Vorstufe für politisches Engagement und stellt somit m.E. eine konative – d.h. handlungs-, antizipations- und einflussbezogene – Komponente des Einstellungssystems (vgl. Breckler 1984) dar. Politische Partizipation ist hingegen selbst ein auf politische Sachverhalte bezogenes Verhalten, wobei konventionelle und unkonventionelle Formen politischer Partizipation unterschieden werden können (vgl. Lengfeld et al. 2000). Während zur ersteren Form legale, gesetzeskonforme Handlungen (z.B. Beteiligung an Wahlen, Diskussion politischer Themen) gehören, zählen zur unkonventionellen politischen Partizipation nicht legale oder in Grenzbereichen liegende, oft auf Konfrontation gerichtete, Verhaltensweisen (z.B. Boykott, Besetzung). Zu sozialen Problemen sind politisches Interesse und politische Partizipationsbereitschaft durch die Diskussion zur Politikverdrossenheit, vor allem der jüngeren Generation, geworden (vgl. Hoffmann-Lange 1993, 2000). Die politische Partizipationsbereitschaft wird durch einen Mangel an politischem Interesse reduziert, was sich u.a. in einer geringeren Wahlbeteiligung niederschlägt (Lazarsfeld et al. 1948).

Im Hinblick auf den Zusammenhang zwischen Bildungsexpansion und politischem Interesse werden „kognitive Mobilisierung" und „Heterogenisierung" als soziale Mechanismen thematisiert, die – wie noch zu zeigen ist – entgegengesetzt wirken. Während die „kognitive Mobilisierung" als erwartete und erwünschte Folge der Bildungsexpansion gilt, hat die ebenso im Zuge der Bildungsexpansion erwartete „Heterogenisierung" neben dem (leichten) Rückgang von Bildungsungleichheiten auch unerwünschte Wirkungen in Gestalt sinkender Standards (Baumert 1991).

Die *kognitive Mobilisierung* erscheint als unmittelbare und zentrale Folge der Bildungsexpansion und ist „auf kollektiver Ebene ein Element langfristigen gesellschaftlichen Wandels" (Baumert 1991: 347; Baumert et al. 2003). Eine höhere Bildung bedeutet höhere individuelle Fähigkeiten der Informationsverarbeitung oder im Umgang mit Problemstellungen bzw. stärkere Handlungskompetenzen und damit „verbesserte Teilhabe- und Gestaltungsmöglichkeiten in vielen Bereichen des privaten und öffentlichen Lebens" (Baumert 1991: 347). In Bezug auf Politik heißt kognitive Mobilisierung eine Erweiterung der Fähigkeiten, mit Politik umzugehen, d.h. politischer Kompetenz an sich (Inglehart 1989; Dalton 1984). Höher gebildete Individuen – die in der Regel über einen gleichermaßen höheren sozialen und ökonomischen Status verfügen – sind mit besseren kognitiven Kompetenzen zur Wahrnehmung, Verarbeitung und Reflexion von Informationen aus der politischen Sphäre ausgestattet und haben daher einen „einfacheren Zugang zur Politik" (Krimmel 2000: 628) und zeigen auch eine besondere Hinwendung zu postmaterialistischen Werten der Partizipation (Inglehart 1989, 1998). Sie sind mit einem höheren politischen Wissen ausgestattet (Jennings 1996). Höhere Bildung bedeutet insbesondere die Wahrnehmung einer höheren Political Efficacy[1] (Vetter 2000; Becker 2004), d.h. eine stärkere Kontroll- bzw. Wirksamkeitsüberzeugung bezüglich politischen Han-

1 Political Efficacy, „the feeling that individual political action does have, or can have, an impact upon the political process" (Campbell et al. 1954: 187), hat zwei Dimensionen: "Internal political efficacy" verweist auf die Wahrnehmung, dass Instrumente zur politischen Teilhabe individuell zur Verfügung stehen, „external political efficacy" auf die Wahrnehmung, dass Autoritäten und Regimes auf Einflussversuche über politische Partizipation auch reagieren (vgl. Vetter 2000).

delns: Höher gebildete Individuen nehmen sich als kompetenter wahr, sich mit politischen Prozessen auseinander zu setzen und an diesen mitzuwirken. Diese höhere Kompetenzwahrnehmung kommt aus der rationalen Perspektive einer höheren Erfolgswahrscheinlichkeit gleich (vgl. Becker 2004), durch politische Partizipation Wirkung zu erzielen und politisch denken und handeln zu können. Zudem folgen aus einer höheren Bildung geringere Kosten politischen Interesses bzw. politischer Partizipation, denn durch die höheren Informationsverarbeitungsfähigkeiten minimieren sich die Kosten zur Informationsbeschaffung und Auseinandersetzung mit politischen Themen.[2]

Die Bildungsexpansion hatte nicht nur eine ‚kognitive Mobilisierung' als Folge, sondern auch den (eher unerwünschten) Effekt der Senkung der Standards. Die Öffnung der Aufstiegsschulzweige bzw. der höheren Bildungseinrichtungen für vormals exkludierte Schichten (z.B. Landwirte, Arbeiter) führte nach empirischen Befunden zu einer heterogeneren Zusammensetzung der Schülerschaft in höheren Schulformen – erkennbar an einem tendenziell sinkenden Zusammenhang zwischen Herkunftsschicht und Bildungsstand (Becker 2003). Schelsky (1956) war sich bei seiner Forderung nach erweiterten Bildungsmöglichkeiten bereits sehr früh bewusst, dass die *Heterogenisierung* der Gruppe der höher Gebildeten unausweichlich mit einem sinkenden Niveau bzw. geringeren Potenzialen in dieser Gruppe verbunden sein würde. Dieses Szenario vertritt auch Baumert (1991; vgl. auch Becker et al. in diesem Band), der darauf hinweist, dass die Gruppe der höher Gebildeten hinsichtlich ihrer Fähigkeiten, Kompetenzen, Orientierungen und Verhaltensmuster eine zunehmend weniger distinkte Position gegenüber den geringer Gebildeten einnimmt. Durch die Heterogenisierung der höheren Bildungsschicht werden Effekte der Bildungsexpansion wie die kognitive Mobilisierung abgeschwächt, was eine geringere Niveauverschiebung in der Gesamtbevölkerung zur Folge hat (vgl. Müller 1998). Empirisch sollte somit eine leichte Tendenz zu erkennen sein, dass sich die höhere Bildungsschicht in ihrem politischen Interesse eher in Richtung des Niveaus der niedrigen Bildungsschicht verändert. In die höhere Bildungsschicht dringen nicht mehr nur Individuen aus Herkunftsfamilien mit höherer Bildung, einem hohen Sozialstatus – und in der Regel auch einer höheren Kompetenzwahrnehmung bezüglich politischer Reflexion und politischen Handelns – und damit einem ausgeprägten politischen Interesse vor. Zugang zu höherer Bildung

2 Diese Kostenersparnis wird auch dadurch gestützt, dass höher Gebildete stärker in Kommunikationsnetzwerke eingebunden sind, in denen politische Gegenstände thematisiert werden (Klingemann und Lass 1995; van Deth 1997). Bildungshomogenen Netzwerken der Höhergebildeten kommt somit die Funktion eines Verstärkers des Interesses zur Auseinandersetzung mit Politik zu.

haben nunmehr auch Individuen aus anderen Herkunftsschichten, die eher als politikfern zu charakterisieren sind.

Bezüglich der Auswirkungen der Bildungsexpansion auf das politische Interesse und die politische Partizipation ist somit festzuhalten, dass die Bildungsexpansion zu einer „political sophistication of Western mass publics“ (Dalton 1984: 265) geführt hat, im Zuge derer die „internal political efficacy“ gestiegen ist und die Kosten, sich mit Politik zu beschäftigen und zu partizipieren, gesunken sind. Mit der Bildungsexpansion – der steigenden Beteiligung an höherer Bildung und damit der Vergrößerung des Bevölkerungsanteils mit höherer Bildung – ist gemäß dieser Argumentation eine Zunahme an politischem Interesse und politischer Partizipation zu erwarten.[3] Dieser Prozess wird gebremst – aber nicht umgekehrt – durch die zunehmende Heterogenisierung der höheren Bildungsschicht, die sich in ihrem politischen Interesse und ihrem Partizipationsverhalten tendenziell weniger von der niedrigeren Bildungsschicht abhebt.

3. Entwicklung des politischen Interesses im Zuge der Bildungsexpansion

Eine erste Analyse fokussiert zunächst die Entwicklung des politischen Interesses, da nur in Bezug auf diese Variable kontinuierlich erhobene Längsschnittdaten vorliegen. Dabei finden Bildungs- sowie Alters-, Perioden- und Kohorteneffekte simultane Berücksichtigung.

3.1 Hypothesen

Die Analysegrundlage bilden vier Hypothesen, die aus den theoretischen Diskursen zur Bildungsexpansion und zur politischen Sozialisation abgeleitet sind. Im Hinblick auf den Bildungseffekt ergibt sich nach der Argumentation der kognitiven Mobilisierung im vorangegangenen Abschnitt zunächst folgende Hypothese über einen Zusammenhang zwischen Bildung und politischem Interesse, die auf der individuellen Ebene geprüft werden soll, um – entsprechend der „Logik der Aggregation“ – zu Aussagen über die Makroebene zu kommen.

Hypothese 1: Mit zunehmender Bildung steigt das politische Interesse.

Annahmen über zeitliche Entwicklungen sind äußerst sorgsam vorzunehmen, da sich verschiedene zeitliche Effekte überlagern können. So findet Kaase (1989)

3 Im Hinblick auf die Unterscheidung in konventionelle und unkonventionelle Partizipationsformen ist im Zuge der Bildungsexpansion (Höherbildung) – und des im folgenden Kapitel thematisierten Wertewandels – von einer Zunahme unkonventionellen politischen Verhaltens und von einer Abwendung der Individuen von konventionellen politischen Institutionen wie Parteien (Dalton 1984; Inglehart 1989) auszugehen. Dies soll aber aus Gründen der Komplexitätsreduktion der Untersuchung im Folgenden nicht weiter thematisiert werden.

im Gegensatz zur These der Höherbildung jüngerer Altersgruppen im Zuge der Bildungsexpansion keine Hinweise darauf, dass die jüngste Altersgruppe durchweg ein höheres politisches Interesse aufweist, sondern sich die altersgruppenspezifischen Entwicklungslinien stattdessen als sehr diffizil darstellen: Das nach der Zeit der 1968er Studentenbewegung in den 1970er Jahren sehr hohe politische Interesse der damals Jüngeren, sank in den 1980ern wieder leicht ab und verharrte auf ähnlichem Niveau wie das politische Interesse der Erwachsenen, um dann in den 1990er Jahren weiter abzusinken. In Anbetracht des wesentlich höheren Bildungsniveaus der Jüngeren wäre jedoch ein genau gegensätzlich verlaufender Trend zu erwarten gewesen. Dies bedarf einer genaueren Betrachtung, wobei der Wandel des politischen Interesses als Kompositionseffekt, d.h. als Zusammenspiel sich gegenseitig überlagernder Effekte der Kohortensozialisation, des Alterns sowie der (Zeit-) Periode, aufgefasst (vgl. Bürklin et al. 1994; Becker 2002) und im Rahmen des A-P-K-Analyseansatzes unter simultaner Berücksichtigung von Alters-, Perioden- und Kohorteneffekten untersucht wird.

Gemäß der Ausführungen zum Zusammenhang zwischen Bildung und politischem Interesse ist ein Kohorteneffekt anzunehmen, in dem die „kognitive Mobilisierung“ (Baumert et al. 2003) zum Ausdruck kommt. Ältere Kohorten hätten entsprechend dieser Annahme ein geringeres politisches Interesse als jüngere Kohorten. Zur abstrahierenden Beschreibung der verschiedenen Geburtskohorten bzw. politischen Generationen werden fünf Kohorten zusammengefasst (Tabelle 1).

Tabelle 1: Kohortencharakteristika

Geburtskohorte	Politische Sozialisation	Ereignisse
1919-1928	ca. 1934-1943	Nationalsozialismus (Drittes Reich), Krieg
1929-1938	ca. 1944-1953	Zusammenbruch, Kriegsende, Nachkrieg (Not)
1939-1948	ca. 1954-1963	Wiederaufbau, Wirtschaftswunder, Vollbeschäftigung, Beginn des Kalten Krieges
1949-1958	ca. 1964-1973	Wohlstandsphase, Studentenbewegung, Bildungsreform (Bildungsexpansionsschub)
1959-1968	ca. 1974-1983	beginnende wirtschaftliche Krisen, zunehmende Arbeitslosigkeit, Bildungsexpansion

Entsprechend des Verlaufs der Bildungsexpansion müsste ein wesentlicher Anstieg der Bildung und des politischen Interesses erstmals für die Kohorte der

1949 bis 1958 Geborenen zu konstatieren sein (vgl. Meulemann 1987), die 1959-1968er Geburtsjahrgänge sollten dann die höchsten Werte im politischen Interesse aufweisen. Die Heterogenisierung der höheren Bildungsschichten sollte den Bildungs- und den Kohorteneffekt in seiner Stärke bzw. seiner statistischen Signifikanz abschwächen.

Ein Kohorteneffekt ist aber nicht nur vor dem Hintergrund der spezifischen Bildung zu postulieren, sondern entsprechend des Konzepts der politischen Generationen (Mannheim 1928; Metje 1994) auch im Hinblick auf gesellschaftliche Ereignisse, die im Zuge der politischen Sozialisation im Jugendalter der einzelnen Kohorten von besonderer Bedeutung waren.[4] Im Lichte dieser Argumentation zeichnet sich ein ähnliches Bild, wie aus der Perspektive der „kognitiven Mobilisierung". Sowohl im Hinblick auf die „external political efficacy" als auch im Hinblick auf die politischen Leitmotive – zu denen insbesondere partizipationsorientierte Postmaterialismus-Werthaltungen zu zählen sind (Inglehart 1989) – dürften die jüngeren Generationen ein höheres politisches Interesse aufweisen, als die Älteren. Die beiden ältesten Kohorten – die zwischen 1919 und 1938 Geborenen – erlebten in ihrer politischen Prägephase antidemokratische bzw. erst im Aufbau befindliche demokratische Strukturen und machten Erfahrungen materieller Not. Für diese – stärker materialistisch geprägten – Kohorten ist damit ein geringeres politisches Interesse anzunehmen als für die Nachkriegsgenerationen. Die Wirtschaftswundergeneration der 1939 bis 1948 Geborenen erlebte demgegenüber ihre politische Sozialisation in gefestigten demokratischen Verhältnissen. Für die 1949 bis 1958 Geborenen ist wegen der politischen Ereignisse zu Beginn der Studentenbewegung und die stärkere Hinwendung zu postmaterialistischen Werthaltungen ein erhöhtes politisches Interesse zu erwarten. Aus Sicht der These der politischen Generationen müsste die jüngste Kohorte (Geburtsjahre 1959-1968) das größte Ausmaß an politischem Interesse zeigen, denn hinsichtlich des kulturellen Umbruchs nach den Ereignissen im Jahre 1968, wirtschaftlicher Rezessionen (Ölpreis-Schock, Anstieg der Arbeitslosigkeit) und politischer Umbrüche (vgl. Brückner und Mayer 1995) hat in der Prägephase dieser Generation eine besondere politische Sensibilisierung stattgefunden.

4 So zeigen empirische Befunde von Jennings (1996), dass die politische Sozialisation ihre Kernphase im Jugendalter hat. Während im Rahmen einer Panel-Studie zwischen dem 18. und dem 26. Lebensjahr noch große Veränderungen hinsichtlich politischer Einstellungen, Parteiidentifikation und politischen Wissens zu konstatieren waren, erwiesen sich diese Objekte politischer Sozialisation zwischen dem 26. und dem 35. Lebensjahr als stabiler. Die ebenfalls untersuchte Elterngeneration war generell durch eine höhere Stabilität gekennzeichnet.

Bei Interpretation der Kohorten im Hinblick auf das Bildungsniveau ergeben sich aus den beiden Argumentationen zur kognitiven Mobilisierung und zur Heterogenisierung der höheren Bildungsgruppe folgende Hypothesen:

Hypothese 2a: Jüngere Kohorten haben infolge ihrer höheren Bildungsbeteiligung ein stärkeres politisches Interesse.

Hypothese 2b: Der Unterschied im politischen Interesse zwischen niedrigerer und höherer Bildungsgruppe nimmt in der Kohortenabfolge im Zuge der Bildungsexpansion ab.

Empirische Befunde weisen darauf hin, dass *Periodeneffekte* eine wichtige Rolle für den Wandel des politischen Interesses spielen. Der Wandel des Ausmaßes an politischem Interesse wird von gesellschaftlichen Ereignissen, zu denen auch aktuelle politische Entwicklungen gehören, beeinflusst, die alle Geburtskohorten – wenn auch nicht zwingend im gleichen Ausmaß – betreffen (vgl. Hoffmann-Lange 2000). Solche Periodeneffekte zeigen sich u.a. im Umfeld von Wahlen oder in Zeiten ausgeprägter gesellschaftlicher Problemlagen (z.B. Arbeitslosigkeit). Besonders bei gesellschaftlichen Problemlagen von hoher Salienz für den Einzelnen ist mit einem verstärkten politischen Interesse zu rechnen. Entsprechend sieht Klages (1984) politisches Interesse als Ausdruck der Unzufriedenheit mit dem Regierungs- bzw. Politikerhandeln. Mit einer zunehmenden Problemwahrnehmung – etwa bezüglich der Arbeitslosigkeit – sinkt das „unpolitische Staatsvertrauen“ und damit wächst das politische Interesse.

Wird der Untersuchungszeitraum zwischen 1980 und 2002 betrachtet, finden sich mehrere politische bzw. politisch relevante Ereignisse – z.B. 1988/90 (hohe Arbeitslosigkeit, Vereinigung beider deutscher Staaten) oder 1998 (hohe Arbeitslosigkeit, „burn out“ der sechzehnjährigen CDU/CSU-Regierung) – die ein vorübergehendes Ansteigen des politischen Interesses plausibel erscheinen lassen. Es kann aber kein eindeutiger (linearer) Trend angenommen werden.

Hypothese 3: Bildungs- und Kohorteneffekte werden von Periodeneffekten – die auf gesellschaftlichen Ereignissen und sozialstrukturellen Veränderungen basieren – überlagert.

Die Kohorten- und Periodeneffekte stehen nicht allein, sondern werden überlagert von einem *Alterseffekt*, da sich politische Orientierungen im Zuge des längeren Prozesses der politischen Sozialisation erst entwickeln (Hoffmann-Lange 1993) und auch das Eintreten in neue Lebensabschnitte in der Regel Konsequenzen für indviduelle politische Orientierungen hat. Da die hauptsächliche politische Prägephase bereits um das 20. Lebensjahr endet (Bürklin et al. 1994), ist nicht von einem linearen Anstieg des politischen Interesses über das ganze Leben hinweg auszugehen. Es ist daher nur ein äußerst geringer Alterseffekt anzunehmen; auch vor dem Hintergrund, dass diese Analyse nur Individuen ab dem 21. Lebensjahr umfasst. Der Alterseffekt wird im Folgenden abstrahierend als linear unterstellt, da ebenso nicht eindeutig anzunehmen ist, dass das politische Interesse nach Abschluss der primären politischen Sozialisation kurvilinear verläuft. Die entsprechende Hypothese lautet:

Hypothese 4: Mit der Zunahme des Alters steigt das politische Interesse tendenziell an.

3.2 Stichprobe und Variablen

Datenbasis der folgenden Analysen zum politischen Interesse bildet ein kumulierter Datensatz der „Allgemeinen Bevölkerungsumfrage der Sozialwissenschaften" (ALLBUS). Dieser aus bevölkerungsrepräsentativen Querschnittserhebungen (13 Messzeitpunkte zwischen 1980 und 2002) generierte Längsschnittdatensatz erlaubt die Bildung synthetischer Kohorten und verfügt über Fallzahlen, die eine detaillierte Analyse der Haupteffekte (Bildung, Status, Kohorte, Periode, Alter) sowie von Interaktionseffekten (z.B. Bildung • Kohorte) ermöglichen. Um die Kohorten hinsichtlich ihrer Sozialisation bzw. Bildung einheitlich interpretieren zu können, wurden in die Stichprobe zur Analyse des Wandels des politischen Interesses nur Westdeutsche ab 21 Jahren der Geburtsjahre zwischen 1919 bis 1968 aufgenommen. Ostdeutsche oder Ausländer unterscheiden sich in ihren Erfahrungen der politischen Sozialisation signifikant von den Westdeutschen, außerdem liegen für die Ostdeutschen erst ab 1991 Daten vor. Die untere Altersgrenze von 21 Jahren ist notwendig, um eventuelle Effekte durch spät erworbene (primäre oder sekundäre) Bildungszertifikate zu minimieren. Die so gewonnene Bevölkerungs-Stichprobe enthält 29.989 Fälle.

Das politische Interesse wurde über die Frage erhoben, inwieweit sich der oder die Befragte für Politik interessiert. Dabei hatten sich die Befragten auf einer fünf-stufigen Skala zwischen den Extrem-Dimensionen „sehr stark" und „überhaupt nicht" einzuordnen. Dieses Instrument entspricht der seit den 1950ern gängigen Messung subjektiven politischen Interesses „by asking people directly how interested they are in politics" (Gabriel und van Deth 1995: 395). Für das binär-logistische Modell wurde die Variable dichotomisiert. Die Ausprägung 0 bezieht sich auf alle Befragten, die sich gar nicht, weniger oder in mittleren Ausmaßen für Politik interessieren, während der Wert 1 auf ein starkes bis sehr starkes politisches Interesse verweist. Der Bildungsstand, erfragt als das höchste erworbene Bildungszertifikat, wurde in eine dichotome Variable mit zwei Ausprägungen überführt: niedrige Bildung (ohne Abschluss, Hauptschulabschluss, Mittlere Reife) und höhere Bildung (Abitur, Fachabitur).

Zur Abbildung von Kohorten wurden aus dem Geburtsjahr mehrere Variablen generiert: Zunächst wurden zur vereinfachten Darstellung der Wandlungsprozesse fünf Kohorten gebildet, die jeweils zehn Altersjahrgänge umfassen (vgl. Tab. 1). Dann wurde das Geburtsjahr selbst als mittelwertszentrierte metrische Kohortenvariable in die multivariaten Analysemodelle eingeführt, d.h. von jedem einzelnen Geburtsjahr wurde der Stichproben-Mittelwert der Variable Geburtsjahr abgezogen. In einem letzten Schritt wird – zur Minimierung der Probleme der Konfundierung und Multikollinearität bei gleichzeitiger Analyse von Alters-, Perioden- und Kohorteneffekten – die metrische zeitliche Kohortenvariable durch die inhaltliche Variable „Heterogenität" ersetzt. Diese Variable bietet sich als Kohortenersatz an, weil sie den sozialen Prozess der Bildungsexpansion – für den die Kohorte bzw. das Geburtsjahr als Proxy steht – abbildet (vgl. Becker 2002, 2003), ohne direkt den Bildungsstand, der in die einzelnen Modelle ebenfalls integriert wird, zu thematisieren. Zur Bildung der Variable „Heterogenität" wurde für jedes Geburtsjahr das Assoziationsmaß für die Beziehung zwischen sozialer Herkunft (EGP-Klassifikation für Vater; vgl. Erikson und Goldthorpe 1992) und Bildungsstand errechnet.[5] Jedes einzelne Geburtsjahr wurde dann durch das geburtsjahrspezifische Heterogenitätsmaß ersetzt. In die A-P-K-Analysen fließen darüber hinaus die metrischen (Kontroll-)Variablen Alter (in Jahren) sowie die mittelwertszentrierte Periode (Erhebungsjahr) ein.

3.3 Bildung und politisches Interesse im Zeitverlauf

Zunächst soll eine visuelle Inspektion der deskriptiven zeitlichen Veränderungen des politischen Interesses und des Zusammenhangs zwischen Bildung und politischem Interesse Hinweise auf mögliche Effekte liefern.

Insgesamt sind für die Untersuchungspopulation – in Übereinstimmung mit Hypothese 3 – zwei Höhepunkte des Ausmaßes an politischem Interesse zu konstatieren: die Jahre 1990 und 2002. Zunächst sinkt das politische Interesse ab dem ersten Messzeitpunkt im Jahr 1980 leicht, um dann bis 1990 kontinuierlich anzusteigen. Bis 1992 verbleibt das politische Interesse auf hohem Niveau und sinkt danach wieder ab. Erst im Zeitraum zwischen 1998 und 2002 ist wieder ein kontinuierlicher Aufwärtstrend spürbar. Dieser Wandel des politischen Interesses scheint auf den ersten Blick mit spezifischen Ereignissen zu korrespondieren. 1988 spitzte sich die Situation auf dem Arbeitsmarkt zu, 1990 fand die Vereinigung mit der ehemaligen DDR statt. Ende der 1990er Jahre kam es dann zu einer politischen Zäsur: Das „burn out" im Hinblick auf die Regierung Kohl, die sozialstrukturellen Veränderungen in der bundesdeutschen Bevölkerung – deren vielfältig gewordenen Ansprüche zunehmend weniger befriedigt werden konnten (vgl. Emmert et al. 2001) – führten zu starker Unzufriedenheit und Wechselstimmung. Der Regierung Kohl wurde 1998 der bei der vorange-

5 Die Heranziehung der väterlichen Schicht ist nur suboptimal, da vor allem in den jüngeren Kohorten die Mütter zunehmend an Bedeutung für die Schichteinstufung der Familie gewinnen. Dennoch sollte die Verzerrung durch diese Vorgehensweise gering sein.

gangenen Wahl noch gewährte „Vertrauenskredit" entzogen. Die Unzufriedenheit, die zu diesem Schritt geführt hat, lässt nach Klages (1984) eine Zunahme des politischen Interesses erwarten. Nach dem Regierungswechsel wurde eine Neuausrichtung der Inhalte der Politik durch die rot-grüne Regierung unter Schröder vollzogen. Zudem wurden Veränderungen in Arbeits- und Sozialpolitik, die direkt in das Leben der bundesdeutschen Bevölkerung eingreifen, geplant und realisiert. Daher ist ein höheres politisches Interesse im Zusammenhang mit diesen Periodenereignissen durchaus plausibel.

Ein Blick auf einzelne Geburtskohorten bzw. Generationen zeigt, inwieweit die beschriebenen Periodeneffekte durch Kohorten- bzw. Alterseffekte überlagert werden (vgl. Abb. 1).

Abbildung 1: Politisches Interesse im kohortenspezifischen zeitlichen Wandel, 1980-2002

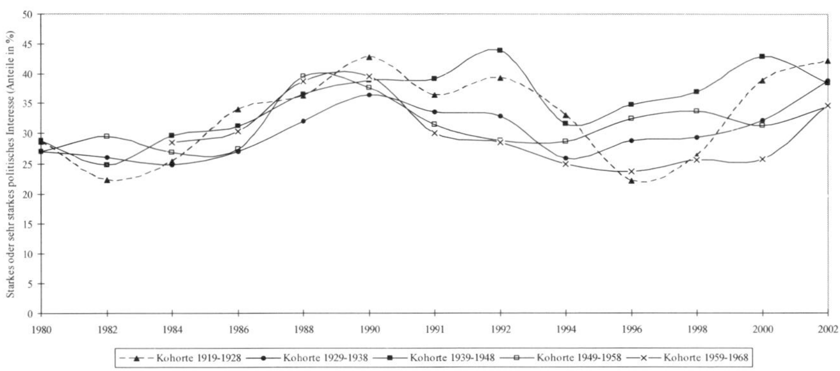

Quelle: ALLBUS 1980-2002

Es ist zunächst zu erkennen, dass der Wandel des Ausmaßes an politischem Interesse von Anfang der 1980er Jahre bis 1990 in allen Kohorten relativ ähnlich verläuft. Der Anstieg des politischen Interesses in diesem Zeitraum über alle Kohorten weist zunächst auf einen Periodeneffekt (Hypothese 3) oder einen Alterseffekt (Hypothese 4) hin. Für die Zeit nach 1990 zeigen sich jedoch große Unterschiede im Ausmaß des politischen Interesses, auch wenn sich Gemeinsamkeiten in den Entwicklungstendenzen erkennen lassen. Die Hypothese 2a über einen eindeutigen Kohorteneffekt lässt sich bei detaillierter visueller Inspektion zunächst nicht stützen: Die Nachkriegsgeneration der 1939 bis 1948 Geborenen hat durchweg das höchste politische Interesse. Auf etwas niedrigerem, aber immer noch hohem Niveau befindet sich die älteste Generation (1919-

1928), die allerdings zwischen 1996 und 1998 einen rasanten Einbruch des politischen Interesses aufweist, ab 2000 dann aber wieder Spitzenpositionen einnimmt. Letztere Entwicklung kann ihre Ursache in Selektionseffekten haben, denn höher gebildete und damit politisch stärker interessierte Menschen haben eine höhere Lebenserwartung (Becker 1998). Das – fast durchweg – geringste Ausmaß an politischem Interesse weist zwischen 1991 und 2002 die jüngste Generation auf. Dies ist ein Anhaltspunkt dafür, dass hier der höhere Bildungsstand offenbar nicht mit stärkerem politischen Interesse verbunden ist, wie dies auch Kaase (1989) bereits konstatierte.

Für den in Hypothese 2b postulierten Interaktionseffekt zwischen Bildungsstand und Kohortenzugehörigkeit, dass sich höhere und niedrigere Bildungsschicht tendenziell angenähert haben, finden sich in einer hier nicht dargestellten Visualisierung der bildungsgruppenspezifischen Mittelwerte (vgl. Hadjar und Becker 2006) bestätigende Hinweise: Gegenüber der Referenzgruppe der Niedriggebildeten sinkt das politische Interesse bei der höheren Bildungsgruppe tendenziell über die Kohortensukzession stärker ab.

Die visuelle Inspektion gibt erste Hinweise auf Bildungs-, Kohorten-, Alters- und Periodeneffekte. Ob die einzelnen Effekte genuin oder auf einen oder mehrere andere Effekte zurückzuführen und wie stark diese Effekte sind, kann nur in multivariaten A-P-K-Analysen geklärt werden (Bürklin et al. 1994: 595).

3.4 Bildung, Kohorten, Perioden, Alter und politisches Interesse: Multivariate Analysen

Eine mehrdimensionale Längsschnittbetrachtung ist bei der Analyse sozialen Wandels unerlässlich, weil bei Betrachtung von nur einer Zeitebene, Effekte anderer Zeitebenen verborgen bleiben und Fehlspezifikationen mit verzerrten Ergebnissen auftreten können. Im Zentrum der multivariaten Analysen (Tab. 2) stehen daher binär-logistische Modelle, in die entsprechend des A-P-K-Ansatzes schrittweise Haupteffekte und Interaktionseffekte eingeführt wurden.[6]

Dem Problem der Konfundierung wurde in den folgenden Analysen entgegengewirkt, indem eine der zeitlichen Komponenten durch eine inhaltliche Variable, die mit der entsprechenden Zeit-Variable korrespondiert, ersetzt wurde (Bsp. Ersatz des Alters durch die Stellung im Lebenszyklus; vgl. Klein 1995).

6 Die A-P-K-Analyse modelliert Effekte der Stellung im Lebenszyklus (Alter), der aktuellen Zeitperiode (Periode) und der Sozialisationserfahrungen bzw. Bedingungen des Aufwachsens der Individuen (Kohorte/Generation) auf persönliche Merkmale wie Werthaltungen, Einstellungen oder Verhaltensweisen, wobei die simultane Modellierung aller drei Effekte mittels zeitlicher Variablen aufgrund des Problems der Konfundierung nicht möglich ist, da die Periode die Summe aus dem Geburtsjahr und dem Alter (Periode = Kohorte + Alter) ist und somit perfekte Multikollinearität bestehen würde (vgl. Klein et al. 1995; Becker 2002).

Tabelle 2: Binär-logistische Modelle zur Erklärung des politischen Interesses

Politisches Interesse *odds ratios*		Modell I	Modell II	Modell III
Höhere Bildung *Ref.: Niedrige Bildung*		4.162***	4.257***	4.149***
Kohorte	1929-1938	.883**		
Ref.: 1919-1928	1939-1948	1.015		
	1949-1958	.743***		
	1959-1968	.619***		
Kohorte (Geburtsjahr)			.990***	
Interaktionseffekt Hohe Bildung • Kohorte *Ref.: niedrige Bildung • Kohorte*			.991***	
Heterogenität der sozialen Herkunft der Bildungsgruppen (Kohorte)				3.196**
Interaktionseffekt Hohe Bildung • Heterogenität (Kohorte) *Ref.: niedrige Bildung • Heterogenität (Koh.)*				.224*
Periode (Erhebungsjahr)			1.012***	.999
Alter				1.014***
Konstante		.397***	.332***	.096***
N		24.989	24.989	24.989
Nagelkerkes R^2		0.103	0.102	0.102

*** p < .001, ** p < .01, * p < .05, † p < .10

Datengrundlage: ALLBUS 1980-2002

Der Wandel des politischen Interesses wurde daher in Modell III unter Austausch der metrischen Kohortenvariable analysiert, d.h. statt des Geburtsjahrs wurde die Variable „Heterogenität" – der geburtsjahrspezifische inverse Assoziationskoeffizient Cramér's V für den Zusammenhang zwischen sozialer Herkunft und Bildungsstand – in das Modell integriert.[7] Eine weitere Maßnahme zur Senkung der Multikollinearität zwischen den Variablen im Rahmen der folgenden Analysen stellt die Verwendung mittelwertszentrierter metrischer Variablen für die Interaktionsterme dar (vgl. Jaccard 2001).

In einem ersten Schritt (Modell I) wurden die Dummy-Variable „hohe Bildung" und vier Kohorten-Dummy-Variablen (Referenzkategorie: Kohorte der

7 Während Cramér's V-Werte um 1 eine starke Homogenität – d.h. einen starken Zusammenhang zwischen Herkunft und Bildungsstand – ausdrücken, ist das „inverse Cramér's V" (1 – Cramér's V) als Maß der Heterogenität zu interpretieren. Je höher dieser Koeffizient ist, desto heterogener ist die Zusammensetzung der Schülerschaft hinsichtlich der Herkunftsschichten.

1919-1929 Geborenen) in Bezug zur dichotomen abhängigen Variable „politisches Interesse" gesetzt. Dabei zeigt sich ein stabiler Bildungseffekt entsprechend der Hypothese 1. Höher Gebildete haben eine um mehr als den Faktor 4 erhöhte relative Wahrscheinlichkeit, an Politik interessiert zu sein, als die Referenzgruppe der gering Gebildeten (ohne Abschluss, Hauptschulabschluss). Die Kohorteneffekte erweisen sich als diffizil und lassen keinen linearen Trend vermuten. Die jüngste Kohorte – die zwischen 1959 und 1968 Geborenen – hat in (vorläufigem) Widerspruch zu Hypothese 2a das geringste Ausmaß an politischem Interesse. Hohe Ausprägungen finden sich hingegen bei der ältesten Kohorte, die während des Zweiten Weltkriegs politisch sozialisiert wurde und der Wirtschaftswundergeneration (Geburtsjahrgänge 1939-48). Beide Kohorten bzw. politischen Generationen unterscheiden sich in ihrem politischen Interesse nicht signifikant voneinander. Die Gruppe derer, die Ende der 1960er Jahre ihre politische Hauptprägephase durchliefen, zeigt im Untersuchungszeitraum zwischen 1980 und 2002 insgesamt ebenfalls ein vergleichsweise geringeres politisches Interesse und liegt damit nur wenig über der jüngsten Kohorte.

In Modell II wurden die Kohorten-Dummy-Variablen durch eine metrische Kohortenvariable – das mittelwertszentrierte Geburtsjahr – ersetzt. Zudem wurde ein Interaktionseffekt aus Bildung und Geburtsjahr (Kohorte) eingeführt, der die Entwicklung des Verhältnisses zwischen dem politischen Interesse der höheren Bildungsgruppe und dem der niedrigeren Bildungsgruppe über die Kohortensukzession ausdrückt. Es zeigt sich über die Kohortenabfolge ein tendenziell leicht abnehmendes politisches Interesse, d.h. ein späteres und damit kürzer zurück liegendes Geburtsjahr ist mit einem geringeren politischen Interesse verbunden. Dieser Befund stützt zunächst die Hypothese 2a nicht. Der signifikante Interaktionseffekt „Höhere Bildung • Kohorte (Geburtsjahr)" weist – entsprechend Hypothese 2b – darauf hin, dass sich der Abstand im politischen Interesse zwischen der höheren und der niedrigeren Bildungsgruppe mit zunehmendem Geburtsjahr verringert hat. Dabei haben sich vor allem die höher Gebildeten in ihrem politischen Interesse auf die niedriger Gebildeten zubewegt, wie der odds ratio-Wert für den Interaktionsterm „Höhere Bildung • Kohorte" bezüglich der Referenzgruppe „niedrigere Bildung • Kohorte" von .991 zeigt. Die höhere Bildungsschicht ist somit in den späteren Geburtsjahrgängen weniger distinkt in ihrem politischen Interesse als sie das noch in den früheren Geburtsjahrgängen war, was mit der These der Heterogenisierung der höheren Bildungsschicht (Baumert 1991) konform ist.

Es ergibt sich nun die Frage, ob diese Kohorteneffekte tatsächlich Wirkungen der politischen Sozialisation sind und damit genuine Kohorteneffekte darstellen, oder aber eher durch Alters- oder Periodeneffekte zu erklären sind. In Modell III wurden daher die Effekte aller zeitlichen Einflussvariablen (Alter,

Kohorte, Periode) simultan eingeführt, wobei – zur Minimierung des Problems der Konfundierung bei A-P-K-Analysen – die metrische Kohortenvariable durch die „Heterogenität" (inverses Cramér`s V) ersetzt wurde. Wie bereits erörtert, ist über die Geburtsjahrgänge (Kohorte) eine Tendenz zu einer zunehmenden Heterogenisierung zu konstatieren, so dass die Variablen der metrische Geburtskohorte und der Heterogenität gleich gerichtet sind. Es zeigt sich zunächt, dass der Bildungseffekt auch in diesem Modell am bedeutsamsten für das Ausmaß an politischem Interesse ist. Das Alter erweist sich als signifikant; ein höheres Lebensalter ist entsprechend der Hypothese 4 mit einer leichten Zunahme des politischen Interesses verbunden. Der – in Hypothese 3 postulierte – Periodeneffekt ist nicht signifikant. Somit ist für den Zeitraum zwischen 1980 und 2002 keine durchgehende lineare Tendenz im Wandel des politischen Interesses zu konstatieren. In Anbetracht der visuellen Inspektion der Abbildung 1 ist jedoch davon auszugehen, dass der Periodeneffekt infolge seiner Nicht-Linearität in diesem Modell unterschätzt wird, denn es sind eindeutige Zunahmen des politischen Interesses in bestimmten Erhebungsjahren zu erkennen, die bei verschiedenen Kohorten gleichzeitig auftraten.[8] Der Effekt der Heterogenisierung (Ersatz der Geburtskohorte) ist stattdessen verhältnismäßig stark und eindeutig. Mit zunehmender Heterogenisierung – d.h. auch mit zunehmendem Geburtsjahr – steigt das politische Interesse an. Hier kommt die über die Kohorten zunehmende „Höherbildung" bzw. „kognitive Mobilisierung" der Bevölkerung zum Ausdruck, die trotz der mit der Bildungsexpansion einhergehenden Heterogenisierung der höheren Bildungsschichten stattgefunden hat. Hypothese 2a über einen Kohorteneffekt kann somit als gestützt gelten; der Effekt der Höherbildung bleibt gegenüber Tendenzen sinkender Standards dominierend. Der signifikante Interaktionseffekt „höhere Bildung • Heterogenität (Kohorte)" stützt die Hypothese 2b zur Heterogenisierung der Merkmale der höheren Bildungsschicht im Zuge der Öffnung der höheren Bildungseinrichtungen (Schelsky 1956; Baumert 1991) insofern, dass sich über die Kohortensukzession – und Heterogenisierung – die höhere Bildungsschicht und die niedrigere Bildungsschicht in ihrem politischen Interesse einander annähern. Das odds ratio von .224 ist so zu interpretieren, dass die höhere Bildungsschicht im Vergleich zur niedrigeren Bildungsschicht über die Kohorten an Distinktion im politischen Interesse verloren hat.

Die geringe in den einzelnen Modellen erklärte Varianz des politischen Interesses (ca. 10 %) weist darauf hin, dass weitere soziale Mechanismen (Variab-

8 Ein Kontrollmodell mit den Kohorten und der Periode (ohne den Alterseffekt) weist ein über die Erhebungsjahre tendenziell steigendes politisches Interesse aus, bei Einfügung des Alterseffekts (ohne Kohorten) dreht sich der Periodeneffekt um. Offenbar ist der Befund eines tendenziell steigenden politischen Interesses nur auf die sich verändernde Altersverteilung der Bevölkerung (Zunahme älterer Individuen) zurückzuführen.

len) zu spezifizieren sind, um den Wandel des politischen Interesses zu analysieren. Indikatoren für solche Mechanismen (wie Political Efficacy) sind jedoch nicht über einen solchen – relativ langen – Zeitraum hinweg erhoben worden.

4. Bildung, politisches Interesse und politische Partizipation

Die sozialen Mechanismen, die den Zusammenhang zwischen Bildung, politischem Interesse und politischer Partizipation generieren, sollen anhand eines Strukturgleichungsmodells aufgezeigt werden. Um den Rahmen dieses Kapitels nicht zu sprengen, wird die Darstellung der theoretischen Hintergründe und des Designs auf das Notwendige reduziert.

4.1 Hypothetisches Szenario

Grundlage des hypothetischen Modells ist ein Szenario, das die bereits angesprochenen Ansätze zur Erklärung politischer Partizipation mit dem Statuszuweisungsansatz (Mayer und Blossfeld 1990) verbindet. Entsprechend der Argumentation im letzten Abschnitt wird angenommen, dass eine höhere Bildung eine höhere politische Wirksamkeitswahrnehmung (Political Efficacy) zur Folge hat und auch mit einem stärkeren politischen Interesse und ausgeprägterem politischen Partizipationsverhalten einher geht (Becker 2004; Dalton 1984; Hoffmann-Lange 2000). Bildung ist nach dem Statuszuweisungsansatz (Mayer und Blossfeld 1990) nicht nur als Proxy für kognitive Fähigkeiten anzusehen, sondern manifestiert sich auch in einem höheren Berufsstatus und letztlich einem höheren sozialen Status und höherem Einkommen. Zudem gilt, dass die soziale Herkunft, d.h. der soziale Status der Eltern, wesentlich den erreichten Schulabschluss bestimmt. Daher soll die Bildungsvariable in das hypothetische Modell in Verbindung mit dem Berufsprestige und der sozialen Herkunft integriert werden. Die Bildung beeinflusst aus dieser Argumentation nicht nur direkt, sondern auch über das Berufsprestige als Proxy für sozialen Status die politische Wirksamkeitsüberzeugung, das politische Interesse und die politische Partizipation. Dies erscheint u.a. vor dem Hintergrund als plausibel, dass Individuen mit einem höheren Status insgesamt mehr Einflussmöglichkeiten – und daher eine höhere Political Efficacy – haben. Als weitere wichtige Erklärungsvariable wird Postmaterialismus in das Modell eingeführt. Dabei ist von einem positiven Effekt postmaterialistischer Werthaltungen auf die politische Wirksamkeitsüberzeugung (Vetter 2000), politisches Interesse und politische Partizipation (Inglehart 1998) auszugehen, denn postmaterialistische Werte beinhalten eine hohe Wertschätzung für freie Meinungsäußerung und politische Partizipation. Prädiktoren des Ausmaßes postmaterialistischer Werthaltungen sind Bildung und sozialer Status (vgl. Inglehart 1989, 1998): Individuen mit einem höheren Bildungsstand und/oder einem höherem Berufsprestige – bei denen im Sinne von Ingleharts Mangelhypothese materielle Bedürfnisse besser befriedigt sind – hängen Postmaterialismus stärker an.

4.2 Stichprobe und Variablen

Die Datenbasis bilden die ALLBUS-Erhebungen 1988 und 1998, die thematisch der politischen Partizipation gewidmet waren und dementsprechend die benötigten Variablen enthalten. Während Unterschiede zwischen den beiden Messzeitpunkten nicht verfolgt werden sollen, stehen kohortenspezifische Unterschiede im Kern des Interesses. Daher wurden beide Datensätze gepoolt (vgl. Sayers 1989), so dass ein Datensatz mit einer Größe von N = 3.290 die Analysegrundlage bildet. Darin enthalten sind wiederum nur Westdeutsche, ab 21 Jahren, die zwischen 1919 und 1968 geboren wurden.

In Tabelle 3 sind alle in das Strukturgleichungsmodell integrierten Variablen mit kohortenspezifischen deskriptiven Statistiken dargestellt. Als Bildungsvariable wird der dichotomisierte Bildungsabschluss herangezogen. Der soziale Status wird über das MPS-Berufsprestige operationalisiert (vgl. Wegener 1988), das zur Anpassung der Spannweite an die anderen Variablen durch den Wert 40 dividiert wurde. Am unteren Ende dieser Skala finden sich Hilfsarbeiter und Handlanger, das obere Extrem dieser Skala bilden Ärzte. Zur Abbildung der sozialen Herkunft dient das – wiederum durch 40 dividierte – Berufsprestige (MPS) des Vaters. Postmaterialistische Werthaltungen werden entsprechend der eindimensionalen und auf eine Rangfolge beschränkten Operationalisierung im ALLBUS als dichotome Variable eingeführt (Nicht-Postmaterialist vs. Postmaterialist). Der Wertetypus wurde entsprechend der Bewertung der Wichtigkeit folgender Politikbereiche (vgl. Inglehart 1989) durch den Befragten zugewiesen: „Wichtigkeit von Ruhe und Ordnung“, „Wichtigkeit von Inflationsbekämpfung“ (Materialismus), „Wichtigkeit von Bürgereinfluss“ und „Wichtigkeit von freier Meinungsäußerung“ (Postmaterialismus). Die politische Wirksamkeitswahrnehmung, Political Efficacy, wurde über vier Items erhoben, wobei zwei Items der Dimension der „internal political efficacy“ und zwei Items dem Aspekt der „external political efficacy“ zuzurechnen sind (Vetter 1997).[9] Die interne Konsistenz dieser Skala ist zufriedenstellend. Der mittelmäßige Wert des Cronbach's Alpha von $\alpha = .63$ für die Vier-Item-Skala geht auf das Zusammenfassen der beiden Dimensionen der politischen Wirksamkeitsüberzeugung zurück.

9 Internal Political Efficacy: „Ich traue mir zu, in einer Gruppe, die sich mit politischen Fragen befaßt, eine aktive Rolle zu übernehmen“, „Die ganze Politik ist so kompliziert, dass jemand wie ich gar nicht versteht, was vorgeht“ (-); external Political Efficacy: „Die Politiker kümmern sich nicht viel darum, was Leute wie ich denken“ (-), „Leute wie ich haben so oder so keinen Einfluß darauf, was die Regierung tut“ (-).

Tabelle 3: Deskriptive Statistiken

Kohorte Mittelwert (Standardabweichung)	1919- 1928	1929- 1938	1939- 1948	1949- 1958	1959- 1968
Bildung (0 … niedrige/1 … hohe Bildung)	0.13 (.34)	0.10 (.30)	0.17 (.38)	0.26 (.44)	0.34 (.47)
Berufsprestige (0.50 … niedriges/4.67 … hohes Prestige)	1.39 (.69)	1.39 (.67)	1.51 (.70)	1.60 (.76)	1.55 (.72)
Soziale Herkunft (Vater) (0.50 … niedriges/4.67 … hohes Prestige)	1.30 (.60)	1.25 (.58)	1.33 (.66)	1.37 (.71)	1.49 (.79)
Postmaterialismus (Werthaltungen) (0 … Nicht-Postmat., 1 … Postmaterialist)	0.15 (.36)	0.19 (.39)	0.29 (.45)	0.40 (.49)	0.45 (.50)
Political Efficacy (1 … niedrige, 4 … hohe Political Efficacy)	2.11 (.68)	2.19 (.72)	2.34 (.64)	2.36 (.64)	2.38 (.64)
Politisches Interesse (1 … niedriges/5 … hohes pol. Interesse)	2.92 (1.26)	2.96 (1.18)	2.67 (1.62)	3.12 (1.09)	3.02 (1.12)
Politische Partizipation (0 … geringe/11 … hohe pol. Partizipat.)	2.12 (1.38)	2.25 (1.47)	3.14 (1.10)	2.80 (1.77)	2.78 (1.77)

Datengrundlage: ALLBUS 1988, 1998

Die Variable politisches Interesse wurde über die gleiche Fragestellung erhoben, wie sie bereits im Zusammenhang mit der A-P-K-Analyse dargestellt wurde, geht aber in ihrer ganzen Komplexität als intervallskalierte Variable mit fünf Ausprägungen in die Analyse ein. Zur Abbildung der politischen Partizipation wurde ein Summenindex aus konventionellen und unkonventionellen Partizipationsformen gebildet (vgl. Lengfeld et al. 2000). Gefragt wurde, ob die jeweilige politische Aktivität schon einmal ausgeführt wurde. Zu den elf in diesen Index aufgenommenen Aktivitäten gehören die Beteiligungsformen „an Wahlen beteiligt“, „an öffentlicher Diskussion teilgenommen“, „in Bürgerinitiative mitgearbeitet“, „Parteimitarbeit“, „Kandidaten unterstützt“, „Teilnahme ungenehmigte Demo“, „Besetzungsaktion“, „Teilnahme genehmigte Demo“ und „an Unterschriftensammlung teilgenommen“.[10]

Zur Analyse der theoretischen Fragestellungen wurde ein Strukturgleichungsmodell (Abb. 2) zur Erklärung politischen Interesses und politischer Partizipation – auf Basis einer Korrelationsmatrix, nach der Maximum-

10 Wenngleich eine getrennte Betrachtung konventioneller und unkonventioneller Partizipation interessant wäre, werden beide Aspekte hier zur Komplexitätsreduktion zusammengefasst. Durch die Addition wird dem Prozess der Ablösung konventioneller durch unkonventionelle Partizipationsformen durchaus Rechnung getragen, da das Gesamtniveau politischer Aktivität betrachtet wird.

Likelihood-Methode und unter ausschließlicher Nutzung manifester Variablen – mittels AMOS geschätzt.[11] Wie die Goodness of Fit-Indices zeigen, entspricht das endgültige hypothetische Modell – das zusätzliche direkte Pfade zwischen Bildung, Berufsprestige und den politischen Variablen enthält – der Datenlage; alle Parameter ($\chi^2 = 26.376$, df = 18, p = .091, GFI =.999, AGFI = .991, RMR = .012, RMSEA = .008, SRMR = .010) liegen diesseits der Cutoff-Werte (vgl. Hu und Bentler 1999).

Zwischen sozialer Herkunft und Bildung, sowie zwischen Bildung und dem Berufsprestige besteht ein enger Konnex, wie im Statuszuweisungsansatz von Mayer und Blossfeld (1990) postuliert: Ein höherer Sozialstatus der Herkunftsfamilie geht mit höherer Bildung einher. Ein höherer Bildungsstand bedeutet mehr Humankapital, das in ein höheres Berufsprestige umgesetzt werden kann. Als ähnlich eng erweist sich der positive Zusammenhang zwischen sozialer Herkunft und Berufsprestige. Bildung hat einen substantiellen direkten Einfluss auf das Ausmaß an Political Efficacy, wirkt aber auch über das Berufsprestige vermittelt auf die Political Efficacy. Die Beziehungen zwischen der politischen Wirksamkeitsüberzeugung und politischem Interesse sowie zwischen politischem Interesse und politischer Partizipation sind ebenfalls hypothesenkonform: Je ausgeprägter die politische Wirksamkeitsüberzeugung eines Individuums ist, desto größer ist das politische Interesse und desto größer ist letztlich auch das Ausmaß der politischen Partizipation. Neben dem Mediationseffekt über politisches Interesse zeigt sich auch ein direkter Pfad zwischen Political Efficacy und politischer Partizipation. Political Efficacy, politisches Interesse und politische Partizipation werden auch durch postmaterialistische Werthaltungen gefördert, wobei Postmaterialismus vor allem bildungsabhängig ist. Zudem weisen die Schätzungen des Strukturgleichungsmodells auf einige geringer ausgeprägte positive Zusammenhänge hin, so zwischen Berufsprestige und politischen Interesse, Bildung und politischer Partizipation, sozialer Herkunft und Postmaterialismus, Berufsprestige und Postmaterialismus sowie Berufsprestige und politischer Partizipation. Die erklärten Varianzen bezüglich des politischen Interesses (25 Prozent) und der politischen Partizipation (28 Prozent) deuten auf weitere – im Modell unberücksichtige – Faktoren, zu denen vermutlich bestimmte Werthaltungen und Einstellungen gehören.

Eine kohortenspezifische Betrachtung (Tab. 4) der Modelle zeigt, dass die hier fokussierten Mechanismen über die Kohorten hinweg relativ stabil sind. Auffallend ist der in der jüngsten Kohorte besonders ausgeprägte Effekt der sozialen Herkunft auf das Berufsprestige, der als Hinweis darauf, dass die Aufwärtsmobilität in dieser späten Phase der Bildungsexpansion an ihre Grenzen

11 Es ist darauf zu verweisen, dass die Zusammenhänge nur im Querschnitt modelliert wurden und daher theoriegeleitete kausale Interpretationen unter Vorbehalt erfolgen.

stößt, interpretiert werden könnte. Im Hinblick auf den Lebenszyklus bietet sich aber auch die Lesart an, dass infolge des geringen Alters noch keine Mobilität innerhalb der beruflichen Laufbahn erreicht werden konnte, da die entsprechenden Individuen erst am Anfang ihrer Karriere stehen. Dieser Interpretation der Statuszuweisungsprozesse in der jüngsten Kohorte der 1959 bis 1968 Geborenen würde auch entsprechen, dass in dieser Kohorte der Konnex zwischen Bildung und Beruf minimal ist. Offenbar ist das Niveau bildungsadäquater Beschäftigung in dieser Kohorte – unter Umständen vorläufig – sehr gering. Hingegen sind bedingt durch den geringen Zusammenhang zwischen Bildung und Beruf in der jüngsten Kohorte die direkten Einflüsse der Bildung auf das politische Interesse und die Political Efficacy stärker.

Abbildung 2: Erklärungsmodell zur politischen Mobilisierung (SEM-Model), Kohorten 1919-1968

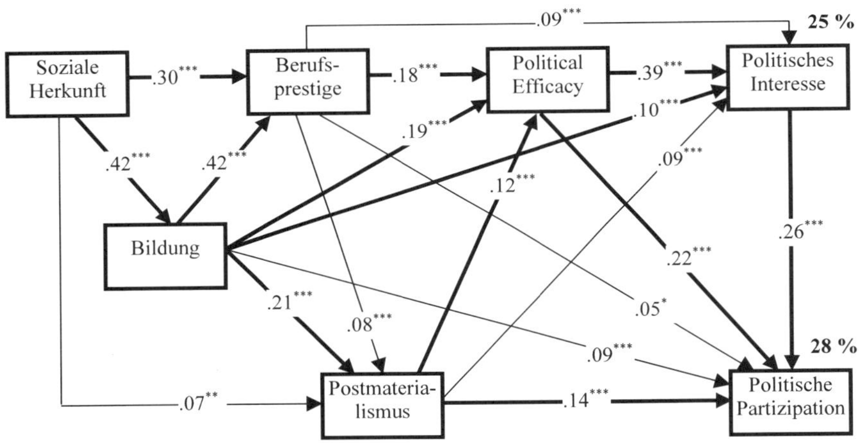

N = 2700, Goodness of Fit-Indices: $\chi^2 = 15.982$, df = 18, p = .594,
GFI = .999, AGFI = .992, RMR = .009, RMSEA = .000, SRMR = .004

*** p < .001, ** p < .01, * p < .05

Datengrundlage: ALLBUS 1988, 1998

Postmaterialismus gewinnt in der komplexen Modellierung erst in den jüngeren Kohorten an Einfluss. So kommen postmaterialistische Werthaltungen als Förderer politischen Interesses und politischer Partizipation erst bei den zwischen 1949 und 1968 Geborenen zum Tragen; ein positiver Zusammenhang zwischen Postmaterialismus und politischer Wirksamkeits- bzw. Kontrollüberzeugung

(Political Efficacy) ist bereits ab der Geburtskohorte 1939-1948 zu konstatieren. Der Bildungseinfluss auf postmaterialistische Werthaltungen nimmt über die Kohortenabfolge hinweg leicht zu.

Tabelle 4: Erklärungsmodelle zur politischen Mobilisierung

Kohorte Kohortenspezifische Pfadkoeffizienten	1919-1928	1929-1938	1939-1948	1949-1958	1959-1968
Fallzahl N	360	451	516	635	738
Soziale Herkunft → Bildung	.44***	.43***	.42***	.38***	.42***
Bildung → Berufsprestige	.53***	.46***	.50***	.51***	.25***
Soziale Herkunft → Berufsprestige	.24***	.23***	.22***	.25***	.45***
Soziale Herkunft → Postmaterialismus	n.s.	.16**	n.s.	n.s.	.11*
Bildung → Postmaterialismus	n.s.	.11*	.16*	.18***	.23***
Berufsprestige → Postmaterialismus	.16*	.17***	n.s.	.17***	n.s.
Berufsprestige → Political Efficacy	.24***	.15*	.23***	.21***	.14***
Bildung → Political Efficacy	n.s.	.20***	.13*	.12*	.30***
Postmaterialismus → Political Efficacy	n.s.	n.s.	n.s.	.19***	.12***
Political Efficacy → Politisches Interesse	.40***	.44***	.33***	.35***	.41***
Berufsprestige → Politisches Interesse	.21***	n.s.	.16*	n.s.	n.s.
Bildung → Politisches Interesse	n.s.	.12*	n.s.	.18***	.15***
Postmaterialismus → Politisches Interesse	n.s.	n.s.	n.s.	.17***	.13***
Politisches Interesse → Politische Partizipation	.28***	.31***	.23***	.21***	.35***
Bildung → Politische Partizipation	n.s.	n.s.	.11*	.13**	n.s.
Political Efficacy → Politische Partizipation	.26***	.23***	.19***	.24***	.20***
Berufsprestige → Politische Partizipation	n.s.	.12*	n.s.	.09*	n.s.
Postmaterialismus → Politische Partizipation	n.s.	n.s.	.18***	.12***	.12*

*** $p < .001$, ** $p < .01$, * $p < .05$

Datengrundlage: ALLBUS 1988, 1998

5. Fazit und Diskussion

Aus den Analysen zum politischen Interesse und zur politischen Partizipation können Antworten auf die Frage nach der Rolle der Bildungsexpansion abgeleitet werden. Offenbar hat durch die Höherbildung breiterer Bevölkerungsschichten eine kognitive Mobilisierung stattgefunden, die wesentlicher Motor einer politischen Mobilisierung war. Die individuellen Mechanismen, d.h. die individuellen Bestimmungsfaktoren politischen Interesses und politischer Partizipation – wie Bildungsstand und politische Wirksamkeitsüberzeugung (Political Efficacy) – haben sich als relativ stabil erwiesen. Mit den postmaterialistischen Werten hat vor allem in den jüngeren Kohorten ein weiterer – stark bildungsabhängiger – sozialer Mechanismus an Bedeutung gewonnen.

Das politische Interesse hat sich in allen einfachen und komplexen Analysen als in hohem Maße bildungsspezifisch gezeigt: Die höhere Bildungsschicht ist stärker an politischen Vorgängen und Zusammenhängen interessiert als die Gruppe derer, die nicht über Abiturbildung verfügen. Des Weiteren ist ein substantieller Kohorteneffekt zu konstatieren, der erst in der komplexen A-P-K-Analyse zur Geltung kommt. Während bei isolierter Betrachtung der Kohorteneffekte die Gegen-These, dass gerade die jüngeren Kohorten weniger politisch orientiert seien, gestützt zu werden schien, weisen die Befunde der vollständigen A-P-K-Analyse darauf hin, dass die jüngeren Kohorten politisch interessierter sind. Dieses Resultat basiert vor allem auf der Kontrolle des Alterseffekts: Die jüngeren Kohorten sind politisch interessierter als es die älteren Kohorten in diesem – jüngeren – Alter waren. Es finden sich auch Hinweise auf eine Heterogenisierung der höheren Bildungsschicht, denn die höhere Bildungsschicht nähert sich in ihrem politischen Interesse über die Kohortenabfolge tendenziell an die niedrigere Bildungsschicht an. Ein genuiner Periodeneffekt kann für den Zeitraum zwischen 1980 und 2002 im komplexen A-P-K-Modell nicht konstatiert werden, was vermutlich auf die Nichtlinearität des Periodeneffekts sowie die teilweise Erklärung der periodischen Schwankungen durch die sich verändernde Bevölkerungszusammensetzung (z.B. Altersverteilung, Kohortenverteilung) zurückzuführen ist.

In Anbetracht des Verlusts der Distinktion der höheren Bildungsschicht bezüglich des politischen Interesses (Heterogenisierung der höheren Bildungsschicht) stellt sich die Frage, ob dieser direkte Ausdruck der Bildungsexpansion nicht auch als „Entwertung" (Hoffmann-Lange 2000) der Bildungsabschlüsse gedeutet werden kann. Der Terminus der „Entwertung" ist zurückzuweisen, denn der genuine Bildungseffekt zeigt, wie immens wichtig über alle Zeitpunkte, Altersgruppen und Kohorten hinweg die Bildung für das Ausmaß an politischer Wirksamkeitsüberzeugung, politischem Interesse und letztlich auch politischer Partizipation ist. Bildungsabschlüsse haben nicht an Wert verloren, sondern es ist nur die distinkte Stellung der höheren Bildungsschicht – aufgrund der Öffnung der Schullaufbahnen und der dadurch initiierten Heterogenisierung dieser Schicht in Bezug auf soziale Herkunft und Kompetenzen (Stichwort: „internal political efficacy") – tendenziell geringer geworden. Der „feine Unterschied" im politischen Interesse zwischen den Bildungsgruppen ist etwas kleiner geworden, aber weiterhin vorhanden.

Auch wenn der soziale Mechanismus der Bildung bzw. der Bildungsexpansion in dieser Analyse bereits detailliert untersucht wurde, sind im Ausblick weitere Untersuchungsschwerpunkte denkbar. Dazu gehören unter anderem die Bildungsinhalte. So ist zu fragen, inwieweit der Bildungseffekt nicht auch auf Unterschiede in den Bildungsinhalten zwischen den verschiedenen höheren und niedrigeren Schulformen zurückzuführen ist. So ist es denkbar, dass Gymnasialschülerinnen und -schüler stärker im Hinblick auf politische Partizipation sensibilisiert und mobilisiert werden als Haupt- und Realschülerinnen und -schüler. Der Bildungseffekt wäre dann weniger ein Ausdruck kognitiver Mobilisierung als politischer Sozialisation in der Sozialisationsinstanz „Schule" (vgl. Klages 1985). Zu Fragen wäre dann auch, ob das politische Interesse in den höheren Bildungsgruppen dadurch verstärkt wird, dass die besonders in höheren Schulen vermittelten Werte politischer Partizipation und politischen Interesses effektiver internalisiert werden, da diese Schulen länger besucht werden und die Schülerinnen und Schüler somit länger dieser Sozialisationsinstanz ausgesetzt sind (Herz 1987: 62). Auch bezüglich der zeitlichen Effekte ist eine detailliertere Analyse denkbar. Um die spezifischen (nicht-linearen) Sozialisations-, Perioden- und Alterseffekte zu isolieren, müsste mittels individueller Panel-Daten das Ausmaß des politischen Interesses eines Geburtsjahrgangs über den gesamten Lebensverlauf nachgezeichnet werden. Solche Daten stehen jedoch (noch) nicht zur Verfügung.

Schlussendlich ist aufgrund der verschiedenen Analysen eine optimistische Sicht auf die politischen Folgen der Bildungsexpansion angebracht: Das von Dahrendorf (1965) propagierte Ziel der Förderung politischen Interesses und politischer Partizipation hat sich tendenziell realisiert, eine Senkung der Standards oder „Entwertung" von Bildung hat hingegen bezüglich der hier betrachteten Gegenstände und Zeiträume nicht stattgefunden.

Literatur

Baumert, Jürgen, 1991: Langfristige Auswirkungen der Bildungsexpansion. Unterrichtswissenschaft 19: 333-349.

Baumert, Jürgen, Cordula Artelt, Eckhard Klieme, Michael Neubrand, Manfred Prenzel, Ulrich Schiefele, Wolfgang Schneider, Gundel Schümer, Klaus-Jürgen Tillmann und *Manfred Weiß* (Hg.), 2003: Pisa 2000 – Ein differenzierter Blick auf die Länder der Bundesrepublik Deutschland. Opladen: Leske + Budrich.

Becker, Rolf, 1998: Bildung und Lebenserwartung in Deutschland. Eine empirische Längsschnittuntersuchung aus der Lebensverlaufsperspektive. Zeitschrift für Soziologie 27: 133-150.

Becker, Rolf, 2002: Wahlbeteiligung im Lebenslauf. Kölner Zeitschrift für Soziologie und Sozialpsychologie 54: 246-263.

Becker, Rolf, 2003: Educational Expansion and Persistent Inequalities of Education. Utilizing Subjective Expected Utility Theory to Explain Increasing Participation Rates in Upper Secondary School in the Federal Republic of Germany. European Sociological Review 19: 1-24.

Becker, Rolf, 2004: Voter Turnouts in East and West Germany. German Politics 13: 1-19.

Breckler, Steven J., 1984: Empirical validation of affect, behavior, and cognition as distinct components of attitude. Journal of Personality and Social Psychology 47: 1191-1205.

Brückner, Hannah, und *Karl-Ulrich Mayer*, 1995: Lebensverläufe und gesellschaftlicher Wandel. Konzeption, Design und Methodik der Erhebung von Lebensverläufen der Geburtsjahrgänge 1954-1956, 1959-1961. Berlin: Max-Planck-Institut für Bildungsforschung.

Bürklin, Wilhelm, Markus Klein und *Achim Ruß*, 1994: Dimensionen des Wertewandels. Eine empirische Längsschnittanalyse zur Dimensionalität und der Wandlungsdynamik gesellschaftlicher Wertorientierungen. Politische Vierteljahresschrift 35: 579-606.

Campbell, Angus, Gerald Gurin und *Warren E. Miller*, 1954: The Voter Decides. Evanston IL: Row, Peterson and Co.

Dahrendorf, Ralf, 1965: Bildung ist Bürgerrecht. Hamburg: Nannen.

Dalton, Russell J., 1984: Cognitive Mobilization and Partisan Dealignement in Advanced Industrial Democracies. The Journal of Politics 46: 264-284.

Deth, Jan van, 1990: Interest in Politics. S. 275-312 in: *M. Kent Jennings* und *Jan van Deth* (Hg.), Continuities in Political Action. A Longitudinal Study of Political Orientations in Three Western Democracies. Berlin: de Gruyter.

Deth, Jan van, 1997: Formen konventioneller politischer Partizipation. Ein neues Leben alter Dinosaurier? S. 291-319 in: *Oscar Gabriel* (Hg.), Politische Orientierungen und Verhaltensweisen im vereinigten Deutschland. Opladen: Westdeutscher Verlag.

Emmert, Thomas, Matthias Jung und *Dieter Roth*, 2001: Das Ende einer Ära. Die Bundestagswahl vom 27. September 1998. S. 17-56 in: *Hans-Dieter Klingemann* und *Max Kaase* (Hg.), Wahlen und Wähler. Analysen aus Anlass der Bundestagswahl 1998. Wiesbaden: Westdeutscher Verlag.

Erikson, Robert, und *John H. Goldthorpe*, 1992: The Constant Flux. A Study of Class Mobility in Industrial Societies. Oxford: Clarendon Press.

Gabriel, Oscar W., und *Jan W. van Deth*, 1995: Political Interest. S. 390-411 in: *Jan W. van Deth* und *ElinorScarbrough* (Hg.), The Impact of Values. Oxford: Oxford University Press.

Hadjar, Andreas, und *Rolf Becker*, 2006: Bildungsexpansion und Wandel des politischen Interesses in Westdeutschland zwischen 1980 und 2002. Politische Vierteljahresschrift 47: 12-34

Herz, Thomas A., 1987: Werte, sozio-politische Konflikte und Generationen. Eine Überprüfung der Theorie des Postmaterialismus. Zeitschrift für Soziologie 16: 56-69.

Hoffmann-Lange, Ursula, 1993: Jugend und Politik. S. 247-251 in: *Uwe Andersen* und *Wichard Woyke* (Hg.), Handwörterbuch des politischen Systems der Bundesrepublik Deutschland. 4. Auflage. Bonn: Bundeszentrale für politische Bildung.

Hoffmann-Lange, Ursula, 2000: Bildungsexpansion, politisches Interesse und politisches Engagement in den alten Bundesländern. S. 46-64 in: *Oscar Niedermayer* und *Bettina Westle* (Hg.), Demokratie und Partizipation. Festschrift für Max Kaase. Wiesbaden: Westdeutscher Verlag.

Hu, Li-tze, und *Peter B. Bentler*, 1999: Cutoff Criteria for Fit Indexes in Covariance Structure Analysis. Conventional Criteria Versus New Alternatives. Structural Equation Modeling 6: 1-55.

Inglehart, Ronald, 1989: Kultureller Umbruch. Frankfurt a.M./New York: Campus.

Inglehart, Ronald, 1998: Modernisierung und Postmodernisierung. Kultureller, wirtschaftlicher und politischer Wandel in 43 Gesellschaften. Frankfurt a.M./New York: Campus.

Jaccard, James, 2001: Interaction Effects in Logistic Regression. Thousend Oaks: Sage.

Jennings, M. Kent, 1996: Political Knowledge over Time and across Generations. Public Opinion Quarterly 60: 228-252.

Kaase, Max, 1989: Politische Einstellungen der Jugend. S. 607-624 in: *Manfred Markefka* und *Rosemarie Nave-Herz* (Hg.), Handbuch der Familien- und Jugendforschung. Band 2. Neuwied: Luchterhand.

Klages, Helmut, 1984: Wertorientierungen im Wandel. Frankfurt a.M./New York: Campus.

Klages, Helmut, 1985: Bildung und Wertewandel. Soziologie und gesellschaftliche Entwicklung. S. 224-241 in: *Lutz Burkart* (Hg.), Verhandlungen des 22. Deutschen Soziologentages in Dortmund 1984. Frankfurt a.M./New York: Campus.

Klein, Markus, 1995: Wieviel Platz bleibt im Prokrustesbett? Wertewandel in der Bundesrepublik Deutschland zwischen 1973 und 1992 gemessen anhand des Inglehart-Index. Kölner Zeitschrift für Soziologie und Sozialpsychologie 47: 207-230.

Klingemann, Hans-Dieter, und *Jürgen Lass,* 1995: Bestimmungsgründe politischer Beteiligung in Ost- und West-Berlin. S. 148-163 in: *Hans-Dieter Klingemann, Lutz Erbring* und *Nils Diederich* (Hg.), Zwischen Wende und Wiedervereinigung. Analysen zur politischen Kultur in West- und Ost-Berlin 1990. Opladen: Westdeutscher Verlag.

Krimmel, Iris, 2000: Politische Beteiligung in Deutschland – Strukturen und Erklärungsfaktoren. S. 611-639 in: *Jürgen W. Falter*, *Oscar W. Gabriel* und *Hans Rattinger* (Hg.), Wirklich ein Volk? Die politischen Orientierungen von Ost- und Westdeutschen im Vergleich. Opladen: Westdeutscher Verlag.

Lazarsfeld, Paul, *Bernhard Berelson* und *Hazel Gaudet,* 1948: The People's Choice. How the Voter Makes Up His Mind in a Presidential Campaign. New York: Duell, Sloan & Pearce.

Lengfeld, Holger, *Stefan Liebig* und *Alfredo Märker*, 2000: Politisches Engagement, Protest und die Bedeutung sozialer Ungerechtigkeit. Aus Politik und Zeitgeschichte B7-8/2000: 22-31.

Mannheim, Karl, 1928: Das Problem der Generation. Kölner Vierteljahresschrift für Soziologie 7: 157-185, 309-330.

Mayer, Karl Ulrich, und *Hans-Peter Blossfeld*, 1990: Die gesellschaftliche Konstruktion sozialer Ungleichheit im Lebensverlauf. S. 297-318 in: *Peter A. Berger* und *Stefan Hradil* (Hrsg), Lebenslagen, Lebensläufe, Lebensstile, Göttingen: Verlag Otto Schwartz.

Metje, Matthias, 1994: Wählerschaft und Sozialstruktur im Generationenwechsel. Eine Generationenanalyse des Wahlverhaltens bei Bundestagswahlen. Wiesbaden: Westdeutscher Verlag.

Meulemann, Heiner, 1987: Bildung, Generationen und die Konjunkturen des Werts Leistung. Über die Vielschichtigkeit eines Wertewandels. Zeitschrift für Soziologie 16: 272-287.

Müller, Walter, 1998: Erwartete und unerwartete Folgen der Bildungsexpansion. S. 81-112 in: *Jürgen Friedrichs, Rainer M. Lepsius* und *Karl-Ulrich Mayer* (Hg.), Die Diagnosefähigkeit der Soziologie. Opladen: Westdeutscher Verlag.

Sayers, Lois W., 1989: Pooled time series analysis. Thousand Oaks: Sage.

Schelsky, Helmut, 1956: Soziologische Bemerkungen zur Rolle der Schule in unserer Gesellschaftsverfassung. S. 9-50 in: *Helmut Schelsky* (Hg.), Schule und Erziehung in der industriellen Gesellschaft. Würzburg: Werkbund-Verlag.

Vetter, Angelika, 1997: Political Efficacy: Alte und neue Messmodelle im Vergleich. Kölner Zeitschrift für Soziologie und Sozialpsychologie 49: 53-73.

Vetter, Angelika, 2000: Frischer Wind in einer alten Beziehung? Political Efficacy und die Bundestagswahl 1998. S. 79-109 in: *Jürgen W. Falter*, *Oscar W. Gabriel* und *Hans Rattinger* (Hg.), Wirklich ein Volk? Die politischen Orientierungen von Ost- und Westdeutschen im Vergleich. Opladen: Westdeutscher Verlag.

Bildungsexpansion und Wandel von sozialen Werten

Andreas Hadjar

1. Einleitung

Der Wandel der Werte ist ein sozialer Prozess, der von den bisherigen Untersuchungen zu den Folgen der Bildungsexpansion eher stiefmütterlich behandelt wurde. Während soziale Ungleichheit, soziale Mobilität und der Arbeitsmarkt zu den wichtigen Gegenständen der Bildungssoziologie gehören, ist der kulturelle Wandel zu den „blinde[n] Flecken der Forschung" (Müller 1998: 100) zu zählen. Werte sind jedoch wichtige kulturelle Elemente der Gesellschaft, die als sinnkonstituierende Leitlinien das gesellschaftliche Zusammenleben ordnen. Im Kern dieses Kapitels steht der von Inglehart (1977, 1989, 1998) postulierte und empirisch explorierte Wertewandel: die Verschiebung des gesellschaftlichen Wertekosmos weg von materialistischen Werten hin zu postmaterialistischen Werten. Während Inglehart als Ursachen vor allem die ökonomischen Sozialisationsbedingungen (Wohlstandsniveau) der Kohorten als Träger des Wertewandels fokussiert, sollen im Rahmen der folgenden Analysen die sozialen Mechanismen der Bildung und der Bildungsexpansion betrachtet werden.

Die Abhängigkeit der sozialen Werte von gesellschaftlichen Rahmenbedingungen bzw. sozialstrukturellen Merkmalen, die sich aus den klassischen Theoriegebäuden von Marx (1974 [1857]) oder Weber (1972 [1921]) ableiten lässt, führt zu der Annahme, dass parallel zu sozialstrukturellem Wandel – d.h. Wandel der „Basis" der Gesellschaft – auch ein Wandel von Werten – als Elementen des gesellschaftlichen „Überbaus" – stattfindet. Die Bildungsexpansion, in deren Verlauf sich die Sozialstruktur dahingehend verändert hat, dass ein größerer Anteil an Individuen über ein Abitur verfügt, qualifizierte Berufsabschlüsse zugenommen haben und auch der Anteil der Absolventen mit tertiärer Bildung gestiegen ist, sollte ebenfalls die Wertstruktur der Bevölkerung verändert haben. Diese These basiert auf der Annahme eines Zusammenhangs zwischen Bildung und Werten, der sich einerseits aus der mit höherer Bildung verbundenen kognitiven Mobilisierung, andererseits aus den mit höherer Bildung einhergehenden spezifischen sozialen Erfahrungen (z.B. der sozio-ökonomischen Lage) ergibt.

Die Analyse von Werten und des Wandels von Werten ist allerdings nur sinnvoll unter Berücksichtigung folgender Forschungsprämissen, denen in diesem Kapitel gefolgt werden soll: 1) Eine Untersuchung des Wandels bestimmter Werte ist nur vor dem Hintergrund des Inhalts dieser Werte sowie der Verknüpfung der Werte mit bestimmten sozialstrukturellen gesellschaftlichen Phänomenen möglich. 2) Daraus folgt die Fokussierung der Analysen auf bestimmte soziale Mechanismen, die hinter diesen Wandlungsprozessen stehen. 3) Um den Wandel empirisch adäquat zu erfassen, sind Alters-, Perioden- und Kohorteneffekte simultan zu analysieren. Zu fragen ist, inwieweit die Veränderungen der Werte durch Kohortendifferenzierung – dies entspricht Inglehart (1977), der Kohorten als Träger des Wandels thematisiert – oder vorübergehende Periodeneffekte zustande kommen, oder ob diese Veränderungen Produkt persönlicher Entwicklung im Lebensverlauf sind. Ansonsten ist von einer erhöhten Gefahr ökologischer Fehlschlüsse auszugehen, da zum Beispiel nicht zu unterscheiden ist, ob genuine Kohortenunterschiede bestehen oder ob diese nur auf Altersunterschiede bzw. unterschiedliche Stellungen im Lebenszyklus zurückgehen.

Ziel dieses Kapitels ist letztlich die Suche nach Antworten auf die Frage, inwieweit die Bildungsexpansion zu einem Wandel von Werten – speziell zur Verschiebung vom Materialismus zum Postmaterialismus nach Inglehart – geführt hat. Dazu wird zunächst die Beziehung zwischen Bildung – in ihren verschiedenen Aspekten – und Werten exploriert, um dann theoretische Postulate und empirische Befunde zu Wertewandelsprozessen zu beleuchten. In einem letzten Schritt werden eigene empirische Analysen zum Wandel von Werten unter simultaner Berücksichtigung von Bildungs-, Kohorten-, Perioden- und Lebenszykluseffekten unter Nutzung von ALLBUS-Daten vorgestellt.

2. Bildung und Werte

Werte bzw. Werthaltungen sind zunächst als soziale Repräsentationen im Sinne von Durkheim (1996 [1898]) zu fassen. „Ein Wert ist eine explizite und implizite, für das Individuum kennzeichnende oder für eine Gruppe charakteristische Konzeption des Wünschenswerten, die die Selektion von vorhandenen Arten, Mitteln und Zielen des Handelns beeinflusst" (Kluckhohn 1951: 395). Werte beeinflussen das Handeln auf der individuellen Ebene und wirken so auf die Aggregatebene – gesellschaftliche Ziele und Strukturen – zurück. Merkmale von Werten sind – im Unterschied zu Einstellungen – ihre relative Abstraktheit, Dauerhaftigkeit und Stabilität (Rokeach 1972). Werte sind objekt- und situationsübergreifend und strukturieren als übergeordnete „Ober-Frames" handlungsrelevante Einstellungsmuster (vgl. Hadjar 2004). Die individuelle Ausprägung von Werten ist abhängig von Kultur, gesellschaftlichen Institutionen und individuellen Merkmalen (z.B. Schichtzugehörigkeit). Als Legitimationslegenden (Weber 1972 [1921]) sind Werte Ausdruck bestimmter sozialer Interessen.[1]

Aus empirischer Perspektive scheinen Beziehungen zwischen Bildungsstand und Werten hinreichend bestätigt zu sein. So hängen höher gebildete Individuen postmaterialistischen Werten stärker an (Inglehart 1977; Maag 1991; Baumert 1991). Ebenso ist der Wertekosmos der höheren Bildungsschicht in stärkerem Maße auf Selbstentfaltung, d.h. idealistische Gesellschaftskritik, Hedonismus und Individualismus, gerichtet (Klages 1984, 1985). Die Akzeptanz sozialer Ungleichheit, die sich in bestimmten egalitaristischen und ungleichheitskritischen Werthaltungen ausdrückt, ist bei höher Gebildeten geringer ausgeprägt (Müller 1993; Hadjar und Becker 2005). Traditionelle Geschlechterrollen – oder sogenannte geschlechtsspezifischen Dominanzideologien i.S. von Hadjar et al. (2003) – sind in höher gebildeten Kreisen ebenfalls in einem geringeren Ausmaß anzutreffen als in niedrigeren Bildungsschichten (Alwin et al. 1992; Kurz 1998). Diese Unterschiede in den Werthaltungen spiegeln sich in ähnlich gerichteten bildungsspezifischen Einstellungsunterschieden – z.B. Fremdenfeindlichkeit, Umweltbewusstsein, politischen Einstellungen – wider (vgl. Müller 1998).

Bei der Exploration eines Zusammenhangs zwischen Bildung und Werten gibt es mehrere Zugangswege, die sich nach der ihnen zugrunde liegenden Sichtweise auf Bildung unterscheiden: Aus der Perspektive heraus, die Bildung als *Humanvermögen* spezifiziert, bedeutet eine höhere Bildung erweiterte kognitive Fähigkeiten und Handlungskompetenzen, was mit einer effizienteren Aneignung entwicklungsrelevanter Wissensbestände und damit besseren Voraussetzungen für die Lebensgestaltung und die Partizipation in verschiedenen gesellschaftlichen Bereichen einhergeht (Mayer 1994; Hadjar und Becker 2006). Höhere Bildung und ausgeprägte kognitive Fähigkeiten bedeuten auch, dass individuelle und gesellschaftliche Tatbestände stärker hinterfragt werden (Inglehart 1989). Durch die ausgeprägteren kognitiven Fähigkeiten sinken die Kosten, politische Einstellungen und Werthaltungen zu reflektieren. Beispielhaft zeigt sich dies in Wahlstudien: In höher gebildeten Schichten finden sich mehr Individuen, die sich nicht mehr mit einer Partei besonders identifizieren, sondern reflektiert nach situativen Bedingungen wählen (Dalton 1984).

Eine stärker ökonomische Perspektive thematisiert Bildung als *Humankapital* (Becker 1974): Bildung bzw. akkumulierte Bildungszertifikate können im späteren Erwerbsleben in Positionen auf dem Arbeitsmarkt umgesetzt werden, die bestimmte soziale Lagen nach sich ziehen. Über das erworbene Einkommen werden somit durch die Bildung sozio-ökonomische Lebenschancen bestimmt

1 Werte haben eine systemstabilisierende Funktion, indem sie den Einzelnen in die Gesamtgesellschaft integrieren (Sozialintegration) und dadurch letztlich auch die Systemintegration, d.h. die gesamtgesellschaftliche Ordnung, unterstützen (Lockwood 1979).

(vgl. Becker 1998). Diese Zusammenhänge ergeben sich aus dem Statuszuweisungskonzept von Mayer und Blossfeld (1990), das auch über die Bildungsexpansion hinweg gilt: Die soziale Herkunft, d.h. der soziale Status der Eltern, bestimmt nach wie vor wesentlich den erreichten Schulabschluss; der Schulabschluss hat einen substantiellen Anteil an der Erklärung des späteren Berufsstatus. Ein höherer Bildungsstand führt somit zu einem höheren Berufsstatus und letztlich zu einem höheren sozialen Status und höherem Einkommen. Diese verschiedenen sozialen Lagen sind mit spezifischen sozialen Interessen verbunden, die sich in diesen Werten widerspiegeln (Weber 1972 [1921]). Somit erscheint es plausibel, dass zwischen verschiedenen Sozialschichten – die jeweils durch spezifische Bildungsniveaus gekennzeichnet sind – das Ausmaß, mit dem bestimmte Werte geteilt werden, differiert. So geht etwa mit einem höheren sozialen Status eine bessere materielle Ausstattung bzw. Absicherung einher, die nach Maslow (1954) bzw. Inglehart (1977) eine Hinwendung zu postmaterialistischen Werten wahrscheinlich macht.

Eine dritte Sichtweise fokussiert die *Schule als bedeutsame Sozialisationsinstanz* bzw. Instanz der Wertevermittlung: „Ohne Zweifel ist die Volksschule in einer Demokratie und in modernen Gesellschaften eine staatliche Zwangsveranstaltung, die der Durchsetzung von Wertezielen dient“ (Kneubühler 2004: 339). So regt Klages (1985: 226) an, den Blick auf „neue, dynamischere und in starkem Maße von der Bildungswelt beeinflusste Sozialisationsformen“ zu richten. In dieser Argumentation vermitteln bestimmte hierarchisch geordnete Schulformen spezifische Werte. Das Bildungssystem – und hier besonders höhere Schulformen – sozialisiert dabei vor allem moderne Wissensbestände und regt zur Reflexion an. Dies führt zu einer Ablösung der Individuen von ihren Herkunftsschichten mit ihren spezifischen Werten. Ob nun das in der Familie vermittelte Alltagswissen bzw. Alltagsweisheiten oder in der Schule vermitteltes reflektiertes neueres Wissen und moderne Werte den Werthorizont eines Individuums prägen, hängt nicht zuletzt von der Verweildauer im Bildungssystem ab, die mit höherem Bildungsstand zunimmt. Spezifische Sozialisationsinstanzen stellen nicht nur höhere Bildungseinrichtungen, sondern auch die in Deutschland stark entwickelten Institutionen des beruflichen Bildungssystems dar (vgl. Lempert 1993).

3. Bildungsexpansion und Wertewandel

Die Exploration des Wandels von Werten als Folge der Bildungsexpansion wird entsprechend der in der Einleitung aufgestellten Forschungsprämissen unter Fokussierung bestimmter sozialer Mechanismen (Hedström und Swedberg 1998) vorgenommen. Dazu gehören Annahmen über zeitliche Effekte, den Einfluss der Bildung und Träger des sozialen Wandels. Während Postulate über

Beziehungen zwischen Bildung und Werten eindimensional und im Querschnitt betrachtet werden könnten, impliziert die Analyse des Wertewandels als Folge der Bildungsexpansion eine längsschnittliche Perspektive. Die sozialen Wandlungsprozesse werden dabei auf mehreren zeitlichen Ebenen analysiert: im Verlauf des Lebenszyklus, über die Kohorten- bzw. Generationenabfolge sowie im Zuge bestimmter historischer Perioden.

Da der Wandel der Werte nur sinnvoll unter Bezugnahme auf den Inhalt der Werte untersucht werden kann, steht der Wandel vom Materialismus zum Postmaterialismus nach Inglehart (1977, 1989) im Kern der Untersuchung, wenngleich am Rande auch auf ähnliche Thesen – wie die von Klages (1984) bezüglich der Ablösung der Pflicht- und Akzeptanzwerte durch Werte der Selbstentfaltung – eingegangen wird.

3.1 Wertewandel vom Materialismus zum Postmaterialismus

Inglehart geht in seinen Untersuchungen zur „stillen Revolution“ bzw. zum „kulturellen Umbruch“ (1977, 1989) davon aus, dass im Zuge der zunehmenden Befriedigung existenzieller Bedürfnisse für einen wachsenden Teil der Bevölkerung in modernen westlichen Industriegesellschaften seit den 1970er Jahren eine Verschiebung bei den individuellen Werthaltungen von materialistischen Werten (Sicherheit, Wirtschaftswachstum) hin zu postmaterialistischen Werten (Selbstverwirklichung, Lebensqualität, Autonomie) zu konstatieren ist. Diese Bedeutungszunahme des Postmaterialismus wird von *Generationen bzw. Kohorten* getragen.[2] Nach dem Generationenkonzept, das seinen Ursprung bei Karl Mannheim (1928) hat, ist der Wandel der Werte auf die kohortenspezifischen Sozialisationserfahrungen, d.h. spezifische gesellschaftlichen Ereignisse, die im Zuge der politischen Sozialisation der einzelnen Kohorten von besonderer Bedeutung waren (z.B. politische Auseinandersetzung mit der Studentenbewegung), zurückzuführen. Im Hinblick auf die kohortenspezifische Sozialisation thematisiert Inglehart Mangelerfahrungen bezüglich der von Maslow (1954) in eine Hierarchie gebrachten psychologischen Bedürfnisse: Die Basis bilden (1) physiologische Bedürfnisse und (2) Sicherheitsbedürfnisse. In der oberen Bedürfnishierarchie befinden sich Bedürfnisse nach (3) sozialer Zugehörigkeit, (4) nach Wertschätzung, (5) nach Selbstwert, (6) nach Selbstverwirklichung und schließlich (7) nach Transzendenz. Die Annahme ist, dass höhere Bedürfnisse an Bedeutung gewinnen, wenn untere Bedürfnisse hinreichend befriedigt sind.

2 Eine Generation bilden „Mitglieder einer Altersgruppe oder Kohorte, die – mit bestimmten Schlüsselerlebnissen konfrontiert – zu einer gleichgesinnten bewussten Auseinandersetzung mit den Leitideen und Werten der politischen Ordnung gelangten, in der sie aufwuchsen“ (Fogt 1982: 21).

Inglehart (1977) ordnet die unteren Bedürfnisse dem Materialismus, die Bedürfnisse der oberen Bedürfnishierarchie dem Postmaterialismus zu und leitet aus den Maslowschen Postulaten die Mangelhypothese ab: „Die Prioritäten eines Menschen reflektieren sein sozioökonomisches Umfeld: Den größten subjektiven Wert misst man den Dingen zu, die relativ knapp sind“ (Inglehart 1989: 92). Aus der Mangelhypothese und der bei Inglehart als „Sozialisationshypothese“ spezifizierten These zur Prägung der Wertvorstellungen eines Menschen durch Sozialisationserfahrungen im Jugendalter, ergibt sich die These über einen intergenerationalen Wertewandel. Im Kern des Wandels der Werte der westlichen Welt steht die Ablösung der in Zeiten des Mangels geprägten Generationen bzw. Kohorten durch die Generationen der „Wohlstandskinder“, für die postmaterialistische Werte besonders bedeutsam sind. Neben der psychologischen Mangelhypothese und der daraus folgenden Befriedigung existenzieller Bedürfnisse nennt Inglehart (1989) weitere soziale Mechanismen auf der Makroebene, die den Wertewandel unterstützen: Ausbreitung der Massenkommunikation, steigende soziale Mobilität sowie kontinuierlich steigendes Bildungsniveau. Im Zusammenhang mit der damit thematisierten Bildungsexpansion spricht Inglehart (1977) von einer „kognitiven Mobilisierung“, d.h. einer Erweiterung der kognitiven Fähigkeiten, als einer wesentlichen Voraussetzung für den Wertewandel. Im Zentrum der empirischen Forschung zu den Ingleharttschen Wertedimensionen (Inglehart-Index) stehen „Wichtigkeit von Ruhe und Ordnung“, „Wichtigkeit von Inflationsbekämpfung“ (Materialismus), „Wichtigkeit von Bürgereinfluss“ und „Wichtigkeit von freier Meinungsäußerung“ (Postmaterialismus).

Empirische Evidenzen für die von Inglehart postulierte Werteverschiebung finden sich in zahlreichen Studien, wenngleich dabei häufig eindimensional vorgegangen wird, d.h. es werden häufig entweder nur Kohortenunterschiede – die im Querschnitt Differenzen zwischen Altersgruppen entsprechen – oder nur Unterschiede zwischen Messzeitpunkten (Periodenunterschiede) betrachtet. Im Ergebnis von ersten Kohortenvergleichen von Inglehart (1977) erwies sich hypothesenkonform der Anteil der Postmaterialisten in der Wohlstandsgeneration über alle untersuchten Gesellschaften (u.a. BRD, UK, USA) hinweg im Schnitt um 10 Prozent höher als in der Generation, die im Zweiten Weltkrieg sozialisiert wurde. Im Rahmen der verschiedenen (Querschnitts-)Befragungswellen des World Value Surveys (vgl. u.a. Inglehart 1989; Inglehart 1998) gelingt es, den kulturellen Wandel über Kohortenanalysen detaillierter zu untersuchen und Evidenzen für die Inglehartschen Thesen zu finden. Analysen, die Unterschiede zwischen Messzeitpunkten bzw. Periodeneffekte fokussieren, zeigen für die Zeit zwischen 1970 und 1994 in westlichen Gesellschaften eine klare Verschiebung in Richtung postmaterialistischer Werte (Inglehart 1998) auf, wenngleich hinsichtlich des Ausgangs- und Zielniveaus sowie des Verlaufs der Veränderungen zwischen den Ländern erhebliche Unterschiede bestehen (Sacchi 1992). Im Hinblick auf die Abhängigkeit des Wertewandels von sozialstrukturellen Merkmalen der Systemebene zeigt Inglehart (1998) im Gesellschaftsvergleich, dass eine steigende Inflationsrate – d.h. sinkende wirtschaftliche Prosperität – über alle Kohorten hinweg zu einer stärkeren Ausprägung an materialistischen Werten führt, wobei die Kohortenabstände in der Regel gleich bleiben. Dies ist ein Hinweis darauf, dass neben den Kohorteneffekten – jüngere Kohorten hängen postmaterialistischen Werten stärker an – auch Periodeneinflüsse wie die Inflationsrate das Ausmaß gesellschaftlicher Wertorientierungen mitbestimmen.

3.2 Kritik am Ingleharts Konzept und neuere Sichtweisen auf Wertewandel

Wenngleich der von Inglehart postulierte Wertewandel vielfach belegt werden konnte, ergeben die verschiedenen *empirischen Ergebnisse* kein einheitliches Bild und werden zudem unterschiedlich bewertet. So schätzt Behrmann (1987) die Werteverschiebungen als eher gering ein. Klages (1985) findet keinen kontinuierlichen Verlauf des Wertewandels in Bezug auf das ähnlich gelagerte Wertekontinuum zwischen Pflicht- und Akzeptanzwerten und Selbstenfaltungswerten: Der Wertewandelsschub ging demnach bereits Mitte der 1970er Jahre in eine Phase der Stagnation mit einer erhöhten Instabilität der individuellen Wertorientierungen – mit verstärktem Auftreten sogenannter Wertsynthesen – über. Neuere Forschungsergebnisse zu den Inglehartschen Werten deuten daraufhin, dass sich der Wertewandel in den jüngsten Generationseinheiten wieder umzukehren scheint (vgl. Pötschke und Klein 2004; Klein und Ohr 2004). In Anbetracht der Rezession wäre dies durchaus mit Ingleharts Mangelhypothese konform, würde aber einer engen Auslegung der Sozialisationshypothese widersprechen.[3]

Die *Begrifflichkeit* und die *Eindimensionalität des Werteraumes* stehen im Zentrum der Kritik von Klages (1984). Der Begriff „Materialismus" passe nicht zu den Items, diese seien eher Ausdruck von Sicherheit. Alternativ geht Klages (1984: 17) von einem Wertewandel „von den – insgesamt schrumpfenden – Pflicht- und Akzeptanzwerten zu den – insgesamt expandierenden – Selbstentfaltungswerten" aus. Wenngleich auch Klages einen Wertewandel zwischen bestimmten Polen thematisiert, postuliert er aber, dass die Werthaltungen des

3 Die Ergebnisse von Klein und Ohr (2004) zur Umkehr des Wertewandels beziehen sich auf die Geburtskohorten 1976-82, die sich als stärker materialistisch und weniger postmaterialistisch als vorangegangene Kohorten zeigen. Zu beachten ist aber, dass diese Geburtsjahrgänge in den ALLBUS-Längsschnitt-Datensatz erst hineinwachsen, nicht zu allen Messzeitpunkten erhoben wurden und daher diese Ergebnisse unter Vorbehalt betrachtet werden müssen.

einen Pols nicht automatisch mit der Zunahme der Werte des anderen Pols abnehmen müssen und es im Rahmen des Wertewandels zu einer zunehmenden Wertmischung bzw. Wertesynthese (Klages 2001) kommt. Wenngleich auch Inglehart (1998) Mischtypen thematisiert und die Existenz weiterer Dimensionen des Wertewandels nicht verneint, gehen neuere multidimensionale Modelle des materialistisch-postmaterialistischen Werteraums weiter. So thematisiert Klein (1995) zusätzlich den Typus des Realisten (Wertsynthese) und den Typus des Resignierten (Werteverlust).

Ein wesentlicher Kritikpunkt am theoretischen Rahmen betrifft die *Sozialisationsthese*, nach der Kohorten die Träger des Wertewandelsprozesses sind. Auch wenn eindeutige Kohorteneffekte belegt werden können, sind doch auch Periodeneffekte – die Inglehart (1998) im Hinblick auf den Effekt der Inflationsrate auf alle Geburtskohorten selbst thematisiert – zu konstatieren. Im Inglehartschen Theorierahmen wird jedoch nicht expliziert, dass sozio-ökonomische Kontexte und singuläre Ereignisse alle Mitglieder einer Gesellschaft gleichermaßen treffen und zu Werteveränderungen führen können (Klages 1984; Flanagan 1987). Die Alternative zu Ingleharts Sozialisationshypothese zum generationalen Wandel ist die These der generationenspezifischen „funktionalen Anpassung" an bestimmte Zeitumstände (Bürklin et al. 1994; vgl. Meulemann 1998).

Neben Periodeneffekten sind bezüglich der Inglehartschen Werte auch Alters- bzw. Lebenszykluseffekte zu vermuten, denn auf eine lebenslange Stabilität von Wertpräferenzen kann nicht geschlossen werden, auch wenn durchaus eine relative Verfestigung der Werte nach der Jugendphase empirisch plausibilisiert werden konnte (vgl. Behrmann 1987). Sacchi (1992) zeigt bezüglich des Wertewandels zwischen 1972 und 1990 in der Schweiz neben Kohortenunterschieden auch eine kohorteninterne Zunahme postmaterialistischer Orientierungen auf, die auf lebenszyklische Veränderungen hindeutet.[4] Im Gegensatz zu Inglehart thematisiert Klages (1984) in seiner Exploration der Verschiebung hin zu Selbstenfaltungswerten nicht nur bestimmte Kohorten- bzw. Generationeneffekte, sondern zudem einen Lebenszykluseffekt – der jedoch keinem linearen Alterseffekt entspricht. Ein solcher Lebenszykluseffekt ergibt sich daraus, „dass die Menschen im Laufe ihres Lebens in länger andauernde Lebenslagen geraten, in welchen sie Anforderungen und Chancen ausgesetzt sind, die bestimmten Werten günstig, anderen hingegen ungünstig sind" (Klages 1984: 43). So sollte die Geburt eines Kindes dazu führen, dass Pflicht- und Akzeptanzwerte indivi-

4 Klein (1995) konstatiert zudem, dass postmaterialistische Werthaltungen durchaus in der Generationenabfolge zunehmen, materialistische Werthaltungen jedoch auch stark vom Lebenszyklus abhängig sind. Im Rahmen ihrer komplexen Mehrebenenanalyse für Deutschland weisen Klein und Pötschke (2004) insbesondere für jüngere Kohorten Lebenszykluseffekte nach.

duell wieder zunehmen, die in der Zeit der jugendlichen Ungebundenheit und Selbstentfaltung weniger wichtig waren.

Ein wesentlicher Teil der Kritik betrifft somit dem Wertewandel zugrunde liegende zeitliche Prozesse. Entsprechend hart sind Datenanalysemethoden zu kritisieren, die Wertewandel nur auf einer zeitlichen Ebene erfassen – was sicher häufig der mangelnden Datenlage geschuldet ist. Eine adäquate Analysestrategie stellt die simultane Berücksichtigung von Alters-, Perioden- und Kohorteneffekten dar, wie etwa bei Bürklin et al. (1994), Klein (1995) oder Klein und Ohr (2004) – wenngleich auch hier methodische Sorgsamkeit angezeigt ist.

3.3 Die Rolle der Bildungsexpansion

Die Bildungsexpansion wird in den theoretischen Diskursen und in der Deutung empirischer Ergebnisse zum Wertewandel auf verschiedene Weise diskutiert. Ausgehend von dem bereits erörterten engen Konnex zwischen Bildung und Werten – insbesondere auch postmaterialistischen bzw. Selbstentfaltungs-Werten – ist im Zuge der Höherbildung seit Mitte der 1960er Jahre, die sich in einer kohortenspezifischen Zunahme qualifizierter Berufsabschlüsse, der Abiturientenquote und der Studierendenzahlen ausdrückt (vgl. Baumert 1991; Müller 1998), eine Zunahme des Anteils der Individuen mit veränderten Werten zu erwarten. Denn: Der Bildungsstand ist ein „relativ stabiles Merkmal" einer bestimmten Geburtskohorte (Inglehart 1998: 241) und hat entsprechende Konsequenzen für den intergenerationalen Wandel.

Eine empirische Betrachtung bei Inglehart (1997) zeigt, dass über die Bildungsexpansion – d.h. über die Kohortenabfolge – der Anteil der Postmaterialisten in allen Bildungsgruppen ansteigt. Bildungsunterschiede – das höhere Ausmaß an postmaterialistischen Werten in den höheren Bildungsschichten – scheinen relativ stabil, eventuell mit zunehmender Tendenz. Eine Betrachtung der kohorten- und bildungsspezifischen Postmaterialistenanteile findet sich auch bei Baumert (1991), der nicht auf den World Values Survey mit seinem bezüglich einiger Länder problematischen Bildungsbias, sondern auf ALLBUS-Daten zurückgreift. In allen untersuchten Kohorten nimmt der Postmaterialistenanteil über den steigenden Bildungsstand zu. Zudem zeigt sich eine Interaktion aus Bildungstand und Kohorte, „in den jüngeren Kohorten differenziert der Bildungsstand offensichtlich stärker" (Baumert 1991: 343).

Zu fragen ist nun, welche Mechanismen hinter diesem Zusammenhang zwischen Bildungsexpansion und Wertewandel stehen. In der Exploration dieser Fragestellung werden im sozialwissenschaftlichen Diskurs unterschiedliche Akzente gesetzt, die wiederum von der Sichtweise auf Bildung abhängen.

Den Einfluss der Bildungsexpansion auf die *Neuausrichtung (Säkularisierung) der Jugendphase* hebt Behrmann (1987: 181f) in seiner Argumentation zu den Ursachen des Wertewandels hervor: „Die postmaterialistischen Wertpräferenzen konnten sich ideologisch kristallisieren und in Teilen der jungen Generation verfestigen, weil sie Ziele ihrer Emanzipation vom traditionellen Jugendstatus, der mit der Bildungsexpansion und der rasch fortschreitenden Säkularisierung labil geworden war, zugleich beschrieben und legitimiert haben." In der Bundesrepublik Deutschland wurde dieser Emanzipationsdrang zudem dadurch verstärkt, dass sich die in den 1960er Jahren junge Generation mit postmaterialistischen Orientierungen von der antidemokratischen Tradition der Elterngeneration, die im „Dritten Reich" sozialisiert worden war, abzulösen versuchte.

Die „jungen Gebildeten" spezifiziert auch Klages (1984) als Träger des Wertewandels, der hier als Ablösung von traditionellen Werten der Pflicht und der Akzeptanz althergebrachter Zustände und die Zuwendung zu Selbstentfaltungswerten bestimmt wird. Der Wertewandel ist die Folge vielfältiger sozialstruktureller Veränderungen, die in dieser Argumentation stärker als Periodeneffekte erscheinen, wobei dem Wandel der Bildung und der Berufswelt besondere Rollen zukommen. Klages (1984) thematisiert die Bildungsexpansion weniger im Hinblick auf die Höherbildung und eine Erweiterung von Fähigkeiten, sondern stärker aus Sicht der Sozialisationsfunktion der Bildungseinrichtungen. Im Zuge der Bildungsexpansion hat danach ein *Wandel der Bildungsinhalte* stattgefunden: Kreativität und Eigenständigkeit – und damit postmaterialistische bzw. Selbstentfaltungswerte – bekommen einen höheren Stellenwert in den Schulen, aber auch in der Berufsausbildung und in der Berufswelt.

Als direkte Folge der Höherbildung erscheint der Prozess der *„kognitiven Mobilisierung"* (Inglehart 1989) als Kernmechanismus, der Bildungsexpansion und Wertewandel verbindet. Die kognitive Mobilisierung stellt eine zentrale (erwünschte) Folge der Bildungsexpansion dar und ist gekennzeichnet durch eine Zunahme an individuellen Fähigkeiten der Informationsverarbeitung und Handlungskompetenzen. Die kognitive Mobilisierung bedeutet „auf der individuellen Ebene verbesserte Teilhabe- und Gestaltungsmöglichkeiten in vielen Bereichen des privaten und öffentlichen Lebens" und ist somit auch auf der kollektiven bzw. Aggregatebene „ein Element langfristigen gesellschaftlichen Wandels" (Baumert 1991: 347; Baumert et al. 2003). Die verbesserten Gestaltungsmöglichkeiten, „seines eigenen Glückes Schmied zu sein" und sich politisch einzubringen, begünstigen die Werte am postmaterialistischen Ende des Inglehartschen Wertekosmos, die auch als Selbstentfaltungswerte i.S. von Klages zu fassen sind. Die Erweiterung der Kompetenzen zur selbständigen und selbstbestimmten Lebensführung – z.B. sich mit politischen Sachverhalten zu beschäftigen und einzubringen (vgl. Hadjar und Becker 2006; Becker 2005) – geht mit sinkenden Handlungskosten einher, denn es muss weniger in Informationsbeschaffung, Lernprozesse und Trial-and-Error-Erfahrungen investiert werden. Somit sollte das Interesse an Selbstentfaltung zu einer entsprechenden Verschiebung der Werte geführt haben.

Neben der kognitiven Mobilisierung vollzieht sich mit der Bildungsexpansion ein Prozess der *Heterogenisierung* der höheren Bildungsschichten. Grund dafür ist die soziale Öffnung der höheren Schullaufbahnen. Die Heterogenisierung der Schülerschaft an höheren Schulen birgt das Risiko sinkender Standards in sich (Schelsky 1956), denn die Gruppe der höher Gebildeten nimmt im Zuge dieses Prozesses hinsichtlich ihrer Fähigkeiten, Orientierungen und Verhaltensmuster eine weniger distinkte Position gegenüber den geringer Gebildeten ein (Baumert 1991). Dies führt nicht zur Negierung des Prozesses der kognitiven Mobilisierung, sondern nur zu dessen Abschwächung: „Die mit der starken Expansion für den Bevölkerungsdurchschnitt zu erwartenden Niveauverschiebungen in Richtung der Orientierungen der höher Gebildeten sollten dann nur abgeschwächt zur Geltung kommen" (Müller 1998: 102). Empirisch sollte sich die Heterogenisierung in einer leichten Annäherung zwischen niedriger und höherer Bildungsschicht bezüglich Werten und Verhaltensweisen ausdrücken.

Aufbauend auf diese theoretischen Postulate zu Bildungsexpansion (kognitive Mobilisierung) und die Sozialisationsthese von Inglehart (1977) ergibt sich folgende Generalthese zur Rolle der Bildungsexpansion: *Im Zuge der Bildungsexpansion ist es zu einer Verschiebung des Wertekosmos von materialistischen Werten hin zu postmaterialistischen Werten gekommen.*

4. Eine A-P-K-Analyse zum Wandel der Inglehartschen Werte

Prozesse sozialen Wandels, denen der Wertewandel zuzurechnen ist, sind nur adäquat unter simultaner Berücksichtigung dreier temporaler Effekte (Alter, Periode, Kohorte) zu analysieren. Eine solche längsschnittliche Perspektive ist unerlässlich, um Fehlschlüsse bzw. das fälschliche Übertragen von Aggregatebenen-Befunden auf die Individualebene zu vermeiden. Inwieweit der Wertewandel vom Materialismus zum Postmaterialismus von Generationen getragen wird, auf einem Alterseffekt basiert oder durch Periodeneinflüsse verursacht ist, soll im Rahmen der folgenden A-P-K-Analyse zum Wandel der Inglehartschen Werte zwischen 1980 und 2004 geklärt werden. Datenbasis ist ein kumulierter Datensatz aus den in diesem Zeitraum durchgeführten ALLBUS-Erhebungen, der zwischen 1919 und 1968 geborene Westdeutsche enthält.

4.1 Hypothesen nach dem A-P-K-Ansatz

Soziale Tatbestände werden nach dem A-P-K-Ansatz (vgl. Mayer und Huinink 1990; Bürklin et al. 1994; Becker 2002; Hadjar und Becker 2006) als Komposition der Effekte des Alterns, der Sozialisation und der strukturellen Einflüsse zum Zeitpunkt der Untersuchung begriffen. Ziel ist es, Veränderungen in zeitlich sukzessiv erhobenen Merkmalsausprägungen anhand von zu ähnlichen Zeitpunkten geborenen Personengruppen über ihren Lebensverlauf hinweg nachzuvollziehen (Plum 1982; Wagner 2001). Als abhängige Variable soll zunächst der postmaterialistische Wertetypus dienen, daher werden die Hypothesen im Hinblick auf Postmaterialismus formuliert. In den Analysen werden jedoch auch materialistische Werte und Mischtypen berücksichtigt, um den Einwänden von Klein (1995) oder Klages (2001) Rechnung zu tragen, dass der Wertewandel nicht eindimensional gefasst werden kann.

Entsprechend den theoretischen Überlegungen zum *Bildungseffekt* ist im Hinblick auf die erweiterten kognitiven Fähigkeiten der höher Gebildeten zunächst folgende Hypothese aufzustellen:

H1: Je höher der Bildungsstand eines Individuums ist, desto stärker wird es postmaterialistischen Werten anhängen.

Kohorteneffekte bzw. Sozialisationseffekte bezeichnen innerhalb des A-P-K-Ansatzes Unterschiede, die sich auf die Zugehörigkeit zu verschiedenen Generationen zurückführen lassen. Im Hinblick auf den Wandel der Werte geht Inglehart (1977) davon aus, dass Werte als individuelle Merkmale in der formativen Phase des Sozialisationsprozesses im Kindes- und Jugendalter erworben werden und sich danach kaum mehr verändern. Die Ausprägung der Werte wird durch die Kontextbedingungen (Ereignisse, sozioökonomische Merkmale, Zeitgeist, etc.) zum Zeitpunkt der Sozialisation bestimmt. Im Rahmen dieser Analyse soll als tragendes Kohortenmerkmal die Bildung bzw. Höherbildung fokussiert werden. Die älteren Kohorten mit einem tendenziell niedrigeren Bildungsstand sind gegenüber den jüngeren – höher gebildeten – Kohorten hinsichtlich der Kompetenzen zur Lebensgestaltung und Zielerreichung benachteiligt. Erste Anzeichen einer kognitiven Mobilisierung sind für die Wirtschaftswundergeneration der in den 1940ern Geborenen zu erwarten, die bereits vom Ausbau des mittleren Schulwesens profitierte. Die eigentlichen Generationen der Bildungsexpansion sind die Geburtsjahrgänge der 1950er und 1960er, denn hier stieg die Abiturientenquote rasant an. Gleichzeitig konnten diese Kohorten am stärksten von der Öffnung der höheren Schulformen profitieren und sind deshalb besonders durch eine Heterogenisierung der höheren Bildungsschichten gekennzeichnet.

Bei Interpretation der Kohorten im Hinblick auf das Bildungsniveau ergibt sich aus den beiden Argumentationen zur kognitiven Mobilisierung (vgl. Baumert 1991; Dalton 1984) und zur Heterogenisierung der höheren Bildungsgruppe (Schelsky 1956; Baumert 1991) folgende Hypothese:

H 2a: Später geborene Kohorten hängen infolge ihrer höheren Bildungsbeteiligung postmaterialistischen Werten stärker an.

H 2b: Der Unterschied im Ausmaß postmaterialistischer Werte zwischen niedrigerer und höherer Bildungsgruppe ist in den jüngeren Kohorten geringer.

Der *Alterseffekt* beschreibt Wandlungsprozesse aufgrund der persönlichen Entwicklung eines Menschen im Lebensverlauf (life-span development) und wird daher synonym auch als Lebenszykluseffekt bezeichnet. So genannte kritische Lebensereignisse, die einen individuellen Wandel von Werten auch nach der formativen Jugendphase zur Folge haben können, sind der mit dem „Ende der schulischen und evtl. universitären Ausbildung verbundene Eintritt in das Erwerbsleben, die Heirat, die Geburt des ersten Kindes, der Auszug des letzten Kindes aus dem elterlichen Haushalt [...] sowie der Eintritt in den Ruhestand" (Bürklin et al. 1994: 583). Ein Lebenszykluseffekt erscheint gerade auch im Hinblick auf die Inglehartschen Werte als sinnvoll, da mit zunehmender Etablierung in Erwerbs- und Familienleben eine Veränderung der sozialen Lage sowie Interessenverschiebung zu erwarten sind, die materialistische Werte wieder an Bedeutung gewinnen lassen (Klages 1984; Herz 1987):

H 3: Je älter ein Individuum ist, desto weniger wird es sich an postmaterialistischen Werten orientieren.

Periodeneffekte sind schließlich Einflüsse des historischen und gesellschaftlichen Kontextes, die während des Alterns einer Kohorte wirksam werden. Diese erklären sich aus sozialen Umweltfaktoren, wie Einflüssen des Zeitgeists bzw. bestimmter sozialstruktureller Veränderungen, die auf Individuen wirken (Wagner 2001). Aus den Thesen von Klages (1984) oder Flanagan (1987) ist abzuleiten, dass eine problematische Wirtschaftslage, politische Ereignisse, gestützt durch massenmediale Prozesse, eine (politische) Mobilisierung der Bevölkerung auslösen können und so einen Einfluss auf den Wertekosmos haben. Für die Zeit zwischen 1980 und 2004 ist im Hinblick auf Arbeitslosigkeit und sinkendes Wachstum in Deutschland kein eindeutiger Trend zu formulieren, da beide Makroebenen-Merkmale in diesem Zeitraum Schwankungen ausgesetzt waren. In Anbetracht zunehmender ökonomischer Probleme erscheint eine abstrahierende Vermutung über die Abnahme postmaterieller Werthaltungen – d.h. eine Zunahme materieller Orientierungen – für diesen Zeitraum als plausibel (vgl. Klein und Pötschke 2004).

H 4: Bildungs- und Kohorteneffekte werden von Periodeneffekten – die auf gesellschaftlichen Ereignissen und sozialstrukturellen Veränderungen basieren – überlagert. Über den Zeitraum zwischen 1980 und 2004 ist tendenziell eine Abnahme postmaterialistischer Werthaltungen zu erwarten.

4.2 Datenbasis und Messinstrumente

Datenbasis zur Analyse des Wandels der Inglehartschen Werte ist ein kumulierter Längsschnitt-Datensatz der „Allgemeinen Bevölkerungsumfrage der Sozialwissenschaften“ (ALLBUS), der Daten von 14 Messzeitpunkten zwischen 1980 und 2004 enthält. Um die Kohorten hinsichtlich ihrer Sozialisation bzw. Bildung einheitlich interpretieren zu können, wurden in die Stichprobe zur Analyse des Wandels des politischen Interesses nur Westdeutsche ab 21 Jahren der Geburtsjahre zwischen 1919 bis 1968 aufgenommen. Die untere Altersgrenze von 21 Jahren erscheint sinnvoll, da zu diesem Zeitpunkt – abgesehen von Personen, die sich auf dem zweiten Bildungsweg bilden – in der Regel der sekundäre Schulabschluss bereits erreicht wurde.

Messinstrumente: Die verschiedenen Variablen zur Untersuchung des Wandels der Werte wurden zu allen Messzeitpunkten in nahezu gleicher Art und Weise gemessen, was eine Grundvoraussetzung für die längsschnittliche Analyse darstellt. Zur Erfassung des *Inglehartschen Wertetypus*, dem die jeweiligen Befragten angehören, wurden diese nach der Wichtigkeit bestimmter zu verfolgender politischer Ziele gefragt: „Aufrechterhaltung von Ruhe und Ordnung in diesem Lande“, „Mehr Einfluss der Bürger auf die Entscheidungen der Regierung“, „Kampf gegen die steigenden Preise“ und „Schutz des Rechts auf freie Meinungsäußerung“. Entsprechend der Ziele wurden die Befragten in Postmaterialisten, Materialisten und Mischtypen eingeteilt. Die abhängige Variable bildet eine nominalskalierte Variable mit den Ausprägungen Postmaterialist, Materialist und Mischtypus. Der *Bildungsstand* wurde in eine dichotome Variable mit zwei Ausprägungen überführt: niedrige Bildung (ohne Abschluss, Hauptschulabschluss, Mittlere Reife) und höhere Bildung (Abitur, Fachabitur).[5] Während das *Alter* (in Jahren) sowie die *Periode* (Erhebungsjahr, mittelwertszentriert) jeweils nur in einer Form in die Analysen einbezogen werden, erweist sich die Operationalisierung des Kohorteneffekts als diffizil und bedarf zusätzlicher Erklärung.

Zur Abbildung von *Kohorten* wurden aus dem Geburtsjahr mehrere Variablen generiert: 1) Zur vereinfachten Darstellung der Wandlungsprozesse wurden zunächst fünf Kohorten gebildet, die jeweils zehn Altersjahrgänge umfassen und in der deskriptiven Darstellung der Wandlungsprozesse herangezogen werden. 2) In einem weiteren Schritt wird das Geburtsjahr selbst als mittelwertszentrierte metrische Kohortenvariable in die multivariaten Analysemodelle eingeführt, um Hinweise auf einen Trend des kohortenspezifischen Wandels zu erhalten. 3) Die

5 Eine detailliertere Betrachtung der Bildungsniveaus – z.B. unter Heranziehung einer ordinalen Skalierung – wird aus Gründen der Komplexitätsreduktion nicht vorgenommen – insbesondere auch im Hinblick auf die Bedeutungsunterschiede der Bildungszertifikate zwischen verschiedenen Zeitperioden und den einzelnen Bundesländern.

dritte Herangehensweise ist notwendig, wenn Alter, Periode und Kohorte simultan in einem Regressionsmodell analysiert werden sollen, denn das lineare Verhältnis, in dem die drei zeitlichen Komponenten stehen (Periode = Kohorte + Alter), führt dann zu einem Identifikationsproblem und perfekter Multikollinearität (Glenn 2005). Dieses Problem kann durch den Ersatz einer der zeitlichen Effekte durch eine Variable, die theoretisch begründbar das misst, was durch die Zeitvariable gemessen werden soll (Glenn 2005; Wagner 2001), gelöst werden. Daher wird die metrische zeitliche Kohortenvariable im vollständigen A-P-K-Analysemodell durch die inhaltliche Variable „Heterogenität" ersetzt.[6] Diese Variable bildet den sozialen Prozess der Bildungsexpansion – für den die Kohorte bzw. das Geburtsjahr als Proxy steht – in besonderer Weise ab, denn im Zenit der Bildungsexpansion ist es zu einer ausgeprägten Heterogenität der Schülerschaft gekommen (Becker 2003; Hadjar und Becker 2006).

Als inhaltliche Kontrollvariablen werden zudem das Berufsprestige des bzw. der Befragten sowie das Berufsprestige des Vaters (Proxy für die materiellen Sozialisationsbedingungen), jeweils gemessen anhand der Magnitude-Prestige-Skala (Wegener 1988), in die Modelle eingeführt.

4.3 Bildung und Wertewandel: Deskriptive Analysen

Eine visuelle Inspektion der Anteile der Wertetypen soll erste Hinweise liefern, welche Wandlungseffekte zu konstatieren sind. Die Wandlungsprozesse der Anteile der Postmaterialisten und der Materialisten werden dabei getrennt betrachtet, da durch die Berücksichtigung von Werte-Mischtypen (vgl. Klein 1995; Klages 2001) der Postmaterialistenanteil nicht komplementär zum Materialistenanteil ist. Zur Erhöhung der Übersichtlichkeit wurden die Geburtsjahrgänge zu fünf Kohorten zusammengefasst, die hinsichtlich ihrer Erlebnisse im Zuge der politischen Generation so zu fassen sind: 1919-28 – Drittes Reich, Krieg, 1929-38 – Nachkrieg, Not, 1939-48 – Wiederaufbau, Wirtschaftswunder, 1949-58 – Wohlstand/Studentenbewegung, Bildungsexpansion, 1959-68 – beginnende wirtschaftliche Krisen, Arbeitslosigkeit, Bildungsexpansion.

Zunächst werden die Entwicklungen der kohortenspezifischen Postmaterialisten-Anteile zwischen 1980 und 2004 verglichen.[7]

---

6 Die Variable „Heterogenität" entspricht dem geburtsjahrspezifischen inversen Cramér's V für die Beziehung zwischen sozialer Herkunft (Goldthorpe-Klassifikation des Vaters) und Bildungsstand. Hohe Werte stehen für eine geringe Beziehung zwischen– und damit für Heterogenität (vgl. Hadjar und Becker in diesem Band).

7 Die jüngste Kohorte der zwischen 1959 und 1968 Geborenen wird ab 1984 in die Graphik eingeführt, da diese Kohorte erst langsam in die Längsschnittanalyse hineinwächst und zunächst die Fallzahlen zu gering sind, was Selektionseffekte zur Folge haben kann.

Abbildung 1: Kohortenspezifischer Wandel des Postmaterialistenanteils (in %)

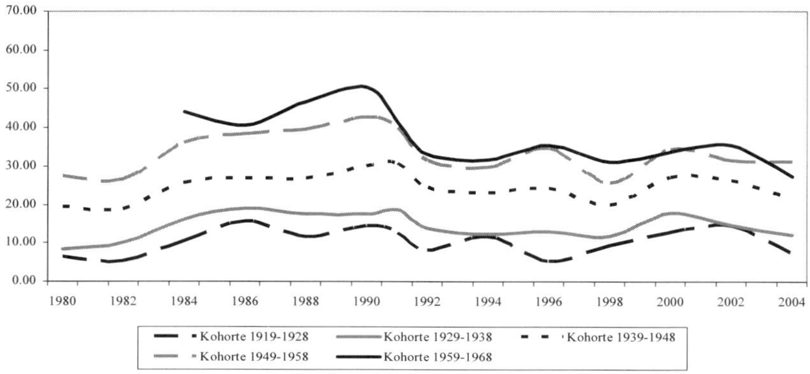

Quelle: ALLBUS 1980-2004, eigene Berechnungen

Im Hinblick auf den Postmaterialismus (vgl. Abb. 1) zeigt sich, dass in der jüngsten Kohorte (zwischen 1959 und 1968 Geborene), zunächst über nahezu alle Zeitpunkte hinweg der höchste Anteil zu verzeichnen ist. Der Postmaterialistenanteil sinkt mit jeder Kohorte. Dies ist ein erstes Anzeichen auf einen Kohorteneffekt, wie er in Hypothese 2a postuliert wurde. Ein linearer Periodeneffekt ist nicht festzustellen, aber hypothesenkonform (Hypothese 4) einige über alle Kohorten ähnliche Verlaufsabschnitte, die auf punktuelle Periodeneinflüsse hinweisen. So steigen zwischen 1982 bis 1990 in allen Kohorten die Postmaterialistenanteile leicht an. Nach 1990 kommt es zu einem mehr oder weniger starken Absinken; offenbar führten materielle Problemwahrnehmungen – mutmaßlich durch die Kosten der Vereinigung beider deutscher Staaten und den Anstieg der Arbeitslosigkeit verursacht – zu einer periodenspezifischen Abkehr von postmaterialistischen Werten. Die Abstände zwischen den Kohorten sind in den 1990ern und Anfang des 21. Jahrhunderts geringer als noch in den 1980er Jahren. Eine Identifizierung von Alterseffekten in den Verläufen der kohortenspezifischen Postmaterialistenanteile ist nicht möglich; dahingehende Erkenntnisse kann nur eine multivariate A-P-K-Analyse bringen.

Der Anteil der Materialisten müsste sich nach Inglehart (1977) relativ komplementär zum Postmaterialstenanteil entwickeln. Bezüglich der Kohortenunterschiede ist dies nach der visuellen Inspektion (vgl. Abb. 2) durchaus zutreffend.

In der jüngsten Kohorte finden sich die wenigsten Materialisten. Je jünger die Kohorte ist, desto geringer ist der Materialistenanteil. Der periodische Verlauf des Materialistenanteils, der auf deutliche periodenspezifische Einflüsse (kontinuierliches Absinken zwischen 1982 und 1986, relative Stagnation bis 1992, Spitze des Materialistenanteils 1992; relative Stagnation nach 1994) hinweist, aber – trotz einiger Bezüge – bei weitem kein Spiegelbild der Verläufe der kohortenspezifischen Postmaterialistenanteile darstellt, ist ein Indiz für die Mehrdimensionalität des Wertewandelsprozesses im Sinne von Klein (1995).

Abbildung 2: Kohortenspezifischer Wandel des Materialistenanteils (in %)

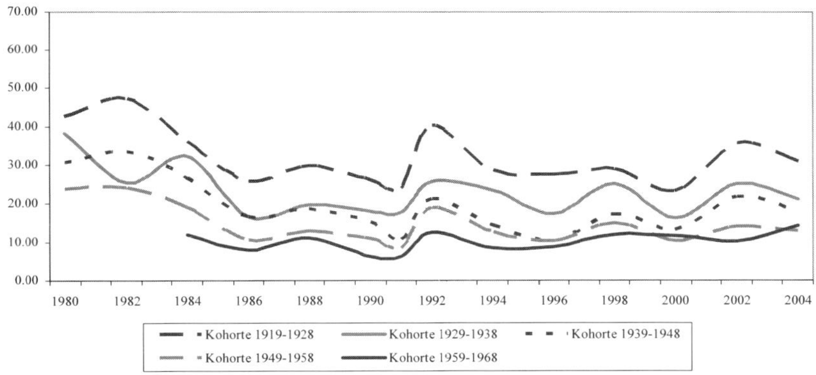

Quelle: ALLBUS 1980-2004, eigene Berechnungen

Ein Vergleich des Wandels der Materialisten- und Postmaterialistenanteile (vgl Abb. 3) weist klar auf einen Bildungseffekt hin, wie er in Hypothese 1 im Hinblick auf Postmaterialismus expliziert wurde. Zu allen Erhebungszeitpunkten zwischen 1980 und 2004 ist der Postmaterialisten-Anteil in der höheren Bildungsschicht (Abitur, Fachabitur und höherer Bildungsabschluss) stärker ausgeprägt als in der niedrigeren Bildungsschicht. Die Abstände zwischen den Postmaterialistenanteilen zwischen der niedrigeren und höheren Bildungsschicht sind weniger stark, dennoch zeigt sich auch hier: Der Postmaterialistenanteil ist in der höheren Bildungsschicht größer. Die in den beiden Bildungsschichten bezüglich des Anteils des jeweiligen Wertetypus ähnlichen Verläufe verweisen auf Periodeneffekte. Auch in der bildungsspezifischen Betrachtung zeigen sich die tendenzielle Ansteigen der Postmaterialistenanteile bis 1990 und das starke Absinken der Postmaterialistenanteile Anfang der 1990er Jahre.

Die Heterogenisierungs-These (Hypothese 2b), dass sich niedrigere und höhere Bildungsschicht in ihren Werten über die Kohortenabfolge bzw. Bildungsexpansion tendenziell annähern, kann für Postmaterialismus nicht bestätigt werden. Beide Bildungsschichten driften auseinander (vgl. Abb. 4). Eine Abnahme des Unterschieds zwischen den Bildungsgruppen über die Kohortenabfolge ist stattdessen bezüglich des Materialismus zu konstatieren.[8]

Abbildung 3: Periodenunterschiede: Wertetypen nach Bildungsstand (in %)

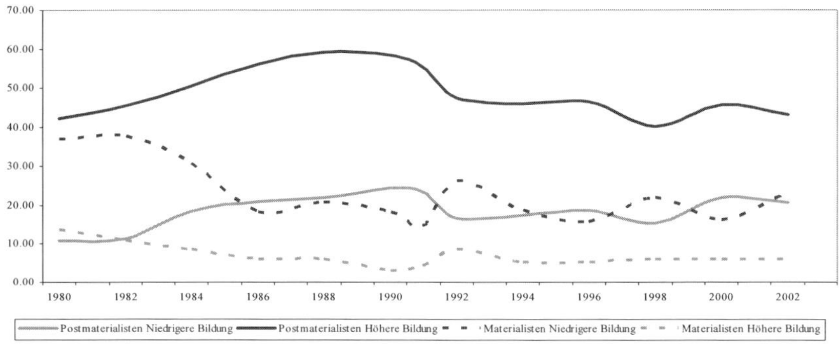

Quelle: ALLBUS 1980-2004, eigene Berechnungen

Abbildung 4: Kohortenunterschiede: Wertetypen nach Bildungsstand (in %)

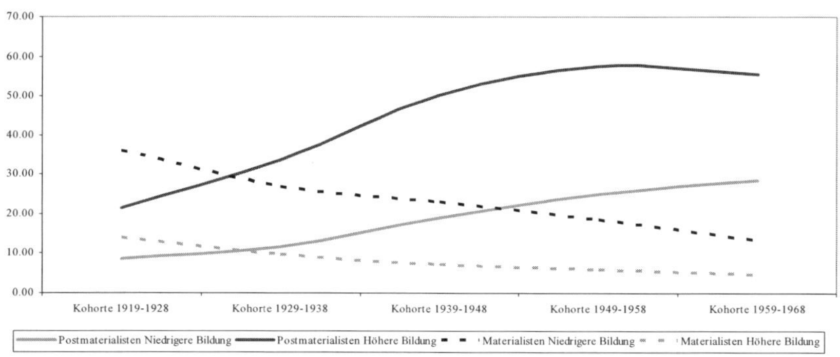

Quelle: ALLBUS 1980-2004, eigene Berechnungen

8 Eine hier nicht dargestellte Betrachtung der Mischtypen-Anteile lässt geringe Kohortenunterschiede, periodische Einflüsse (Anstieg Mitte 1980er Jahre) und einen Bildungseffekt (höherer Anteil bei niedrig Gebildeten) vermuten.

Die visuelle Inspektion gibt erste Hinweise auf Bildungs-, Kohorten-, Alters- und Periodeneffekte. Ob die einzelnen Effekte genuin oder auf andere Effekte zurückzuführen und wie stark diese Effekte sind, kann nur in multivariaten A-P-K-Analysen geklärt werden (vgl. Bürklin et al. 1994; Hadjar et al. 2006).

4.4 Multivariate Analysen zum Wandel der Werte

Abhängige Variable der multinominal-logistischen Regressionsmodelle (Tab. 1) ist der Inglehartsche Wertetypus (Kategorien: Materialist, Postmaterialist), wobei die Kategorie „Mischtyp" als Referenzgruppe fungiert. In ein erstes Modell I werden neben der Bildungsvariable die zusammengefassten Kohorten als Dummyvariablen (Referenzkategorie: älteste Kohorte) integriert. Dabei zeigt sich ein starker Bildungseffekt, entsprechend der Hypothese 1: Die Wahrscheinlichkeit, dass ein höher gebildetes Individuum postmaterialistischen Werten anhängt, ist 3,1 Mal höher als bei niedrig Gebildeten. Entsprechend haben höher Gebildete eine geringere Wahrscheinlichkeit, zur Gruppe der Materialisten zu gehören. In der eindimensionalen Betrachtung zeigen sich auch nahezu lineare Kohorteneffekte. Über die Kohortenabfolge steigt der Postmaterialistenanteil hin zur jüngsten Geburtskohorte an, der Materialistenanteil nimmt parallel dazu ab.

Modell II enthält statt der Kohorten-Dummyvariablen eine metrische Kohortenvariable (das mittelwertszentrierte Geburtsjahr), einen Interaktionseffekt „Bildung • Kohorte" und die Periode. Um das Risiko von Fehlschlüssen weiter zu minimieren und die Mangelhypothese (Inglehart 1977) zu berücksichtigen, werden zudem der soziale Status (Berufsprestige) und die soziale Herkunft (Berufsprestige des Vaters) kontrolliert.[9] Der Bildungseffekt ist sehr stark, im Vergleich zum ersten Modell aber etwas geringer ausgeprägt. Ursache dafür ist die Einbeziehung von sozialem Status und sozialer Herkunft. Offenbar ist ein Teil der Erklärungskraft des Bildungsniveaus auf den mit höherer Bildung einhergehenden höheren Sozialstatus zurückzuführen (vgl. Mayer und Blossfeld 1990; Becker und Zimmermann 1995; Becker in diesem Band).

Der Kohorteneffekt weist darauf hin, dass mit jedem höheren Geburtsjahr die Wahrscheinlichkeit, Postmaterialist zu sein, ansteigt, während der Materialistenanteil sinkt. Die „odds ratio"-Werte der Periodeneffekte zeigen über den Untersuchungszeitraum sinkende Postmaterialisten-, aber auch sinkende Materialistenanteile an, was auf einen steigenden Anteil der Werte-Mischtypen hin-

9 Das Berufsprestige ist Ausdruck des individuellen sozialen Status und sollte gemäß der Maslowschen Bedürfnispyramide (Maslow 1954) positiv mit der Wahrscheinlichkeit, dem postmaterialistischen Wertetypus anzugehören, zusammenhängen. Die soziale Herkunft steht nach der Inglehartschen Argumentation (Inglehart 1977) für die materiellen Bedingungen im Zuge der Sozialisation und sollte ebenfalls positiv mit postmaterialistischen Werten korrelieren.

weist. Hypothese 4 bezüglich des Postmaterialismus ist zu bestätigen. Der im Hinblick auf Postmaterialismus auf dem 10%-Niveau signifikante Interaktionseffekt aus Bildungsstand und Kohortenzugehörigkeit weist auf ein tendenzielles Auseinanderdriften der Bildungsgruppen hinsichtlich des Postmaterialistenanteils hin. Bezüglich der inhaltlichen Kontrollvariablen sind die erwarteten Effekte zu konstatieren: Ein höherer sozialer Status – gemessen anhand des Berufsprestiges – erhöht die Wahrscheinlichkeit, zum postmaterialistischen Wertetypus zu gehören. Diese Wahrscheinlichkeit steigt ebenso mit zunehmenden Berufsprestige des Vaters (soziale Herkunft). Für den materialistischen Wertetyp zeigen sich die Effekte in umgekehrter Richtung.

Einer vollständigen A-P-K-Analyse – und damit einer adäquateren Analyseform – entspricht Modell III, in dem alle drei Zeitdimensionen integriert wurden. Als Kohortenersatz dient die Variable „Heterogenität", da die zunehmende Heterogenisierung der Schülerschaft nach sozialer Herkunft ein wesentliches Merkmal der Bildungsexpansion darstellt, aus deren Perspektive die Kohorten interpretiert werden sollen.

Im Ergebnis zeigt sich Folgendes: Der Bildungseffekt hat auch im komplexen A-P-K-Modell eine starke Ausprägung und entspricht in seiner Richtung Hypothese 1. Der in Hypothese 2a postulierte Kohorteneffekt – abgebildet durch die Heterogenitätsvariable – ist jedoch sowohl bezüglich Postmaterialismus, als auch Materialismus nicht mehr signifikant. Dies ist der simultanen Integration des Alters- und des Periodeneffekts sowie des Interaktionseffekts aus Bildung und Kohorte in das Modell geschuldet. Der im Hinblick auf den Postmaterialismus sehr stark ausgeprägte Interaktionseffekt zeigt an, dass – in Widerlegung der Hypothese 2b – offenbar in den jüngeren Kohorten die Bildungsspezifizität postmaterialistischer Werte nicht abgenommen hat: In der höheren Bildungsgruppe haben die Postmaterialisten ungleich stärker über die Kohortenabfolge zugenommen als in der niedrigeren Bildungsgruppe. Hinsichtlich Materialismus zeigt sich ein solcher Interaktionseffekt nicht. Der Alterseffekt weist entsprechend Hypothese 3 darauf hin, dass ältere Individuen weniger wahrscheinlich postmaterialistischen Werten anhängen – wobei dieser Effekt nicht als biologischer Alterseffekt, sondern als Lebenszykluseffekt gedeutet werden soll.

Der Periodeneffekt bezüglich der postmaterialistischen Kategorie hat in der komplexen A-P-K-Analyse eine andere Richtung als in Modell II: Nunmehr scheint über den Zeitraum zwischen 1980 und 2004 eher eine Zunahme postmaterialistischer Werte zu konstatieren zu sein. Dies ist so zu interpretieren, dass unter Berücksichtigung der Veränderung der Altersverteilung der westdeutschen Bevölkerung (Zunahme älterer Altersgruppen) postmaterialistische Werte in der Gesamtbevölkerung tendenziell eher zugenommen haben. In der visuellen Inspektion und eindimensionalen statistischen Analysen aufscheinende gegenteilige Befunde liegen in der Nichtberücksichtigung des zunehmenden Alters der Bevölkerung begründet. Für den Anteil der Materialisten kann nach diesen

Tabelle 1: Multi-nominale logistische Regressionsmodelle (odds ratios)

	Modell I		Modell II		Modell III	
Wertetypen *Ref.: Werte-Mischtypen*	Postmaterialismus	Materialismus	Postmaterialismus	Materialismus	Postmaterialismus	Materialismus
Höhere Bildung *Ref.: Niedrige Bildung*	3.130***	.425***	2.112***	.675***	2.133***	.678***
Kohorte *Ref.: 1919-1928*						
1929-1938	1.339***	.684***				
1939-1948	2.377***	.628***				
1949-1958	3.244***	.523***				
1959-1968	3.292***	.363***				
Kohorte Geburtsjahr			1.032***	.979***		
Interaktionseffekt Hohe Bildung • Kohorte *Ref.: niedrige Bildung • Kohorte*			1.005†	1.003		
Heterogenität (Kohorte)					.972	.745
Interaktionseffekt Hohe Bildung • Heterogenität (Kohorte) *Ref.: niedrige Bildung • Heterogenität (Kohorte)*					9.084**	.823
Periode (Erhebungsjahr)			.984***	.965***	1.016***	.946***
Alter					.968***	1.020***
Sozialer Status (Berufsprestige)			1.008***	.988***	1.008***	.988***
Soziale Herkunft (Berufsprestige des Vaters)			1.003***	.997***	1.003***	.997***
Konstante	-1.950***	-.458***	-1.744***	-.263***	-.239	-.997***
N	26.851		21.624		21.624	
Nagelkerkes R^2	.156		.185		.186	

*** p < .001, ** p < .01, * p < .05, † p < .10

Datengrundlage: ALLBUS 1980-2004

Ergebnissen der komplexen A-P-K-Analyse weiterhin von einer über den Untersuchungszeitraum sinkenden Tendenz ausgegangen werden.

Die Effekte der inhaltlichen Kontrollvariablen sozialer Status und soziale Herkunft bezüglich Postmaterialismus sind auch in Modell III übereinstimmend mit der Mangelhypothese von Inglehart positiv, d.h. je höher der soziale Status und/oder der Status der Herkunftsfamilie eines Individuums ist, desto größer ist die Wahrscheinlichkeit, dass es postmaterialistischen Werten anhängt. Auf Materialismus wirken diese Effekte in entsprechend umgekehrter Richtung.[10]

5. Schlussfolgerungen und Ausblick

In den Analysen zu den Werten des Postmaterialismus und des Materialismus zeigte sich die – über die Bildungsexpansion hinweg – stabile Bildungsspezifizität von Werten. Mit dem Anstieg des Anteils an höher Gebildeten über die Bildungsexpansion – die hier durch die Kohortenabfolge repräsentiert wurde –, nahm auch der Anteil der Postmaterialisten zu. Es kann vermutet werden, dass der Bildungsexpansion ein substantieller Anteil am Wertewandel zukommt.

Die Analysen zum Wertewandel haben gezeigt, dass eine Betrachtung aller drei Zeitdimensionen bei der Untersuchung sozialer Wandlungsprozesse unumgänglich ist. Der von Inglehart (1977) ursprünglich als intergenerationaler Wandel spezifizierte Wandel der postmaterialistischen Werte scheint auf den ersten Blick – bei einer visuellen Inspektion deskriptiver Kennzahlen und in einfachen Analysen – durchaus auf der Kohortenabfolge zu basieren, bei gleichzeitiger Berücksichtigung von Alters-, Perioden- und Kohorteneffekten erweist sich aber, dass der Wandel der Werte vielmehr auch auf einen Alters- bzw. Lebenszykluseffekt zurückgeht. Jüngere Kohorten sind postmaterialistischer, weil sie jünger sind und in ihrem Lebenszyklus noch an einem frühen Punkt stehen, der offenbar weniger materielles Denken erfordert. Über den Lebenszyklus nimmt die Orientierung an postmaterialistischen Werten dann wieder ab. Das komplexe A-P-K-Modell hat auch gezeigt, dass die periodenspezifische Zunahme des Postmaterialistenanteils auch zwischen 1980 und 2004 nicht zum Stillstand gekommen ist. Der „cultural drift" hin zu postmaterialistischen Werten ist also weiterhin zu spüren. Andere Befunde über eine Umkehrung des postmaterialistischen Wertewandels basieren zumeist auf der Nichtberücksichtigung der Altersstruktur der Bevölkerung oder auf Selektionseffekten durch die Analyse erst in die Längsschnittuntersuchung hineinwachsender junger Kohorten. Eine Er-

10 Bezüglich der Mischtypen weisen die Koeffizienten eines hier nicht dargestellten A-P-K-Modells (binär-logistische Regression) auf im Vergleich geringere Wandlungsprozesse hin. Der Mischtypenanteil nimmt über die Zeit (Periode) und die Kohortenabfolge sowie das Alter tendenziell zu. Bei den gering Gebildeten ist der Mischtypenanteil größer.

höhung des Anteils von Älteren in der Bevölkerung geht mit einer Abnahme von Postmaterialismus einher; aber: Der Anteil der Postmaterialisten hat nicht entsprechend abgenommen, sondern liegt offenbar höher als dies nach dem Wandel der Altersverteilung zu erwarten wäre. Keine Bestätigung findet im Hinblick auf Postmaterialismus die Heterogenisierungsthese. Die Distinktion der höheren Bildungsgruppe bezüglich postmaterialistischer Werte hat sogar zugenommen über die Bildungsexpansion. Höher Gebildete sind weiterhin primär Träger dieser Werthaltungen – was u.a. in der Verknüpfung von kognitiven Fähigkeiten mit guter materieller Lage begründet liegt. Im Hinblick auf die Werte-Mischtypen, deren Anteil in niedrigeren Bildungsschichten höher ist, haben postmaterialistische Elemente aber auch Eingang in den Wertekosmos gering Gebildeter gefunden – etwa durch schulische bzw. berufliche Sozialisation.

Die Gegenüberstellung der Befunde bezüglich postmaterialistischer und materialistischer Werte hat gezeigt, dass nicht von einem gleichgerichteten Wertewandel auszugehen ist. Selbst die Wandlungsprozesse von Postmaterialismus und Materialismus sind nicht komplementär zueinander. Wertewandel verläuft mehrdimensional. Jeder Wert sollte auf seinen spezifischen Inhalt und seine Verknüpfung mit der Sozialstruktur hin analysiert werden.

Aus methodischer Sicht bleibt im Ausblick festzustellen, dass die hier untersuchten Inglehartschen Wertetypen nur einen kleinen Ausschnitt des Wertespektrums darstellen. Um die Entwicklung der Werte bzw. Werthaltungen im Zuge der Bildungsexpansion zu erfassen, wären u.a. Werte der Akzeptanz sozialer Ungleichheit, Geschlechterrollen oder marktorientierte Ideologien (Hadjar 2004) gleichermaßen zu berücksichtigen. Zudem erscheint eine mehrdimensionale Skalierung sinnvoll, denn es können auch Wertsynthesen vorliegen, die mit der typisierenden – und nur auf vier, in eine Rangfolge zu bringenden Items basierenden – Operationalisierung des Inglehartschen Wertekosmos im ALLBUS nicht erfasst werden können.

Im Fazit ist anhand der Ergebnisse von einer stützenden Funktion der Bildungsexpansion für den Wertewandel auszugehen. Postmaterialistische Werthaltungen werden vor allem von höher gebildeten Individuen geteilt. Wenngleich über die Kohortenabfolge hinweg sowohl in den höheren, als auch in den niedrigeren Bildungsschichten eine Zunahme des Postmaterialistenanteils stattgefunden hat, ist der Anstieg in den höheren Bildungsschichten stärker. Der Wertewandel verlief in diesem Sinne nicht genuin über die politischen Generationen, sondern wurde – einem Interaktionseffekt entsprechend – insbesondere von den höher gebildeten Generationen getragen.

Literatur

Alwin, Duane F., Michael Braun und *Jaqueline Scott*, 1992: The Separation of Work and the Family: Attitudes Towards Women's Labour-Force Participation in Germany, Great Britain and the United States. European Sociological Review 8: 13-45.

Baumert, Jürgen, 1991: Langfristige Auswirkungen der Bildungsexpansion. Unterrichtswissenschaft 19: 333-349.

Baumert, Jürgen, Cordula Artelt, Eckhard Klieme, Michael Neubrand, Manfred Prenzel, Ulrich Schiefele, Wolfgang Schneider, Gundel Schümer, Klaus-Jürgen Tillmann und *Manfred Weiß* (Hg.), 2003: Pisa 2000 – Ein differenzierter Blick auf die Länder der Bundesrepublik Deutschland. Opladen: Leske + Budrich.

Becker, Gary S., 1974: Human Capital. New York: Columbia University Press.

Becker, Rolf, 1998: Bildung und Lebenserwartung in Deutschland. Eine empirische Längsschnittuntersuchung aus der Lebensverlaufsperspektive. Zeitschrift für Soziologie 27: 133-150.

Becker, Rolf, 2002: Wahlbeteiligung im Lebenslauf. Kölner Zeitschrift für Soziologie und Sozialpsychologie 54: 246-263.

Becker, Rolf, 2003: Educational Expansion and Persistent Inequalities of Education. Utilizing Subjective Expected Utility Theory to Explain Increasing Participation Rates in Upper Secondary School in the Federal Republic of Germany. European Sociological Review 19: 1-24.

Becker, Rolf, 2005: Political Efficacy und Wahlbeteiligung in Ost- und Westdeutschland. Swiss Political Review 11: 57-86.

Becker, Rolf und *Ekkart Zimmermann*, 1995: Statusinkonsistenz im Lebensverlauf. Zeitschrift für Soziologie 24: 358-370.

Behrmann, Günther C., 1987: Wertwandel, Bildungsexpansion, Säkularisierung und politische Sozialisation in der Bundesrepublik. Politische Vierteljahresschrift 28: 166-182.

Bürklin, Wilhelm, Markus Klein und *Achim Ruß*, 1994: Dimensionen des Wertewandels. Eine empirische Längsschnittanalyse zur Dimensionalität und der Wandlungsdynamik gesellschaftlicher Wertorientierungen. Politische Vierteljahresschrift 35: 579-606.

Dalton, Russell J., 1984: Cognitive Mobilization and Partisan Dealignement in Advanced Industrial Democracies. The Journal of Politics 46: 264-284.

Durkheim, Émile, 1996 [1898]: Individuelle und kollektive Vorstellungen. S. 45-83 in: *Emile Durkheim*, Soziologie und Philosophie. Frankfurt am Main: Suhrkamp.

Flanagan, Scott C., 1987: Value Change in Industrial Societies. American Political Science Review 81: 1289-1319.

Fogt, Helmut, 1982: Politische Generationen. Opladen: Westdeutscher Verlag.

Glenn, Norval D., 2005: Cohort analysis. Thousand Oaks: Sage.

Hadjar, Andreas, 2004: Ellenbogenmentalität und Fremdenfeindlichkeit bei Jugendlichen. Die Rolle des Hierarchischen Selbstinteresses. Wiesbaden: VS Verlag für Sozialwissenschaften.

Hadjar, Andreas, und *Rolf Becker*, 2005: Bildung, Status und soziale Repräsentationen von Ungleichheit zwischen 1984 und 2000. Vortrag auf der Tagung der DGS-Sektion Soziale Ungleichheit und Sozialstrukturanalyse, Universität Hohenheim, 19. März 2005.

Hadjar, Andreas, Dirk Baier und *Klaus Boehnke*, 2003: Geschlechtsspezifische Jugenddelinquenz. Eine Beurteilung der Power-Control Theory. S. 174-193 in: *Jürgen Mansel, Hartmut M. Griese* und *Albert Scherr* (Hg.), Theoriedefizite der Jugendforschung. Standortbestimmung und Perspektiven. Weinheim/München: Juventa.

Hedström, Peter, und *Richard Swedberg*, 1996: Social Mechanisms. Acta Sociologica 39: 281-308.

Herz, Thomas A., 1987: Werte, sozio-politische Konflikte und Generationen. Eine Überprüfung der Theorie des Postmaterialismus. Zeitschrift für Soziologie 16: 56-69.

Inglehart, Ronald, 1977: The Silent Revolution. Changing Values and Political Styles Among Western Publics. Princeton: Princeton University Press.

Inglehart, Ronald, 1989: Kultureller Umbruch. Wertewandel in der westlichen Welt. Frankfurt a.M./New York: Campus.

Inglehart, Ronald, 1997: Modernization and Postmodernization:Cultural, Economic, and Political Change in 43 Societies. Princeton : Princeton University Press.

Inglehart, Ronald, 1998: Modernisierung und Postmodernisierung. Kultureller, wirtschaftlicher und politischer Wandel in 43 Gesellschaften. Frankfurt a.M./New York: Campus.

Klages, Helmut, 1984: Wertorientierungen im Wandel. Rückblick, Gegenwartsanalysen, Prognosen. Frankfurt a.M./New York: Campus.

Klages, Helmut, 1985: Bildung und Wertewandel. S. 224-241 in: *Lutz Burkart* (Hg.), Soziologie und gesellschaftliche Entwicklung. Verhandlungen des 22. Deutschen Soziologentages in Dortmund 1984. Frankfurt a.M./New York: Campus.

Klein, Markus, 1995: Wieviel Platz bleibt im Prokrustesbett? Wertewandel in der Bundesrepublik Deutschland zwischen 1973 und 1992 gemessen anhand des Inglehart-Index. Kölner Zeitschrift für Soziologie und Sozialpsychologie 47: 207-230.

Klein, Markus, und *Manuela Pötschke*, 2004: Die intraindividuelle Stabilität gesellschaftlicher Wertorientierungen. Eine Mehrebenenanalyse auf der Grundlage des Sozio-oekonomischen Panels (SOEP). Kölner Zeitschrift für Soziologie und Sozialpsychologie 56: 432-456.

Kluckhohn, Clyde, 1951: Values and Value-Orientations in the Theory of Action. S. 388-434 in: *Talcott Parsons* und *Edward A. Shils* (Hg.), Toward a General Theory of Action. New York: Harper.

Klein, Markus, und *Dieter Ohr*, 2004: Ändert der Wertewandel seine Richtung? Die Entwicklung gesellschaftlicher Wertorientierungen in der Bundesrepublik Deutschland zwischen 1980 und 2000. S. 153-178 in: *Rüdiger Schmitt-Beck, Martina Wasmer* und *Achim Koch* (Hg.), Sozialer und politischer Wandel in Deutschland. Analysen mit den ALLBUS-Daten aus zwei Jahrzehnten. Wiesbaden: VS Verlag für Sozialwissenschaften.

Kneubühler, Hans-Ulrich, 2004: Lehrpersonen im Spannungsfeld von Chancengleichheit und sozialer Ungleichheit. Kann Soziologie etwas zur Ausbildung von Lehrpersonen beitragen. Beiträge zur Lehrerbildung 22: 336-346

Kurz, Karin, 1998: Hausfrau oder Berufsfrau? Einstellungen zur Rolle der Frau in Ost- und Westdeutschland. S. 173-220 in: *Michael Braun und Peter Ph. Mohler* (Hg.), Blickpunkt Gesellschaft, Band 4. Soziale Ungleichheit in Deutschland. Opladen: Westdeutscher Verlag.

Lempert, Wolfgang, 1993: Moralische Sozialisation im Beruf. Bedingungsvarianten und -konfigurationen, Prozeßstrukturen, Untersuchungsstrategien. Zeitschrift für Sozialisationsforschung und Erziehungssoziologie 13: 2-34.

Lockwood, David, 1979: Soziale Integration und Systemintegration. S. 125-137 in: *Wolfgang Zapf* (Hg.), Theorien des sozialen Wandels. Königstein im Ts.: Hain.

Maag, Gisela, 1991: Gesellschaftliche Werte. Strukturen, Stabilität und Funktion. Opladen: Westdeutscher Verlag.

Mannheim, Karl, 1928: Das Problem der Generation. Kölner Vierteljahresschrift für Soziologie 7: 157-185, 309-330.

Marx, Karl, 1974 [1857]: Einleitung zur Kritik der Politischen Ökonomie. Marx-Engels-Werke Band 13. Berlin: Dietz.

Maslow, Abraham K., 1954: Motivation and Personality. New York: Harper and Row.

Mayer, Karl-Ulrich, 1994: Bildung und Arbeit in einer alternden Bevölkerung. S. 518-543 in: *Paul B. Baltes, Jürgen Mittelstraß* und *Ursula M. Staudinger* (Hg.), Alter und Altern. Ein interdisziplinärer Studientext zur Gerontologie. Berlin: de Gruyter.

Mayer, Karl-Ulrich, und *Hans-Peter Blossfeld*, 1990: Die gesellschaftliche Konstruktion sozialer Ungleichheit im Lebensverlauf. S. 297-318 in: *Peter A. Berger* und *Stefan Hradil* (Hg.), Lebenslagen, Lebensläufe, Lebensstile. Göttingen: Verlag Otto Schwartz.

Mayer, Karl-Ulrich, und *Johannes Huinink*, 1990: Alters-, Perioden-, Kohorteneffekte in der Analyse von Lebensverläufen oder: Lexis ade? S. 442-459 in: *Karl-Ulrich Mayer* (Hg.), Lebensverläufe und sozialer Wandel. Opladen: Westdeutscher Verlag.

Meulemann, Heiner, 1998: Wertwandel als Diagnose sozialer Integration: Unscharfe Thematik, unbestimmte Methodik, problematische Folgerungen. S. 256-285 in: *Jürgen Friedrichs, Rainer M. Lepsius* und *Karl Ulrich Mayer* (Hg.), Die Diagnosefähigkeit der Soziologie. Opladen: Westdeutscher Verlag.

Müller, Walter, 1993: Social Structure, Perception and Evaluation of Social Inequality and Party Preferences. S. 94-117 in: *Dagmar Krebs* und *Peter Schmidt* (Hg.), New Directions in Attitude Measurement. Berlin: de Gruyter.

Müller, Walter, 1998: Erwartete und unerwartete Folgen der Bildungsexpansion. S. 81-112 in: *Jürgen Friedrichs, Rainer M. Lepsius* und *Karl-Ulrich Mayer* (Hg.), Die Diagnosefähigkeit der Soziologie. Opladen: Westdeutscher Verlag.

Plum, Wolfgang, 1982: Kohortenanalyse von Umfragedaten. Zur Identifizierung möglicher Einflußfaktoren politischen Verhaltens und politischer Einstellungen. Kölner Zeitschrift für Soziologie und Sozialpsychologie 34: 509-532.

Rokeach, Milton, 1972: Beliefs, Attitudes and Values. A Theory of Organization and Change. San Francisco: Jossey-Bass.

Sacchi, Stefan, 1992: Postmaterialismus in der Schweiz von 1972 bis 1990. Schweizerische Zeitschift für Soziologie 18: 87-117.

Schelsky, Helmut, 1956: Soziologische Bemerkungen zur Rolle der Schule in unserer Gesellschaftsverfassung. S. 9-50 in: *Helmut Schelsky* (Hg.), Schule und Erziehung in der industriellen Gesellschaft. Würzburg: Weltbund Verlag.

Wagner, Michael, 2001: Kohortenstudien in Deutschland. Expertise für die Kommission zur Verbesserung der informationellen Infrastruktur zwischen Wissenschaft und Statistik. Köln: Universität zu Köln.

Weber, Max, 1972 [1921]: Wirtschaft und Gesellschaft. Tübingen: J.C.B. Mohr (Paul Siebeck).

Wegener, Bernd, 1988: Kritik des Prestiges. Opladen: Westdeutscher Verlag.

Die Abnahme von Fremdenfeindlichkeit – ein Effekt der Bildungsexpansion?

Susanne Rippl

1. Einleitung

Die Bildungsreform mit ihrem Ausgangspunkt in den 1960er Jahren hat unzweifelhaft dazu geführt, dass das Bildungsniveau – gemessen an Schulabschlüssen – in Deutschland deutlich angestiegen ist (Allmendinger und Aisenbrey 2002). Das Ziel des Abbaus von Bildungsungleichheit scheint jedoch kaum erreicht zu sein (Becker 2004 und in diesem Band; Geißler 2002; Baumert und Schümer 2001). Dennoch sollte zumindest der Anstieg des Bildungsniveaus zu einer Abnahme fremdenfeindlicher Haltungen in der Bundesrepublik beitragen. Der Zusammenhang von Bildung und Fremdenfeindlichkeit ist ein in fast jeder empirischen Untersuchung zu diesem Thema replizierter und bestätigter Befund (z.B. Rippl und Seipel 2002; Kleinert und de Rijke 2001; Noack 2001; Wagner und Zick 1995). Es zeigt sich zudem, dass Bildung häufig im Vergleich zu anderen Prädiktoren der stärkste Indikator für fremdenfeindliche Orientierungen ist (Seipel und Rippl 2000; Fuchs 2003). Bildung kann somit als wichtiger „Präventionsfaktor" gelten, wenn es um die Eindämmung fremdenfeindlicher Tendenzen geht. Dementsprechend muss man davon ausgehen, dass die Bildungsexpansion dämpfende Wirkung auf fremdenfeindliche Tendenzen in der Bundesrepublik gehabt hat. Erste Ergebnisse, die in diese Richtung weisen, präsentiert Hoffmann-Lange (2000). Im vorliegenden Beitrag sollen die Zusammenhänge zwischen Bildungsexpansion, formalem Bildungsniveau und Fremdenfeindlichkeit genauer untersucht werden. Dabei soll insbesondere der Frage nachgegangen werden, welche konkreten Mechanismen hinter dem Zusammenhang von Bildung und Fremdenfeindlichkeit stehen und inwieweit diese vor dem Hintergrund der Bildungsexpansion wirksam werden bzw. sich verändert haben.

2. Der Zusammenhang zwischen Bildungsexpansion, Bildung und Fremdenfeindlichkeit

Die Bildungsexpansion brachte mindestens zwei zentrale Effekte hervor, die für die Entwicklung von Fremdenfeindlichkeit von Bedeutung sind: Zum einen der allgemeine Anstieg des Bildungsniveaus, der dämpfende Wirkungen auf fremdenfeindliche Tendenzen haben müsste. Zum anderen wurden aber auch Bildungsungleichheiten konserviert, und diese können – deprivationstheoretisch betrachtet – weiterhin fremdenfeindliche Haltungen begünstigen.

2.1 Eine theoretische „Dekompostition" der Bildungseffekte

Der Begriff der Bildung ist offenbar zu allgemein; er umfasst zu viele Aspekte, um unmittelbar die Mechanismen erkennen zu lassen, die hinter dem Zusammenhang zwischen Bildung und Fremdenfeindlichkeit stecken. Daher ist es sinnvoll im Folgenden die verschiedenen Aspekte systematisch zu betrachten, die unter dem Begriff „Bildung" im Kontext der Forschung zur Fremdenfeindlichkeit versteckt scheinen.

Becker (1998) unterscheidet zwei zentrale Aspekte von Bildung: die Mobilisierung kognitiver Kompetenz und die Allokationsfunktion; beide Aspekte sind auch im Kontext der Forschung zur Fremdenfeindlichkeit von Bedeutung. Zum einen ist das formale Bildungsniveau ein Indikator für erweiterte *kognitive Kompetenzen*, die in Sozialisationsprozessen erworben werden. Damit verbunden sind umfassendere Fähigkeiten, Situationen kritisch und differenziert zu beurteilen, ebenso wie eine Distanz zu pauschalisierenden und vereinfachenden Erklärungsmustern wie sie im Kontext rechter Ideologien verwendet werden. Dalton (1996) spricht für den politischen Bereich von einer kognitiven politischen Mobilisierung durch Bildung. Nie et al. (1996) zeigen in einer Studie, dass das Verständnis für demokratische Prinzipien und die damit verbundene Hinwendung zu demokratischen politischen Orientierungen mit zunehmender formaler Bildung steigt und dass dies insbesondere auch ein Effekt zunehmender kognitiver Fähigkeiten ist. Neben der Funktion der Kompetenzerweiterung hat Bildung ebenso eine Allokationsfunktion. So eröffnet Bildung den Zugang zu statushöheren Positionen im Erwerbsleben. Damit steigt auch das Niveau positionaler Anerkennung und auch das Einkommen. Im Kontext der Argumentation zum *Desintegrationstheorem* (Heitmeyer 2002) sind damit zentrale Bedingungen für eine positive Integration in die Gesellschaft gegeben, womit das Risiko für fremdenfeindliche Tendenzen zur Kompensation der eigenen unbefriedigenden Lebenssituation sinkt. Ähnlich argumentiert die *Anomietheorie*, die ebenfalls in einer misslungenen sozialen Integration die Ursache für Orientierungskrisen sieht, die durch die Hinwendung zu rechten Ideologien kompensiert werden. Allerdings deuten diverse Forschungsergebnisse darauf hin, dass die individuelle ökonomische Situation oder auch die subjektive Schichteinordnung keine besondere Relevanz für die Erklärung antidemokratischer oder fremdenfeindlicher Orientierungen aufweisen (Rippl und Baier 2005; Hopf 2000; Nie et al. 1996). Die Bildungsindikatoren zeigen viel eindeutigere und stärkere Effekte als soziale Schichtungs- oder Deprivationsindikatoren. Es zeigt sich, dass auch nach Partialisierung der ökonomischen „Begleiterscheinungen" von mangelhafter formaler Bildung (etwa Deprivation), die Bildung starke, direkte Effekte hat. Der bisherige Forschungsstand spricht also dafür, dass Bildungseffekte im Zusammenhang mit Fremdenfeindlichkeit nur in geringem Ausmaße Wirkungen sind, die aus der Allokationsfunktion oder Deprivationsfolgen folgen (Rippl und Baier 2005; Rippl 2002).

Ein dritter Aspekt von Bildung wird in der *These der Wertorientierungen* in der Literatur z.B. bei Jackman und Muha (1984), Baumert (1991) oder Melzer (1992) thematisiert. Baumert (1991) findet in einer Sekundäranalyse des ALLBUS einen Zusammenhang von Bildung und Postmaterialismus, der in der jüngsten Geburtskohorte am stärksten ist. Hier wird das niedrigere Niveau an postmaterialistischer Werthaltung in statusniedrigeren Schulzweigen bzw. bei Personen mit entsprechenden Schulabschlüssen mit einem höheren Niveau an Fremdenfeindlichkeit in Zusammenhang gebracht. Hopf (1999) fasst diese Überlegungen als „These des Wertewandels" zusammen. Er vermutet einen Zusammenhang zwischen schulischer Sozialisation und der Vermittlung materialistischer Orientierungen. Ein Zusammenhang von materialistischen und individualistischen Werthaltungen konnte in verschiedenen Studien nachgewiesen werden (Hadjar 2004; Hagan et al. 1999; Rippl et al. 1998). Materialistische und individualistische Grundhaltungen unterstreichen das Recht des Leistungsfähigeren, eine starke Konkurrenzorientierung und eine eher instrumentelle Haltung (Hadjar 2004). Diese Orientierungen zählen in unserer Gesellschaft zu erwünschten Eigenschaften, die wichtige Voraussetzungen für Erfolg im Erwerbsleben darstellen. Im Sinne von Grundorientierungen sind sie eigentlich losgelöst von politischen Inhalten. Sie können unter ungünstigen Bedingungen (z.B. bei ausbleibendem Erfolg) aber sehr schnell mit fremdenfeindlichen Ideologien in Verbindung gebracht werden. So tendiert der ökonomische Instrumentalismus in übersteigerter Form zu einer instrumentellen Haltung gegenüber Mitmenschen. Überspitzte Konkurrenz- und Leistungsorientierungen können mit Hilfe rassistischer Begründungen mit völkischem Hierarchiedenken verbunden werden. Es kann somit leicht eine Affinität zwischen individualistischen und materialistischen Grundhaltungen und fremdenfeindlichen Ideologien entstehen. Aus diesen Überlegungen lässt sich die folgende Ausgangshypothese ableiten:

Hypothese 1: Je höher der formale Bildungsstand eines Individuums ist, desto geringer die Tendenz zu fremdenfeindlichen Orientierungen.

2.2 Einflüsse auf die Entwicklung von Fremdenfeindlichkeit im Zeitverlauf

Die Bildungsexpansion lenkt den Blick auf Entwicklungen im Zeitverlauf der letzten 30-40 Jahre. Im Zuge der Bildungsexpansion ist davon auszugehen, dass durch die Zunahme höherer Bildungsabschlüsse fremdenfeindliche Orientierungen in Deutschland zurückgegangen sein müssten. Dies müsste insbesondere auf die Kohorten zutreffen, die stark von der Bildungsexpansion profitiert haben. Parallel zur Bildungsexpansion ergaben sich allerdings weitere Einflussfaktoren, die im Zeitverlauf wirksam wurden und die ebenfalls für die Entwicklung von Fremdenfeindlichkeit von Bedeutung sind. Für eine genauere Analyse sind daher unterschiedliche Kohorten-, Alters- und Periodeneffekte zu differenzieren.

Kohorteneffekte: Die *Bildungsexpansion* setzte in der BRD bereits in den 1950er Jahren ein (Geißler 2002), ein kräftiger Schub folgte den bildungspolitischen Debatten in den 1960er Jahren. Effekte werden also insbesondere für die Kohorten, die nach 1950 geboren wurden, sichtbar – dies sind z.B. Personen, die zum Ende der 1960er Jahre und später ein Abitur erwarben. Um die Effekte der Bildungsexpansion bewerten zu können, müssen andere parallel verlaufende Kohorteneffekte kontrolliert werden. So etwa die Effekte des Wertewandels. Auch die *Wertewandelthese* (Inglehart 1989, 1997) spricht Kohorteneffekte an. Es ist davon auszugehen, dass die jüngeren Kohorten, die in Zeiten eines gewissen ökonomischen Wohlstandes ihre Kindheit verbracht haben, weniger zu materialistischen Haltungen neigen und somit in geringerem Maße zu fremdenfeindlichen Haltungen. Dalton (1996) weist darauf hin, dass die Veränderung von Werthaltungen allerdings auch mit dem gestiegenen Bildungsniveau verbunden ist. Er geht davon aus, dass die Bildungsexpansion zu einer Zunahme der kognitiven politischen Mobilisierung führt, etwa in Form eines gesteigerten Demokratieverständnisses, womit ein indirekter Effekt der Bildungsexpansion thematisiert wird. Neben diesen Bildungseffekten erweisen sich noch weitere kohortenspezifische Effekte als relevant für die Ausprägung fremdenfeindlicher Einstellungen. Aufgrund ihrer unterschiedlichen Sozialisationsgeschichte findet sich bei älteren Kohorten eine stärkere Ausprägung *autoritärer Orientierungen* als bei jüngeren. Insbesondere Kohorten, die im Kaiserreich und der NS-Zeit sozialisiert wurden, müssten ein höheres Maß an Autoritarismus aufweisen. Autoritäre Orientierungen sind eng mit einer starken Ausprägung fremdenfeindlicher Orientierungen verbunden. Ebenso spricht ein geringeres Ausmaß an *Kontakten zu Ausländern* bei älteren Personen, aufgrund unterschiedlicher Opportunitätsstrukturen für eine stärkere Ausprägung von fremdenfeindlichen Orientierungen in dieser Personengruppe. Kohorteneffekte ergeben sich durch die zeitgeschichtlich bedingte unterschiedliche Präsenz von Ausländern in Deutschland.

Alle genannten Effekte, die Wirkung der Bildungsexpansion, der Wertewandel, die autoritäre Sozialisation der älteren Kohorten, ebenso wie die gestiegenen Kontaktmöglichkeiten, sprechen für eine geringere Tendenz zu Fremdenfeindlichkeit bei den jüngeren Kohorten.

Hypothese 2: Je jünger die Kohorte, der eine Person angehört, desto geringer die Tendenz zu fremdenfeindlichen Orientierungen (Kohorteneffekt).

Hypothese2a: Der Kohorteneffekt wird zum Teil durch die Effekte der Bildungsexpansion, insbesondere bei den jüngeren Generationen, erklärt.

Hypothese2b: Der Kohorteneffekt wird zum Teil durch den Wertewandel, insbesondere bei den jüngeren Generationen, erklärt.

Hypothese2c: Der Kohorteneffekt wird zum Teil durch eine weniger autoritäre Sozialisation der jüngeren Kohorten erklärt

Hypothese2d: Der Kohorteneffekt wird zum Teil durch intensivere Kontaktmöglichkeiten zu Ausländern der jüngeren Kohorten erklärt.

Alters- bzw. Lebenszykluseffekte: Heitmeyer (1992) legt – als einer der wenigen – theoretische Überlegungen zur Anfälligkeit für fremdenfeindliche Orientierungen in bestimmten Lebensphasen vor (Rippl 2005). Ein besonderer Bezug zur Jugend als Lebensphase wird durch die Spezifikation spezifischer Problemlagen über den Aspekt der Identitätsbildung hergestellt. In Anknüpfung an entwicklungspsychologische und jugendsoziologische Überlegungen folgert Heitmeyer (1992), dass gerade vor dem Hintergrund konflikthafter Entwicklungsaufgaben und Identitätsprobleme im Jugendalter (Ablösung vom Elternhaus, Integration in die Arbeitswelt), Prozesse von Anerkennung und Abgrenzung in besonderem Maße stattfinden, die gerade Jugendliche anfällig für fremdenfeindliche Kompensationsbemühungen machen (Heitmeyer 1992). Ältere Personen können aufgrund ihrer grösseren „Lebenserfahrung" auf mehr Ressourcen zurückgreifen, die es ihnen erlauben, schwierige Lebenssituationen zu bewältigen. Deprivations- und Anomiegefühle müssten demnach aufgrund der spezifischen Lebenssituation in stärkerem Maße bei Jugendlichen vorzufinden sein und hier zur Entstehung fremdenfeindlicher Orientierungen führen (Heitmeyer 1992).

Hypothese 3a: Je höher das Lebensalter einer Person, desto geringer die Anfälligkeit für fremdenfeindliche Orientierungen.

Demgegenüber stehen Überlegungen zu physischen und psychischen Veränderungen im Alterungsprozess, die auf eine abnehmende Vitalität und Leistungsfähigkeit zurückzuführen sind. Das Festhalten an Althergebrachtem, die Abneigung gegenüber Neuen wirken hier als Schutzmechanismus, um diese Defizite zu kompensieren. Der Lebenszyklus befindet sich zunehmend in etablierten

Bahnen und der Neugier auf Neues weicht der Wunsch nach Erhaltung des Erreichten. Da Konservatismus Zusammenhänge zu fremdenfeindlichen Orientierungen zeigt, ergibt sich daraus eine gegenteilige Hypothese:

> *Hypothese 3b: Je geringer das Lebensalter einer Person, desto geringer die Anfälligkeit für fremdenfeindliche Orientierungen.*

Periodeneffekte: Hierunter fallen zeitgeschichtliche Ereignisse oder Entwicklungen, die alle Personen in gleichem Ausmaß treffen. Im Kontext der Forschung zu Rechtsextremismus und Fremdenfeindlichkeit sind hier insbesondere die ökonomischen Entwicklungen in Deutschland zu nennen. Hierbei geht es nicht um die persönliche Betroffenheit von Arbeitslosigkeit oder Armut, sondern um gesellschaftliche Entwicklungen, die Rahmenbedingungen für alle Bürger darstellen. Verschiedene Studien zeigen, dass solche indirekten Wirkfaktoren, die u.a. das gesellschaftliche Klima beeinflussen, bedeutsamere Effekte haben können, als die persönliche Betroffenheit z.B. von Arbeitslosigkeit (Falter et al. 1984). Ein hohes Niveau an Arbeitslosigkeit und eine wirtschaftlich schlechte Situation bedingt ein Klima der „Angst“, dass in weite gesellschaftliche Kreise hineinreicht und fremdenfeindliche Orientierungen mobilisieren kann (Rippl und Baier 2005).

Von Bedeutung für die Mobilisierung von Fremdenfeindlichkeit sind auch öffentliche Diskussionen um die Zuwanderung. Hier knüpft die Diskussion um die Wirkung tatsächlicher Zuwanderung an. In verschiedenen Theorien wird die Zuwanderungsquote als Bedrohungsaspekt interpretiert (Olzak 1992; Quillian 1995). Koopmans (2001) weist in diesem Kontext darauf hin, dass der Einfluss tatsächlicher Zuwanderungszahlen auf die Mobilisierung rechter Proteste stark vom politischen Kontext abhängig ist. So waren die Reaktionen auf in etwa vergleichbare Zuzugszahlen in den späten 1980er und in den frühen 1990er Jahren sehr unterschiedlich, was offenbar in Zusammenhang mit der Asyldebatte zu Beginn der 1990er Jahren stand.

Als Periodeneffekt kann auch der Wertewandel auf der Aggregatebene betrachtet werden. Nie et al. (1996) argumentieren, dass die Zunahme des Verständnisses politischer demokratischer Prinzipien nicht allein eine Funktion der gestiegenen Bildung der Einzelnen ist, sondern auch aus einem gesellschaftlichen Umfeld resultiert, das demokratischer und toleranter geworden ist.

> *Hypothese 4: Je höher die Arbeitslosenquote, desto stärker die Tendenz zu fremdenfeindlichen Orientierungen.*
>
> *Hypothese 5: Je höher der Ausländeranteil an der Wohnbevölkerung, desto stärker die Tendenz zu fremdenfeindlichen Orientierungen*
>
> *Hypothese 6: Der Wertewandel begünstigt ein gesellschaftliches Umfeld, das demokratischer und toleranter ist.*

Verbunden mit der Bildungsexpansion lassen sich zwei weitere Wirkungen im Kontext der Entwicklung des Einflusses von Bildung auf Fremdenfeindlichkeit explorieren. Neben dem Niveaueffekt der Bildungsexpansion wird auch der Effekt einer zunehmenden Heterogenisierung der höher gebildeten Personen (Baumert 1991) thematisiert, da immer breitere Schichten auch höhere Bildungsabschlüsse erreichen. Diese Heterogenisierung müsste zu einer Abnahme des Bildungseffektes im Zeitverlauf führen.

Hypothese 7: Der Zusammenhang zwischen Bildung und Fremdenfeindlichkeit ist bei den jüngeren Kohorten schwächer ausgeprägt.

Einige Autoren gehen zudem davon aus, dass Bildung nur dann dämpfend auf die Entwicklung von Fremdenfeindlichkeit wirkt, wenn sie in einem entsprechenden gesellschaftlichen Umfeld wirksam wird, in dem fremdenfeindliche Haltungen als nicht legitim gelten. „Bessere Schulbildung reduziert Vorurteile und Fremdenhass nur dann, wenn sie in einer liberalen und demokratischen Gesellschaft erfolgt und deren Werte vermittelt und wenn Politik und Öffentlichkeit bereit sind, die Normen im Zusammenleben der Gruppen immer wieder zu bekräftigen“ (Bergmann und Erb 1991: 79). Untersuchungsergebnisse aus den frühen 1950er Jahren (Pollock 1955) haben gezeigt, dass sich gerade Akademiker als besonders antisemitisch erwiesen. Ebenso zeigen Studien, dass zu Beginn des 20. Jahrhunderts der Antisemitismus besonders stark auch in den Oberschichten verbreitet war (Volkov 1990). Auch in der jüngeren Geschichte der Bundesrepublik kann man die „geistige moralische Wende“ der Kohl-Ära tendenziell als Phase eines Klimawechsels verstehen, indem Fremdenfeindlichkeit zwar nicht legitim wurde, die Hemmschwelle, solche Haltungen zu äußern, aber deutlich zurückging. Ebenso wie in Hypothese 7 vermutet, ist hier zumindest eine Verringerung des Bildungseffektes zu erwarten.

Hypothese 8: Die Bildung wirkt nur dämpfend auf Fremdenfeindlichkeit, wenn ein entsprechendes gesellschaftliches Klima vorherrscht. Dies spricht für eine abnehmende Wirkung der Bildung nach der „geistig moralischen Wende“ 1982.

3. Messinstrumente und Stichproben

Datengrundlage der folgenden Analysen ist der kumulierte Allbus 1980-2002. Aufgrund der Replikation wichtiger Einstellungsitems im Zeitverlauf bietet der Allbus die Möglichkeit Wandlungsprozesse in den letzten 20 Jahren zu analysieren. Für die hier relevante Fragestellung liegen zwischen 1980 und 2002 Erhebungen zu acht Messzeitpunkten vor. Bis ins Jahr 1990 wurden nur deutsche Staatsbürger befragt, danach veränderte sich die Grundgesamtheit. Es wurde Erhebungen in Ostdeutschland durchgeführt und auch Migranten befragt. Aus Gründen der Vergleichbarkeit über die Zeit werden die beiden letztgenannten Gruppen aus der Analyse ausgeschlossen. Die Grundgesamtheit umfasst also westdeutsche Staatsbürger ab 18 Jahren (zur genauen Methodik der ALLBUS-Erhebungen vgl. Koch und Wasmer 2004).

Im Kontext unserer Hypothesen konnten die folgenden Altersgruppierungen und Konstrukte berücksichtigt werden.

Zur Eingrenzung verschiedener *Kohorten* wurde eine für die Prägung von Einstellungen relevanter Sozialisationsabschnitt gewählt. Festgelegt wurde der Zeitraum der ersten 15 Lebensjahre. Als Kohorten wurden dieser Logik entsprechend die folgenden Geburtsjahrgänge zusammengefasst:

Geboren bis 1920:	1. Weltkrieg, Kaierreich
1921 – 1940	vom Nationalsozialismus geprägte Generation
1941 – 1955	Nachkriegszeit, Wirtschaftwunder
1956 – 1970	1960er und 1970er Jahre – Neue soziale Bewegungen
1971 und später	1980er und 1990er – Generation Golf, Vereinigung

Zur Erfassung der *Lebenszykluseffekte* wird das Lebensalter in Jahren berücksichtigt. Der Einfluss von *Periodeneffekten* soll zum einen durch die Berücksichtigung der Entwicklung bzw. der Veränderung der Arbeitslosenquoten erfasst werden, zum anderen über die Kontrolle der Entwicklung der Zuwanderungsquote bzw. deren Veränderung. Coenders und Scheepers (2004) schlagen vor, statt der Quoten besser die Veränderung dieser Quoten zu erfassen, da durch die Veränderung der Bedrohungsaspekt (Olzak 1992) besser berücksichtigt würde.[1] Beide Varianten werden in die folgenden Analysen integriert. Dalton (1996) betont zudem, dass der Wertewandel nicht nur ein Individualeffekt ist. Daher wird das Niveau an *Postmaterialismus* auf der Aggregatebene (Mittelwert pro Erhebungswelle) und auf der Individualebene berücksichtigt. Ingleharts Postmaterialismusindex (1989) wurde in der folgenden Version herangezogen: Die Befragten mussten vier politische Ziele (Ruhe und Ordnung, Bekämpfung von Inflation, Recht auf freie Meinung und stärkere politische Mitbestimmung) nach ihrer Wichtigkeit ordnen. Die Personen, die Mitbestimmung und freie Meinung als am wichtigsten einstuften, werden als Postmaterialisten bezeichnet. Befragte, die die anderen beiden Ziele für am wichtigsten hielten, werden als Materialisten bezeichnet. Dazwischen werden zwei Mischtypen identifiziert, die jeweils mehr nach der einen oder anderen Seite tendierten. Aus diesen vier Typen wird ein ordinaler Index konstruiert.

Das Vorhandensein von *Kontakten* zu Ausländern wird durch vier Items zu verschiedenen Lebensbereichen (Familie, Arbeit, Nachbarschaft, Freunde) operationalisiert. Diese Items konnten mit „ja“ oder „nein“ beantwortet werden und

1 Dieser Idee liegt die Annahme zugrunde, dass relativ stabile Entwicklungen kaum in die Wahrnehmung der Menschen vordringen und auch in den Medien weniger Aufmerksamkeit erlangen. Erst die Veränderung des Etablierten wird als Bedrohung des Gefüges wahrgenommen.

wurden additiv zu einem Index zusammengefasst. Das *Bildungsniveau* wurde durch den jeweils höchsten allgemeinbildenden Schulabschluss einer Person erfasst. Als abhängige Variable wurde die *Ausländerablehnungsskala* des Allbus herangezogen. Hier wurde 1994 die Formulierung leicht verändert, der Begriff Gastarbeiter wurde durch Ausländer ersetzt. Ein in der 1994er Studie verwendeter Methodensplit belegt die weitgehende Äquivalenz der Messungen (Blank und Wasmer 1996). Zur Analyse wurde eine Mittelwertskala der vier vorhandenen Items gebildet. Die Skala erreicht zufriedenstellende Reliabilitätswerte zu allen Erhebungszeitpunkten.

4. Ergebnisse

Die Ergebnisdarstellung gliedert sich in einen ersten deskriptiven Teil und in einen zweiten Teil, der mit Hilfe von A-K-P-Analysen versucht die Effekte der unterschiedlichen Einflussfaktoren zu beurteilen.

Abbildung 1: Fremdenfeindlichkeit in verschiedenen Geburtskohorten von 1980-2002

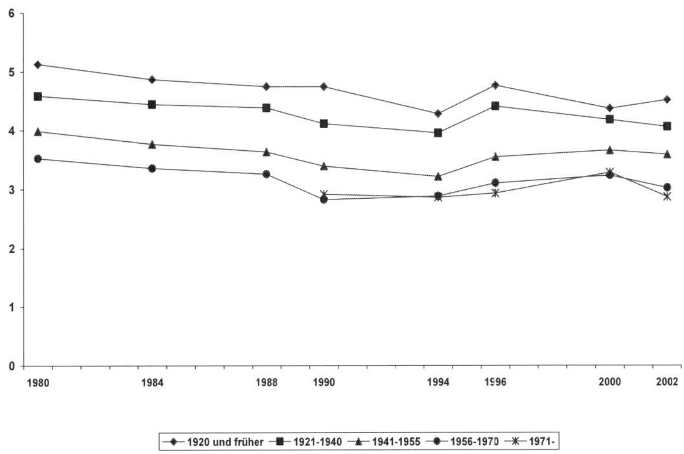

Mittelwerte: höhere Werte = höhere Fremdenfeindlichkeit, Wertebereich 1-7

Quelle: ALLBUS 1980-2002; eigene Berechnungen

4.1 Fremdenfeindlichkeit und Bildung im Zeitverlauf

Zuerst wird der Wandel der Fremdenfeindlichkeit in den verschiedenen Geburtskohorten zwischen 1980 und 2002 deskriptiv betrachtet (vgl. Abbildung 1). Es zeigt sich bis in die 1990er Jahre ein Rückgang der Fremdenfeindlichkeit in allen Kohorten. Es zeigt sich ein deutlicher Lebenszykluseffekt. Je „älter" die Kohorten, desto höher das Niveau fremdenfeindlicher Orientierungen. Ein gewisser Bruch ist für Anfang der 1990er Jahre zu konstatieren. In den beiden jüngsten Geburtskohorten zeigt sich ab 1990 ein Anstieg der Fremdenfeindlichkeit. Diesem Trend folgen von 1994-1996 auch die drei älteren Kohorten. Auch der Lebenszykluseffekt wird zum Teil unterbrochen, die jüngste Kohorte zeigt zum Teil eine stärkere Fremdenfeindlichkeit als deren „Elterngeneration". Die beiden jüngsten Kohorten erreichen zu Beginn des neuen Jahrtausends wieder einen Abwärtstrend der fremdenfeindlichen Haltungen. Bei den anderen Kohorten zeigt sich eine gewisse Stabilisierung des Niveaus. Die Werte 2002 liegen höher als die erreichten Tiefststände zu Beginn der 1990er Jahre.

Wie sieht nun aber der Zusammenhang zur Bildungsvariable aus? Auf der Ebene einer deskriptiven Betrachtung der Entwicklung auf der Aggregatebene zeigen sich im Zeitverlauf die folgenden Trends (vgl. Abbildung 2).

Abbildung 2: Fremdenfeindlichkeit und sozialer Wandel in verschiedenen Bildungsgruppen – 1980-2002

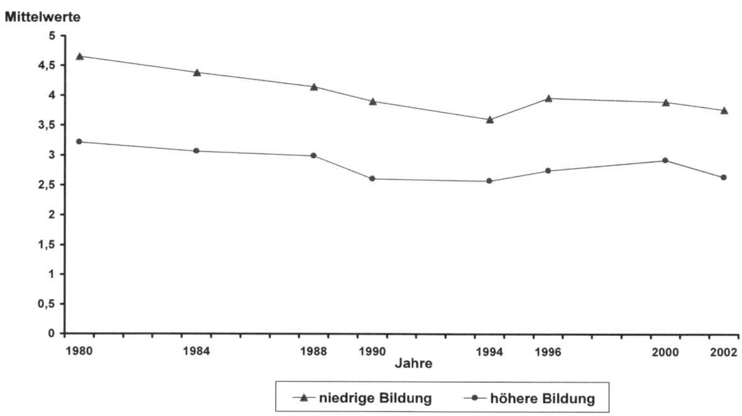

* Personen mit höherer Bildung sind Befragte mit gymnasialem Abschluss oder Fachabitur, alle anderen Schulabschlüsse wurden als niedrige Bildung kategorisiert.

Quelle: ALLBUS 1980-2002; eigene Berechnungen

Es findet sich der erwartete Befund eines höheren Niveaus an Fremdenfeindlichkeit bei den niedriger gebildeten Personen. Für beide Bildungsgruppen zeigt sich ein ähnlich verlaufender Abwärtstrend fremdenfeindlicher Orientierungen.

4.2 A-P-K-Analysen

In einem nächsten Schritt wird nun im Rahmen multivariater Analysemodelle versucht, die unterschiedlichen Effekte zu separieren, soweit dies im Rahmen von Analysen statisch-komparativer Datensätze wie sie der ALLBUS liefert, möglich ist. A-P-K-Analysen (Alters-Perioden-Kohorteneffekte) ermöglichen es, zumindest in einem begrenzten Rahmen, diese unterschiedlichen Effekte zu prüfen (vgl Mayer und Huinink 1990). Da Lebensalter, Kohortenzugehörigkeit und Erhebungszeitpunkt miteinander verbundene Messungen sind, tritt ein Problem der Kollinearität auf (Glenn 1977), somit ist es notwendig, diese Messungen zum Teil durch inhaltliche Variablen zu ersetzten (Hadjar und Becker 2006). Häufig wird etwa der Periodeneffekt durch die Arbeitslosenquote operationalisiert. Auch die Kohorte kann durch Merkmale des Zeitraumes ersetzt werden, die prägend für die Kohorten waren. Die folgenden A-P-K-Analysen beginnen mit einer Betrachtung der Alters-, Kohorten- und Periodeneffekten in einem einfachen Modell, wobei die Kohorten einmal als mittelwertzentrierte Variable und einmal als – jeweils bestimmte Geburtsjahrgänge umfassende – Dummy-Variablen eingehen. Dabei handelt es sich um synthetische, aus den verschiedenen Querschnitten des Allbus-Datensatzes zusammengefügte Kohorten. Der Periodeneffekt wird durch zeitgeschichtliche Effekte ersetzt. Dabei werden zum einen die Arbeitslosenquoten und der Ausländeranteil berücksichtigt, alternativ dazu auch die Veränderung dieser Kennwerte in den letzten vier Jahren. Coenders und Scheepers (2004) sehen in dieser Operationalisierung eine bessere Abbildung der Bedrohungsaspekte, die im Sinne von Olzak (1992) nicht durch Zustände, sondern primär durch Veränderung mobilisiert werden. Das Ergebnis dieser Eingangsanalysen zeigt die Tabelle 1.

Modell 1 rückt den Fokus auf die Unterschiede in den unterschiedlichen Geburtskohorten. Wie erwartet, sind starke Kohorteneffekte (Hypothese 2) ersichtlich. Die stärkste Abkehr von fremdenfeindlichen Orientierungen zeigt sich in der Kohorte der zwischen 1956 und 1970 Geborenen. Dies ist die Generation, die während der Hochphase der sozialen Bewegungen sozialisiert wurde, die von der Bildungsexpansion profitierte und die allerdings auch durch erste ökonomische Krisenerscheinungen geprägt war. Ein Rückgang des Kohorteneffektes zeigt sich für die Generation der nach 1971 Geborenen. Diese Generation wurde von der politischen Wende 1982 und später von der Wiedervereinigung geprägt, ebenso wie von einer zunehmenden Verschärfung der ökonomischen Krise. Auch andere Studien (Edelstein und Bromba 2001; Rippl 2005) weisen darauf hin, dass diese Generation im Unterschied zu den vorherigen Kohorten den Trend, dass jede jeweils jüngere Generation weniger fremdenfeindlich ist als ihre Eltern, teilweise durchbricht (vgl. Abbildung 1). Modell 2 berücksichtigt zusätzlich die Bildungseffekte. Es zeigt sich der oft replizierte Befund eines negativen Zusammenhangs zwischen Bildung und Fremdenfeindlichkeit (Hypothese 1).

Tabelle 1: Fremdenfeindlichkeit und sozialer Wandel – OLS-Regression

Modelle	M1	M2	M3	M4	M5	M6	M7
Kohorte *Referenzkategorie: 1892-1920*							
1920-1940	-.154**	-.142**					-.147**
1941-1955	-.331**	-.295**					-.305**
1956-1970	-.465**	-.402**					-.416**
1971-1983	-.257**	-.218**					-.225**
Kohorte (Geburtsjahr)			-.337**	-.315**	-.313**	-.327**	
Höhere Bildung *Referenkategorie: ohne Abschluss, Hauptschule, mittlere Reife*		-.248**	-.244**	-.242**	-.242**	-.250**	-.248**
Periode (Erhebungsjahr)				-.063**			
Arbeitslosenquote (Gesamtdeutschland)					-.039**		
Ausländeranteil (Anteil an Wohnbevölkerung)					-.042**		
Differenz Arbeitslosenquote (Vergleich zur Quote vor vier Jahren)						.024**	
Differenz Ausländeranteil (Vergleich zur Quote vor vier Jahren)						.012	
Alter (in Lebensjahren)							.012
Konstante	4,871	4,958	3,995	4,637	4,120	4,192	5,041
Erklärte Varianz	.146	.204	.211	.214	.216	.214	.204

** $p < .01$, * $p < .05$

Quelle: ALLBUS 1980-2002; eigene Berechnungen

Die Veränderung der Kohorteneffekte spiegeln nun die Effekte der Bildungsexpansion. Die Bildungsexpansion zeigt hier doch recht deutliche Wirkung (Hypothese 2a). Am deutlichsten fallen diese für die Kohorte der zwischen 1956 und 1970 Geborenen aus. Die Periodeneffekte erweisen sich als bedeutsam, aber schwach ausgeprägt (Modelle 4-6).

Die „Zustandsvariablen“ zeigen schwache negative Zusammenhänge; eine hohe Arbeitslosenquote und ein hoher Ausländeranteil gehen mit niedrigerer Fremdenfeindlichkeit einher. Diese Zusammenhänge entsprechen nicht den Erwartungen (Hypothese 4, 5).

Die erwarteten Effekte zeigen hingegen die Differenzvariablen (Hypothese 4a, 5a). Zu einem ähnlichen Ergebnis kommen auch Coenders und Scheepers (2004) bei der Analyse der ALLBUS-Daten von 1980-2000. Sie werten dies als Bestätigung der These Olzaks (1992). In Modell 7 wurde zu den Effekten der Kohorten und der Bildungsvariable zusätzlich das Alter in Lebensjahren berücksichtigt. Allerdings ergibt sich hier kein signifikanter Effekt, was gegen die Lebenszyklusthese Heitmeyers spricht. Auch Analysen zum Zusammenhang von Lebensalter und Anomie (Rippl 2005) konnten die Hypothese einer gesteigerten Anfälligkeit im Jugendalter nicht stützen (Hypothese 3).

Eine differenziertere Analyse der Effekte und eine Prüfung insbesondere der Hypothesen erlaubt eine komplexere Regressionsanalyse, die verschiedene ursächliche Variablen für die Perioden- und Kohorteneffekte berücksichtigt, die in Abschnitt 2 erläutert wurden (vgl. Tabelle 2). Der Wandel von fremdenfeindlichen Einstellungen ist zu großen Teilen ein Kohorteneffekt. Dabei spielt unter anderen Faktoren die Bildungsexpansion eine bedeutende Rolle (vgl. Veränderung des Kohorteneffekts von Modell 1 zu Modell 2). Der ebenfalls mit der Bildungsexpansion verbundene Heterogenisierungseffekt der höheren Bildungsgruppen (Modell 3) erweist sich allerdings als wenig relevant (Hypothese 7). Weitaus bedeutsamer sind auf der Individualebene Prozesse des individuellen Wertewandels (Modell 4), ebenso wie die Wirkungen von zunehmenden Kontakten zu Ausländern (Modell 5). Beide Aspekte erweisen sich als sehr relevant für die schwächere Ausprägung von Fremdenfeindlichkeit in den jüngeren Kohorten. (Bestätigung der Hypothesen 2b und 2d). Der nach Partialisierung der Effekte der Bildungsexpansion, des Wertewandels und der Kontakte verbleibende Effekt der Kohortenvariable in Modell 5 lässt auf die Wirkung der unterschiedlich autoritären Sozialisationserfahrungen der verschiedenen Kohorten schließen. Dieser Aspekt wurde im ALLBUS leider nicht über längere Zeit erfasst und konnte daher nicht in die Berechnungen integriert werden. Periodeneffekte erweisen sich insgesamt als schwach. Die explizit berücksichtigten Effekte der Entwicklung der Arbeitslosenquoten, des Ausländeranteils und des Wertewandels sind dementsprechend gering ausgeprägt (Modelle 6-8). Am

Tabelle 2: Fremdenfeindlichkeit und sozialer Wandel – OLS-Regression

Modelle	M1	M2	M3	M4	M5	M6	M7	M8
Kohorte (Geburtsjahr)	-.393**	-.337**	-.332**	-.248**	-.198**	-.194**	-.193**	-.193**
Höhere Bildung Referenkategorie: ohne Abschluss, Hauptschule, mittlere Reife		-.245**	-.242*	-.180**	-.168**	-.168**	-.168**	-.169**
Heterogenisierungseffekt Höhere Bildung x Kohorte *Referenzkategorie: niedrige Bildung x Kohorte*			-.013	-.018*	-.018*	-.017*	-.018*	-.018*
Postmaterialismus (Inglehart-Index)				.271**	.253**	.253**	.249**	.252**
Kontakte zu Ausländer					.152**	.149**	.152**	.148**
Periode (Erhebungsjahr)						-.016*	.013	.087**
Niveau an Postmaterialismus pro Jahrgang (Aggregatebene)							.048**	
Differenz Arbeitslosenquote (Vergleich zur Quote vor vier Jahren)							-.027**	-.005
Differenz Ausländeranteil (Vergleich zur Quote vor vier Jahren)								-.024**
Konstante	3,781	3,998	4,000	2,947	1,530	1,726	0,545	1,713
Erklärte Varianz	.154	.211	.211	.272	.291	.291	.292	.294

** $p < .01$, * $p < .05$

Quelle: ALLBUS 1980-2002; eigene Berechnungen

stärksten erweist sich der Effekt des Wertewandels (Hypothese 6). Der Effekt der Veränderung des Ausländeranteils ist in Modell 8 zwar signifikant, das Vorzeichen stimmt aber nicht mit den Erwartungen überein. Unter Kontrolle der Veränderung der Arbeitslosenquote und des Wertewandels (Modell 7) verschwindet der Effekt der Periode völlig.

Ein Blick auf den Heterogenisierungseffekt der Bildungsexpansion erlaubt auch eine Korrelationsanalyse im Zeitvergleich. Hier findet sich 2002 der stärkste Zusammenhang zwischen Bildung und Fremdenfeindlichkeit. Auch die anderen Werte widersprechen der Hypothese 7, in der von einem Rückgang der

Zusammenhänge ausgegangen wurde. Aufgrund dieser Befunde muss auch die Hypothese 8 zurückgewiesen werden, in der aufgrund der politischen Wende 1982 einen Rückgang der Zusammenhänge postuliert wurde. Hier wären eventuell längere Zeitreihen nötig, um die erwarteten Effekte nachzuweisen.

Tabelle 3: Korrelationen zwischen Bildung (ordinal) und Fremdenfeindlichkeit im Zeitverlauf

Pearsons r							
1980	1984	1988	1990	1994	1996	2000	2002
-.328**	-.348**	-.336**	-.415**	-.351**	-.403**	-.346*	-.447**

** $p < .01$, * $p < .05$

Quelle: ALLBUS 1980-2002; eigene Berechnungen

5. Fazit

Unter Berücksichtigung der methodischen Probleme, die sich bei der Analyse von sozialem Wandel anhand von statisch-komparativen Datensätzen ergeben, lassen sich doch einige wichtige Schlussfolgerungen zum Zusammenhang von Bildungsexpansion und einem Rückgang von Fremdenfeindlichkeit ziehen. Betrachtet man die Zeitspanne von 1980-2002, den Zeitraum für den der ALLBUS ausreichende Informationen erhält, ergibt sich folgendes Bild: Die Bildungsexpansion trägt deutlich zum Rückgang der Fremdenfeindlichkeit in den letzten 20 Jahren in Deutschland bei. Allerdings wird der Effekt von anderen Faktoren verstärkt bzw. überlagert. Besonders ausgeprägt ist dieser Effekt bei der Generation der zwischen 1956 und 1970 Geborenen, die stark von der Bildungsexpansion profitiert hat. Betrachtet man allerdings die jüngste Kohorte, so erscheint der Mobilisierungseffekt hier gebremst. Diese Kohorte weist zum Teil ein höheres Niveau fremdenfeindlicher Orientierungen auf als deren Elterngeneration. Dieser Befund zeigt sich auch für andere Bereiche der politischen Sozialisation (vgl. Hoffmann-Lange 2000 oder Hadjar und Becker in diesem Band). Hoffmann-Lange (2000) benennt hierfür zwei potentielle Ursachen. Zum einen könnte ein abnehmender Zusammenhang zwischen Bildungsniveau und politischen Orientierungen in der jüngsten Kohorte hierfür verantwortlich sein. Zum anderen könnten vom Bildungsniveau unabhängige Faktoren in eine dem Bildungseffekt entgegengesetzte Richtung wirken. Da die erstgenannte Ursache von unseren Analysen nicht gestützt wird, spricht viel für die zweite Erklärung. Die Veränderungen des politischen Klimas in der Kohl-Ära könnten hier von Bedeutung sein. Zu beobachten ist eine gewisse Veränderung des Verlaufs des Wertewandels. Klein und Ohr (2004) zeigen insbesondere für die jüngste Generation einen Rückgang des Postmaterialismus und eine Hinwendung zu materialistischen Orientierungen im Vergleich zu ihrer Vorgängergeneration.

Interessant sind aber auch die Wirkungen, die sich unabhängig von der Bildungsexpansion ergeben. Stärker als der Effekt der Bildungsexpansion erweist sich die Wirkung der veränderten Werthaltungen. Die Zunahme postmaterialistischer Werthaltungen trägt deutlich mehr zum Rückgang der Fremdenfeindlichkeit bei als die Bildungsexpansion (vgl. Tabelle 2). Ebenso bedeutsam ist der Einfluss der zunehmenden Kontaktmöglichkeiten zu Migranten, der ebenfalls einen Rückgang der Fremdenfeindlichkeit in den letzten 20 Jahren begünstigt hat. Der nach Partialisierung dieser Effekte verbleibende Kohorteneffekt spricht für die Wirksamkeit der unterschiedlichen Sozialisationsbedingungen und deren Liberalisierung nach der NS-Zeit. Zeitgeschichtliche Entwicklungen, wie die Entwicklung der Zuwanderung oder der Arbeitslosigkeit, zeigen kaum relevante Effekte. Zeitgeschichtliche Aspekte (Periodeneffekte) erwiesen sich als überraschend bedeutungslos für die Entwicklung der Fremdenfeindlichkeit, wobei allerdings einmalige Ereignisse in den multivarianten Analysen keine hinreichende Berücksichtigung fanden. So zeigt sich zu Beginn der 1990er Jahre ein deutlicher „Knick“ in der Entwicklung, der im Übrigen auch für Werthaltungen aufzufinden ist. Die Asyldebatte spiegelt hier sicherlich eine Wende in der politischen Kultur, die sich nicht nur auf das Thema „Migration“ bezieht und die begleitet wird durch die Umwälzung, die die Vereinigung nach sich zog.

Literatur

Allmendinger, Jutta, und *Silke Aisenbrey*, 2002: Soziologische Bildungsforschung. S. 41-60 in: *Tippelt, Rudolf* (Hg.), Handbuch Bildungsforschung. Opladen: Leske + Budrich.

Baumert, Jürgen, 1991: Langfristige Auswirkungen der Bildungsexpansion. Unterrichtswissenschaft 19: 333-349.

Baumert, Jürgen, und *Gundel Schümer*, 2001: Familiäre Lebensverhältnisse, Bildungsbeteiligung und Kompetenzerwerb. S. 323-407 in: *Deutsches PISA-Konsortium* (Hg.), PISA 2000. Basiskompetenzen von Schülerinnen und Schülern im internationalen Vergleich. Opladen: Leske + Budrich.

Becker, Rolf, 1998: Bildung und Lebenserwartung in Deutschland. Eine empirische Längsschnittuntersuchung aus der Lebensverlaufsperspektive. Zeitschrift für Soziologie 27: 133-150.

Becker, Rolf, und *Wolfgang Lauterbach* (Hg.), 2004: Bildung als Privileg? Erklärungen und Befunde zu den Ursachen der Bildungsungleichheit Wiesbaden VS Verlag für Sozialwissenschaften.

Bergmann, Werner, und *Rainer Erb*, 1991: Antisemitismus in der Bundesrepublik. Ergebnisse der empirischen Forschung von 1946-1989. Opladen: Leske +Budrich.

Blank, Thomas, und *Martina Wasmer*, 1996: Gastarbeiter oder Ausländer? Ergebnisse des Splits mit den reformulierten Gastarbeiterfragen im Allbus 1994. ZUMA-Nachrichten 38: 45-69.

Bromba, Michael, und *Wolfgang Edelstein*, 2001: Das anti-demokratische und rechtsextreme Potenzial unter Jugendlichen und jungen Erwachsenen in Deutschland. Expertise. Bonn: Bundesministerium für Forschung und Bildung.

Coenders, Marcel, und *Peer Scheepers*, 2004: Ablehnung der sozialen Integration von Ausländern in Deutschland 1980-2000. S. 153-178 in: *Rüdiger Schmitt-Beck, Martina Wasmer* und *Achim Koch* (Hg.), Sozialer und politischer Wandel in Deutschland. Analysen mit Allbus-Daten aus zwei Jahrzehnten. Wiesbaden: VS Verlag für Sozialwissenschaften.

Dalton, Russell J., 1996: Citizen politics. Chatham: Chatham House.

Falter, Jürgen W., Andreas Link, Jan-Bernd Lohmöller, Johann de Rijke und *Siegfried Schumann*, 1983: Arbeitslosigkeit und Nationalsozialismus. Eine empirische Analyse des Beitrages der Massenarbeitslosigkeit zu den Wahlerfolgen der NSDAP 1932 und 1933. Kölner Zeitschrift für Soziologie und Sozialpsychologie 35: 525-554.

Fuchs, Marek, 2003: Rechtsextremismus von Jugendlichen. Zur Erklärungskraft verschiedener theoretischer Konzepte. Kölner Zeitschrift für Soziologie und Sozialpsychologie 55: 654-678.

Geißler, Rainer, 2002: Die Sozialstruktur Deutschlands. 3., neubearbeitete und erweiterte Auflage. Wiesbaden: Westdeutscher Verlag.

Glenn, Norval D., 1977: Cohort analysis. Beverly Hills: Sage.

Hadjar, Andreas, 2004: Ellenbogenmentalität und Fremdenfeindlichkeit. Die Rolle des Hierarchischen Selbstinteresses. Wiesbaden: VS Verlag für Sozialwissenschaften.

Hadjar, Andreas, und *Rolf Becker*, 2006: Bildungsexpansion und Wandel des politischen Interesses in Westdeutschland zwischen 1980 und 2002. Politische Vierteljahresschrift 47: 12-34.

Hagan, John, Susanne Rippl, Klaus Boehnke und *Hans Merkens*, 1999: The Interest in Evil: Hierarchic Self-Interest and Right-Wing Extremism among East and West German Youth. Social Science Research 28: 162-183

Heitmeyer, Wilhelm, (Hg.), 2002: Deutsche Zustände. Folge 1. Frankfurt a.M.: Suhrkamp.

Heitmeyer, Wilhelm, 1992: Rechtsextremistische Orientierungen bei Jugendlichen. Empirische Ergebnisse und Erklärungsmuster einer Untersuchung zur politischen Sozialisation. Weinheim/München: Juventa.

Hoffmann-Lange, Ursula, 2000: Bildungsexpansion und politische Kultur in der Bundesrepublik. S. 219-241 in: *Hans-Peter Kuhn, Harald Uhlendorff* und *Lothar Krappmann* (Hg.), Sozialisation zur Mitbürgerlichkeit. Opladen: Leske + Budrich.

Hopf, Wulf, 1999: Ungleichheit der Bildung und Ethnozentrismus. Zeitschrift für Pädagogik 45: 847-865.

Hopf, Wulf, 2000: Soziale Schichtung und Autoritarismus. Oder: Sind Arbeiter besonders autoritär? S. 93-117 in: *Susanne Rippl, Christian Seipel* und *Angela Kindervater* (Hg.), Autoritarismus. Ansätze und Kontroversen der aktuellen Autoritarismusforschung. Opladen: Leske + Budrich.

Inglehart, Ronald, 1989: Kultureller Umbruch: Wertewandel in der westlichen Welt. Frankfurt a.M./New York: Campus.

Inglehart, Ronald, 1997: Moderinzation and postmodernization. Cultural, economic, and political change in 43 societies. Princeton: Princeton University Press.

Jackman, Robert, und *Michael Muha*, 1984: Education and intergroup attitudes: Moral enlightenment, superficial democratic commitment or ideological refinement. American Sociological Review 49: 751-769.

Klein, Markus, und *Dieter Ohr*, 2004: Ändert der Wertewandel seine Richtung? Die Entwicklung gesellschaftlicher Wertorientierungen in der Bundesrepublik Deutschland zwischen 1980 und 2000. S. 153-178 in: *Rüdiger Schmitt-Beck, Martina Wasmer* und *Achim Koch* (Hg.), Sozialer und politischer Wandel in Deutschland. Analysen mit Allbus-Daten aus zwei Jahrzehnten. Wiesbaden: VS Verlag für Sozialwissenschaften.

Kleinert, Corinna, und *Johann de Rijke*, 2001: Rechtsextreme Orientierungen bei Jugendlichen und Erwachsenen. S. 167-198 in: *Wilfried Schubarth* und *Richard Stöss* (Hg.), Rechtsextremismus in der Bundesrepublik Deutschland. Eine Bilanz. Opladen: Leske + Budrich.

Koch, Achim, und *Martina Wasmer*, 2004: Der ALLBUS als Instrument zur Untersuchung sozialen Wandels: Eine Zwischenbilanz nach 20 Jahren. S. 13-42 in: *Rüdiger Schmitt-Beck, Martina Wasmer* und *Achim Koch* (Hg.), Sozialer und politischer Wandel in Deutschland. Analysen mit Allbus-Daten aus zwei Jahrzehnten. Wiesbaden: VS Verlag für Sozialwissenschaften.

Koopmans, Ruud, 2001: Alter Rechtsextremismus und neue Fremdenfeindlichkeit: Mobilisierung am rechten Rand im Wandel. S. 103-142 in: *Dieter Rucht* (Hg.): Prostest in der Bundesrepublik. Frankfurt a.M./New York: Campus.

Krais, Beate, 1996: Bildungsexpansion und soziale Ungleichheit in der Bundesrepublik Deutschland. S.118-146 in: *Axel Bolder, Helmut Weid, Walter R. Heinz, Günter Kutscha, Helga Krüger, Artur Meier* und *Klaus Rodax* (Hg.), Jahrbuch Bildung und Arbeit 1996. Die Wiederentdeckung der Ungleichheit. Aktuelle Tendenzen in Bildung und Arbeit. Opladen: Leske + Budrich.

Mayer, Karl-Ulrich, und *Johannes Huinink*, 1990: Alters-, Perioden-, und Kohorteneffekte in der Analyse von Lebensverläufen oder Lexis ade? S. 442-459 in: *Karl-Ulrich Mayer* (Hg.), Lebensverläufe und sozialer Wandel. Opladen: Westdeutscher Verlag.

Melzer, Wilfried, 1992: Jugend und Politik in Deutschland. Opladen: Leske + Budrich

Müller, Walter, 1998: Erwartete und unerwartete Folgen der Bildungsexpansion. S. 81-112 in: *Jürgen Friedrichs, Rainer M. Lepsius* und *Karl Ulrich Mayer* (Hg.), Die Diagnosefähigkeit der Soziologie. Opladen: Westdeutscher Verlag.

Nie, Norman H., Jane Junn und *Kenneth Stehlik-Barry*, 1996: Education and democratic citizenship in America. Chicago: University of Chicago Press.

Noack, Peter, 2001: Fremdenfeindliche Einstellungen vor dem Hintergrund familialer und schulischer Sozialisation. Politische Psychologie 9: 67-80.

Olzak, Susan, 1992: The dynamics of ethnic competition and conflict. Stanford: Stanford University Press.

Pollock, Friedrich, 1955: Das Gruppenexperiment. Frankfurter Beiträge zur Soziologie. Bd. 2. Frankfurt a.M.: Europäische Verlagsanstalt.

Quillian, Lincoln, 1995: Prejudice as a response to perceived group threat: Population composition an anti-immigrant and racial prejudice in Europe. American Sociological Review 60: 586-611.

Rippl, Susanne 2005: Fremdenfeindlichkeit – ein Problem der Jugend? Eine vergleichende Untersuchung fremdenfeindlicher Einstellungen in verschiedenen Altersgruppen. Zeitschrift für Soziologie der Erziehung und Sozialisation 25: 362-380.

Rippl, Susanne, 2002: Bildung und Fremdenfeindlichkeit. Die Rolle schulischer und familialer Sozialisation zur Erklärung von Bildungsunterschieden im Ausmaß von fremdenfeindlichen Einstellungen. Kölner Zeitschrift für Soziologie und Sozialpsychologie 54: 135-146.

Rippl, Susanne, und *Christian Seipel*, 2002: Ökonomische Lage, Bildungsniveau und Fremdenfeindlichkeit. Die Bedeutung von Autoritarismus und Anomie: ein theorie-integrierendes Modell. S. 79-92 in: *Klaus Boehnke, John Hagan* und *Daniel Fuß* (Hg.), Jugendgewalt und Rechtsextremismus. Soziologische und psychologische Analysen in internationaler Perspektive. Weinheim: Juventa.

Rippl, Susanne, und *Dirk Baier*, 2005: Das Deprivationskonzept in der Rechtsextremismusforschung. Eine vergleichende Analyse. Kölner Zeitschrift für Soziologie und Sozialpsychologie 54: 644-666.

Rippl, Susanne, Klaus Boehnke, Gerd Hefler und *John Hagan*, 1998: Sind Männer eher rechtsextrem und wenn ja, warum? Geschlechtsunterschiede im Ausmaß fremdenfeindlicher und rechtsextremer Orientierungen: Ein Erklärungsansatz. Politische Vierteljahresschrift 4: 758-774.

Seipel, Christian, und *Susanne Rippl*, 2000: Ansätze der Rechtsextremismus-Forschung – Ein empirischer Theorienvergleich. Zeitschrift für Soziologie der Erziehung und Sozialisation 20: 303-318.

Volkov, Shulamit, 1990: Antisemitismus und Anti-Zionismus: Unterschiede und Parallelen. S. 76-87 in: *Shulamit Volkov*, Jüdisches Leben und Antisemitismus im 19. und 20. Jahrhundert. München: C. H. Beck.

Wagner, Ulrich, und *Andreas Zick*, 1995: The relation of formal education to ethnic prejudice. European Journal of Social Psychology 25: 41-56.

Bildung und Lebensstile – Ein Fließgleichgewicht auf Modernisierungskurs

Annette Spellerberg

1. Einleitung

Das Bildungswesen ist legitimiert durch den Glauben an leistungsgerechte Abschlüsse und formale Selektionsmechanismen. Dem meritokratischen Grundprinzip des Bildungswesens entsprechend sollten Begabungen und Leistungen über den Erfolg bzw. Misserfolg der schulischen Laufbahn entscheiden. Ein höheres Ziel strebt sogar eine Ausgleichsfunktion der Schule an, nach der Defizite des Elternhauses in der Schule ausgeglichen werden sollten. Spätestens seit den PISA-Ergebnissen ist jedoch allgemein bekannt, dass in Deutschland maßgeblich die soziale Herkunft über schulischen Erfolg entscheidet, die Leistungspotentiale gerade der niedrigeren sozialen Ränge nicht ausgeschöpft werden und wir deshalb hinter anderen Ländern und Spitzenwerten zurück bleiben (Baumert und Schümer 2001; Solga 2005a; Becker und Schubert 2006). „Deutschland gehört zu den 'Weltmeistern' bei der Benachteiligung der Kinder aus sozial schwachen Schichten; im deutschen Bildungssystem sind die Barrieren, die der Entwicklung des Leistungspotenzials dieser Kinder im Wege stehen, besonders hoch" (Geißler 2005: 76).

Die Differenzierung der Sozialstruktur, die Pluralisierung von Lebensformen, die Bildungsexpansion und Individualisierungstendenzen könnten vermuten lassen, dass schichtspezifische Chancen und Benachteiligungen im Bildungssystem geringer werden. Die Abkehr von traditionellen Normen, der Wunsch nach einem selbst bestimmten Leben und die gewachsenen Handlungsoptionen führten zu einer Pluralisierung von Lebensformen und Lebensstilen, die auch in zunehmende Differenz statt in zunehmende Ungleichheit münden. Auf individueller Ebene werden die Lebensläufe verstärkt als flexibel, selbst gewählt und selbst verantwortet wahrgenommen. Die Reichtums- und Wohlstandssteigerungen sowie ein Zuwachs an Freizeit und Betätigungsmöglichkeiten haben in dieser Argumentation in den 1980er und 1990er Jahren zudem zu einem größeren Möglichkeitsraum und einer Eigenständigkeit des kulturellen Feldes jenseits sozialstruktureller Prägung geführt.

In diesem Beitrag wird danach gefragt, ob ein Zusammenhang von Bildungslaufbahnen und Lebensstilen gegeben ist und ob der Zusammenhang in verschiedenen kulturellen Bereichen unterschiedlich stark ist. Im Hinblick auf die Bildungsexpansion wird untersucht, ob Veränderungen im Konnex zwischen Bildung und Lebensstil über die Kohortensukzession zu konstatieren sind. Eine Reihe von Gründen spricht für einen Zusammenhang von Bildung und Lebensstilen: Hohe Eintrittspreise zu Veranstaltungen können bei Niedrigeinkommen, die bei gering Qualifizierten häufig vorkommen, nicht gezahlt werden. Gelernter Umgang erschließt Genussmöglichkeiten, während mangelnde Bekanntschaft Genuss erschwert; Vorlieben und Abneigungen gegenüber kulturellen Stilrichtungen werden vom Elternhaus übernommen; soziale Grenzen im Publikum bilden eine vertraute Umgebung oder aber eine Barriere (Rössel 2005: 192). Beim Durchlaufen der unterschiedlichen Schultypen werden unterschiedliche Wertvorstellungen, Einstellungen und Geschmacksmuster ausgebildet, die für Lebensstile von zentraler Bedeutung sind.

Da im Zuge der Bildungsexpansion das dreigliedrige Schulsystem weder grundsätzlich in Frage gestellt, noch abgeschafft wurde, ist auch weiterhin von einem starken Zusammenhang zwischen Bildungsverlauf und Lebensstil auszugehen. Die Hauptschule bietet in den meisten Regionen Deutschlands keine Zukunftsperspektiven für die hier lernenden Kinder, so dass die Möglichkeit besteht, dass sich hier eine „Kultur der gering Qualifizierten“ etabliert, bei der alternative Strategien für das Selbstwertgefühl und die Erzielung des Lebensunterhalts ausprobiert werden. Umgekehrt sind in den Gymnasien in ihrer Anzahl vermehrt Kinder von statusniedrigeren Berufen oder neuen Dienstleistungsberufen anzutreffen, die die Bewertungsschemata der herrschenden Gruppen herausfordern. Das Spektrum an Verhaltens- und Denkweisen und Orientierungsmöglichkeiten dürfte sich hier verbreitert haben. Unter der Voraussetzung, dass Lebensstile durch die Erfahrungen in der Schule und die Spannweite an Herkunftsmilieus mit beeinflusst werden, kann vermutet werden, dass sich je nach Schultyp unterschiedliche und unterschiedlich starke Zusammenhänge zum Lebensstil ergeben.

Bildungsabschlüsse eröffnen Kompetenzen, Berufs- und Einkommenschancen und damit auch Möglichkeiten zur kulturellen Teilhabe. In theoretischer Hinsicht formuliert die Mehrdimensionalität vor allem Solga (2005a), die in ihrer Studie zu gering Qualifizierten Bildung differenziert in formale Kompetenzausweisungen und -zuschreibungen, informelle Einbindung in Netzwerke sowie identitätsstiftendes Zeichen bei Selbst- und Fremdtypisierungsprozessen.

Diese Elemente fließen auch in die Ausbildung von Lebensstilen ein, als statusbezogene Elemente (Ehre, Prestige, Reputation) und als sozialpsychologische Elemente (Identität, Zugehörigkeitsgefühl, Abgrenzung). Durch einen praktizierten Lebensstil wird die Auswahl von Handlungsalternativen strukturiert und begrenzt, das heißt Handlungs- und Orientierungsfähigkeit werden überhaupt erst erreicht. Mit der Art sich zu kleiden, einzurichten oder die Freizeit zu verbringen ordnet man sich selbst zu und andere Menschen ein. Ob Personen gemeinsame Interessen haben und Erlebniswelten teilen, ob sie freiwillig in Kontakt miteinander treten und wo soziale Grenzen bestehen, ist am ehesten an selbst gewählten Aktivitäten ablesbar. Wahrnehmbare Verhaltensmuster, symbolische Zuordnungen und dahinter liegende Orientierungen sind damit die zentralen Elemente, nach denen sich Bevölkerungsgruppen freiwillig gruppieren. Lebensstile können verstanden werden als Formen der Alltagsorganisation und -gestaltung, die auf der Ebene des kulturellen Geschmacks und der Freizeitaktivitäten symbolisch zum Ausdruck gebracht werden. Es stellt sich somit die Frage, inwieweit ein Zusammenhang von den vergleichsweise invariaten Bildungsabschlüssen und zumindest theoretisch flexiblen Lebensstiloptionen festgestellt werden kann.

Empirische Analysen kommen zu dem Ergebnis, dass Personen mit hohen Bildungsabschlüssen vielseitige kulturelle Vorlieben ausprägen und damit unterschiedlichen Stilvarianten zuzuordnen sind, während weniger Gebildete sich auf einige kulturelle Formen beschränken (müssen). In der amerikanischen Debatte wurde das Schlagwort „ominvores“ (Allesfresser) für das Phänomen pluraler Lebensstilformen bei höher Gebildeten verwendet (Peterson und Kern 1996). Der Zusammenhang von Bildung und Lebensstilmerkmalen scheint bei weniger Gebildeten demnach enger zu sein als bei höher Gebildeten und die von höher Gebildeten mitgenutzten kulturellen Felder dürften weniger gut zu differenzieren sein als die jeweils von nur einer Bildungsgruppe bevorzugten.

In diesem Beitrag werden im ersten Teil auf Basis des Habitusbegriffs bei Bourdieu Zusammenhänge von Bildungsabschlüssen und Lebensstilen näher erläutert. Im zweiten Teil werden empirische Informationen zur Öffnung des sozialen Raums diskutiert, wie auch eigene empirische Analysen zum Zusammenhang von Bildung und Lebensstilen dargestellt. Die Zusammenfassung schließt den Beitrag ab.

2. Theoretischer Ansatz

In dem deutschen, halbtägigen und stark gegliederten Schulsystem, das zudem nach dem Prinzip der Auslese statt der Förderung funktioniert, kommt nach den PISA-Ergebnissen der Einfluss der sozialen Herkunft in besonderem Maße zum Tragen (Baumert und Schümer 2001). Wie Geißler (2005: 74) und Schimpl-Neimanns (2000) ausführen, ist mit der Bildungsexpansion seit den 1960er Jahren die Chancengleichheit nicht gewachsen, weil sich die Zugangschancen zum Gymnasium der Un- und Angelernten- sowie der Migrantenkinder nicht verbessert haben. Mit der Bildungsexpansion haben sich zwar geschlechtsspezifische, Stadt-Land- und konfessionelle Unterschiede eingeebnet, die Schulerfolge nach sozialer Herkunft sind jedoch nach wie vor nicht abgebaut worden (Müller 1998). Vester (2005: 41) bezeichnet das Muster der deutschen Bildungs- und Berufschancen anknüpfend an Weber und Bourdieu als „ständisch organisierte Klassengesellschaft", die sich durch Undurchlässigkeit, also soziale Schließung gegenüber Neuzugängen und Monopolisierung von Chancen auszeichnet.

Für eine erfolgreiche Schullaufbahn sind eine bestimmte Sprachanwendung, die außerschulische Bildung in Form von Nachhilfe und Kursen (Musik, Sport, Kunst) sowie reichliche zeitliche Investitionen des Elternhauses für die Hausaufgaben und Vermittlungen von Lernhaltungen notwendig (Bourdieu 1987). Diese Aspekte sind schichtspezifisch verteilt und widersprechen der Auslese nach Intelligenz und Begabungen (Solga 2005a). Auf dieser Basis betont Bourdieu die Instrumentalisierung der Institution Schule zur Reproduktion sozialer Ungleichheiten durch die bildungsbürgerlichen Schichten. Er legt dar, dass über kulturelle Aspekte wie Manieren, Disziplin, Gehorsam und Sprachgebrauch die Kriterien der herrschenden Schichten für die Leistungsbewertung herangezogen werden und auf diese Weise der Sozialstatus der höheren sozialen Ränge in der Generationenfolge gesichert wird. Untere soziale Schichten und Migranten werden auf die nachgeordneten Ränge verwiesen. Als Beispiele können die Bewertungen der Persönlichkeit, die in die Übergangsempfehlungen eingehen, oder die Disziplinierungen aufmüpfiger Schüler durch schlechtere Noten herangezogen werden (Dravenau und Groh-Samberg 2005; Schumacher 2002; Vester 2005). So erhielten im Jahr 2001 von Arbeiterkindern lediglich 25 Prozent die Gymnasialempfehlung im Unterschied zu 64 Prozent bei den übrigen Statusgruppen (2002: 30 Prozent Arbeiterkinder zu 54 Prozent kein Arbeiterkind; Becker 2004: 495).

Kulturelle Faktoren überlagern die individuellen Unterschiede bei Begabungen und Leistungsvermögen ebenso wie die Bewertungsmaßstäbe für Kompetenzen, was im Begriff „heimlicher Lehrplan" (Zinnecker 1975) zum Ausdruck gebracht wird. Auf die kulturelle Diskriminierung und die aktive Selbstselektion der Kinder nach klassenkulturellen Einstellungen und Bildungsaspirationen, weist bereits Willis (1977) hin (aus institutioneller Sicht vgl. Dravenau und Groh-Samberg 2005).

Die Bildungsinhalte und -zertifizierungen sind zwar sozial konstruiert und von den hier tätigen Milieus festgelegt, sie werden aber als allgemein gültig, funktional und notwendig formuliert und wahrgenommen. Somit erscheinen auch die Begabungen, Potenziale und Zielerreichungsgrade als quasi natürlich und schichtspezifisch verteilt (Bourdieu 1987; Geißler 2005). Der Mythos eines meritokratischen Bildungswesens (Solga 2005a, 2005b) reproduziert die Wahrnehmung, Unterschiede seien stärker auf Persönlichkeitsmerkmale als auf sozialstrukturelle Faktoren zurückzuführen. Da gute Schul- und Bildungsabschlüsse als individuelles Versagen oder aber als individuelle Leistung erscheinen, werden auch die damit verbundenen Lebenschancen auf individuelle Ausstattungen an Begabungen und Intelligenz zurückgeführt. Diese „naturalistische" Sichtweise wird sowohl von Gewinnern als auch Verlierern des schulischen Wettbewerbs geteilt (Solga 2005a).

Das Verdienst von Bourdieu (1987) liegt darin, genau diese Unschuld des kulturellen Ausdrucks kritisch hinterfragt zu haben. Mit dem Habituskonzept verweist er auf die Bedeutung der sozialen Herkunft und der Bildung für Einstellungs- und Bewertungsmuster. Der Habitus eines Menschen gilt als unbewusstes und bewusstes Produkt der Lebens- und Lernbedingungen und ist damit stark an die soziale Herkunft gekoppelt. Zugleich bildet er in Verbindung mit Persönlichkeitsfaktoren (Temperament, Veranlagungen) die Bewertungsschemata, mit der die soziale Welt interpretiert wird.

Bourdieu betrachtet die Gesellschaft als mehrdimensionalen Raum, der nach Kapitalvolumen, Kapitalstruktur (vor allem ökonomisches und kulturelles) sowie deren zeitliche Entwicklung über die Generationen aufgespannt und unterteilt wird (Bourdieu 1987: 195ff., 1985). Das erfolgreiche Durchlaufen des Bildungssystems bietet die Grundlage für hohes kulturelles Kapital in inkorporierter und damit nicht übertragbarer Form. Zugleich werden Netzwerke geknüpft, die für das weitere Fortkommen förderlich sind und eine Barriere darstellen, sofern kein Zutritt möglich war. Über die kulturellen und institutionellen Mechanismen stellt sich der Zusammenhang von Klassenfraktion und Bildung her. Gemeinsamkeiten in der Klassenlage und des sozialen Umgangs formieren den Klassenhabitus, der sich im Bildungssystem als Nähe zu den gewünschten Verhaltensweisen, Vorlieben für schulische Inhalte, Umgangsweisen und Ausdrucksvermögen äußert. Dieses „symbolische Kapital" beinhaltet Prestige, Anerkennung und soziale Inklusion – oder aber bei Mangel fehlenden Respekt, Diskriminierung und Ausschluss.

Aufgrund der Anerkennung „lohnt" es sich also, hochkulturellen Kulturkonsum an den Tag zu legen – für höhere Klassenlagen mehr als für statusniedrigere. Zu den kulturell unterschiedlich verteilten Kompetenzen treten zusätzliche, statusgruppenspezifische Motive für hochkulturelle Praktiken. Auch Schulze (1992) weist auf die differenzierte Bedeutung eines Lebensstils, in dem bestimmte kulturelle Verhaltensweisen und Vorlieben gebündelt werden, hin. Seinen theoretischen Überlegungen entsprechend umfasst ein Stil drei Komponenten: Genuss als individuelles Erleben, Distinktion als Zuordnungs- und Abgrenzungskriterium und Lebensphilosophie als grundlegende Wert- und Sinnvorstellungen (Schulze 1992: 100ff.). Dieser mehrdimensionale Lebensstilbegriff, der individuelles Gefallen, die Verbindung zu weltanschaulichen Inhalten ästhetischer Zeichen und die Abgrenzungsfunktion umfasst, verweist auf die Möglichkeit unterschiedlich starker Zusammenhänge mit Bildungsressourcen. Für die oberen Schichten sind mit der Distinktionsfunktion enge Zusammenhänge zwischen Bildung und Kulturkonsum zu erwarten, während z.B. in modernen Mittelschichten der Zusammenhang weniger ausgeprägt sein kann, wenn nicht Distinktion, sondern Genuss und Selbstverwirklichung den Lebensstilausprägungen zugrunde liegen.

Empirische Informationen zum Zusammenhang von klassenbestimmten Milieus und Bildungsverhalten liefert die Gruppe um Vester (2005). Diese Forschungsrichtung betont die Ressourcenausstattung auf der einen Seite, die Netzwerke und weltanschaulichen Differenzierungen im Modernisierungsprozess auf der anderen Seite. Abbildung 1 gibt einen Überblick über die Milieuzugehörigkeit und Bildungsbeteiligung (Vester 2005: 51).[1]

Im Ergebnis zeigt sich, dass im Zuge der Bildungsexpansion die Klassen- und Milieuzuordnungen mit den Bildungsbeteiligungen nicht mehr durchgängig übereinstimmen. Die auf der „Herrschaftsachse" im oberen Mittelfeld angesiedelten Gruppen haben teilweise bessere Abschlüsse erreicht als das im Topsegment angesiedelte obere bürgerliche Milieu, in dem die alte Bildungsaristokratie und das moderne Leistungsmilieu um die Anerkennung der Bewertungsstandards konkurrieren (Distinktion und Geschmack versus Leistungsstandards; Vester 2005: 52). Und an der unteren Trennlinie, die als „Grenze der Respektabilität" bezeichnet wird, zeigen sich die schwachen Bildungsabschlüsse des traditionellen Arbeitermilieus, die die Gefahr beinhalten, auf flexible und ungesicherte Positionen abzugleiten und damit bei den Unterprivilegierten zu landen. In den mittleren Rängen haben es die Arbeiter- und Angestelltenmilieus geschafft, durch Bildungsinvestitionen (Realschule, Fachhochschule) die gesicherten Bereiche zu festigen und deutlich höhere Kompetenzen im Zeitverlauf zu erreichen. Damit verbunden sind auch höhere Ansprüche an Selbstverwirklichung und Autonomie. Demgegenüber sind kleinbürgerliche Milieus eher auf Statussicherung ausgerichtet, so dass deren Bildungsaspirationen nicht sehr weitreichend sind (ebenda: 59). Die Unterprivilegierten stecken in einem Teufelskreis, da sie auf die Hauptschule als so genannte „Restschule" verwiesen

1 Michael Vester u.a. haben wertvolle Beiträge zur Modernisierung der Sozialstruktur und der Milieuforschung geleistet. Leider sind die dargestellten Ergebnisse wissenschaftlich nicht nachvollziehbar, weil die Daten, Milieukonstruktionen, ihre Veränderungen und statistische Zuordnungen nicht offen gelegt werden. Es handelt sich um eine Art „Geheimwissenschaft", deren Ergebnisse aufgrund der hohen Plausibilität jedoch hier herangezogen werden.

Abbildung 1: Soziale Milieus in Westdeutschland – 2003. Die ständische Stufung der Bildungswege

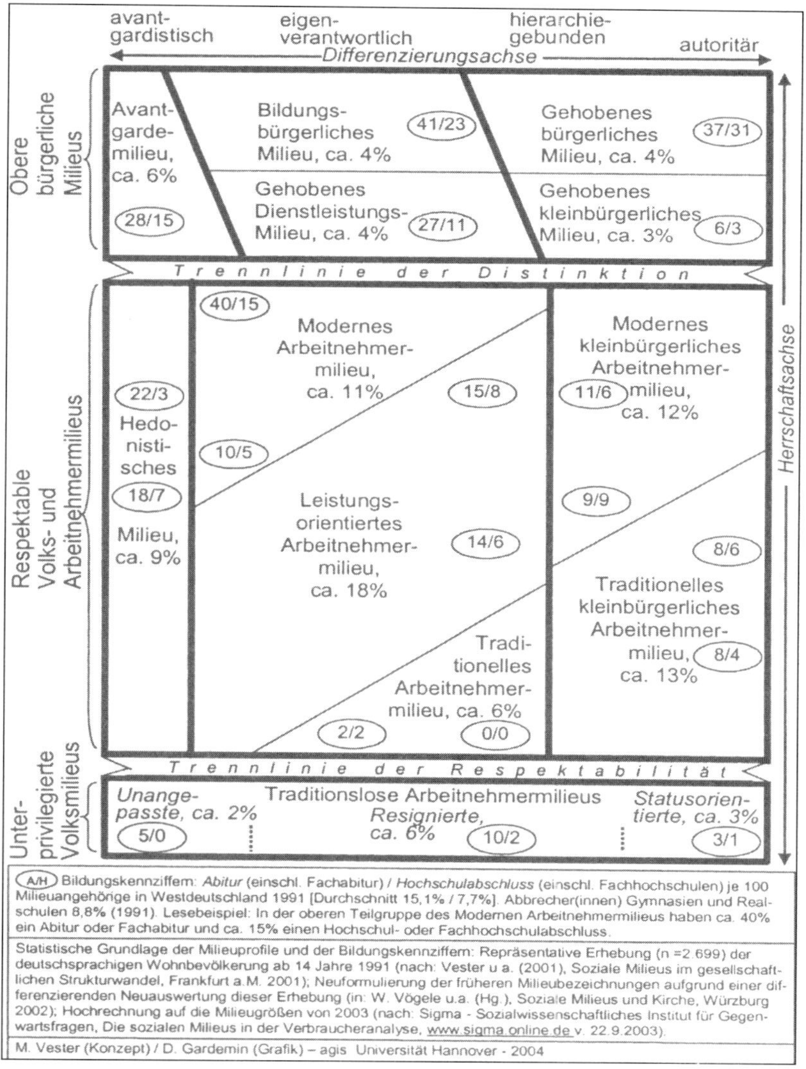

A/H Bildungskennziffern: *Abitur* (einschl. Fachabitur) / *Hochschulabschluss* (einschl. Fachhochschulen) je 100 Milieuangehörige in Westdeutschland 1991 [Durchschnitt 15,1% / 7,7%]. Abbrecher(innen) Gymnasien und Realschulen 8,8% (1991). Lesebeispiel: In der oberen Teilgruppe des Modernen Arbeitnehmermilieus haben ca. 40% ein Abitur oder Fachabitur und ca. 15% einen Hochschul- oder Fachhochschulabschluss.

Statistische Grundlage der Milieuprofile und der Bildungskennziffern: Repräsentative Erhebung (n =2.699) der deutschsprachigen Wohnbevölkerung ab 14 Jahre 1991 (nach: Vester u.a. (2001), Soziale Milieus im gesellschaftlichen Strukturwandel, Frankfurt a.M. 2001); Neuformulierung der früheren Milieubezeichnungen aufgrund einer differenzierenden Neuauswertung dieser Erhebung (in: W. Vögele u.a. (Hg.), Soziale Milieus und Kirche, Würzburg 2002); Hochrechnung auf die Milieugrößen von 2003 (nach: Sigma - Sozialwissenschaftliches Institut für Gegenwartsfragen, Die sozialen Milieus in der Verbraucheranalyse, www.sigma.online.de v. 22.9.2003).

M. Vester (Konzept) / D. Gardemin (Grafik) – agis Universität Hannover - 2004

Quelle: Vester (2005: 51)

werden, die kaum Chancen auf eine gesicherte Existenz eröffnet. Ihr Habitus richtet sich, Vesters Interpretation entsprechend, auf die Bewältigung chaotischer Situationen und das Management sozialer Abhängigkeiten. Milieuspezifische Habitusformen bilden in diesem Ansatz eine zentrale Erklärung für die Bildungs- und Berufsstrategien, Investitionen und Leistungserwartungen, die damit zur Reproduktion sozialer Ungleichheit wesentlich beitragen.

Nach den Untersuchungen Schumachers (2002) stammen 70 Prozent der Grundschullehrerinnen (zumeist ist das Lehrpersonal weiblich) aus dem liberal-intellektuellen Milieu. Den Ergebnissen nach bewerten 90 Prozent für die Übergangsempfehlung für weiterführende Schulen gute Umgangsformen und das Sozialverhalten, nur eine Minderheit von 15 Prozent stellen die kognitiven Fähigkeiten in den Mittelpunkt. In der Schule ist die kulturelle Vielfalt der Lehrenden nicht gegeben, und spezifische Habitusformen sind privilegiert, während andere negativ sanktioniert werden. Die Aussortierung von Schülern vollzieht sich in erheblichem Maße nach kulturellen Mustern, die im weiteren Sinne auch bestimmten Berufsmilieus der Eltern zugeordnet werden können.

In der Schule lernen die Kinder einerseits die Vorlieben, Umgangsweisen und Manieren verschiedener Milieus kennen, andererseits ordnen sie sich bestimmten Kindern zu. Abgrenzungen und Zuordnungen beziehen sich auch auf Fragen der Kleidung, des Geschmacks, des Auftretens, der Sprache und der Manieren. Geschmack zielt auf die Erzeugung von Kohärenz und Vereinheitlichung von Wahrnehmungs- und Bewertungsmaßstäben, er wird als Ausdruck sozialer Erfahrungen und Lernprozesse verstanden.

Ein Zusammenhang von Bildung und Lebensstilen kann aus diesen theoretischen Überlegungen heraus erwartet werden. Indem kulturelle Praktiken gesellschaftliche Ungleichheiten auf der symbolischen Ebene legitimieren, dienen sie sozialen Schließungsprozessen. Im sozialen Raum der Lebensstile werden Positionen zum Ausdruck gebracht und voneinander abgegrenzt, auch um die Anerkennung symbolischer Ausdrucksweisen wird gerungen.

In Ostdeutschland ist teilweise eine andere Situation als im Westen zu erwarten. Zwar kann auch hier vom allgemeinen Zusammenhang Struktur-Habitus-Praxis ausgegangen werden, die 40-jährige sozialistische Tradition hat jedoch zugleich ihren Einfluss im Hinblick auf die soziale Schichtung hinterlassen. Es wurde darauf hingewirkt, dass sich die Einkommensunterschiede minimieren und produktive Tätigkeiten im Vergleich zu geistigen Tätigkeiten aufgewertet wurden. In der Polytechnischen Oberschule (POS) als Regelschule waren Elemente aus dem produktiven Arbeitsleben und geistige Tätigkeiten nicht so strikt getrennt wie in der Bundesrepublik. Der offiziellen Ideologie entsprechend sollten „Handarbeit" und „Kopfarbeit" als gleichwertig betrachtet werden. Die Selektion zur Erweiterten Oberschule (EOS) verlief zwar auch nach

Leistung, daneben jedoch auch nach vorgegebenen Kriterien (Geschlecht, Arbeiterschicht, politische Verdienste des Elternhauses, Fügsamkeit, etc.). Der Zugang war auf einen kleinen Teil eines Jahrgangs begrenzt. Im Endeffekt reproduzierte sich auch die Bildungselite in der DDR, es gab jedoch stärkere, intervenierende Einflüsse als im sehr schichtspezifischen Bildungssystem der Bundesrepublik (Geißler 2002; Lötsch 1987; Lötsch und Lötsch 1989; Sozialreport 1990).

3. Empirische Analysen zur Öffnung des sozialen Raums

Die Argumentationen Bourdieus oder Vesters sind stark auf das Berufssystem zugeschnitten. Neben der Modernisierung der Berufe hat jedoch zugleich eine Modernisierung und Erweiterung auf kulturellem Gebiet stattgefunden, die den arbeitszentrierten Deutungsmustern entgegenläuft (vgl. Schulze 1992). Für die These einer Öffnung des sozialen Raums und Optionsvielfalt jenseits der sozialen Herkunft werden im folgenden Abschnitt empirische Argumente aus dem Freizeit- und Wertebereich vorgebracht.[2]

Die Entwicklungen bei den zentralen Lebensstilindikatoren „Wertorientierungen“ und „Freizeitverhalten“ belegen exemplarisch den kulturellen Wandel, der auch auf das Verhalten und die Ansprüche in der Arbeitswelt und in den Familienbeziehungen als zentrale Richtgrößen des Alltagslebens zurückwirkt. Von Freizeit wird gesprochen, wenn Tätigkeiten freiwillig, vergleichsweise selbstgewählt und außerhalb von Arbeits- und Reproduktionstätigkeiten ausgeübt werden, d.h. Selbstverwirklichung, Spaß, Genuss und Erfolgserlebnisse in frei gewählten Bereichen. Aber auch die soziale Integration ist wesentlich eine Funktion der Freizeit, vor allem für diejenigen Gruppen, die nicht, noch nicht oder nicht mehr im Erwerbsleben stehen. In den Momenten der Identitätssicherung und sozialen Mitgliedschaft wird der enge Zusammenhang zwischen Lebensstil und Freizeitverhalten sichtbar.

In der entwickelten bundesrepublikanischen Gesellschaft haben die Bürger im Durchschnitt fünf Stunden Freizeit täglich, am Wochenende acht Stunden und fünf bzw. sechs Wochen Urlaubsanspruch im Jahr (Datenreport 1999: 150; ebenda 2004: 160ff.). Sozialstrukturelle Differenzierungen sind dabei zu berücksichtigen: Frauen haben weniger Freizeit als Männer, Ostdeutsche weniger als Westdeutsche und Erwerbstätige weniger als die im Bildungssystem Verankerten sowie ältere Menschen. Auf dem Freizeit-, Unterhaltungs- und Kulturmarkt werden ca. 12 Prozent der Konsumausgaben eines privaten Haushalts getätigt (Datenreport 2004: 162), so dass von den Ressourcen Zeit und Geld ein erheblicher Teil dem Freizeitbereich zufällt. Je nach Einkommensniveau geben

2 Dieser Abschnitt ist in ausführlicherer Fassung veröffentlicht in Spellerberg (2003: 300ff.).

heute die Haushalte zwischen einem Siebtel und einem Fünftel ihrer finanziellen Ressourcen für den Freizeitbereich aus. Auch aus diesen Werten kann der Schluss gezogen werden, dass Freizeit nicht länger reine Erholung ist, sondern das zentrale Gebiet der Selbstentfaltung darstellt (Müller-Schneider 2001: 231).

Die Freizeitangebote haben sich vervielfacht. Auch in strukturschwachen, ländlichen Gebieten wird nicht nur der klassische Fußball gespielt, sondern werden auch Fun-Sportarten ausgeübt, die Urlaubsreise geht selbstverständlich ins Ausland und getanzt wird zunehmend zu „world music". Wichtig ist zudem, dass sich schichtspezifische soziale Normen, was „sich in der Freizeit schickt" bzw. „nicht schickt", für bestimmte soziale Positionen und Altersgruppen gelockert haben bzw. ganz verschwunden sind. Einschränkungen von Handlungspotential resultieren aus der Kanalisierung des Freizeitbereichs durch kommerzielle Angebote und durch die häufige Nutzung der Freizeit als Medienzeit (Fernsehen), die möglicherweise eine einseitig konsumorientierte Haltung fördert.

Der private Alltag ist mit dem Wertewandel der letzten Jahrzehnte als Quelle von Lebenssinn stärker in den Mittelpunkt gerückt. Meulemann (1993) führt den Wertewandel auf die Verlängerung der Bildungszeiten im Zuge der Bildungsexpansion und die Verbreitung der Massenmedien zurück: „Sie verändern das Mischungsverhältnis zugunsten fremder Erfahrung. [...] Sie vergrößern die Lebenszeit, in der man die Chance hat, sich fremde Erfahrungen anzueignen, auf Kosten der Lebenszeit, die durch eigene Aktivitäten gebunden ist, die sich in eigenen Erfahrungen widerspiegeln können" (Meulemann 1993, Teil 2: 30). Zudem sind die Erfahrungen jüngerer Kohorten gänzlich andere als diejenigen, die in der Wiederaufbauphase und in Zeiten des Wirtschaftswunders gesammelt wurden. Ein Grund für den beobachteten Wertewandel liegt somit im Nachwachsen jüngerer Kohorten, die mit größeren Wahlfreiheiten und stärkerem Reflexionszwang aufgewachsen sind. Im Hinblick auf den Wert „Leistung" konstatiert Meulemann: „Leistung beherrscht nicht mehr das Leben der Person, sondern ist nach ihren Bedürfnissen und Möglichkeiten in ihr Leben eingefügt. Das Prinzip regiert nicht mehr die Person, sondern die Person das Prinzip" (Meulemann 1999: 121).

Zusammenfassend kann im Hinblick auf Freizeit- und Wertewandel festgehalten werden, dass der Freizeitbereich in seiner quantitativen und qualitativen Bedeutung zugenommen hat und eine wichtige Ressource für Identifikationen und Identitätsbildung darstellt. Der Wertewandel betrifft vor allem die jüngeren Kohorten, während die älteren offensichtlich relativ unbeeindruckt bleiben. Die in Westdeutschland herrschenden Deutungsmuster haben sich in vielen Bereichen in Richtung individueller, subjektiver Leistungen und Einstellungen gewandelt.

4. Lebensstile und soziale Lage

Die gesellschaftlichen Differenzierungsprozesse haben in den letzten zwei Jahrzehnten zu einer heftigen Debatte in der bundesdeutschen Sozialstrukturanalyse um die Relevanz von Klassen- und Schichtkonzepten geführt. Auch wenn das Fortbestehen sozialer Ungleichheiten nicht bestritten wird, so stellt sich doch die Frage nach der Wirkung bildungs- und berufsorientierter Konzepte für die Alltagsgestaltung und die lebensnahe Beschreibung der Bevölkerung. Von einer unmittelbaren Übersetzung von Ressourcen in Lebensstil kann kaum ausgegangen werden, weil in unserer Wohlstandsgesellschaft immer auch Wahlmöglichkeiten bei der Alltagsgestaltung bestehen, weil andere Einflüsse als die bildungs- und berufsorientierten ihre Wirkung entfalten, z.B. die jeweilige Phase im Lebenszyklus, medienvermittelte und kulturelle Leitbilder (z.B. im Hinblick auf die Geschlechterrollen oder ethnische Gruppen), und weil biographische Erfahrungen und Selbstverstärkungen für die Ausbildung von Lebensstilen von zentraler Bedeutung sind.

Bisherige Studien ergaben, dass Alter, Bildung und Geschlecht die zentralen Variablen zur Unterscheidung von Lebensstilgruppen sind (Georg 1998; Schulze 1992; Spellerberg 1996, 2003).[3] Jüngere Menschen sind beispielsweise stärker auf den Bereich von Abwechslung und außerhäuslichen Aktivitäten hin orientiert, während ältere Menschen ihre Freizeit häufiger im häuslichen Umkreis verbringen. Hier vermischen sich Alters- und Lebenszykluseffekte. Ältere Menschen schätzen deutlich häufiger harmonieorientierte Kulturformen, wie z.B. „Heimatfilme“ und „Volksmusik“. Frauen weisen eine höhere Familienorientierung auf und eine geringere Neigung zu politischem Engagement. Sie interessieren sich häufiger für „Serien“und „Shows/Quizsendungen“ sowie hochkulturelle Produkte. Männer präferieren häufiger „Actionfilme“, „Sportsendungen“, „Sport treiben“ sowie „Kneipenbesuche“. „Künstlerische Aktivitäten“, „Sport treiben“, „Weiterbildung“ und „Lesen“ werden in beiden Landesteilen zumeist von Befragten mit Abitur betrieben. Passivere Beschäftigungen wie „Fernsehen“, aber auch „spazieren gehen“ sind bei Hauptschulabgängern (bzw. 8./9. Klasse POS) beliebt. Mit dem Bildungsabschluss vergleichbare Tendenzen zeigen sich bei der beruflichen Stellung. Der Einfluss der Qualifikation auf die Lebensweise ist in Ostdeutschland ebenso wie in Westdeutschland zu spüren, der Einfluss des politischen Regimes zu DDR-Zeiten an dieser Stelle kaum.

Mit Hilfe von Diskriminanzanalysen ist es möglich, den Einfluss von sozialstrukturellen Merkmalen auf die Zuordnung von Personen zu Lebensstilgruppen zu prüfen (Spellerberg 2003; Schneider und Spellerberg 1999; Scheiner 2005; Georg 1995; Klocke 1993). Die Ergebnisse zeigen, dass das Alter die wichtigste

3 Zu den folgenden Ausführungen sind detaillierte Tabellen zu finden in Spellerberg (1994).

erklärende Größe ist, gefolgt von Bildungsabschlüssen. Im mittleren Bereich liegen die Geschlechtszugehörigkeit, der Haushaltstyp und die Ortsgröße, während das Einkommen vergleichsweise unbedeutend ist. Zusammenfassend wird neben dem Alter vor allem das übergroße und differenzierte Gewicht von Bildungsabschlüssen deutlich. Der schulische und auch der berufliche Bildungsverlauf prägen entscheidend die Zugehörigkeit zu den jeweiligen identifizierten Lebensstiltypen (vgl. Spellerberg 2003).

Lebensstile werden in diesen standardisierten Verfahren anhand von Werthaltungen, Freizeitaktivitäten und ästhetischen Vorlieben gebildet und stellen multidimensionale Konstrukte dar. Um zum Zusammenhang von einzelnen Lebensstildimensionen und Bildung Aussagen zu treffen, wird im folgenden die Stärke des Einflusses von Bildung unter Einbezug von den weiteren zentralen Merkmalen Alter, Geschlecht, Ortsgröße, Berufsprestige und Haushaltsgröße geprüft. In einem ersten Schritt wurden hierzu Hauptkomponentenanalysen gerechnet (vgl. Tab. 1 im Anhang), deren Ergebnisse in einem folgenden Schritt multiplen linearen Regressionen zugrunde liegen. Im Mittelpunkt der Analyse stehen die Fragen, ob

- sich die Erklärungskraft für einzelne Lebensstildimensionen unterscheidet,
- immer die gleichen oder verschiedene Einflussgrößen je nach Dimension die entscheidende Rolle spielen,
- die Ergebnisse der Diskriminanzanalysen bestätigt werden und
- sich die Ergebnisse für West- und Ostdeutschland unterscheiden.

Es wird anhand der ausgewiesenen erklärten Varianz (R^2) deutlich, dass die Erklärungskraft der sozialstrukturellen Merkmale je nach Dimension variiert (vgl. Tab. 1).[4] Die Schwankungen reichen von 0,12 bis hin zu 0,43 in Westdeutschland und 0,10 bis 0,44 in Ostdeutschland; mehrheitlich liegen in Ost- wie in Westdeutschland damit ausreichend gute, erklärungskräftige Modelle vor. Lediglich in zwei Fällen (Harmonieorientierung und jugendliche Freizeitbeschäftigungen) sind die Modelle in beiden Landesteilen von gleicher Erklärungskraft, in vier Fällen sind die westdeutschen erklärungskräftiger und lediglich ein vergleichbares Modell ist in Ostdeutschland aussagekräftiger als in den alten Ländern (kulturelle Vorlieben für Information, R^2 = 0,15 und 0,12). Die Wertedimension ist inhaltlich nicht identisch, wird aber in Ostdeutschland ebenfalls besser erklärt.

4 Es wurden die wichtigsten Faktoren je Lebensstildimension in die Tabelle aufgenommen. Bei den Wertorientierungen ergab sich für den ersten Faktor (Freunde, Freizeit im Westen, für Ostdeutschland soziale Integration) jedoch nur ein unzureichendes Modell (r^2 0,03 bzw. 0,06), so dass die Ergebnisse des zweiten Faktors dargestellt sind.

Tabelle 1: Erklärungskraft von sozialstrukturellen und demographischen Merkmalen auf einzelne Lebensstildimensionen in West und Ostdeutschland (Faktorwerte)

Westdeutschland																
	Kulturelle Vorlieben								Werte		Freizeitaktivitäten					
	Harmonie		Spannung		Hochkultur		Informationen		Integration		Jugend		Hochkultur		PC, Internet	
	B	St. B	B	St. B	B	St. B	B	St. B	B	St. B	B	St. B	B	St. B	B	St. B
Alter	0,45	0,43	-0,45	-0,43	0,09	0,09	0,35	0,34	0,40	0,39	-0,59	-0,57	0,04	0,04	-0,14	-0,14
Schulabschluss	-0,27	-0,21	-0,17	-0,14	0,43	0,34	0,11	0,09					0,46	0,37	0,33	0,27
Geschlecht	0,37	0,18			0,29	0,15	-0,25	-0,13	0,34	0,17	-0,39	-0,20	0,50	0,25	-0,12	-0,06
Ortsgröße	-0,04	-0,13							-0,04	-0,11	0,02	0,06	0,02	0,06		
Berufsprestige	-0,09	-0,13			0,12	0,17	0,07	0,10			0,04	0,06	0,11	0,15	0,04	0,05
Haushaltsgröße							0,05	0,06	0,14	0,16	-0,05	-0,06	-0,04	-0,05	-0,08	-0,09
Konstante	-0,85		1,70		-1,81		-1,08		-1,60		2,14		-2,01		0,06	
R^2 korr.	0,43		0,17		0,20		0,12		0,21		0,38		0,27		0,14	

Ostdeutschland																
	Kulturelle Vorlieben								Werte		Freizeitaktivitäten					
	Harmonie		Spannung		Informationen		Klassik, Jazz		Beruf, Freizeit		Hochkultur, Sport		Jugend		Internet, PC	
	B	St. B	B	St. B	B	St. B	B	St. B	B	St. B	B	St. B	B	St. B	B	St. B
Alter	0,50	0,46	-0,30	-0,28	0,37	0,35	-0,12	-0,11	-0,32	-0,30	-0,14	-0,13	-0,58	-0,54	-0,13	-0,12
Schulabschluss	-0,34	-0,25			0,34	0,24	0,23	0,17	0,27	0,20	0,28	0,21	0,10	0,07	0,20	0,15
Geschlecht	0,39	0,20			-0,16	-0,08	0,12	0,06	-0,18	-0,09			-0,29	-0,14		
Ortsgröße	-0,02	-0,07	0,02	0,07	0,04	0,12	0,05	0,14	0,02	0,07	0,03	0,09			0,03	0,08
Berufsprestige			-0,06	-0,09	0,05	0,07	0,13	0,18	0,05	0,07	0,08	0,12			0,10	0,14
Haushaltsgröße			0,11	0,12					0,12	0,13	-0,12	-0,13	0,05	0,05		
Konstante	-1,26		0,75		-1,78		-0,79		0,15		-0,32		1,70		-0,16	
R^2 korr.	0,44		0,12		0,15		0,15		0,27		0,13		0,39		0,10	

Unstandardisierte und standardisierte Regressionskoeffizienten der signifikanten ($p < 0,05$) unabhängigen Variablen; die standardisierten Koeffizienten messen die Stärke des Einflusses und ihre Richtung. Grau unterlegt: hochsignifikant ($p < 0,01$)

Datenbasis: Allbus 1998

Eine vergleichsweise geringe Güte ($R^2 = 0,12$ und $0,14$) liegt in Westdeutschland bei zwei sachorientierten Faktoren vor: Informationen als Fernsehinhalte und PC- und Internetbeschäftigungen bei den Freizeitaktivitäten. Hier sind wichtige Einflussgrößen offensichtlich nicht im Modell enthalten. In Ostdeutschland liegen bei drei Modellen R^2-Werte von weniger als 0,15 vor, bei der PC-Nutzung, Spannung (Actionfilme, Krimis, Spielfilme; $R^2 = 0,12$) sowie hochkulturellen Freizeitaktivitäten. Spannende Unterhaltung im Fernsehen wird offensichtlich von sehr breiten Bevölkerungsschichten geschätzt und auch die hochkulturellen Freizeitaktivitäten sind in Ostdeutschland weniger stark sozialstrukturell bestimmt als im Westen.

Besonders gute Modelle ergeben sich in beiden Landesteilen beim Faktor Harmonie, der eher volkstümliche und triviale ästhetische Formen bündelt ($R^2 =$ 0,43 bzw. 0,44), und beim Faktor Jugend im Freizeitbereich, der für außerhäusliche und jugendliche Aktivitäten steht. Für die oben gestellte Frage, inwieweit sich die Erklärungskraft der sozialstrukturellen Merkmale nach Lebensstildimensionen unterscheidet, kann gefolgert werden, dass die Unterschiede sehr groß sind und dieser Zusammenhang bei der typologischen Betrachtung verdeckt wird.

Das Alter erweist sich als die dominierende erklärende Kraft in vielen Einzelmodellen der Lebensstilmerkmale (bei jeweils fünf von acht Modellen in West- und Ostdeutschland). Im Bereich der Hochkultur und der PC-Nutzung dominieren die Bildungseffekte. In Ostdeutschland gilt dies bei diesen zwei Modellen in abgeschwächter Form, darüber hinaus ist das Berufsprestige von etwas größerer Bedeutung für einen hochkulturellen Kulturkonsum. In Westdeutschland liegt das Berufsprestige bei der Hochkultur auf Platz drei, ist also auch hochsignifikant. Unabhängig von der Schulbildung hat das Berufsprestige Einfluss auf die Vorliebe für die Hochkultur, was als Hinweis auf ihre Distinktionsfunktion interpretiert werden kann.

Bei den beiden anderen ästhetischen Dimensionen Harmonie und Spannung liegt die Schulbildung im Westen auf Platz zwei der Einflussgrößen. Je geringer die Bildung, desto ausgeprägter ist das Interesse. Die Geschlechtszugehörigkeit ist im Westen bei der Hälfte der Modelle wichtiger als die Schulbildung. In Ostdeutschland spielt hingegen das Geschlecht nur einmal eine bedeutende Rolle, und zwar wie im Westen bei den jugendlichen Freizeitbeschäftigungen. Umgekehrt liegt hier die Bildung vier Mal auf dem zweiten Platz der Einflussstärke. Wir haben demnach in Westdeutschland klarer erkennbare Rollenmuster von Männern und Frauen als in Ostdeutschland. In Ostdeutschland spielt die Bildung eine größere Rolle für die Zustimmung zu einzelnen Lebensstilausprägungen.

In Westdeutschland sind die Orts- und Haushaltsgröße sowie das Berufsprestige teilweise hochsignifikante, jedoch nachgeordnete Faktoren, sie haben für mehr als die Hälfte der Lebensstildimension Bedeutung. Wenig überraschend ist, dass je größer der Haushalt, desto größer wird die Bedeutung von

Verwandten, Nachbarn und Familie. Ebenso steigt die Bedeutung der sozialen Integration in kleineren Orten. Diese Variable kann als grober Indikator für Stadt-Land-Unterschiede interpretiert werden und zeigt, dass in größeren Orten das Interesse an harmonieorientierten Kulturformen abnimmt. Dies trifft auch für das Berufsprestige zu, da mit steigendem Prestige das Interesse an einfachen Formen sinkt.

In Ostdeutschland spielt die Größe des Ortes bis auf eine Ausnahme immer eine signifikante Rolle. Dies kann als ein Anzeichen für mangelnde Infrastruktur in den kleineren Orten und Mittelstädten und Auseinanderdriften der Sozialstrukturen nach Ortsgröße interpretiert werden. Alter und Bildung sind zwar auch in Ostdeutschland die zentralen Variablen, bei den nachfolgenden Größen sind jedoch Unterschiede festzustellen, die sowohl auf die Tradition im Sozialismus hinweisen (geringere Bedeutung von Geschlechtszugehörigkeit) als auch auf die Situation in der Transformation (Ortsgröße).

Für den Zusammenhang von Bildung und Lebensstilen ergibt sich damit, dass Bildung in den meisten, aber nicht in allen Dimensionen von Relevanz ist. In Westdeutschland ist Bildung nicht signifikant für die Bedeutung sozialer Netzwerke und jugendliche Freizeitaktivitäten, und in Ostdeutschland ist sie für die Erklärung einer ausgeprägten Spannungsorientierung nicht bedeutsam. Die Aussagen zur überragenden Bedeutung von Alter und Bildung, die sich aus der Diskriminanzanalyse für die Lebensstiltypologie als Ganze ergaben, müssen daher ein Stück zurückgenommen werden.

Um die Diskussion nach den Folgen der Bildungsexpansion für den Zusammenhang von Bildungsabschlüssen und Lebensstilen aufzugreifen, wurden lineare Regressionen für einzelne Kohorten gerechnet (vgl. Tab. 2).[5]

In Westdeutschland wird von den ältesten zur jüngsten Kohorte die Gesamterklärungskraft des ersten Modells schwächer, die sozialstrukturellen Kategorien verlieren an Erklärungskraft für einen volkstümlichen, harmonieorientierten Geschmack. In Ostdeutschland ist es umgekehrt, dort ist in der jüngsten Kohorte der 1960-80 Geborenen ein stärkerer Zusammenhang als bei den Älteren feststellbar. Die Reglementierungen und Beeinflussungen z.B. musikalischer Stile zu DDR-Zeiten, die zu weniger ausgeprägten Differenzierungen beitrugen, könnten hier eine Erklärung bieten.

In West- wie in Ostdeutschland hat die Bildungsvariable bis zu den 1960 Geborenen an Bedeutung gewonnen, ist jedoch bei den jüngeren, ab 1961 Geborenen deutlich weniger relevant. Diese Kohorte profitierte besonders von der

5 Die Einteilung der Kohorten folgt derjenigen von Meulemann (Meulemann 1999: 124) für die Untersuchungen zum Wertewandel: Kohorte bis 1938 Vorkrieg; 1939 bis 1951 Krieg/Nachkrieg, 1952-1960 Frühes Wirtschaftswunder bzw. Offene Auseinandersetzung (Ost), 1961-1980: Spätes Wirtschafswunder (bzw. Mauerbau) bis zur Krise.

Bildungsexpansion und erlebte zugleich die Bereicherung der Kulturformen um die schnelleren, spannungsorientierten Richtungen (auch in der DDR). Möglich ist, dass durch den Zuwachs die Spaltung in Hoch- und Trivialkultur aufgebrochen wurde, und die Vorlieben für „Heile-Welt-Produkte" von anderen Faktoren stärker mitbestimmt wird – das R^2 ist in Westdeutschland auf 0,18 gesunken. Die Geschlechtszugehörigkeit wird demgegenüber wichtiger – Harmonieorientierungen werden zu einer Domäne der Frauen. Trotz verbesserter Infrastruktur behält die Ortsgröße einen Einfluss auf die Geschmackspräferenzen. Und auch das Alter behält auch in der kohortenspezifischen Betrachtung noch einen Einfluss. Das Berufsprestige ist nur in den ältesten Kohorten in den alten Bundesländern relevant. Für den Einfluss von Bildung auf die Hochkultur gilt in Westdeutschland vergleichbares, da er in der jüngsten Kohorte weniger wichtig geworden ist.

Tabelle 2: Erklärungskraft von sozialstrukturellen und demographischen Merkmalen auf "Vorliebe Harmonie" und "Vorliebe Hochkultur" nach Kohorten

	Harmonie, Volkstümliches											
	Westdeutschland						Ostdeutschland					
Kohorte	R^2	Bildung	Geschlecht	Ortsgröße	Prestige	Alter	R^2	Bildung	Geschlecht	Ortsgröße	Prestige	Alter
1900-1938	.27	-.22	.16	-.12	-.25	.07	.14	-.25	.11			
1939-1951	.28	-.26	.18	-.25	-.17	.13	.19	-.25	.25	-.14		
1952-1960	.21	-.36	.14	-.10			.17	-.37	.22			
1961-1980	.18	-.17	.30	-.17		.11	.21	-.18	.34	-.11		.22
	Hochkultur											
	West: Hochkultur						Ost: Hochkultur + Sport					
1900-1938	.27	.35	.23		.22		.10	.26		.15		
1939-1951	.26	.37	.30	.10			.08	.20				
1952-1960	.31	.43	.25				.07	.20		.20		
1961-1980	.25	.34	.27		.12		.11	.21			.18	-.11

Standardisierte Regressionskoeffizienten der signifikanten ($p < 0,05$) unabhängigen Variablen

Datenbasis: Allbus 1998

Zusammenfassend zeigt sich bei der Frage nach der Lockerung oder Verfestigung des Zusammenhangs von Bildung und Lebensstilmerkmalen, dass die Bildungsvariable in Westdeutschland nach wie vor zu den zentralen Einflussgrößen zählt, dass der Zusammenhang in der jüngeren Kohorte, die die Bildungsexpansion erlebte, jedoch schwächer geworden ist. In Ostdeutschland gehen Elemente der Hochkultur und des Sports eine Verbindung ein, wobei der Faktor nur schwach durch die einbezogenen Variablen erklärt wird (R^2 in der

Kohorte 1961-1980: 0,11). In den neuen Ländern ist der Einfluss der Bildung im hochkulturellen Bereich konstant, bei den harmonieorientierten Formen ist er wie im Westen gesunken.[6]

Abschließend geht es um die Frage, inwieweit die alltagskulturellen Unterschiede verschiedener Bildungsgruppen sichtbar sind. An dieser Stelle soll das Schlagwort von den Bessergebildeten als „ominvores", den Allesfressern, überprüft werden. Im Anhang sind die Angaben der Bildungsgruppen auf die einzelnen Lebensstil-Items abgebildet (Abbildungen zu Mittelwerten; Datenbasis: ALLBUS 1998).

Hier sollen die Freizeitaktivitäten, die konkretes, sichtbares Verhalten abbilden, näher betrachtet werden. Es zeigt sich, dass die Personen mit Abitur ein höheres Aktivitätsniveau aufweisen als die Personen mit weniger Bildungsjahren (Abstufung der Skala: tue ich nie, seltener, mindestens ein Mal pro Monat, mindestens ein Mal pro Woche, täglich). In beiden Landesteilen weisen bei zwei Dritteln der Vorgaben die Personen mit Abitur höhere Werte auf. Befragte mit maximal Hauptschulabschluss erreichen bei den Items „Faulenzen", „Spazieren gehen", „Besuch von Familie und Verwandten" sowie „Kirchgang" nur selten höhere Werte. Dies sind wenig sichtbare und nicht im Licht der Öffentlichkeit oder des Kulturbetriebes stehende Tätigkeiten. Entsprechend richtet sich die Aufmerksamkeit auf die höher Gebildeten und ihre Bedürfnisse.

Da Bildung und Alter stark korrelieren, ist hier zugleich der Alterseffekt mit zu berücksichtigen. Werden ausschließlich die mittleren Altersgruppen von 26 bis 60 Jahren betrachtet, so relativieren sich die genannten Unterschiede zum Teil. In elf (West) bzw. 14 (Ost) der 54 Punkte sind keine signifikanten Unterschiede bei den Freizeitaktivitäten mehr feststellbar. Dazu zählen auch die oben genannten unauffälligen Tätigkeiten wie Besuche von Familien und Verwandten oder der Kirchgang. Während in Westdeutschland darüber hinaus vor allem bei den Wichtigkeitseinschätzungen von Familie, Beruf, Freizeit und Freunden die Differenzen verblassen, werden in Ostdeutschland die spannungsorientierten Kulturformen, die zu Hause konsumiert werden können, von allen Bildungsgruppen gleichermaßen geschätzt (Krimis und Sport im TV, Sport und Lokales in der Zeitung). Damit bleibt das Ergebnis bestehen, dass vor allem außerhäusliche und öffentliche Aktivitäten sehr stark bildungsabhängig sind. Das Spektrum der Aktivitäten bei den besser Gebildeten ist deutlich größer und damit der Zusammenhang von Bildung und Lebensäußerung weiter gespannt als bei den Personen mit kürzeren Schullaufbahnen, die sich auf weniger Aktivitäten beziehen.

6 Der Kulturbereich „Spannung" ist im übrigen nicht durch eine kohortenspezifische Betrachtung zu erläutern, weil die Modelle nicht über ein $R^2 = 0{,}09$ hinausreichen (Ostdeutschland: 0,03). Vorlieben für Action, schnelle Rhythmen und Spannung sind in erster Linie altersabhängig.

5. Zusammenfassung

In diesem Beitrag stand die Frage nach dem Zusammenhang von Bildung und Lebensstilen im Mittelpunkt der Betrachtung. Vorliegende Studien zum Lehrer- und Schülerverhalten, institutionellen Faktoren sowie die bekannten Ergebnisse der PISA-Studie stützen diese Argumentation. Erkenntnisse der Forschungsgruppe um Michael Vester wurden dargelegt, die auf den starken Zusammenhang von Milieus (als Kombination von sozialer Lage und Werthaltungen) und Bildungsverhalten verweisen. Sie interpretieren in zeitlicher Hinsicht Veränderungen der Erfolgsquoten im Bildungssystem und damit auf Verlierer- und Gewinnermilieus im sozialstrukturellen Wandel. Auch vorliegende Lebensstiltypologien, die sich auf kulturellen Geschmack, Freizeitaktivitäten und Werthaltungen stützen, belegen den starken Zusammenhang von Lebensstiltypen und Bildungsvariablen. Anhand von Zeitreihen zum Wertewandel und Ausführungen zum Freizeitbereich, als zentrale Elemente von Lebensstilen, wurde aber auch auf gegenläufige Tendenzen hingewiesen. Die gesellschaftliche Modernisierung hat den Freizeitbereich als selbständigen und zunehmend bedeutenden Bereich für die Identifikation und soziale Zuordnung der Menschen werden lassen.

Anhand eigener empirischer Analysen auf Basis des Allbus 1998, der die letzte verfügbare repräsentative Lebensstilstudie in Deutschland darstellt, wurde versucht, der Frage nach Bildung und Lebensstilmustern detaillierter nachzugehen. Es wurde gefragt, wie stark der Einfluss von Bildung im Vergleich zu anderen sozialstrukturellen Merkmalen ist, d.h. Alter, Geschlecht, Haushaltskontext oder Berufsprestige. Anhand von Diskriminanzanalysen, die die Zuordnung von Befragten zu Lebensstiltypen anhand von sozialstrukturellen Merkmalen überprüfen, ergibt sich, dass Alter und Bildung die entscheidenden Größen sind, um Lebensstiltypen zu identifizieren und voneinander abzugrenzen. Vor allem der Mangel an Bildung ist eine wichtige Kategorie. Im Zeitverlauf (1993 bis 1998) ist kein Bedeutungsverlust des Bildungsniveaus feststellbar.

Da Lebensstiltypologien mehrdimensionale Konstrukte sind, wurde weiterführend mit Regressionsanalysen überprüft, inwieweit Bildung für die Ausprägung einzelner Lebensstildimensionen eine Rolle spielt. Es zeigt sich, dass das Alter sehr häufig die größte Erklärungskraft aufweist und in Westdeutschland die Geschlechtszugehörigkeit noch wichtiger ist als die Bildung, wenn es um die Zustimmung oder Ablehnung zu einzelnen Lebensstildimensionen geht. In Ostdeutschland sind mehrere Einflussfaktoren von nahezu gleichrangiger Bedeutung, die Bildungsvariable folgt jedoch dem Alter als ausschlaggebende Größe häufiger als im Westen auf Platz zwei. Bildung ist damit nicht nur für die Differenzierung von komplexen Lebensstiltypen, sondern auch für einzelne alltagskulturelle Bereiche von großer Bedeutung.

Im Hinblick auf die Möglichkeiten, die Bildung eröffnet, stand auch die aus den USA kommende Hypothese zur Diskussion, dass besser Gebildete ein größeres Aktivitätsspektrum aufweisen als weniger Gebildete. Diese These kann aufgrund von Mittelwertvergleichen unterstützt werden. Personen mit Fachabitur oder Abitur sind in der Freizeit aktiver und nutzen vor allem außerhäusliche Angebote häufiger als weniger Gebildete, Personen mit höchstens Hauptschulabschluss ziehen sich stärker zurück und sind im privaten Kreis aktiv.

Im Ergebnis kann die These einer bildungsabhängigen Lebensstilausprägung gestützt werden. Die Wechselwirkungen mit der Alterskategorie, Geschlecht oder vorhandener Infrastruktur (Ortsgröße) sollten dabei berücksichtigt werden. Auch vierzig Jahre nach dem Bildungsexpansionsschub, der Ausdehnung des Freizeitbereichs, den verbreiteten Vorstellungen selbst gewählter Aktivitäten und vielfältigen Verwerfungen auf dem Arbeitsmarkt ist der Zusammenhang zwischen sozialer Herkunft, Bildung und Lebensstilmuster in der Bundesrepublik nicht gebrochen. Soziale Schließungsprozesse im Freizeitbereich, die vor allem das außerhäusliche und öffentliche Leben betreffen, verstärken homogene Netzwerke und damit Potentiale für besser Gebildete, während schlechter Gebildete nicht nur schlechtere Berufschancen haben, sondern auch hohe Hürden für bildungsübergreifende, soziale Kontakte und damit nutzbringende Netzwerke vorfinden.

Für die ab 1961 Geborenen gelten diese Aussagen in leicht abgeschwächter Form. Die kohortenspezifische Analyse ergab, dass der Bildungseinfluss etwas zurückgegangen ist. Die Bildungsexpansion hat neben dem allgemeinen sozialen, kulturellen und nicht zuletzt technischen Wandel möglicherweise dazu beigetragen, dass die Bildungsschranken im Kulturbereich etwas durchlässiger geworden sind.

Literatur

Baumert, Jürgen, und *Gundel Schümer* 2001: Schulformen als selektionsbedingte Lernmilieus. S. 454-467 in: *Jürgen Baumert, Eckard Klieme, Michael Neubrand, Manfred Prenzel, Ulrich Schiefele, Wolfgang Schneider, Petra Stanat, Klaus-Jürgen Tillmann* und *Manfred Weiß* (Hg.), PISA 2000. Basiskompetenzen von Schülerinnen und Schülern im internationalen Vergleich. Opladen: Leske + Budrich.

Becker, Rolf, 2004: Bildung. S. 489-502 in: Statistisches Bundesamt, WZB, ZUMA (Hg.), Datenreport. Bonn: Bundeszentrale für politische Bildung.

Becker, Rolf, und *Frank Schubert*, 2006: Intergenerationale Transmission von ökonomischen, sozialem und kulturellem Kapital für den Schulerfolg. Eine Simulation mit Daten von PIRLS 2001 und PISA 2000. Kölner Zeitschrift für Soziologie und Sozialpsychologie 58: 253-284.

Bourdieu, Pierre, 1985: Sozialer Raum und „Klassen“. Frankfurt a.M.: Suhrkamp.

Bourdieu, Pierre, 1987: Die feinen Unterschiede. Kritik der gesellschaftlichen Urteilskraft. Frankfurt a.M.: Suhrkamp. 2. Auflage.

Dravenau, Daniel, und *Olaf Groh-Samberg*, 2005: Bildungsbenachteiligung als Institutionseffekt. Zur Verschränkung kultureller und institutioneller Diskriminierung. S. 103-129 in: *Peter A. Berger* und *Heike Kahlert* (Hg.), Institutionalisierte Ungleichheiten. Wie das Bildungswesen Chancen blockiert. Weinheim: Juventa.

Geißler, Rainer, 2002: Die Sozialstruktur Deutschlands. Bonn: Bundeszentrale für politische Bildung.

Geißler, Rainer, 2005: Die Metamorphose der Arbeitertochter zum Migrantensohn. Zum Wandel der Chancenstruktur im Bildungssystem nach Schicht, Geschlecht, Ethnie und deren Verknüpfungen. S. 71-100 in: *Peter A. Berger* und *Heike Kahlert* (Hg.), Institutionalisierte Ungleichheiten. Wie das Bildungswesen Chancen blockiert. Weinheim: Juventa.

Georg, Werner, 1998: Soziale Lage und Lebensstil. Eine Typologie. Opladen: Leske + Budrich.

Glatzer, Wolfgang, Roland Habich und *Karl-Ulrich Mayer* (Hg.) 2003: Sozialer Wandel und Gesellschaftliche Dauerbeobachtung. Festschrift für Wolfgang Zapf. Opladen: Leske + Budrich.

Klocke, Andreas, 1993: Sozialer Wandel, Sozialstruktur und Lebensstile in der Bundesrepublik Deutschland. Frankfurt u.a.: Peter Lang Verlag (Beiträge zur Politikwissenschaft Bd. 54).

Lötsch, Ingrid, 1987: Zu einigen Problemen der Entwicklung der Sozialstruktur. Informationen zur soziologischen Forschung in der Deutschen Demokratischen Republik. Berlin (Ost) 23: 29-32.

Lötsch, Ingrid, und *Lötsch Manfred*, 1989: Kontinuität und Wandel in der Sozialstrukturforschung der DDR. Jahrbuch für Soziologie und Sozialpolitik: 231-248.

Meulemann, Heiner, 1993: Wertewandel und kulturelle Teilhabe. Über den Zusammenhang sozialer und kultureller Entwicklungen der Bundesrepublik Deutschland im Spiegel der Umfragforschung. Kurseinheiten 1 und 2. Hagen: Fernuniversität.

Meulemann, Heiner, 1999: Der Wert Leistung in Deutschland 1956 bis 1996. S.115-130 in: *Wolfgang Glatzer* und *Ilona Oster* (Hg.), Deutschland im Wandel. Opladen: Leske + Budrich.

Müller, Walter, 1998: Erwartete und unerwartete Folgen der Bildungsexpansion. S. 81-112 in: *Jürgen Friedrichs, M. Rainer Lepsius* und *Karl Ulrich Mayer* (Hg.), Die Diagnosefähigkeit der Soziologie. Kölner Zeitschrift für Soziologie und Sozialpsychologie, Sonderheft 38.

Müller-Schneider, Thomas, 2001: Freizeit und Erholung. S.227-237 in: *Bernhard Schäfers* und *Wolfgang Zapf* (Hg.), Handwörterbuch zur Gesellschaft Deutschlands. Opladen: Leske + Budrich.

Peterson, Richard, und *Roger Kern*, 1996: Changing Highbrow Taste: From Snob to Omnivore. American Sociological Review 61: 900-907.

Rössel, Jörg, 2005: Plurale Sozialstrukturanalyse. Eine handlungstheoretische Rekonstruktion der Grundbegriffe der Sozialstrukturanalyse. Wiesbaden: VS Verlag für Sozialwissenschaften.

Scheiner, Joachim, 2005:Lebensstile und Lebenslage: Sind Lebensstile "eigensinnig" oder strukturell abhängig? Arbeitspapier des Fachgebiets Verkehrswesen und Verkehrsplanung, Heft 12. Universität Dortmund, Fakultät Raumplanung.

Schimpl-Neimanns, Bernhard, 2000: Soziale Herkunft und Bildungsbeteiligung. Empirische Analysen zu herkunftsspezifischen Bildungsgleichheit zwischen 1950 und 1989, Kölner Zeitschrift für Soziologie und Sozialpsychologie 52: 636-669.

Schneider, Nicole, und *Annette Spellerberg*, 1999: Lebensstile, Wohnbedürfnisse und Mobilität. Opladen: Leske + Budrich.

Schulze, Gerhard, 1992: Die Erlebnisgesellschaft. Kultursoziologie der Gegenwart. Frankfurt a.M.: Campus.

Schumacher, Eva, 2002: Die soziale Ungleichheit der Lehrer/innen – oder: Gibt es eine Milieuspezifität pädagogischen Handelns? S. 253-270 in: *Jutta Mägdefrau* und *Eva Schumacher* (Hg.), Pädagogik und soziale Ungleichheit. Aktuelle Beiträge – Neue Herausforderungen. Bad Heilbrunn: Klinkhardt.

Solga, Heike, 2005a: Ohne Abschluss in die Bildungsgesellschaft. Die Erwerbschancen gering qualifizierter Personen aus soziologischer und ökonomischer Perspektive. Opladen: Verlag Barbara Budrich.

Solga, Heike, 2005b: Meritokratie – die moderne Legitimation ungleicher Bildungschancen. S. 19-38 in: *Peter A. Berger* und *Heike Kahlert* (Hg.), Institutionalisierte Ungleichheiten. Wie das Bildungswesen Chancen blockiert. Weinheim: Juventa.

Sozialreport'90. Daten und Fakten zur sozialen Lage in den neuen Bundesländern (hrsg. von *Gunnar Winkler)*. Berlin.

Spellerberg, Annette, 1994: Alltagskultur in Ost- und Westdeutschland. Unterschiede und Gemeinsamkeiten. P94-101. Wissenschaftszentrum Berlin, Abteilung Sozialstruktur und soziale Ungleichheit.

Spellerberg, Annette, 1996: Soziale Differenzierung durch Lebensstile. Eine empirische Untersuchung zur Lebensqualität in West- und Ostdeutschland. Berlin: Edition sigma.

Spellerberg, Annette, 2003: Gesellschaftliche Dauerbeobachtung anhand von Lebensstilindikatoren. S. 297-316 in: *Wolfgang Glatzer, Roland Habich* und *Karl-Ulrich Mayer* (Hg.), Sozialer Wandel und Gesellschaftliche Dauerbeobachtung. Festschrift für Wolfgang Zapf. Opladen: Leske + Budrich.

Statistisches Bundesamt, WZB, ZUMA (Hg.), 1999: Datenreport. Bonn: Bundeszentrale für politische Bildung.

Statistisches Bundesamt, WZB, ZUMA (Hg.), 2004: Datenreport. Bonn: Bundeszentrale für politische Bildung.

Vester, Michael und andere, 2001: Soziale Milieus im gesellschaftlichen Strukturwandel. Zwischen Integration und Ausgrenzung. Frankfurt a.M.: Suhrkamp.

Vester, Michael, 2005: Die selektive Bildungsexpansion. Die städtische Regulierung der Bildungschancen in Deutschland. S. 39-70 in: *Peter A. Berger* und *Heike Kahlert* (Hg.), Institutionalisierte Ungleichheiten. Wie das Bildungswesen Chancen blockiert. Weinheim: Juventa.

Vester, Michael und andere, 1993: Soziale Milieus im gesellschaftlichen Strukturwandel. Zwischen Integration und Ausgrenzung. Köln: Bund-Verlag.

Willis, Paul, 1979: Spaß am Widerstand. Leben in der Arbeiterschule. Frankfurt a.M.: Syndikat.

Whishart, David, 1999: FocalPoint Clustering. User Guide. St. Andrews. UK.

Zinnecker, Jürgen, 1975: Der heimliche Lehrplan. Weinheim: Juventa.

Anhang

Tabelle A1: Lebensstildimensionen: Ergebnisse von Hauptkomponentenanalysen

	Freizeitaktivitäten		Kulturelle Vorlieben		Lebensziele	
	West	Ost	West	Ost	West	Ost
1	Jugend: Video, Kino, Popkonzerte, Musik hören, Sport, essen + trinken gehen, Besuch von Sportveranstaltungen	Kultur, Sport: Yoga, Sport, Konzerte, Theater, Kunst	Harmonie: Heimatfile, Volksmusik, Schlager, Shows + Quiz, Unterhaltung	Harmonie: Volksmusik, Heimatfile, Unterhaltungsfilme, Schlager, Shows + Quiz, Pop-Rockmusik (-)	Freizeit: Freunde + Bekannte, Frezeit + Erholung	Integration: Verwandtschaft, Freunde+ Bekannte Nachbarschaft, Familie + Kinder
2	Kultur: Kunst, Konzerte, Theater, Bücher lesen, Yoga	Jugend: Video, Musik hören, Kino, Popkonzerte, essen + trinken gehen, Besuch von Sportveranstaltungen	Spannung: Actionfilme, Krimis, Spielfilme, Pop-Rock	Spannung: Actionfilme, Krimis, Spielfilme, (Pop-Rock)	Integration: Religion + Kirche, Nachbarschaft, Verwandtschaft	Arbeit + Freizeit: Beruf + Arbeit, Freizeit + Erholung
3	Computer: PC, Internet	Computer: Internet, PC	Hochkultur: Klasik, Jazz, Kunst + Kultur	Sachinfos + Kultur im TV: Nachrichten, Pol. Magazine Kunst +Kultur	Beteiligung: Politik + öffentl. Leben, Beruf + Arbeit	Beteiligung: Religion + Kirche, Politik + öffentl. Leben
4	Engagement: Ehrenamt, Politik, (Basteln)	Engagement: Ehrenamt, Politik, (Basteln)	Sachinfos: Nachrichten, Pol. Magazine	Hochkultur Musik: Klassik, Jazz		
5	Soziales: Besuch v. Familie, von Nachbarn, Freunden	Soziales: Besuch von Nachbarn, Freunden, v. Familie, Spazierengehen, wandern				
6	Leichtes: Zeitschriften lesen, spazierengehen	Lesen: Zeitschriften lesen, Bücher lesen				
A*	0,82, p < 0,00	0,84, p < 0,00	0,75, p < 0,00	0,73, p < 0,00	0,69, p < 0,00	0,69, p < 0,00
B*	58%	57%	64%	63%	63%	60%

A*: KMO und Bartlett-Test / B*: erklärte Gesamtvarianz
Werte in Klammern: Ladungen < 0,50 und > 0,40

Abbildungen: Lebensstilmerkmale nach Bildungsabschluss

Datenbasis für diese und die folgenden Abbildungen: Allbus 1998. In Westdeutschland sind bis auf zwei Ausnahmen (bei insgesamt 54 Items) alle Unterschiede signifikant, und zwar Wichtigkeit von Familie und Kindern und Interesse an Nachrichten im TV. Iin Ostdeutschland sind bei vier Items keine signifikanten Unterschiede feststellbar: Wichtigkeit von Familie und Kindern, Wichtigkeit von Verwandtschaft, Interesse am Lokalteil in der Zeitung sowie Besuche von Nachbarn in der Freizeit.

Abbildung A1: Freizeitaktivitäten nach Bildungsabschluss, Westdeutschland

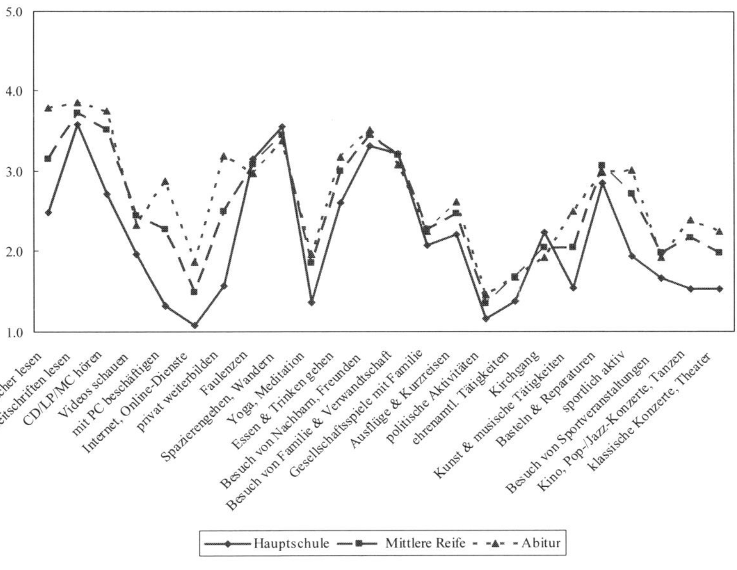

Mittelwerte, Skala 1-5

Abbildung A2: Wichtigkeitseinschätzungen nach Bildungsabschluss, Westdeutschland

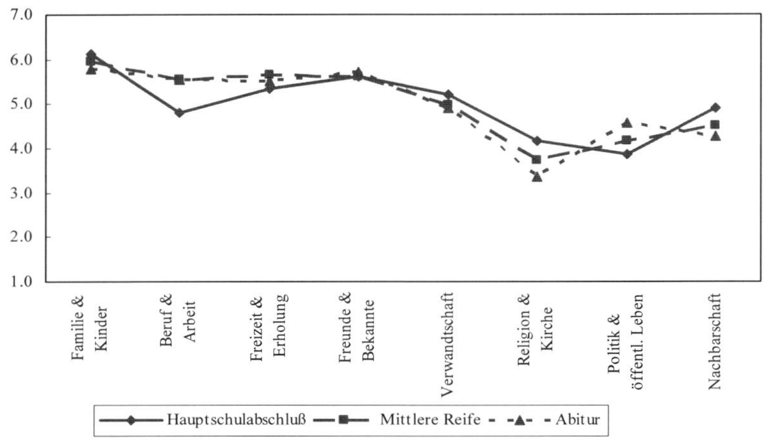

Mittelwerte, Skala 1-7

Abbildung A3: Musik- und Zeitungsinteressen nach Bildungsabschluss, Westdeutschland

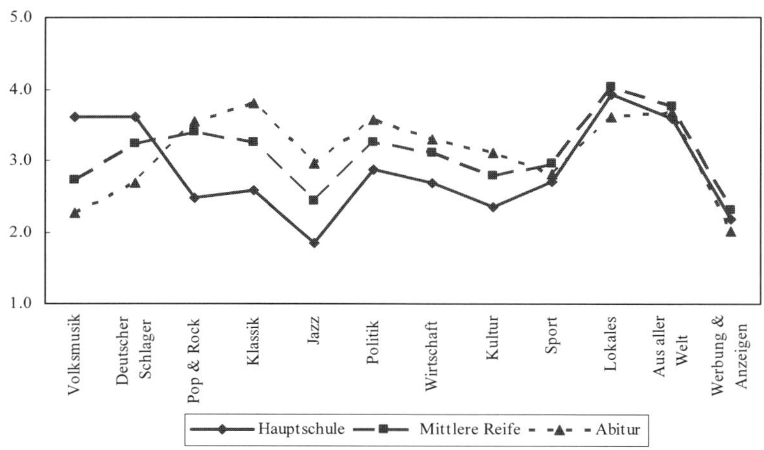

Mittelwerte, Skala 1-5

Abbildung A4: Wichtigkeitseinschätzungen nach Bildungsabschluss, Ostdeutschland

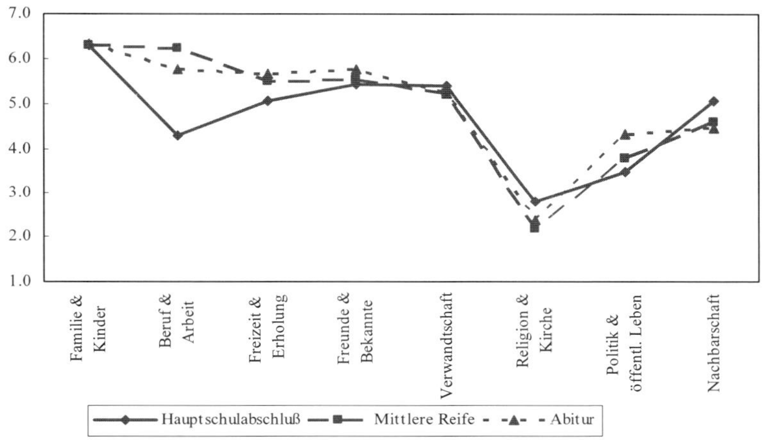

Mittelwerte, Skala 1-7

Abbildung A5: Fernsehinteressen nach Bildungsabschluss, Ostdeutschland

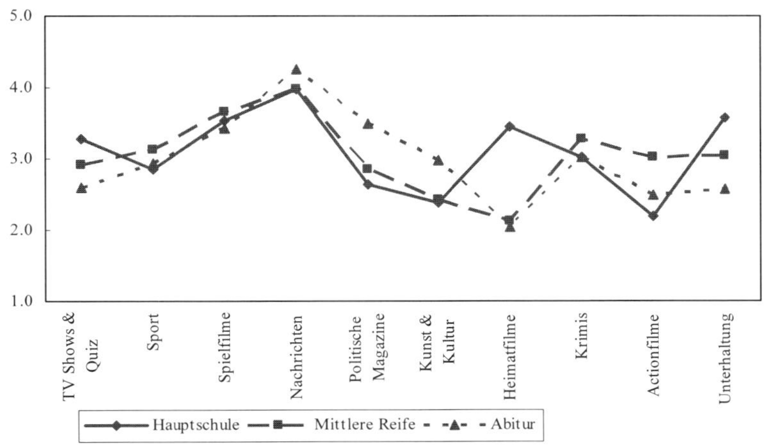

Mittelwerte, Skala 1-5

Abbildung A6: Musik- und Zeitungsinteressen nach Bildungsabschluss, Ostdeutschland

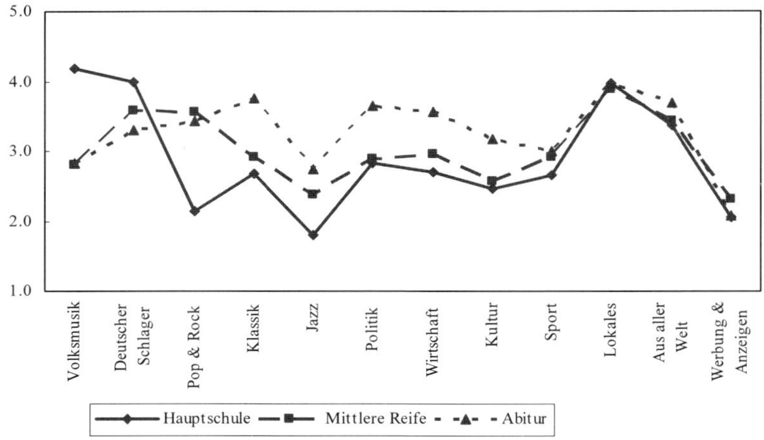

Abbildung A7: Freizeitaktivitäten nach Bildungsabschluss, Ostdeutschland

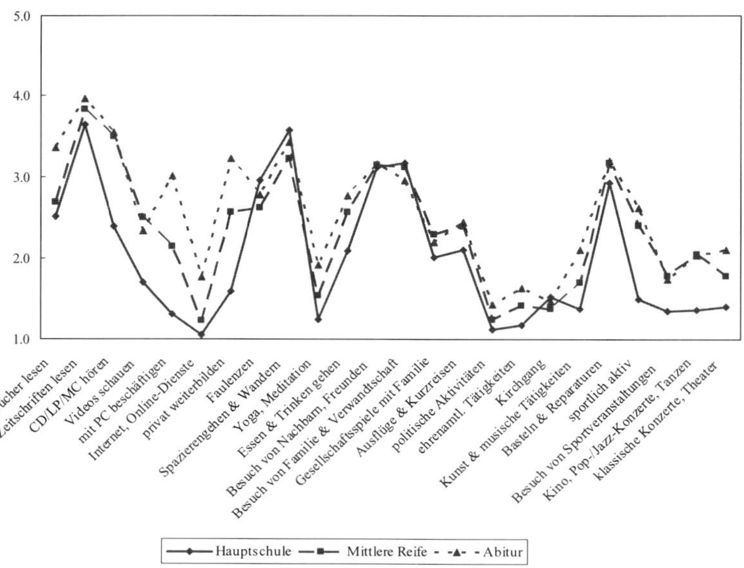

Mittelwerte, Skala 1-5

Die Veränderung des Heirats- und Fertilitätsverhaltens im Zuge der Bildungsexpansion

Eine Längsschnittanalyse für West- und Ostdeutschland

Andreas Timm

1. Einleitung

In allen industrialisierten Gesellschaften haben sich in den letzten Jahrzehnten des 20. Jahrhunderts bis heute mehr oder weniger starke Veränderungen im Bereich privater Lebensformen ergeben. In den meisten Ländern zeichnete sich eine Abnahme der Heiratsraten ab und die Fertilitätsraten vielen unter die viel beschworene Reproduktionsrate. Im Zusammenhang mit diesen Veränderungen werden parallel sich vollziehende Umwälzungen in der Bildungsbeteiligung und am Arbeitsmarkt sowie ein Werte- und Normenwandel diskutiert.

Im Zuge bildungspolitischer Maßnahmen und anderer sozialer und ökonomischer Veränderungen im Industrialisierungs- und Modernisierungsprozess gab es eine allgemein zunehmende Expansion höherer Bildung, von der vor allem Frauen profitiert haben. Die zunehmende Investition von Frauen in Humankapital und die damit verbundene Verlängerung der Ausbildungszeiten, die zunehmende Unabhängigkeit der Frauen durch die Arbeitsmarktbeteiligung und die emanzipatorischen Bestrebungen der Frauen in den letzten 100 Jahren werden von vielen Sozialforschern, die sich mit Familienbildungsprozessen beschäftigen, als wesentliche Einflussgrößen für das Ansteigen des Heiratsalters und die zunehmende Kinderlosigkeit mit verantwortlich gemacht (Blossfeld und Huinink 1991; Manting 1994; Brüderl und Diekmann 1994; Müller 1998; Ribar 2004).

In diesem Beitrag wird deshalb der Einfluss der Bildungsexpansion auf Veränderungen familienbiographischer Übergänge im Lebenslauf von Frauen und Männern untersucht. Dabei spielt auch die größere ökonomische Unabhängigkeit von Frauen eine Rolle, die sie durch zunehmende Bildungsbeteiligung über die Geburtskohorten hinweg erreicht haben, womit sich auch neue Rollenerwartungen zwischen den Geschlechtern entwickelten. Der methodische Fokus liegt dabei in erster Linie auf einer kohorten- und alterspezifischen Perspektive, die es insbesondere erlaubt, sowohl den sozialstrukturellen Wandel im Allgemeinen als auch die sich durch die Bildungsexpansion im Speziellen vollziehenden nicht intendierten Folgen adäquat zu erfassen. Das Ziel dieses Beitrags ist, im Längsschnitt zu untersuchen, welche Veränderungen sich für einzelne familienbiographische Übergänge wie die erste Heirat und die erste Geburt eines Kindes ergeben haben und welche Rolle die über die Geburtskohorten hinweg zunehmende Bildungsbeteiligung dabei gespielt hat.

2. Ausgangslage

2.1 Bildungssystem und Bildungsbeteiligung im Zeitvergleich

Seit den 1950er Jahren hat das westdeutsche Bildungssystem spezifische Entwicklungsstadien vollzogen. Die allgemeine Schulausbildung war zunächst durch ein recht starres dreigliedriges System gekennzeichnet. Mit Vollendung des vierten Schuljahres wurden die Kinder auf der Basis ihrer bis dahin erbrachten Leistungen danach beurteilt, welche weiterführenden Schulen sie besuchen durften (Hauptschule, Realschule, Gymnasium). An dieser Stelle der schulischen Karriere fand schon eine wesentliche Selektion der jungen Menschen statt, welche in der Regel festlegte, wer später eine Berufsausbildung oder eine Hochschulausbildung machen konnte. Allmählich wurde dieses Schulsystem modifiziert. Es wurden z.B. Gesamtschulen gegründet, in denen der Zugang zu höheren Bildungsinstitutionen offener gestaltet werden sollte. Seit dem Ende der 1950er Jahre ist vor allem die Einführung des zweiten Bildungsweges zu nennen, der darauf abzielte, breiteren Bevölkerungsschichten den Zugang zu höherer Bildung zu erleichtern. Das bildungspolitische Ziel der 1960er und 1970er Jahre, auch unteren Schichten einen besseren Zugang zu höherer Bildung zu eröffnen, ist nur zum Teil eingelöst worden. Durch die Bildungsexpansion hat sich für Kinder benachteiligter Schichten zwar der absolute Zugang zu den höheren Bildungsinstitutionen verbessert, ohne dass sich aber die relativen herkunftsspezifischen Chancen nachhaltig verändert haben (Shavit und Blossfeld 1993; Müller und Karle 1993; Müller und Haun 1994; Henz und Maas 1995; Erikson und Jonsson 1996). Das bildungspolitische Ziel der 1960er und 1970er Jahre, die Bildungsungleichheit nach und nach abzubauen, ist damit nur bedingt erfüllt worden (BfBF 2006).

Die meisten jungen Menschen, die das allgemein bildende Schulsystem mit einem Hauptschulabschluss, der Mittleren Reife oder dem Abitur verlassen und einen Beruf erlernen wollen, beginnen die Ausbildung im „Dualen System". Die berufliche Bildung im „Dualen System" ist durch eine Kombination von praktischer betrieblicher Ausbildung und einer theoretisch ergänzenden Ausbildung in der Berufsschule gekennzeichnet. Neben der beruflichen Ausbildung im „Dualen System" gibt es Ausbildungsinstitutionen, in denen die theoretische Ausbildung einen größeren Raum einnimmt. Diese Ausbildungsgänge werden vor allem von Frauen gewählt. Durch diese Entwicklungen ergab sich auch die besondere Ausdifferenzierung des westdeutschen Bildungssystems, wie es seit den 1960er Jahren bis heute weit gehend existiert.

Im Zuge der gerade beschriebenen bildungspolitischen Maßnahmen und anderer Veränderungen im Industrialisierungs- und Modernisierungsprozess gab es in Westdeutschland eine allgemein zunehmende Expansion von höherer Bildung, von der vor allem Frauen profitiert haben. Damit einhergehend hat sich für die Frauen auch die Beteiligung am Arbeitsmarkt ständig erhöht. Die folgende Darstellung (Tabelle 1) der Entwicklung der Bildungsniveaus von Frauen und Männern im historischen Verlauf, ist vor allem für die Beurteilung von ersten Heiraten und der Fertilität im historischen Kontext von besonderem Interesse.

Tabelle 1: Entwicklung des beruflichen Bildungsniveaus nach Geburtskohorten und Geschlecht (in Prozent)

Berufliches Bildungsniveau	Geburtskohorte vor 1939	1939-44	1944-49	1949-54	1954-59	1959-64	1964-69	1969-74	1974-79
Männer									
Ohne Abschluss	17,3	12,2	16,0	10,6	11,8	12,0	12,3	14,8	25,9
Lehre	57,8	56,9	53,2	57,2	56,7	57,0	56,1	56,4	57,0
Fachschule	9,7	11,0	10,1	10,4	10,6	11,2	11,0	8,8	5,5
Fachhochschule	5,8	7,7	7,9	8,4	8,3	7,9	8,3	7,9	5,1
Hochschule	5,5	7,8	8,7	9,7	8,9	8,5	9,1	9,9	6,0
Promotion	2,7	8,2	11,4	11,4	14,5	15,5	14,6	9,7	2,0
Total	100,0	100,0	100,0	100,0	100,0	100,0	100,0	100,0	100,0
Frauen									
Ohne Abschluss	49,8	29,1	24,2	20,4	17,1	16,1	15,5	17,6	24,8
Lehre	43,4	57,6	59,1	58,8	59,8	60,2	60,7	58,0	54,6
Fachschule	2,1	3,3	4,1	4,6	5,7	6,4	6,2	5,9	6,4
Fachhochschule	1,0	2,1	3,1	4,3	4,7	5,1	5,5	5,4	4,8
Hochschule	1,9	4,2	5,9	7,8	8,3	7,8	8,3	10,1	8,4
Promotion	0,4	0,7	0,8	1,1	1,1	1,3	1,3	1,4	0,7
Total	100,0	100,0	100,0	100,0	100,0	100,0	100,0	100,0	100,0

Quelle: Statistisches Jahrbuch 2004

Der Tabelle 1 ist zunächst zu entnehmen, dass sich der Anteil der Personen ohne Abschluss von Geburtskohorte zu Geburtskohorte (vor 1939 bis Kohorte 1964-68) verringert hat. Im Vergleich zu den Männern zeigt sich vor allem für die Frauen eine deutliche Abnahme über die Geburtskohorten hinweg mit einer gleichzeitigen Zunahme des Anteils von Frauen mit einer Berufsausbildung. Im Vergleich zu den Frauen lag der Anteil bei den Männern schon bei den älteren Geburtskohorten auf einem relativ hohen Niveau, das über die Geburtskohorten hinweg nicht besonders stark variiert. Für die drei höheren Bildungsniveaus Fachhochschule, Hochschule und Promotion ergeben sich zunächst ein Anstieg und dann ein leichter Rückgang. Der für die jüngeren Geburtskohorten leichte Rückgang ist wohl zu einem gewissen Teil dem Umstand zu schulden, dass sich die jungen Frauen und Männer der jüngeren Geburtskohorten noch in der Hochschulausbildung befinden. Zusätzlich gibt es noch einen nicht unerheblichen Anteil von Männern und Frauen, die zwar ein Abitur besitzen, aber eine Berufsausbildung vor dem Studium absolvieren und sich somit noch in der Ausbildung befinden.

Die Abbildung 1 verdeutlicht noch einmal die weitgehende Egalisierung der geschlechtsspezifischen Bildungsdifferenzen für die jüngeren Geburtskohorten in Westdeutschland. Für diese Abbildung wurde die Bildungsverteilung von Männern und Frauen herangezogen. Für jede Geburtskohorte wurde das logarithmierte Verhältnis der Bildungsverteilung von Männern zu Frauen für die jeweilige Bildungsgruppe berechnet.[1] Es ist ersichtlich, dass die Bildungsdifferenzen für das jeweilige Bildungsniveau zwischen Männern und Frauen in der Kohorte 1919-23 noch sehr stark ausgeprägt waren. Die geschlechtsspezifische Bildungsschere war hier noch sehr weit geöffnet. In dieser Geburtskohorte lag der Anteil der Frauen ohne Berufsausbildung noch weit über dem der Männer, während der Anteil der Frauen im mittleren und höheren Bildungssegment deutlich geringer war als der Anteil der Männer. Die geschlechtsspezifische Bildungsschere hat sich dann über die Geburtskohorten hinweg zunehmend geschlossen. Wenn man die jüngste Geburtskohorte betrachtet, dann zeigt sich sogar ein Überhang der Frauen bei den Fachhochschul- und Universitätsabsolventen.

1 Die Abbildung ist folgendermaßen zu lesen: Wenn die Linien der unterschiedlichen Bildungsgruppen auf der Null-Linie liegen, gibt es keine geschlechtsspezifischen Differenzen in der Bildungsverteilung. Befindet sich die Linie im Minusbereich, dann gibt es in der jeweiligen Bildungsgruppe mehr Frauen als Männer. Liegt die Linie im Plusbereich, dann gibt es innerhalb der jeweiligen Bildungsgruppe mehr Männer als Frauen. Man kann beim logarithmierten Bildungsverhältnis von Männern zu Frauen direkt erkennen, ob es in der jeweiligen Bildungsschicht mehr Frauen oder mehr Männer gibt.

Abbildung 1: Entwicklung des logarithmierten Verhältnisses der Bildungsverteilung von Männern zu Frauen

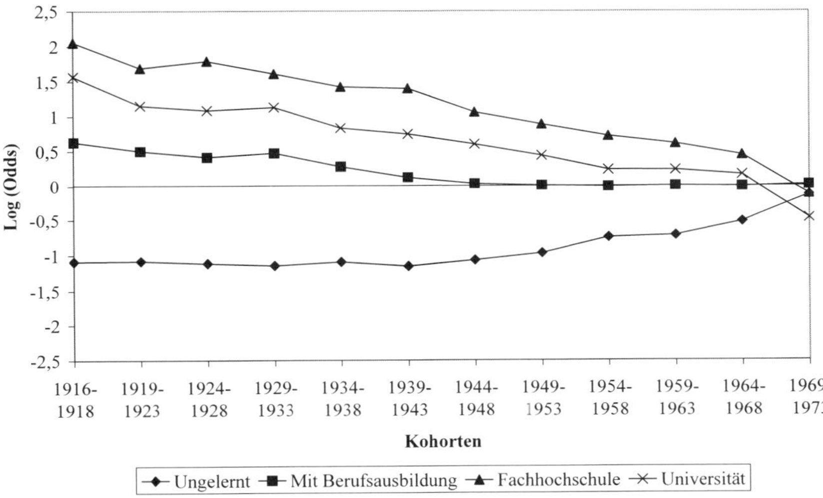

Quelle: Sozio-ökonomisches Panel 2004, eigene Berechnungen

Als Fazit kann an dieser Stelle für Westdeutschland festgehalten werden, dass es zum einen eine allgemeine Bildungsexpansion und zum anderen eine geschlechtsspezifische Bildungsexpansion gab, die zu einer weitgehenden Egalisierung der geschlechtsspezifischen Bildungsverteilung für die jüngere Generation geführt hat. Die allgemeinen Geschlechterproportionen an den weiterführenden Bildungsinstitutionen beleuchten aber nur einen Aspekt der geschlechtsspezifischen Chancendifferenzierung. Es bestehen immer noch traditionelle Unterschiede zwischen den Geschlechtern bei den Entscheidungen für bestimmte Schul- und Studienfächer. Dabei zeigt sich auch, dass die Frauen im Vergleich zu den Männern stärker von der Bildungsexpansion profitiert haben (vgl. Geißler 2000).

2.2 Entwicklung der Eheschließungen, des Erstheiratsalters und der nicht ehelichen Lebensgemeinschaften

In Abbildung 2 ist die Entwicklung der Eheschließungen je 1000 Einwohner und Jahr von 1946 bis 2004 für Deutschland dargestellt.

Die wirtschaftlichen und sozialen Verhältnisse nach dem Zweiten Weltkrieg waren derart katastrophal, dass die jungen Männer und Frauen gezwungen waren, die Heirat einige Jahre im Lebenslauf zu verschieben. Im Zuge positiver Veränderungen der ökonomischen Verhältnisse und einer Entspannung der Wohnungsversorgung setzte dann sukzessive ein „Heiratsboom" ein, der vor allem durch die nachgeholten Eheschließungen auf der einen Seite und die Folgeehen der vielen Verwitweten und Geschiedenen auf der anderen Seite bedingt war. Seinen Höhepunkt erreichte dieser „Heiratsboom" um 1950 herum (Abbildung 2). Nach dieser „Hochzeit" für Eheschließungen setzte dann wieder ein deutlicher Rückgang der Eheschließungen je 1000 Einwohner ein, der bis etwa 1955 anhielt. Bis Anfang der 1960er Jahre ergab sich dann wieder ein leichter Anstieg. Betrachtet man den weiteren Verlauf der Entwicklung in Abbildung 2, dann zeigt sich ab diesem Zeitpunkt bis in das Jahr 2004 eine mehr oder weniger starke Reduzierung der Eheschließungen.

Abbildung 2: Entwicklung der Eheschließungen je 1000 Einwohner von 1946 bis 2004

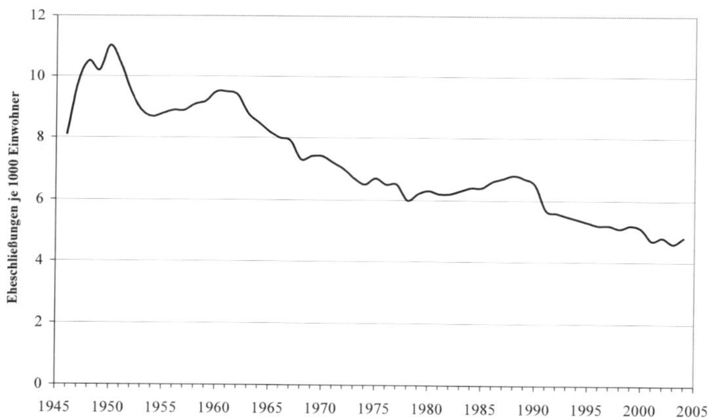

Quelle: Statistisches Jahrbuch 2005

Schaut man sich die Entwicklung des durchschnittlichen Heiratsalters lediger Männer und Frauen an, dann wurde bis Mitte der 1970er Jahre sowohl in der BRD als auch in der DDR immer früher geheiratet. In der damaligen BRD sank das durchschnittliche Erstheiratsalter bis 1975 bei den Männern auf 25,3 Jahre und bei den Frauen auf 22,7 Jahre (Statistisches Bundesamt 2003). In der ehemaligen DDR lag das durchschnittliche Erstheiratsalter für Frauen und Männer noch darunter. Danach hat sich in beiden Teilen Deutschlands – wie auch in fast allen EU-Ländern – dieser Alterstrend umgekehrt. Die Frauen und Männer heiraten immer später im Lebenslauf.

Der Anstieg des Erstheiratsalters ist auf verschiedene Ursachen zurückzuführen. Im Zuge der Bildungsexpansion hat sich nicht nur die Bildungsbeteiligung erhöht, sondern die Ausbildungszeiten sind immer länger geworden, wodurch sich auch das Alter bis zur beruflichen Etablierung erhöht hat. Auch leben die meisten Paare bereits vor der Eheschließung einige Jahre zusammen. Nach der Wiedervereinigung ist das durchschnittliche Erstheiratsalter ostdeutscher Paare in den vergangenen Jahren stark gestiegen. Im Jahr 1989 waren ledige Frauen in der ehemaligen DDR bei der ersten Eheschließung im Mittel 23,7 Jahre alt. Das mittlere Erstheiratsalter stieg in Ostdeutschland bis zum Jahr 2000 auf durchschnittlich 28 Jahre (Statistisches Bundesamt 2003). In Ostdeutschland wird mittlerweile fast genauso spät geheiratet wie in Westdeutschland. In Ostdeutschland sind ledige Männer bei der ersten Eheschließung im Durchschnitt 31,3 Jahre alt und ledige Frauen heiraten im Mittel mit 28,5 Jahren (Statistisches Bundesamt 2003).

Es wird aber nicht nur später geheiratet, sondern der Anteil derjenigen, die überhaupt nicht heiraten, steigt kontinuierlich an. Ende 1999 waren im Alter von 40 bis 44 Jahren 19 Prozent der Männer und etwa 12 Prozent der Frauen noch nie verheiratet (Statistisches Bundesamt 2003). Der Anteil lag im Osten der Republik deutlich darunter (14,5 Prozent Männer und 7,4 Prozent Frauen). Seit Anfang der 1990er Jahre hat die Ledigenquote in dieser Alterskategorie bei den Frauen um etwa 5 Prozentpunkte und bei den Männern um etwa 6 Prozentpunkte zugenommen (Statistisches Bundesamt 2003). Schaut man sich dann noch die um etwa fünf Jahre jüngeren Frauen und Männer an, dann zeichnet sich hier sogar eine weitere Zunahme von langfristig bis dauerhaft Ledigen ab. In Tabelle 2 ist diese Entwicklung des Anteils lediger Frauen und Männer nach Alter für Westdeutschland mit den Daten des SOEP dargestellt.

In Tabelle 2 ist für die Frauen deutlich zu erkennen, dass das Alter bei der ersten Eheschließung von der Kohorte 1919-23 bis zur Kohorte 1944-48 stark sinkt. Danach steigt das Alter bei der ersten Heirat bis zur jüngsten Geburtskohorte wieder an. Vor allem Frauen im Alter von 22 bis 24 Jahren verzeichnen einen starken Rückgang der Heiratsneigung bis zur Kohorte 1944-48. Für diese Alterskategorie fällt der Anteil Unverheirateter von 53 Prozent (Kohorte 1919-23) auf 23 Prozent (Kohorte 1944-48) und steigt dann bis zur Kohorte 1974-78 auf 70 Prozent an. Dieses Muster gilt auch für die anderen Alterskategorien, wenn auch nicht so ausgeprägt. Dies zeigt deutlich, dass es wohl nicht nur bei einem Aufschub der ersten Eheschließung bleiben wird, sondern ein viel größerer Teil der jungen Frauen wird überhaupt nicht im Lebenslauf heiraten. Für die Männer in Ostdeutschland zeichnet sich ein ähnliches Bild ab (Tabelle 2).

Tabelle 2: Entwicklung des Anteils lediger Frauen und Männer in Westdeutschland nach Alter

	Alter											
Geburtskohorte	20	22	24	26	28	30	32	34	36	38	40	42
Frauen												
1979-83	94	-	-	-	-	-	-	-	-	-	-	-
1974-78	88	79	70	59	-	-	-	-	-	-	-	-
1969-73	88	79	70	59	49	40	-	-	-	-	-	-
1964-68	87	73	58	46	36	28	22	19	17	-	-	-
1959-63	78	65	50	37	28	23	19	16	14	13	11	-
1954-58	71	51	40	30	25	20	17	14	12	11	10	9
1949-53	64	40	27	20	16	13	11	9	8	7	6	6
1944-48	65	39	23	14	11	8	7	6	5	4	4	4
1939-43	77	52	32	20	13	10	8	6	6	5	5	5
1934-38	77	54	32	22	14	11	10	8	7	7	6	6
1929-33	82	61	38	22	16	11	8	7	6	5	5	4
1924-28	89	72	51	34	24	16	13	11	10	9	8	7
1919-23	82	67	53	39	27	21	17	15	14	12	12	11
Männer												
1979-83	96	-	-	-	-	-	-	-	-	-	-	-
1974-78	97	94	90	84	-	-	-	-	-	-	-	-
1969-73	95	90	86	76	66	57	-	-	-	-	-	-
1964-68	96	88	78	67	56	48	40	34	30	-	-	-
1959-63	95	87	74	60	48	38	31	26	23	20	18	-
1954-58	92	79	64	50	40	34	29	23	20	18	16	14
1949-53	91	72	52	40	31	25	19	17	14	12	11	10
1944-48	93	75	53	36	27	20	17	15	13	11	9	8
1939-43	94	77	56	37	24	18	14	12	11	9	9	8
1934-38	97	81	56	39	23	16	12	11	9	8	7	6
1929-33	96	81	60	41	25	18	12	9	7	5	4	4
1924-28	98	87	68	49	32	19	13	8	5	4	3	3
1919-23	98	92	80	59	42	26	17	11	8	6	5	4

Quelle: Sozio-ökonomisches Panel 2004, eigene Berechnungen

Für Ostdeutschland sind die Heiratsmuster nach Geburtskohorten und Alter in Tabelle 3 dargestellt. Auch hier ergibt sich, wie schon für die westdeutschen Frauen und Männer, ein Trend nicht nur zum Aufschub der ersten Ehe über das Alter und die Geburtskohorten hinweg, sondern auch hier gibt es immer mehr Männer und Frauen, die mit hoher Wahrscheinlichkeit überhaupt nicht mehr im weiteren Lebenslauf heiraten werden.

Parallel zur Entwicklung der abnehmenden Heiratshäufigkeit ergab sich in Westdeutschland in den letzten drei Jahrzehnten auch ein starker Anstieg von nicht ehelichen Lebensgemeinschaften. Dieser Trend ist in Abbildung 3 deutlich zu erkennen. Hier ist der Anstieg nicht ehelicher Lebensgemeinschaften insgesamt dargestellt sowie danach differenziert, ob Kinder im Haushalt leben oder nicht. Während die Anzahl nicht ehelicher Lebensgemeinschaften im Jahr 1972 etwa 140.000 betrug, so sieht man über die kommenden Jahre einen kontinuierlichen Anstieg dieser Partnerschaftsform. Bis zum Jahr 2004 ist der Anteil nicht ehelicher Lebensgemeinschaften mit etwa fast 2,5 Millionen fast 18mal höher als 1972.

Tabelle 3: Entwicklung des Anteils lediger Frauen und Männer in Ostdeutschland nach Alter

	Alter											
Geburtskohorte	20	22	24	26	28	30	32	34	36	38	40	42
Frauen												
1979-83	97	-	-	-	-	-	-	-	-	-	-	-
1974-78	93	88	78	69	-	-	-	-	-	-	-	-
1969-73	89	79	67	53	47	38	-	-	-	-	-	-
1964-68	78	57	43	37	33	31	27	26	22	-	-	-
1959-63	63	41	28	21	16	12	11	10	9	9	8	-
1954-58	59	33	17	12	8	6	6	5	5	5	4	4
1949-53	55	29	19	11	9	6	5	3	3	3	3	2
1944-48	51	30	14	6	4	3	2	2	2	1	1	1
1939-43	62	37	17	10	5	4	3	3	2	2	2	2
1934-38	65	39	21	15	6	5	4	4	4	4	3	3
1929-33	81	54	31	21	15	11	8	7	6	6	5	5
1924-28	93	69	45	33	25	22	19	18	16	15	13	12
1919-23	82	57	39	32	22	18	12	10	10	9	8	8
Männer												
1979-83	97	-	-	-	-	-	-	-	-	-	-	-
1974-78	97	94	93	82	-	-	-	-	-	-	-	-
1969-73	97	90	82	75	61	50	-	-	-	-	-	-
1964-68	97	83	73	63	56	48	43	35	30	-	-	-
1959-63	90	70	54	35	27	22	20	19	18	16	14	-
1954-58	92	66	42	27	21	17	13	11	11	10	10	10
1949-53	90	66	42	25	18	14	12	10	9	8	7	6
1944-48	90	67	39	19	13	7	5	4	3	3	3	3
1939-43	91	64	37	19	11	8	7	6	5	5	4	4
1934-38	90	66	42	24	16	11	9	7	6	6	4	3
1929-33	90	72	42	22	13	10	4	2	1	1	1	1
1924-28	96	84	52	25	15	7	2	2	2	1	1	1
1919-23	98	89	67	53	29	13	8	2	2	2	2	1

Quelle: Sozio-ökonomisches Panel 2004, eigene Berechnungen

Auch in der ehemaligen DDR war die rasche Zunahme nicht ehelicher Lebensgemeinschaften in den letzten Jahrzehnten ein bedeutsamer Ausdruck des veränderten Stellenwertes von Ehe und Familie. Im Jahr 1987 lebten 28,7 Prozent

Abbildung 3: Entwicklung der nicht ehelichen Lebensgemeinschaften (bis 1991 Früheres Bundesgebiet)

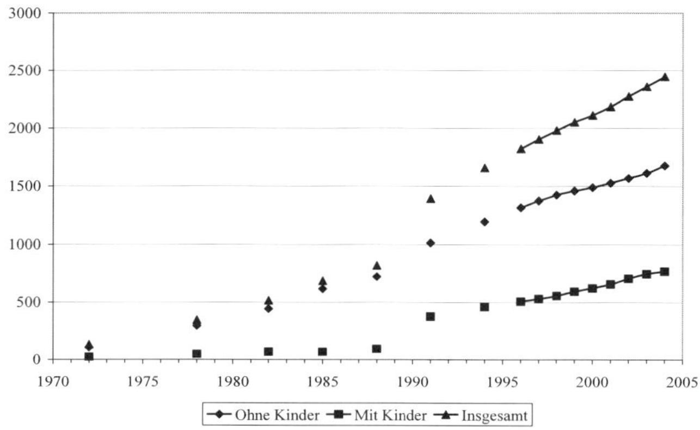

Quelle: Statistisches Jahrbuch 2005

der Frauen und 26,5 Prozent der Männer unverheiratet zusammen. Die traditionelle Verlobung, als eine Vorform der Ehe, wurde zunehmend durch das nicht eheliche Zusammenleben abgelöst. Es gibt hinsichtlich der Verbreitung dieser Lebensform zwischen Ost- und Westdeutschland aber deutliche Unterschiede. In Ostdeutschland leben 25,3 Prozent der 25- bis 29-Jährigen und 18,5 Prozent der 30- bis 34-Jährigen in einer nicht ehelichen Lebensgemeinschaft (Statistisches Bundesamt 2003). Dagegen liegen die Anteile für Westdeutschland darunter. Hier leben 15 Prozent der 25- bis 29-Jährigen und 11,4 Prozent der 30- bis 34-Jährigen in einer nicht ehelichen Lebensgemeinschaft (Statistisches Bundesamt 2003). Die nicht eheliche Lebensgemeinschaft ist im Westen der Republik eher eine Lebensform für Paare ohne Kinder und im Osten eher auch eine Form des Zusammenlebens mit Kindern (Statistisches Bundesamt 2003).

2.3 Geburtenentwicklung

Im Folgenden werfen wir einen Blick auf den Fertilitätswandel in Deutschland. Die erhebliche Steigerung der Lebenserwartung zusammen mit dem Sinken der Geburtenziffern führte dazu, dass die aktive Lebensphase im Lebenslauf von Frauen und Männern relativ zur Gesamtlebensphase immer kürzer wurde. In Deutschland wurde das Sinken der Geburtenziffern nicht nur dadurch verursacht, dass Paare weniger Kinder bekamen, sondern auch, dass mehr Paare kinderlos blieben. Deshalb besteht zwischen Geburtenziffern und privaten Lebensformen von Männern und Frauen ein enger Zusammenhang.

In Verbindung mit der zunehmenden Bildungsbeteiligung genießt die Kinderlosigkeit von Frauen in der öffentlichen wie in der wissenschaftlichen Diskussion nach wie vor große Aufmerksamkeit. Hierbei stehen vor allem hoch qualifizierte Frauen mit einem Universitäts- oder Fachhochschulabschluss im Zentrum des Interesses, die im früheren Bundesgebiet überdurchschnittlich häufig kinderlos sind. Dieser Aspekt wird in der Öffentlichkeit unter dem verkürzten Titel „40 Prozent der Akademikerinnen bleiben kinderlos" thematisiert. Solche Aussagen basieren in vielen Fällen auf Analysen, für die vor allem zwei Datenquellen herangezogen werden, die jedoch häufig zu widersprüchlichen Ergebnissen führen können: 1. Daten der Geburtenstatistik der amtlichen Statistik und 2. Mikrozensusdaten.

Die lebenslange Kinderlosigkeit auf der Grundlage der Geburtenstatistik zu schätzen, ist vor allem deshalb problematisch, weil erstens ausschließlich für bestehende Ehen die Geborenen nach der Geburtenfolge erhoben werden. Die Geburtenfolge für Geburten außerhalb von Ehen wird dagegen nicht erfasst. Damit werden Frauen nicht berücksichtigt, die zum ersten Mal ein Kind bekommen und nicht oder nicht mehr verheiratet sind. Und zweitens werden Frauen nicht einbezogen, die geschieden oder verwitwet sind und erneut heiraten. Somit wird beispielsweise ein drittes Kind, das in einer zweiten Ehe geboren wird, als erstes Kind in der bestehenden Ehe gezählt. Dazu kommt noch, dass für die jüngeren Alterskohorten die endgültige Kinderzahl noch nicht erreicht ist, da viele der jungen Frauen aus biologischer Perspektive noch Kinder bekommen können. Daher basiert das spätere generative Verhalten auf Schätzungen und nicht auf tatsächlich ermittelten Zahlen. Mit der Geburtenstatistik können ebenfalls keine bildungsspezifischen Aussagen gemacht werden, da Informationen über das Bildungsniveau fehlen.

Bei den Analysen mit Mikrozensusdaten über das spätere generative Verhalten muss bedacht werden, dass keine Angaben zu den von einer Frau geborenen Kindern abgefragt werden. Im Mikrozensus gibt es ausschließlich Angaben über im Haushalt lebende Kinder. Hinzu kommt, dass nicht zwischen leiblichen und nicht leiblichen Kindern differenziert wird. Als kinderlos werden also nicht nur tatsächlich kinderlose Frauen gerechnet, sondern auch Frauen, deren Kinder den Haushalt schon verlassen haben.

Für die folgende Analyse zur Geburtenentwicklung in Deutschland werden sowohl Daten der amtlichen Statistik (Statistisches Jahrbuch 2005) als auch Daten des SOEP (2004) herangezogen.

Zunächst ist für das frühere Bundesgebiet in Abbildung 4 die Entwicklung der Lebendgeborenen je 1000 Einwohner und Jahr von 1946 bis 2004 beschrieben. In dem Schaubild zeigt sich zunächst ein Anstieg des Anteils von Lebendgeborenen von 1946 bis etwa 1950. Bis etwa Mitte der 1950er Jahre gab es dann wieder einen leichten Rückgang. Dieser Trend kehrte sich in den Folgejahren wieder um, und erreichte etwa 1965 seinen Höhepunkt. In der darauf folgenden Dekade gibt es eine sehr starke Abnahme von Lebendgeborenen. In den darauf folgenden 15 Jahren bewegt sich der Anteil Lebendgeborener, bis auf leichte Schwankungen, auf einem relativ konstanten Niveau, um dann Anfang der 1990er Jahre wieder kontinuierlich auf einen historischen Tiefpunkt zu sinken.

Abbildung 4: Entwicklung der Lebendgeborenen je 1000 Einwohner von 1946 bis 2004

Quelle: Statistisches Jahrbuch 2004

In Abbildung 5 ist die Geburtenziffer für beiden Teile Deutschlands abgebildet. Der Vergleich zwischen dem früheren Bundesgebiet und der ehemaligen DDR zeigt sowohl Gemeinsamkeiten als auch Unterschiede in der Geburtenentwicklung auf. Für beide Staaten setzte Mitte der 1960er Jahre ein Geburtenrückgang ein, der im Westen wegen des unmittelbar vorangegangenen Geburtenbooms wesentlich deutlicher ausfiel (vgl. Abbildung 4). Der Wiederanstieg der Geburten ab Mitte der 1980er Jahre im Westen wurde zum größten Teil dadurch bedingt, dass zu dieser Zeit die geburtenstarken Jahrgänge der frühen 1960er Jahre in das familiengründungsintensive Alter kamen. Nach Angabe des Statistischen Bundesamtes (2003) liegt die heutige Geburtenziffer im früheren Bundesgebiet bei rund 1,4 Kindern pro Frau.

Auch in der ehemaligen DDR sank die Geburtenrate – nach einem vorübergehenden Anstieg zwischen 1974 bis 1979. Seit Beginn der 1980er Jahre sind auch hier die Zahl der Geborenen und die Geburtenrate gesunken. Im Jahr der Maueröffnung beschleunigte sich dieser Trend in Ostdeutschland und erreichte einen bis dahin nicht gekannten Tiefststand. Seit 1994 gibt es wieder einen Anstieg der Geburtenrate in Ostdeutschland (Abbildung 5).

Abbildung 5: Entwicklung der Geburtenziffern für West- und Ostdeutschland von 1950 bis 2000

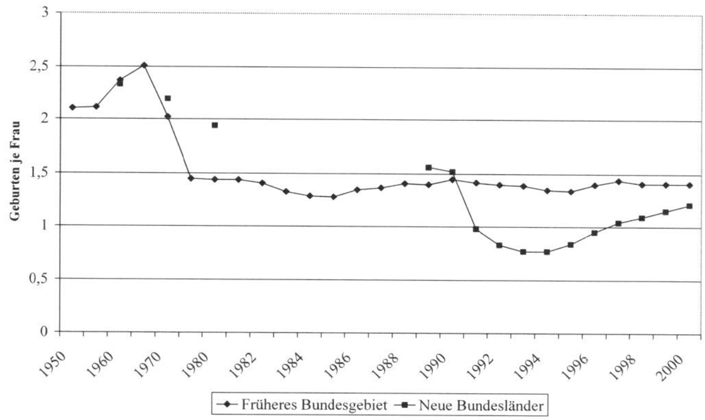

Quelle: Statistisches Jahrbuch 2003

Die gerade beschriebene Entwicklung basiert aber nur auf kalenderjahrbezogenen Querschnittsmaßen und besitzt daher eine nur sehr eingeschränkte Aussagekraft für die tatsächlich bis zur Menopause erreichte Kinderzahl pro Frau. Daher werden die Analysen weiter unten mit den Daten des SOEP ergänzt, die es erlauben, die Anzahl der Kinder pro Frau nach Geburtskohorten zu berechnen. Die Geburtenziffern werden bei diesen Analysen auch nur bis zur Kohorte 1959-63 berechnet, um relativ sicher zu sein, dass sich die Frauen dieser Geburtskohorte nicht mehr im familiengründungsintensiven Alter befinden.

In Abbildung 6 ist die Entwicklung der nichtehelich Lebendgeborenen je 1000 Lebendgeborenen von 1946 bis 2004 dargestellt. Es wird deutlich, dass der Anteil nichtehelich Lebendgeborener im Nachkriegsdeutschland zunächst einmal einen relativ hohen Wert aufweist. Danach viel der Anteil bis Mitte der 1960er Jahre auf einen historischen Tiefststand. In den folgenden zwei Jahrzehnten stieg der Anteil nichtehelich Lebendgeborener dann wieder kontinuierlich an, um Mitte der 1980er Jahre in etwa wieder den Stand im Nachkriegsdeutschland zu erreichen. In den darauf folgenden Jahren gab es einen relativ leichten Rückgang bis zum Anfang der 1990er Jahre. Danach stieg der Anteil nichtehelich Lebendgeborener dann sehr stark an und hat bis zum Jahr 2004 einen historischen Höchststand erreicht (Abbildung 6).

Abbildung 6: Entwicklung der nichtehelich Lebendgeborenen je 1000 Lebendgeborenen von 1946 bis 2004

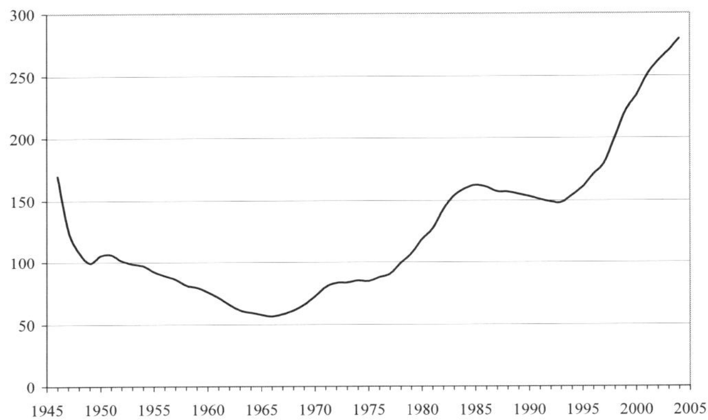

Quelle: Statistisches Jahrbuch 2005

Der Anteil außerehelicher Geburten ist nicht nur in Deutschland gestiegen, sondern auch in vielen anderen europäischen Ländern. Die Elternschaft ist offenbar nicht mehr in dem Maße an die Ehe geknüpft, wie dies noch vor einigen Jahrzehnten der Fall war. Die Zunahme des Anteils außerehelicher Geburten kann auch als Ausdruck veränderter Geschlechterrollen interpretiert werden.

Mit der Abbildung 7 wird die Entwicklung der Anzahl Kinder pro Frau für Westdeutschland beschrieben (SOEP 2004). Zunächst ist ersichtlich, dass es, ausgehend von der ältesten in die Analyse einbezogenen Geburtskohorte (vor 1919 geborene Frauen) bis zur Geburtskohorte 1934-38 eine kontinuierliche Zunahme der Anzahl Kinder pro Frau gab. Während für die vor 1919 geborenen Frauen die Anzahl Kinder pro Frau noch bei 1,46 lag stieg dieser Anteil bis auf 1,85 für Frauen der Kohorte 1934-38 an. Die Abbildung weist dann eine über die folgenden Geburtskohorten hinweg stetige Abnahme der Anzahl Kinder pro Frau aus. Für die hier jüngste einbezogene Geburtskohorte (1959-63) ergeben sich nur noch 1,34 Kinder pro Frau. Da aber die Analyse auf der letzten Panel-Erhebung 2004 basiert, ist der Fertilitätsprozess für die Frauen der Kohorte 1959-63 noch nicht ganz abgeschlossen, da die 1963 Geborenen im Jahr 2004 erst 41 Jahre alt waren; und somit besteht für diese Frauen aus biologischer

Sicht noch die Möglichkeit, die Geburt eines ersten Kindes zu erleben. Deshalb kann man streng genommen den Fertilitätsprozesses nur bis zur Kohorte 1954-58 als relativ abgeschlossen annehmen. Zieht man dieses in Betracht, so ergibt sich sowohl für die älteren Generationen als auch für die jüngeren Generationen ein ähnliches Fertilitätsmuster.

Abbildung 7: Entwicklung der Anzahl Kinder pro Frau für Westdeutschland nach Geburtskohorten

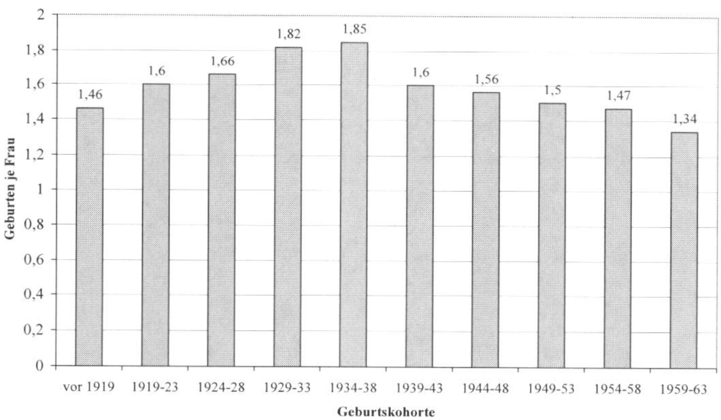

Quelle: Sozio-ökonomisches Panel 2004, eigene Berechnungen

Für Ostdeutschland zeigt sich in Abbildung 8 folgendes Bild: Auch hier gab es zunächst einen Anstieg der Anzahl Kinder pro Frau von der ältesten Geburtskohorte (vor 1919 geborene Frauen) bis zur Kohorte 1929-33. Danach verringerte sich die Anzahl Kinder pro Frau wieder bis zur Kohorte 1944-48. Anders als in Westdeutschland stieg dann aber die Geburtenrate zur Kohorte 1954-58 wieder an. Dieser Anstieg wird vielfach mit dem in der ehemaligen DDR besseren Ausbau von Kinderbetreuungsmöglichkeiten und der besseren gesetzlichen Basis für Familiengründungen in Verbindung gebracht.

In Abbildung 9 ist die Anzahl Kinder pro Frau nach Bildungsniveau für Westdeutschland dargestellt. Der Darstellung kann man zunächst entnehmen, dass die Anzahl Kinder pro Frau für Frauen mit sehr niedrigem Bildungsniveau bei 1,9 (Hauptschule ohne Berufsausbildung, HOB) bzw. 1,81 (kein Abschluss) liegt. Mit 1,79 Kindern pro Frau liegen die Frauen mit Mittlerer Reife und ohne Berufsausbildung (MOB) nicht besonders deutlich unter den beiden anderen Gruppen. Frauen mit Abitur und keiner Berufsausbildung (ABI) weisen mit 1,64 Kindern pro Frau ebenfalls einen noch recht hohen Wert auf. Nahe diesem Wert

Abbildung 8: Entwicklung der Anzahl Kinder pro Frau für Ostdeutschland nach Geburtskohorten

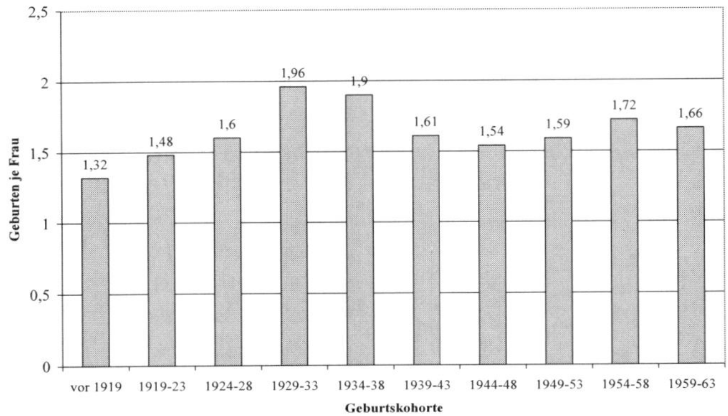

Quelle: Sozio-ökonomisches Panel 2004, eigene Berechnungen

Abbildung 9: Anzahl Kinder pro Frau für Westdeutschland nach Bildungsniveau

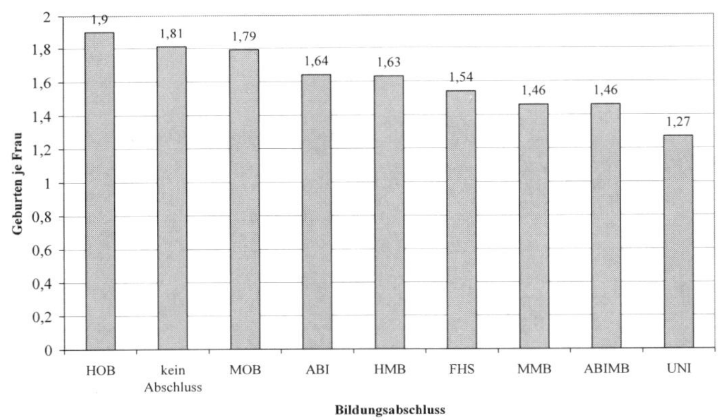

Quelle: Sozio-ökonomisches Panel 2004, eigene Berechnungen

liegen auch die Frauen, die einen Hauptschulabschluss mit Berufsausbildung besitzen (HMB). Erst für die dann jeweils höher qualifizierten Frauen zeigt sich eine relativ deutliche Differenz zu den Frauen mit niedrigem Bildungsniveau: Frauen mit Fachhochschulabschluss (FHS) haben im Durchschnitt nur 1,54

Kinder, Frauen mit Mittlerer Reife und Abitur und Berufsausbildung (MMB, ABIMB) haben jeweils durchschnittlich 1,46 Kinder. Die niedrigste Anzahl Kinder pro Frau weisen die Frauen mit Universitätsabschluss auf, sie haben im Durchschnitt nur noch 1,27 Kinder.

Als Fazit kann an dieser Stelle festgehalten werden, dass sich ein fast linearer Trend über die Bildungsabschlüsse hinweg ergibt. Diese Darstellung bildet aber nur den Status von 2004 ab. Um nun die Frage zu beantworten, ob dieses Muster ein neues Phänomen darstellt, muss eine Kohortenanalyse durchgeführt werden. Die Datenlage des SOEP lässt aber eine solche Analyse nicht zu, da bei einer derart differenzierten Kohortenbetrachtung die Zellenbesetzungen zu gering ausfallen, um statistisch gesicherte Aussagen zu machen. Und die Daten des Mikrozensus sind keine verlässliche Basis, um Untersuchungen zur Fertilität durchzuführen, wie die vorangegangenen Erörterungen gezeigt haben.

Betrachtet man die Situation von Frauen in Ostdeutschland, dann ergibt sich ein etwas anderes Bild. In Abbildung 10 ist die Anzahl Kinder pro Frau für Ostdeutschland nach Bildungsniveau dargestellt. Es ist zu erkennen, dass es in Ostdeutschland keinen eindeutigen Bildungsniveautrend gibt. Frauen mit Hauptschulabschluss und ohne Berufsausbildung haben im Vergleich zu den anderen Bildungsgruppen zwar mit durchschnittlich 1,7 Kindern pro Frau einen etwas höheren Wert, aber die Differenz ist nicht besonders stark ausgeprägt.

Abbildung 10: Anzahl Kinder pro Frau für Ostdeutschland nach Bildungsniveau

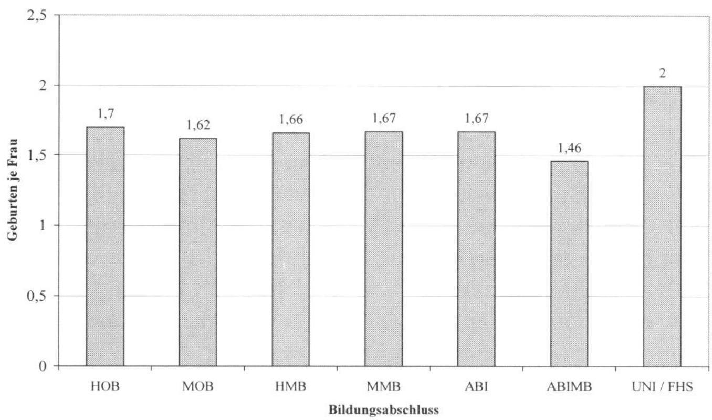

Quelle: Sozio-ökonomisches Panel 2004, eigene Berechnungen

Frauen mit Abitur und Berufsausbildung (ABIMB) weisen einen mit durchschnittlich 1,46 Kindern pro Frau deutlich niedrigeren Wert auf. Der Wert für Frauen mit Universitäts- und Fachhochschulabschluss von 2 Kindern pro Frau, ist hinsichtlich der Datenlage nicht eindeutig zu interpretieren. Hier gibt es, trotz einer Zusammenfassung der beiden obersten Bildungskategorien, keine genügend große Anzahl Frauen, um statistisch gesicherte Aussagen machen zu können.

Der gerade beschriebene Rückgang der Geburtenziffern steht in engem Zusammenhang mit Veränderungen von Lebensplänen, von Geschlechterrollen, von beruflichen Möglichkeiten und Anforderungen sowie von einer Zunahme der Bildungsbeteiligung von Frauen. Die Entwicklung zunehmender Kinderlosigkeit wurde zusätzlich durch die Verfügbarkeit von effizienteren Verhütungsmitteln unterstützt. Am Verlauf der in Abbildung 4 dargestellten Fertilitätskurve für das frühere Bundesgebiet ist zu erkennen, dass der entscheidende Einbruch der Fertilitätsrate zwischen 1965 und 1975 geschah. Auch die Bildungsexpansion fiel in diese Zeitperiode, von der vor allem Frauen profitierten. Damit konnten Frauen zunehmend eigene berufliche Ziele realisieren.

Die oben beschriebene Entwicklung in Ostdeutschland nach 1990, ist sicherlich als Reaktion auf eine Periode extremer Unsicherheiten zu interpretieren, die mit dem Zusammenbruch des real existierenden Sozialismus in der ehemaligen DDR einherging.

3. Die Bildungsexpansion: beabsichtigte und unerwartete Folgen

Die sukzessive Höherqualifizierung der Bevölkerung hat das soziale Leben in vielen gesellschaftlichen Bereichen beeinflusst. Den Ausgangspunkt der Expansion höherer Bildung bildete die expandierende Wirtschaft Ende der 1950er Jahre, wodurch zusätzliche bildungspolitische Maßnahmen nötig wurden, um den zunehmenden Fachkräftemangel auszugleichen. Auch die Debatte um mehr Chancengleichheit im Bildungswesen in den 1960er Jahren forcierte den Ausbau der höheren Bildungsinstitutionen. Dabei standen nicht nur die ausgeprägten Bildungsungleichheiten zwischen den Schichten im Mittelpunkt des Interesses, sondern auch die Bildungschancen von Mädchen und Frauen, vor allem aus benachteiligten Schichten, waren Gegenstand soziologischer und öffentlicher Diskurse. Die in den 1960er Jahren von Sozialwissenschaftlern und Politikern geforderte aktivere Bildungspolitik wurde zusätzlich durch das 1971 verabschiedete Bundesausbildungsförderungsgesetz (BaföG) weiter ausgebaut. Damit hatten nun auch Kinder aus sozial benachteiligten Familien eine – zumindest vom Gesetz her definierte – größere Chance, höhere Bildungsinstitutionen zu besuchen. Durch die bildungspolitischen Maßnahmen ergaben sich aber nicht nur beabsichtigte Folgen wie die Zunahme des durchschnittlichen Bildungsniveaus der Bevölkerung, sondern es traten auch Effekte auf, die zuvor so nicht gewollt waren und wohl auch nicht erwartet wurden. Schon Ende der 1960er Jahre wurden in vielen Universitäten die Ausbildungskapazitäten überschritten, was zur Bildung von „Massenuniversitäten" führte (vgl. Wissenschaftsrat 1969). Durch die zunehmende Anonymität in diesen „Massenuniversitäten" stieg auch der Anteil von Studienabbrechern, wobei Frauen häufiger als Männer ihr Studium aufgaben. Hierfür waren zwar die zum Teil problematischen Studienbedingungen mitverantwortlich, aber sicherlich trug auch die den Frauen in der Gesellschaft zugeschriebene Rolle dazu bei, dass Frauen im Jahr 1966 doppelt so häufig ihr Studium abbrachen als Männer (vgl. Kath 1966). Frauen waren in den 1960er Jahren mit sehr widersprüchlichen Anforderungen konfrontiert. In den öffentlichen Medien wurde bis in die 1970er Jahre hinein ein sehr konservatives Frauenbild vertreten. Die Konkurrenz von Frauen und Männern im Berufsleben war nicht erwünscht. Das in der Gesellschaft noch vorherrschende konservative Frauenbild wurde von Dahrendorf als Hemmfaktor für die Bildung von Frauen kritisiert (Dahrendorf 1965: 71). Mit der Frauenbewegung Anfang der 1970er Jahre veränderte sich jedoch das Frauenbild. Im Zuge dieser Entwicklung wurden Frauen zunehmend selbstbewußter und forderten ihre gleichberechtigte Teilhabe an Bildung, Ausbildung und Berufstätigkeit nicht nur theoretisch ein, sondern konnten diese auch immer mehr umsetzen. Damit waren die Frauen ohne Zweifel die Gewinnerinnen der Bildungsexpansion (vgl. Timm 2004). Die Einführung des BaföG und die Modernisierung des Frauenbildes haben somit wesentlich zur Expansion höherer Bildung beigetragen.

3.1 Bildungsexpansion und der Übergang zur ersten Ehe

Mit einem höheren Bildungsniveau ist ein Mehr an Reflexion und Selbstfindung verbunden, wodurch die Individualisierung und Pluralisierung von Lebensläufen befördert wird. Die Akkumulation von Bildung eröffnet dem Menschen größere Möglichkeiten und führt zu vielfältigeren Lebensverläufen (vgl. Brüderl 2004). Menschen mit einer „besseren" Bildung denken im Vergleich zu Menschen mit einer „schlechteren" Bildung eher über die eingefahrenen Traditionen in einer Gesellschaft nach. Die jeweils höher Gebildeten stellen auf der Suche nach ihrem individuellen Lebensstil traditionelle Normen und Werte häufiger in Frage als die jeweils niedriger Gebildeten und weichen von diesen Normen auch eher ab. Daher erhöht das zunehmende Bildungsniveau die Individualisierungs- und Pluralisierungstendenzen nicht nur im Normen- und Wertebereich, sondern auch bei den Lebensformen und Lebensstilen (vgl. Geißler 2004).

Die Ursache für den Aufschub der Ehe in ein späteres Lebensalter oder sogar für die generelle Vermeidung, eine Ehe einzugehen, wird im Wandel in der Bildungsbeteiligung der Frauen gesehen. Einhergehend mit der Zunahme von

Frauen mit höheren Bildungsabschlüssen stieg auch die Arbeitsmarktbeteiligung der Frauen. Damit hat sich auch die ökonomische Unabhängigkeit der Frauen sukzessive erhöht und viele Frauen scheinen damit auch nicht mehr auf die traditionelle Form der Ehe angewiesen zu sein. Mit der Bildungsexpansion geht also eine zunehmende Individualisierung einher, die als Folge der Bildungsexpansion gilt (vgl. Beck 1986).

Die Individualisierungsthese postuliert eine Zunahme von in Konkurrenz zur klassischen Ehe stehenden Lebensformen. Davon ausgehend kann man sagen, dass die Anzahl von Ehen über die Generationen hinweg abnehmen wird und dadurch ein Bedeutungsverlust der Institution Ehe einhergeht.

3.2 Die Geburt des ersten Kindes

Eine der wohl einflussreichsten Fertilitätstheorien geht auf den Ökonom Gary Becker zurück. Die neue Haushaltsökonomie hat immer noch einen starken analytisch-theoretischen Charakter im Sinne einer ökonomischen Modellbildung. Die Kernthese dieser Theorie nimmt an, dass die Zahl der Kinder reduziert wird, wenn die Kosten für Kinder steigen und der Nutzen sinkt. Die ökonomischen Erklärungen des Geburtenrückgangs beziehen sich also auf Kosten-Nutzen-Überlegungen, die nicht über die sozialen Schichten hinweg variieren. Dagegen merkt Leibenstein (1975) an, dass die Annahme homogener Präferenzen nicht besonders realistisch ist. Vielmehr geht Liebenstein davon aus, dass es in unterschiedlichen sozialen Gruppen differierende Präferenzstrukturen gibt. Deshalb sind auch die Nützlichkeitswerte für jedes zusätzliche Kind in der jeweiligen sozialen Schicht unterschiedlich.

Die Annahmen der ökonomischen Theorie laufen darauf hinaus, dass im Zuge des Modernisierungsprozesses die Kosten-Nutzen-Relationen hinsichtlich der Elternschaft immer ungünstiger geworden sind. Die wachsenden Kosten und der sinkende Nutzen von Kindern haben die Kinderzahl reduziert. Aus analytischer Sicht kann man diese Relation in vier Dimensionen einteilen: Konsumnutzen und Investitionsnutzen; indirekte und direkte Kosten (vgl. Felderer und Sauga 1988). Aussagen hinsichtlich der Aspekte des Konsumnutzens (Glück, Lebensaufgabe und Selbstverwirklichung durch Elternschaft) fallen nicht leicht, da diese Begriffe nicht besonders gut zu operationalisieren sind. Dagegen kann man kaum bestreiten, dass der Investitionsnutzen von Kindern zurückgegangen ist. Es ist heutzutage aus individueller Perspektive nicht mehr von großer Bedeutung, eigene Kinder für die Alterssicherung zu zeugen. Die direkten Kosten für die Versorgung und die Erziehung von Kindern sind zweifellos gestiegen.

Aus soziologischer Perspektive sind vor allem die indirekten Kosten für Kinder von Bedeutung. Hierunter fallen z.B. entgangene Berufschancen und damit entgangenes Einkommen. Hinzu kommen dann noch persönliche Einschränkungen wie z.B. Freizeitverlust. Im Verlauf der Modernisierung und Pluralisierung scheinen dies wohl zentrale Gründe zu sein, warum Frauen immer länger mit der Geburt des ersten Kindes warten oder gar keine Kinder mehr bekommen.

3.3 Hypothesen zur Rolle der Bildungsexpansion für die erste Heirat und die Geburt des ersten Kindes

Ökonomen wie Gary Becker (1981) haben auf einen Zusammenhang zwischen der zunehmenden ökonomischen Unabhängigkeit der Frauen – bedingt durch vermehrte Humankapitalinvestitionen über die Generationen hinweg – und der Abnahme von Eheschließungen und einem steigenden Geburtenrückgang verwiesen. Becker (1981) betrachtet Frauen und Männer als „ökonomische" Partner, die dann heiraten oder zusammen Kinder bekommen, wenn der Nutzen einer Heirat oder die Geburt eines Kindes den Nutzen des Ledigseins oder der Kinderlosigkeit übersteigt. Wie in allen ökonomischen Beziehungen, so wird auch hier angenommen, dass beide Partner unterschiedliche Eigenschaften in die Beziehung einbringen können, die den beiderseitigen Nutzen einer Partnerschaft oder den Nutzen einer Familiengründung erhöhen. Traditionell investieren die Frauen eher in Humankapital, dass ihnen Vorteile in der Haushaltsführung und Familienarbeit verschafft, während Männer eher in Humankapital investieren, das ihnen Vorteile auf dem Arbeitsmarkt verschafft und sie damit befähigt eine Familie zu ernähren. Durch die zunehmende Bildungsbeteiligung der Frauen und die damit verbundenen besseren Chancen von Frauen auf dem Arbeitsmarkt, reduzieren sich nach Becker damit die Vorteile einer Ehe für Frauen. Daher werden Frauen mit einer höheren Bildung und den besseren Karrierechancen eine Heirat zumindest erst einmal aufschieben, wenn nicht gar ganz vermeiden.

Hinsichtlich der Fertilität von Frauen nimmt Becker an, dass die Zunahme der Einkommenschancen von Frauen dazu führt, dass die relativen Kosten für Kinder steigen werden und damit die Nachfrage nach Kindern zurückgehen wird. Nach diesen Ausführungen ist empirisch zu erwarten, dass es eine negative Beziehung zwischen dem steigenden Bildungsniveau von Frauen und der Heirats- bzw. Fertilitätsrate gibt.

Neben dem gerade diskutierten Bildungsniveaueffekt wird der so genannte Institutionseffekt in den einschlägigen empirischen Heirats- und Fertilitätsanalysen diskutiert und für den Aufschub von Heirat und Geburt des ersten Kindes mitverantwortlich gemacht (Blossfeld 1995; Blossfeld und Huinink 1991; Blossfeld und Timm 2003; Timm 2004; Kreyenfeld 2006). Dabei wird angenommen, dass manche Aktivitäten, wie z.B. die Erlangung eines bestimmten Bildungsabschlusses, nicht mit den Aktivitäten der Familiengründung vereinbar sind (Marini 1985). Die Ausbildungszeit ist in hohem Maße mit einer ökonomischen Abhängigkeit von den Eltern verbunden, weshalb viele junge Frauen und Männer noch nicht bereit sind, eine Ehe einzugehen oder sogar eine Familie zu gründen (Blossfeld 1995). Der Abschluss der Ausbildung wird daher als eine wichtige Vorraussetzung für den Übergang vom Jugendlichen- zum Erwachsenenstatus angesehen, und damit auch als wesentlich für den Übergang in die erste Ehe und die Geburt eines ersten Kindes (vgl. Blossfeld 1995; Timm 2004). Damit kann man erwarten, dass es zwischen dem Institutionseffekt und der Heiratsneigung sowie dem generativen Verhalten eine negative Beziehung gibt.

4. Daten und Methoden der Längsschnittanalyse

Die Datenbasis der Längsschnittanalyse bildet das Sozio-ökonomische Panel (SOEP). Im SOEP werden seit 1984 in jedem Jahr alle Personen ab 16 Jahren in etwa 6000 deutschen und ausländischen Haushalten befragt. Die ausländischen Haushalte sind im SOEP überrepräsentiert; für 1984 waren es knapp 1400 Haushalte. Für diesen Beitrag werden nur die beiden deutschen Teilstichproben für West- und Ostdeutschland verwendet. Die Konzeption des SOEP macht es möglich, die Lebensverläufe und Bildungsbiografien der Individuen über einen langen Zeitraum zu beobachten. Daneben gibt es im SOEP eine Vielzahl von retrospektiv erhobenen Fragen, die es vor allem für die in diesem Beitrag zentralen Fragestellungen erlauben, die Bildungskarriere, den Heiratsprozess für ledige Frauen und Männer und das Fertilitätsgeschehen von Frauen, rückwirkend bis zum 16. Lebensjahr der Befragten, im Lebenslauf zu rekonstruieren. Für die Analyse des Heiratsprozesses und der Fertilität in West- und Ostdeutschland werden zunächst die im SOEP retrospektiv erhobenen Biografien verwendet, und durch die im Laufe von 21 Panelwellen (1984-2004) prospektiv erhobenen Aktualisierungen ergänzt.

Die vorliegende Analyse über die erste Heirat von Männern und Frauen sowie die Fertilität von Frauen in Ost- und Westdeutschland geht davon aus, dass diese sozialen Phänomene einem stetigen sozialen Wandel unterliegen und damit eine dynamische Betrachtungsweise erfordern. Dabei ist es erstens von Bedeutung, eine differenzierte Kenntnis über die historischen Ereignisse und Prozesse, welche die Zeitskalen auf der gesamtgesellschaftlichen Ebene abbilden, zu haben. Und zweitens braucht man Informationen über die Heterogenität des individuellen Lebensverlaufs in den einzelnen Geburtskohorten. Die Lebensverlaufsanalyse hat somit verschiedene Zeitdimensionen des individuellen Lebenslaufs zu berücksichtigen. Es ist daher wichtig, die für die hier zur Untersuchung stehenden familienbiographischen Ereignisse relevanten Handlungsverläufe Schritt für Schritt im Lebenslauf der Individuen zu rekonstruieren, sowie die Einbindung der Geschichte von Individuen mit Hilfe der Kohortendifferenzierung zu explizieren. Aus diesem Grund wird in dieser Arbeit auch ein Längsschnitt- und Kohortenansatz bevorzugt, der mit dem Verfahren der Ereignisanalyse empirisch umgesetzt wird.

Die zeitlichen Dimensionen des Lebenslaufs können sehr gut mit dynamischen Übergangsratenmodellen in die empirische Analyse integriert werden. Mit solchen Ratenmodellen lässt sich vor allem die für diese Analyse interessierende interdependente Beziehung zwischen dem Bildungsverlauf einerseits und dem Heirats- bzw. Fertilitätsprozess andererseits kausal modellieren. Einer der beiden Prozesse wird als der abhängige spezifiziert, während der andere als der unabhängige Prozess mit zeitabhängigen Kovariablen in das Modell aufgenommen werden kann (Blossfeld 1989).[2]

Die in der folgenden Längsschnittanalyse verwendeten Kovariablen sind wie folgt definiert:

Bildungsniveaueffekt: Zur dynamischen Modellierung des Bildungsniveaus im Lebenslauf der Frauen und Männer wird die Variable *Bildung* mit der Anzahl der Ausbildungsjahre aus dem SOEP herangezogen.

Institutionseffekt der Bildung: Dieser Effekt wird mit der Dummyvariablen *In Ausbildung* (1/0-Kodierung; Referenzkategorie: Nicht in Ausbildung) modelliert, die den Wert „1" erhält, wenn sich eine Frau oder ein Mann noch im Bildungssystem befindet und sonst den Wert „0" hat.

---

[2] Die allgemeine Modellvorstellung ist die Folgende (Blossfeld und Rohwer 1995):

$$\Delta X(t) \rightarrow \Delta r(t') \quad t < t'$$

Für jeden Zeitpunkt t nach dem 16. Lebensjahr ($t_0 = 0$) wird im Lebenslauf der ledigen Frauen und Männer untersucht, wie sich die Veränderungen des Bildungsverlaufs ($X(t)$) in der jeweiligen Vergangenheit auf die Veränderung der Heiratsneigung und Fertilität in der jeweiligen Gegenwart und Zukunft auswirkt. Für die multivariate Analyse wird das Piecewise-Constant-Exponential-Model herangezogen (Blossfeld und Rohwer 1995: 110). Bei der Spezifikation des Models werden Zeitperioden definiert, die die Zeitachse in Perioden aufteilt:

$$0 = \tau_1 < \tau_2 < \tau_3 < \ldots < \tau_L$$

Mit $\tau_{L+1} = \infty$ erhält man L Zeitperioden:

$$I_l = \{t \mid \tau_l \leq t < \tau_{l+1}\} \qquad l = 1,\ldots,L$$

Mit diesen Zeitperioden ergibt sich die folgende Übergangsrate (Abhängige Variable) von Ausgangspunkt j zum Übergang k:

$$r_{jk}(t) = \exp\{\overline{\alpha}_l^{(jk)} + A^{(jk)}\alpha^{(jk)}\} \quad \textit{wenn } t \in I_l$$

Für jeden Übergang (j, k), $\overline{\alpha}_l^{(jk)}$ ist ein konstanter Koeffizient mit der l-ten Zeitperiode verknüpft. Damit lassen sich verschieden lange Zeitperioden definieren, die, ausgehend vom 16. Lebensjahr, als Alterskategorien interpretiert werden können. Damit ist die explizite Aufnahme einer Altersvariablen in die Modellschätzung nicht notwendig. $A^{(jk)}$ ist ein Zeilenvektor von Kovariablen und $\alpha^{(jk)}$ ist ein verbundener Vektor von Koeffizienten, die nicht über die Zeitperioden hinweg variieren. Im Model selbst wird daher keine Konstante geschätzt (Blossfeld und Rohwer 1995: 111).

Soziale Herkunft: Schulbildung Vater; Schulbildung Mutter. Der Effekt der sozialen Herkunft wird durch das allgemeine Schulbildungsniveau des Vaters und der Mutter mit den beiden Dummyvariablen *Vater Abitur* und *Mutter Abitur* modelliert (1/0-Kodierung; Referenzkategorien: Vater kein Abitur; Mutter kein Abitur).

Kohorteneinflüsse: Um die allgemeine Heiratsneigung der Männer und Frauen und die Fertilitätsrate von Frauen und deren Veränderung über die Generationen hinweg in den Modellen zu kontrollieren, wurde die Variable *Kohorte* konstruiert, die jeder Fünfjahres-Geburtskohorte eine Zahl von 1 (älteste Kohorte) bis 13 (jüngste Kohorte) zuordnet und die Variable *Kohorte*^{2}.

Bildungsexpansionseffekt: Da sich im Zuge der Bildungsexpansion die Bildungsverteilungen der Männer und Frauen von Kohorte zu Kohorte sukzessive angeglichen haben und in dieser Analyse die Veränderung der Bildungsbeteiligung über die Generationen hinweg ein zentraler Aspekt ist, wird die Kovariable *Kohorte • Bildung* als Interaktionseffekt modelliert, um mögliche Einflüsse der Bildungsexpansion über die Geburtsjahrgänge hinweg zu erfassen.

5. Empirische Längsschnittanalyse

In der folgenden Längsschnittanalyse für den Übergang in die erste Ehe für Frauen und Männer sowie die Geburt des ersten Kindes für Frauen in West- und Ostdeutschland wurden vor allem die Effekte der Bildungsbeteiligung (Bildungsniveaueffekt) und der Institutionseffekt (ob sich jemand in der Ausbildung befindet oder nicht) in die Modelle integriert. Um den Effekt der Bildungsexpansion explizit in den Modellen zu berücksichtigen, wurde ein Interaktionsindikator mit Bildung und Geburtskohorte modelliert. Daneben gibt es weitere wichtige Faktoren wie Alter, Geburtskohorte und die soziale Herkunft, die den Eintritt in die erste Ehe und die Geburt des ersten Kindes beeinflussen. Da es sich in den Modellen nicht nur um metrische Variablen handelt, wird kein Vergleich der geschätzten Effektstärken zwischen den Variablen durchgeführt. Es wird vielmehr die Signifikanz der geschätzten Koeffizienten der jeweiligen Variable herangezogen, um die Relevanz der einzelnen Parameter auf die Übergänge in die erste Ehe und die Geburt des ersten Kindes beurteilen zu können.

5.1 Analyse der ersten Eheschließung von Männern und Frauen

In Tabelle 4 ist das geschätzte Übergangsratenmodell für die erste Heirat für Frauen und Männer nach Ost- und Westdeutschland getrennt dargestellt. Zunächst zeigt sich für das Alter, dass alle geschätzten Koeffizienten negativ und hoch signifikant sind. Dies gilt sowohl für Frauen und Männer als auch für West- und Ostdeutschland. Am Beispiel der westdeutschen Frauen zeigt sich, dass die geschätzte Rate über das Alter hinweg variiert. Zunächst einmal ist die geschätzte Rate für die 16 bis 19-Jährigen Frauen noch sehr niedrig, denn je mehr der geschätzte Koeffizient im Minusbereich liegt, desto kleiner ist auch die geschätzte Rate. Das heißt, dass die höchste Heiratsrate für die Frauen im Alter zwischen 24 und 27 Jahren mit einem Wert von –1,10 geschätzt wurde (Tabelle 4). Danach sinkt die Heiratsrate über das Alter hinweg wieder. Im Vergleich zu den westdeutschen Frauen ergibt sich für die westdeutschen Männer ein ähnliches Muster, nur mit dem Unterschied, dass die Männer in der Regel später im Lebenslauf heiraten als die Frauen, was dadurch deutlich wird, dass die höchste Rate bei den 28- bis 33-Jährigen Männern mit einem Wert von –1,64 geschätzt wurde (Tabelle 4). Dies trifft auch für den Altersabstand bei der ersten Eheschließung für die Frauen und Männer in Ostdeutschland zu. Im Vergleich zu Westdeutschland wurde aber in Ostdeutschland generell früher geheiratet.

Wie hat sich nun die Heiratsrate über die Geburtskohorten hinweg entwickelt? Diese Frage zu beantworten bzw. diese Effekte in dem Modell zu kontrollieren, ist vor allem deshalb so wichtig, weil damit die für jede Geburtskohorte differierenden historischen Rahmenbedingungen, in denen die Kohortenmitglieder eingebettet sind, einen wesentlichen Einfluss auf die individuelle Heiratsneigung haben. Um dies in den Modellen abbilden zu können, wurde die Variable *Kohorte* und $Kohorte^2$ modelliert (Tabelle 4). Für Frauen wie auch für Männer und sowohl für Ost- als auch für Westdeutschland ergeben sich hoch signifikante Kohorteneffekte. Während der geschätzte Kohorteneffekt positiv ist, weist der quadrierte Koeffizient ein negatives Vorzeichen auf. Dies bedeutet, dass die Heiratsneigung über die Kohorten hinweg zunächst ansteigt und dann wieder zurückgeht. Dieses Ergebnis stimmt mit früheren Analysen zum Heiratsverhalten überein (vgl. Blossfeld 1995). Eigene Berechnungen mit Dummyvariablen haben ebenfalls gezeigt, dass es diesen kurvlinearen Zusammenhang über die Generationen hinweg gibt. Dabei hatten die Frauen der Kohorte 1944-48 die höchste Heiratsrate. Die Frauen dieser Generation trafen, während sie in ihrer heiratsintensiven Phase waren, auf historisch einmalige Rahmenbedingungen – Anfang der 1960er Jahre begann in Deutschland das so genannte Wirtschaftswunder. Die Frauen dieser Generation haben, im Vergleich zu allen anderen Generationen, am frühesten im Leben geheiratet (siehe hierzu auch Tabelle 2). Die hohen Minuswerte des quadratischen Kohortenterms indizieren eine für die jüngeren Generationen immer stärker abnehmende Heiratsneigung. Offenbar wird die erste Heirat nicht nur aufgeschoben, sondern sogar ganz vermieden. Ein ähnliches Muster ergibt sich auch für die westdeutschen Männer und für die ostdeutschen Frauen und Männer (Tabelle 4).

Tabelle 4: Übergangsratenmodelle (Exponentialmodell mit Zeitperioden) für die erste Heirat für Frauen und Männer nach West- und Ostdeutschland

	Westdeutschland		Ostdeutschland	
Variable	Frauen	Männer	Frauen	Männer
Alter 16-19	-3,72**	-5,76**	-3,88**	-6,25**
Alter 20-23	-1,43**	-2,46**	-1,47**	-2,79**
Alter 24-27	-1,10**	-1,68**	-1,49**	-2,15**
Alter 28-33	-1,33**	-1,64**	-1,84**	-2,50**
Alter 34-39	-1,90**	-2,08**	-2,81**	-3,10**
Alter 40-50	-2,58**	-2,68**	-3,11**	-4,02**
Alter 51-65	-2,86**	-2,87**	-3,53**	-4,29**
Bildung	-0,07**	-0,02 *	-0,06 *	0,04
In Ausbildung [a)]	-0,89**	-0,75**	-1,22**	-0,46
Vater Abitur [b)]	-0,15**	-0,14**	-0,12	-0,33**
Mutter Abitur [c)]	-0,10	-0,01	-0,14	-0,23
Kohorte	4,94**	3,67**	6,94**	5,19**
$Kohorte^2$	-7,88**	-6,93**	-13,28**	-10,30**
Kohorte • Bildung	-0,08**	-0,07**	0,05	-0,03
Ereignisse	9.385	8.220	2.129	1.892
Subepisoden	11.873	11.873	2.813	2.729

[a)] Referenzkategorie: Nicht in Ausbildung; [b)] Referenzkategorie: Vater kein Abitur; [c)] Referenzkategorie: Mutter kein Abitur; **p < 0,01; *p < 0,05

Quelle: Sozio-ökonomisches Panel 2004

Neben den historischen Rahmenbedingungen wurden auch die direkten Effekte der sozialen Herkunft in der Modellbildung berücksichtigt, da schon in früheren Untersuchungen die empirische Evidenz der sozialen Herkunft für die Heiratsneigung empirisch nachgewiesen werden konnte (vgl. Blossfeld 1995; Blossfeld und Timm 2003; Timm 2004). Die soziale Herkunft wurde mit Hilfe der Bildungsniveaus der Mutter und des Vaters operationalisiert. Auch hier wurde eine Dummykodierung (1/0-Kodierung) gewählt. Für westdeutsche Frauen zeigt sich ein hoch signifikanter Zusammenhang zwischen der Heiratsrate und der sozialen Herkunft (Tabelle 4). Der geschätzte Koeffizient für Frauen, deren Vater Abitur hat, ist hoch signifikant und negativ. Demnach haben diese Frauen, im Vergleich zu Frauen mit einem Vater, der kein Abitur aufweist, eine deutlich niedrigere Heiratsneigung. Dieses Muster finden wir auch bei den west- und ostdeutschen Männern. (Tabelle 4).

Wir kommen nun zu den beiden Bildungseffekten. Hier wird deutlich, dass sowohl ein hoch signifikanter Bildungsniveaueffekt existiert, als auch ein hoch signifikanter Institutionseffekt (Tabelle 4). Zunächst betrachten wir den Bildungsniveaueffekt für Frauen in Westdeutschland. Der geschätzte Koeffizient ist hoch signifikant und negativ. Das heißt mit anderen Worten, dass Frauen mit einem jeweils höheren Bildungsniveau eine niedrigere Heiratsneigung haben. Die höher gebildeten Frauen weisen damit die niedrigste Heiratsneigung auf. Dieses Muster gilt auch für westdeutsche Männer und ostdeutsche Frauen. Ein direkter Bildungsniveaueffekt ist für ostdeutsche Männer nicht nachweisbar, da der geschätzte Koeffizient nicht signifikant ist.

In den theoretischen Ausführungen wurde zwischen dem Bildungsniveaueffekt (Investition in Humankapital) und dem Institutionseffekt differenziert. Dieser Parameter wird im statistischen Modell durch die Dummyvariable (1/0-Kodierung) *In Ausbildung* erfasst. Der geschätzte Koeffizient der Variable *In Ausbildung* ist sowohl für westdeutsche Frauen und Männer als auch für ostdeutsche Frauen negativ und hoch signifikant. Für ostdeutsche Männer ist auch hier kein signifikanter Effekt geschätzt worden. Damit weist er aber generell das aus den theoretischen Überlegungen heraus abgeleitete Vorzeichen auf. Mit anderen Worten, wenn sich Frauen und Männer noch in der Ausbildung befinden, dann verringert sich die Heiratsrate deutlich.

Die Bildungsexpansion hat nach den theoretischen Ausführungen nicht nur beabsichtigte Folgen, wie z.B. die Öffnung des Bildungssystems für untere Schichten und für Frauen, sondern auch nicht intendierte Effekte. Hierzu zählt auch der zunehmende Aufschub der Ehe und die Geburt des ersten Kindes (wenn nicht sogar die völlige Vermeidung). In Abschnitt 2 zeigte sich in der deskriptiven Beschreibung der Heirats- und Geburtenentwicklung, dass es etwa nach 1948 einen starken Rückgang der ersten Ehe und der Geburt des ersten Kindes gab, was auch eine Folge der Bildungsexpansion war. Deshalb wird in den Modellen die Variable *Kohorte • Bildung* modelliert. Es zeigt sich für westdeutsche Männer und Frauen, dass die geschätzten Koeffizienten hoch signifikant sind. Da sie ein negatives Vorzeichen aufweisen, bedeutet dies, dass sich die Bildungsexpansion über die Kohorten hinweg negativ auf die Heiratsneigung der jeweils höher gebildeten westdeutschen Frauen und Männer ausgewirkt hat. Damit leistet die Bildungsexpansion, neben anderen Kohorteneinflüssen, einen eigenen Erklärungsbeitrag für den Aufschub der ersten Eheschließung. Die geschätzten Koeffizienten für ostdeutsche Frauen und Männer sind nicht signifikant. In Ostdeutschland scheint demnach kein Bildungsexpansionseffekt zu existieren.

5.2 Fertilitätsanalyse von Frauen

In Tabelle 5 ist das Übergangsratenmodell für die Geburt des ersten Kindes für Frauen in West- und Ostdeutschland dargestellt. Für die Altersabhängigkeit der Übergangsrate zeigt sich ein nicht monotoner Verlauf über das Lebensalter hinweg. Wie schon für die Heiratsanalysen gezeigt, bedeutet ein hoher negativer

Wert, im Vergleich zu einem niedrigen negativen Wert, dass die Rate geringer ausfällt. Für westdeutsche Frauen steigt die Rate zunächst an und erreicht ihren Maximalwert (-1,23) bei Frauen im Alter zwischen 24 und 27 Jahren. Danach sinkt die Rate wieder kontinuierlich über die Alterskategorien hinweg. Die Frauen in Ostdeutschland weisen ein ähnliches Altersmuster auf (Tabelle 5).

Tabelle 5: Übergangsratenmodelle (Exponentialmodell mit Zeitperioden) für das erste Kind für Frauen nach West- und Ostdeutschland

	Westdeutschland	Ostdeutschland
Alter 16-19	-3,93**	-3,59**
Alter 20-23	-1,75**	-1,22**
Alter 24-27	-1,23**	-0,88**
Alter 28-33	-1,32**	-1,03**
Alter 34-39	-1,40**	-2,08**
Alter 40-50	-2,75**	-2,87**
Bildung	-0,06**	-0,09**
In Ausbildung [a)]	-0,90**	-0,74**
Vater Abitur [b)]	-0,10 *	-0,17
Mutter Abitur [c)]	-0,18 *	-0,22
Kohorte	4,09**	4,93**
Kohorte^2	-6,92**	-10,50**
Kohorte • Bildung	-0,10**	0,11
Ereignisse	8.561	2.061
Subepisoden	11.454	2.692

[a)] Referenzkategorie: Nicht in Ausbildung; [b)] Referenzkategorie: Vater kein Abitur;[c)] Referenzkategorie: Mutter kein Abitur; **p < 0,01; *p < 0,05

Quelle: Sozio-ökonomisches Panel 2004

Wir konzentrieren uns nun auf die historischen Rahmenbedingungen und deren Einfluss auf die Fertilitätsrate. In beiden Teilen Deutschlands zeigen sich nicht monotone Kohorteneffekte. Für westdeutsche Frauen ist die Fertilitätsrate zunächst über die Geburtskohorten hinweg angestiegen. Im Anschluss folgte dann ein kontinuierlicher Rückgang der Fertilitätsrate. Damit werden die Ergebnisse der amtlichen Statistiken auch mit den geschätzten Übergangsratenmodellen bestätigt. In Ostdeutschland ergibt sich ein ähnliches Bild (Tabelle 5).

Im nächsten Schritt der Analyse betrachten wir auch bei den Fertilitätsanalysen die soziale Herkunft, die, wie schon für die Heiratsanalyse, mit dem Bildungsniveau des Vaters und der Mutter operationalisiert wurde (Tabelle 5). In Westdeutschland ist die Rate für Frauen, deren Väter Abitur haben, im Vergleich zu Frauen, deren Väter kein Abitur aufweisen, deutlich niedriger. Für ostdeutsche Frauen scheint es keinen direkten Effekt der sozialen Herkunft zu geben.

Für die beiden Bildungseffekte ergeben sich folgende Ergebnisse: Hier zeigt sich sowohl für westdeutsche als auch für ostdeutsche Frauen, dass der geschätzte Koeffizient der Bildungsvariablen hoch signifikant und negativ ist. Dies heißt, dass die jeweils höher gebildeten Frauen eine deutlich niedrigere Fertilität aufweisen.

Der geschätzte Koeffizient des Institutionseffekts ist für ost- und westdeutsche Frauen negativ und hoch signifikant. Dies bedeutet, dass Frauen, die sich noch in der Ausbildung befinden, deutlich weniger bereit sind für ein erstes Kind, als Frauen die ihre Ausbildung schon abgeschlossen haben (Tabelle 5).

Abschließend zeigt sich, dass für westdeutsche Frauen auch für die Geburt des ersten Kindes empirisch ein Bildungsexpansionseffekt nachweisbar ist. Mit zunehmendem Bildungsniveau verringert sich die Fertilitätsrate der westdeutschen Frauen über die Generationen hinweg. In Ostdeutschland scheint kein Bildungsexpansionseffekt zu existieren, da der geschätzte Koeffizient nicht signifikant ist.

6. Zusammenfassung

Im vorliegenden Abschnitt werden abschließend die wichtigsten Ergebnisse dieses Beitrags zusammengefasst dargestellt. Das Hauptaugenmerk der Diskussion liegt dabei auf der Rolle des Bildungssystems, die es im Zuge der Bildungsexpansion sowohl für die Entwicklung der Heiratsneigung von Frauen und Männern als auch des generativen Verhaltens von Frauen in Ost- und Westdeutschland gespielt hat.

Die deskriptiven Analysen haben zunächst gezeigt, dass es über die Generationen hinweg eine Zunahme höherer Bildung gab, von der vor allem Frauen profitiert haben. Die noch für die älteren Generationen starke geschlechtsspezifische Bildungsdifferenz, hat sich über die Generationen hinweg deutlich verringert. Für die jüngeren Generationen haben die Frauen die Männer sogar hinsichtlich höherer Bildungsabschlüsse teilweise überholen können. Davon unberührt bleiben natürlich die immer noch existierenden geschlechtsspezifischen Unterschiede hinsichtlich der Bildungsinhalte. Mit anderen Worten, Frauen entscheiden sich noch immer in geringerem Maße für naturwissenschaftliche Fächer als Männer.

Im Zuge dieser Entwicklung zeigte sich sowohl eine Veränderung im Heiratsverhalten von Frauen und Männern als auch im Fertilitätsverhalten von Frauen in Ost- und Westdeutschland über die Generationen hinweg. Für die Entwicklung des Heiratsverhaltens wurde zunächst deutlich, dass sich das durchschnittliche Erstheiratsalter für die jeweils jüngeren Generationen ständig erhöht hat. Es konnte auch gezeigt werden, dass sich die erste Eheschließung nicht nur in ein späteres Lebensalter verschoben hat, sondern dass die Frauen und Männer der jüngeren Geburtskohorten die Heirat zunehmend ganz vermeiden. Dies gilt sowohl für Westdeutschland als auch für Ostdeutschland. Parallel zu dieser Entwicklung sind in beiden Teilen Deutschlands die Anzahl der nicht ehelichen Lebensgemeinschaften und die Geburten außerhalb der Institution Ehe stark angestiegen, was als ein bedeutsamer Ausdruck des veränderten Stellenwertes von Ehe und Familie interpretiert werden kann.

Im Laufe der Modernisierung haben sich neben den Veränderungen in der Bildungsbeteiligung von Frauen auch die Fertilitätsraten in beiden Teilen Deutschlands stark verändert. Die zunehmende ökonomische Unabhängigkeit der Frauen, mit der im Zuge der Bildungsexpansion ebenfalls ein Normen- und Wertewandel einherging, hat zu einer sukzessiven Abnahme von ersten Geburten über die Generationen hinweg geführt.

Für die empirische Längsschnittanalyse wurde ein Ratenmodell herangezogen, um die Mechanismen des Bildungssystems und den Einfluss der Bildungsbeteiligung auf die Rate der ersten Heirat von Männern und Frauen und die Fertilitätsrate von Frauen im Detail zu untersuchen. Dabei wurden neben den Effekten der sozialen Herkunft auch Alters- und Kohorteneffekte sowie ein Bildungsexpansionseffekt modelliert.

Im theoretischen Teil wurde darauf eingegangen, dass Ökonomen, allen voran Gary Becker (1981), darauf hingewiesen haben, dass es einen Zusammenhang zwischen der zunehmenden ökonomischen Unabhängigkeit der Frauen, bedingt durch vermehrte Humankapitalinvestitionen, und der Abnahme von ersten Eheschließungen und abnehmender Fertilitätsraten gibt. Die zunehmende Bildungsbeteiligung der Frauen und die damit verbundenen besseren Chancen von Frauen auf dem Arbeitsmarkt, reduzieren die Vorteile einer Ehe für Frauen. Deshalb werden Frauen mit einem höheren Bildungsniveau und damit einhergehenden besseren Karrierechancen ihre erste Eheschließung zumindest in ein späteres Lebensalter verschieben, wenn nicht sogar ganz vermeiden (Becker 1981). Die Zunahme der Einkommenschancen von Frauen führt laut Becker (1981) dazu, dass die relativen Kosten für Kinder steigen und damit die Nachfrage nach Kindern zurückgeht. Die erhöhten Einkommenschancen der Frauen hängen wiederum mit dem Erwerb höherer Bildung zusammen, welche die Chancen auf dem Arbeitsmarkt erhöhen. Aus diesen Annahmen wurde im theoretischen Teil des Beitrags die Hypothese abgeleitet, dass zwischen dem steigenden Bildungsniveau von Frauen und der Heirats- bzw. Fertilitätsrate ein negativer Zusammenhang besteht. Dieser Zusammenhang wurde weitgehend durch die Längsschnittanalysen bestätigt. Darüber hinaus hat sich gezeigt, dass die Bildungsexpansion für westdeutsche Frauen und Männer negativ auf die

Heiratsneigung wirkt. Die jeweils höher Qualifizierten weisen eine niedrigere Heiratsneigung auf, was sich über die Kohorten hinweg noch verstärkt hat. In Ostdeutschland scheint es keinen Bildungsexpansionseffekt zu geben.

Bei der Geburt des ersten Kindes ergibt sich für westdeutsche Frauen ein ähnliches Muster wie schon bei dem Übergang in eine erste Ehe. Hier ist vor allem für gering qualifizierte Frauen eine hohe Fertilität zu beobachten. Im Gegensatz dazu weisen die hoch qualifizierten Frauen eine im Vergleich zu den gering qualifizierten Frauen deutlich geringere Fertilitätsrate auf. Dies trifft auch für ostdeutsche Frauen zu. Wie auch bei der ersten Eheschließung hat die Bildungsexpansion auf das generative Verhalten von westdeutschen Frauen einen negativen Einfluss. Höher gebildete Frauen bekommen weniger Kinder als Frauen mit einem niedrigeren Bildungsniveau, was sich durch die Bildungsexpansion über die Generationen hinweg noch verstärkt hat.

Im theoretischen Teil wurde hinsichtlich des Institutionseffekts die Hypothese formuliert, dass der Abschluss der Ausbildung als eine wichtige Vorraussetzung für den Übergang vom Jugendlichen- zum Erwachsenenstatus angesehen werden kann und deshalb den Übergang in eine erste Ehe und die Familiengründung wesentlich mitbestimmt (vgl. Timm 2004). Daher kann man erwarten, dass es zwischen dem Institutionseffekt und der Heiratsrate sowie auch der Fertilitätsrate einen negativen Zusammenhang gibt. Dieser konnte weitgehend in den Übergangsratenmodellen nachgewiesen werden. Nur für die ostdeutschen Männer scheint es einen solchen Institutionseffekt nicht zu geben. Dieser negative Effekt auf die Heiratsrate findet sich auch bei der Fertilitätsrate der west- und ostdeutschen Frauen wieder.

Der politisch beabsichtigte Ausbau des Bildungssystems hat nicht nur positiv erwartete Wirkungen erzielt, wie z.B. die Öffnung der höheren Bildungsinstitutionen für breitere Schichten der Bevölkerung, sondern hat auch nicht intendierte Folgen hervor gebracht. Hierzu gehört der Rückgang der Geburten, vor allem für höher qualifizierte Frauen, und ein zunehmender Bedeutungsverlust der Institution Ehe für Frauen und Männer höherer Bildungsschichten.

Der vorliegende Beitrag hat darüber hinaus gezeigt, dass eine empirische Untersuchung des Heiratsverhaltens und der Fertilität den Aspekt der Bildungsexpansion mit berücksichtigen muss, da diese einen eigenständigen Beitrag zur Erklärung beider sozialen Phänomene leistet.

Literatur

Becker, Gary S., 1981: A Treatise on the Familie. Cambridge: Harvard University Press.

Beck, Ulrich, 1986: Risikogesellschaft. Frankfurt a.M.: Suhrkamp.

Beck-Gernsheim, Elisabeth, 1983: Vom Dasein für andere zum Anspruch auf ein Stück eigenes Leben. Individualisierungsprozesse im weiblichen Lebenszusammenhang. Soziale Welt 34: 307-340.

Beck-Gernsheim, Elisabeth, 1994: Individualisierungstheorie: Veränderungen des Lebens in der Moderne. S. 125-146 in: *Heiner Keupp* (Hg.), Zugänge zum Subjekt: Perspektiven einer reflexiven Sozialpsychologie. Frankfurt a. Main: Suhrkamp.

Blossfeld, Hans-Peter, 1995: The new role of women. Family formation in modern societies. Boulder (C.O.): Westview Press.

Blossfeld, Hans-Peter, Alfred Hamerle und *Karl Ulrich Mayer*, 1989: Event History Analysis. Statistical theory and application in the social sciences. Hilsdale, New Jersey: Lawrence Erlbaum Associates.

Blossfeld, Hans-Peter, und *Johannes Huinink*, 1991: Human capital investment or norms of role transition? How women's schooling and career affekt the process of family formation, American Journal of Sociology 97: 143-168.

Blossfeld, Hans-Peter, und *Götz Rohwer*, 1995: Techniques of Event History Modeling. New Approaches to Causal Analysis. Mahwah, New Jersey: Erlbaum.

Blossfeld, Hans-Peter, und *Andreas Timm*, 2003: Who Marries Whom? Educational Systems as Marriage Markets in Modern Societies. Dordrecht/Boston/London: Kluwer Academic Publishers.

Brüderl, Josef, 2004: Die Pluralisierung partnerschaftlicher Lebensformen in Westdeutschland und Europa, Aus Politik und Zeitgeschichte, B 19: 3-10.

Brüderl, Josef, und *Andreas Diekmann*, 1994: Bildung, Geburtskohorte und Heiratsalter. Eine vergleichende Untersuchung des Heiratsverhaltens in Westdeutschland, Ostdeutschland und den Vereinigten Staaten, Zeitschrift für Soziologie 1: 56-73.

Bundesministerium für Bildung und Forschung, 2006: Bildung in Deutschland. Ein indikatorengestützter Bericht mit einer Analyse zu Bildung und Migration. Bielefeld: W. Bertelsmann Verlag.

Dahrendorf, Ralf, 1965: Bildung ist Bürgerrecht. Plädoyer für eine aktive Bildungspolitik. Hamburg.

Geißler, Rainer, 2000: Ungleichheit zwischen Frauen und Männern, Informationen zur politischen Bildung. Sozialer Wandel in Deutschland 296, 4. Quartal: 46f.

Geißler, Rainer, 2004: Bildungsexpansion und Bildungschancen, Informationen zur politischen Bildung, Heft 269: Bundeszentrale zur politischen Bildung.

Henz, Ursula, und *Ineke Maas*, 1995: Chancengleichheit durch die Bildungsexpansion?, Kölner Zeitschrift für Soziologie und Sozialpsychologie 4: 605-633.

Erikson, Robert, und *Jan O. Jonsson*, 1996: Can Education Be equalized? The Swedish Case in Comparative Perspective. Boulder, Colorado: Westview Press.

Kath, Gerhard, 1966: Studienweg und Studienerfolg, Institut für Bevölkerungsforschung in der Max-Planck-Gesellschaft. Berlin: 67.

Klein, Thomas, 2005: Sozialstrukturanalyse. Eine Einführung. Reinbek bei Hamburg: Rowohlt.

Kreyenfeld, Michaela, 2006: Der Einfluss der ‚Wende' auf bildungsspezifische Fertilitätsunterschiede in Ostdeutschland, MPIDR Working Paper, WP 2006-025, Rostock.

Lucke, Doris, 1995: Familie der Zukunft. Eine Einleitung. S. 11-19 in: *Uta Gerhardt, Stefan Hradil, Doris Lucke* und *Bernhard Nauck* (Hg.), Familie der Zukunft. Lebensbedingungen und Lebensformen. Opladen: Leske + Budrich.

Manting, Dorien, 1994: Dynamics in Marriage and Cohabitation. An inter-temporal, life course analysis of first union formation and dissolution. Amsterdam: Thesis Publishers.

Marini, Margaret Mooney, 1985: Determinants of the Timing of Adult Role Entry, Social Science Research Vol. 14: 309-350.

Müller, Walter, 1998: Erwartete und unerwartete Folgen der Bildungsexpansion. S. 83-112 in: *Jürgen Friedrichs, Rainer M. Lepsius* und *Karl Ulrich Mayer* (Hg.), Die Diagnosefähigkeit der Soziologie. Opladen: Westdeutscher Verlag.

Müller, Walter, und *Wolfgang Karle*, 1993: Social Selection in Educational Systems in Europe, European Sociological Review Vol. 9 Nr. 1: 1-23.

Müller, Walter, und *Dietmar Haun*, 1994: Bildungsungleichheit im sozialen Wandel. Kölner Zeitschrift für Soziologie und Sozialpsychologie 1: 1-42.

Ribar, David D., 2004: What Do Social Scientists Know About the Benefits of Marriage? A Review of Quantitative Methodologies. IZA, Discussion Paper No. 998, Bonn.

Shavit, Yossi, und *Hans-Peter Blossfeld*, 1993: Persistent Inequality. Changing Educational Stratification in Thirteen Countries. Boulder, Colorado: Westview Press.

Statistisches Bundesamt (Hrsg.) 2003: Die Familie im Spiegel der amtlichen Statistik. Lebensformen, Familienstrukturen, wirtschaftliche Situation der Familien und familiendemographische Entwicklung in Deutschland. Bundesminesterium für Familie, Senioren, Frauen und Jugend.

Statistisches Jahrbuch, 2005: Statistisches Jahrbuch 2005. Für die Bundesrepublik Deutschland. Statistisches Bundesamt, Wiesbaden: SFB Servicecenter Fachverlage.

Timm, Andreas, 2004: Partnerwahl- und Heiratsmuster in modernen Gesellschaften. Der Einfluss des Bildungssystems. Wiesbaden: DUV.

Wissenschaftsrat, 1969: Berechnungen des Wissenschaftsrats. Der Convent 20.

Bildungsexpansion und Lebenserwartung

Thomas Klein, Rainer Unger und Alexander Schulze

1. Einleitung

Im Verlauf des 20. Jahrhunderts war in Deutschland, wie in den meisten anderen modernen Gesellschaften, ein deutlicher Anstieg der durchschnittlichen Lebenserwartung zu verzeichnen. Innerhalb der letzten vierzig Jahre stieg beispielsweise die vom Statistischen Bundesamt ausgewiesene Lebenserwartung bei Geburt in Deutschland (West) sowohl für Männer als auch für Frauen um mehr als 8 Jahre an (Statistisches Bundesamt 2004). Während der Anstieg der Lebenserwartung zu Beginn des Jahrhunderts vor allem auf einen starken Rückgang der Säuglingssterblichkeit zurückzuführen war, sind in den letzten Jahrzehnten zunehmend bessere Überlebenschancen im mittleren und hohen Alter für die Zunahme der Lebenserwartung mitverantwortlich. In geringerem Umfang als die Lebenserwartung bei Geburt nahm damit auch die verbleibende Restlebenserwartung von Erwachsenen und betagten Menschen zu. So stieg beispielsweise die amtlich ermittelte Restlebenserwartung eines 65-jährigen Mannes im Zeitraum von 1960 bis 2000 um mehr als 3 Jahre an, die einer 65-jährigen Frau im gleichen Zeitraum um fast 5 Jahre (Statistisches Bundesamt 2004).

Neben der Erhöhung der durchschnittlichen Lebenserwartung in der Gesamtbevölkerung werden gleichzeitig aber auch deutliche Unterschiede des Mortalitätsrisikos zwischen verschiedenen sozioökonomischen Gruppen beobachtet. Mittlerweile liegen zahlreiche nationale und internationale Studien vor, die erhebliche Schichtunterschiede bezüglich des Gesundheitszustandes und Mortalitätsrisikos nachweisen (Mielck 2000; Marmot und Wilkinson 2006). Diese sozialen Unterschiede äußern sich neben familienstandsbedingten Differenzen der Sterblichkeit vor allem in einer vergleichsweise niedrigeren Lebenserwartung bildungsferner, einkommensarmer oder von Arbeitslosigkeit betroffener Bevölkerungsschichten. In Deutschland ist z.B. die Lebenserwartung von Personen mit Abitur um mehr als drei Jahre höher als die von Personen ohne Abitur (Klein 1996).

Weniger beachtet sind jedoch bislang die Mortalitätskonsequenzen *inter*generationaler Höherqualifizierung wie sie in den europäischen Ländern durch die Bildungsexpansion zu verzeichnen sind. Wie in den meisten fortgeschrittenen Gesellschaften war auch die Bildungsstruktur in Deutschland in den vergangenen Jahrzehnten enormen Wandlungsprozessen ausgesetzt. Die Bildungsexpansion in der Bundesrepublik führte in *inter*generationaler Perspektive zu einer Ausweitung der Teilhabe an Sekundär- und Hochschulbildung und erhöhte die Bildungschancen der Landbevölkerung, von Frauen sowie von Kindern aus der Unter- und Mittelschicht (Hradil 2001: 148ff.; Klein 2005: 233 ff.). Seit Beginn der Bildungsexpansion in den 1960er Jahren in Deutschland stieg die Anzahl von Abiturienten sowie von Absolventen tertiärer Bildungseinrichtungen in den betroffenen Geburtskohorten (etwa ab Geburtskohorte 1940) stark an. Abbildung 1 zeigt die beträchtliche Höherqualifizierung von Männern und Frauen als kohortenbezogenen Durchschnitt der Schulbildungsjahre. Demnach stieg die durchschnittliche Dauer der Schulbildung der männlichen Geburtskohorten von 1900 bis ca. 1935 von 9,7 Jahre auf 10,3 Jahre ab Kohorte 1955 an. Der Zugewinn bei den Frauen fällt, mit einem Anstieg von 9,4 auf 10,2 Jahre, im gleichen Zeitraum etwas höher aus.

Abbildung 1: Durchschnittliche Dauer der Schulbildungsjahre westdeutscherMänner und Frauen nach Geburtsjahrgang

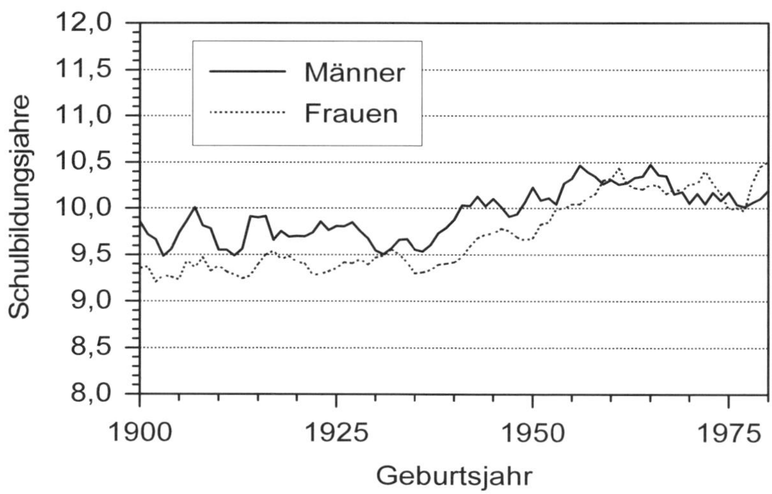

Quelle: SOEP; eigene Berechnungen (gleitender Durchschnitt)

Da Bildung in modernen Gesellschaften zu den wichtigsten sozialen Determinanten von Morbidität und Mortalität gehört (vgl. Becker 1998), stellt sich die Frage, inwieweit die allgemeine Höherqualifizierung der Bevölkerung im Zuge der Bildungsexpansion seit dem Ende der 1960er Jahre zu den gewonnenen Lebensjahren beigetragen hat. Im Kontext steigender Lebenserwartung sowie bildungsspezifischer Unterschiede der Lebenserwartung diskutiert der vorliegende Beitrag deshalb den Einfluss der Bildungsexpansion auf das Mortalitätsgeschehen in Deutschland. Nach einem Überblick über das Konzept der Lebenserwartung (Abschnitt 2) und über den Forschungsstand zum Zusammenhang von individuellem Bildungsniveau und individuellen Mortalitätsrisiken (Abschnitt 3) geht der Beitrag der Frage nach, in welchem Maße die Bildungsexpansion zu dem beobachteten Anstieg der Lebenserwartung beigetragen hat (Abschnitt 4). Hierzu werden Auswertungen und Simulationen mit den Daten des sozioökonomischen Panel (SOEP) vorgestellt. Abschließend werden Schlussfolgerungen aus den Ergebnissen des Beitrages gezogen und diskutiert (Abschnitt 5).

2. Das Konzept der Lebenserwartung

Um die angesprochene Fragestellung angemessen diskutieren zu können, ist es notwendig, das statistische Konzept der Lebenserwartung zu verstehen (vgl. Klein 2005: 85ff.). Allgemein gesprochen ist die Lebenserwartung ein Maß für die zu erwartende Lebenszeit, die einem Individuum zu einem gegebenen Zeitpunkt bis zum Tod verbleibt. Das Konzept der Lebenserwartung findet in der so genannten Sterbetafel Ausdruck. Sie informiert (i) über die alterspezifische Sterbewahrscheinlichkeit, (ii) über die Wahrscheinlichkeit ein bestimmtes Alter zu erreichen (Überlebenswahrscheinlichkeit), sowie (iii) über die Lebenserwartung bei Geburt und die Restlebenserwartungen in bestimmten Altersstufen.

Ausgangspunkt zur Ermittlung der durchschnittlichen Lebenserwartung ist die alterspezifische Sterbewahrscheinlichkeit, die definiert ist als die Wahrscheinlichkeit, in einem bestimmten Alter vor Erreichen des nächsten Lebensjahres zu versterben. Die alterspezifischen Sterbewahrscheinlichkeiten werden direkt geschätzt, indem die gezählten Sterbefälle nach Alters- und Geburtsjahr ins Verhältnis gesetzt werden zu der Personengesamtheit der Überlebenden, aus der die im Intervall gestorbenen Personen wirklich stammen. Die Überlebenswahrscheinlichkeit ist das Komplement zur Sterbewahrscheinlichkeit und gibt entsprechend die Wahrscheinlichkeit an, mit der in einem bestimmten Alter das nächste Lebensjahr erreicht wird. Die Überlebenswahrscheinlichkeit bei Geburt errechnet sich relativ einfach, indem das Produkt aller Überlebenswahrscheinlichkeiten (oder entsprechend: der von eins subtrahierten Sterbewahrscheinlichkeiten) der bis zum interessierenden Alter durchschrittenen Lebensjahre gebildet wird. Für die Berechnung der Lebenserwartung werden in einem nächsten Schritt die durchlebten Jahre der Überlebenden jeder Altersstufe bestimmt. Diese ergeben sich jeweils aus dem Mittelwert der Überlebenswahrscheinlichkeit der entsprechenden Altersstufe und derjenigen des Nachfolgealters. Die damit ermittelten durchlebten Jahre jeder Altersstufe werden schließlich gemäß der zu berechnenden Lebenserwartung kumuliert. Diese Summe wird in einem letzten Schritt auf die – gemäß der zu berechnenden Lebenserwartung – Überlebenden einer Altersstufe bezogen. Damit entspricht die durchschnittliche Lebenserwartung schließlich der Fläche unter der Überlebenskurve bzw. im Fall einer alterspezifischen (Rest-)Lebenserwartung der Fläche unter der Überlebenskurve im entsprechenden Altersintervall (vgl. Klein 2005: 85ff.).

Die (Rest-)Lebenserwartung bezieht sich dabei, im Unterschied zur der meistens mit „der Lebenserwartung" bezeichneten Lebenserwartung bei Geburt, auf die noch verbleibende (Rest-)Lebenszeit in den jeweiligen Altersstufen des Lebenslaufs, d.h. auf die Lebenserwartung, die jeweils noch verbleibt (vgl. zur genaueren Erläuterung ebenfalls Klein 2005: 85ff.). Wird zu dem jeweiligen Alter die Restlebenserwartung hinzu addiert, ergibt sich immer ein Wert, der über der Lebenserwartung bei Geburt liegt. Der Grund hierfür liegt darin, dass man bis in das jeweilige Alter bereits zahlreiche Mortalitätsrisiken schon überwunden hat (z.B. Kindersterblichkeit). Aus Abbildung 2 kommt man zu der Restlebenserwartung, indem man die rechts von dem jeweiligen Alter noch vorhandene Fläche wieder auf 100 % der bis in das Alter noch Überlebenden (d. h. den Wert der Überlebenskurve) bezieht.

Für die Interpretation der Lebenserwartung ist von Bedeutung, dass die Sterbetafelanalyse in aller Regel periodenbezogen durchgeführt wird, d.h. die Berechnung der Lebenserwartung geht von alterspezifischen Sterbe- und Überlebenswahrscheinlichkeiten aus, die zumeist in einem sehr kurzen Zeitraum (ein bis drei Jahre) erhoben wurden. Hierbei werden alle Verstorbenen und lebenden Personen aus einem oder mehreren Kalenderjahren einbezogen und somit alle in dieser Periode lebenden Geburtsjahrgänge gemeinsam betrachtet. Dennoch werden Lebenserwartung und Überlebenswahrscheinlichkeiten auf den Zeitraum der menschlichen Lebensdauer übertragen und im Sinne individueller (bzw. kohortenspezifischer) Lebenserwartung interpretiert. Dieser Gleichsetzung liegt die Annahme gleich bleibender alterspezifischer Sterbewahrscheinlichkeiten über verschiedene Geburtskohorten hinweg zugrunde. So wird für heute Neugeborene angenommen, dass sie in einem Jahr dieselbe alterspezifische Sterbewahrscheinlichkeit eines heute einjährigen Kindes aufweisen werden, in zwei Jahren die eines heute Zweijährigen und in zwanzig Jahren die eines heute Zwanzigjährigen. Eine solche längsschnittliche Interpretation der Periodensterbetafel kann jedoch zu erheblichen Fehlinterpretationen führen,

Abbildung 2: Überlebenswahrscheinlichkeit nach dem Alter (Überlebenskurve).

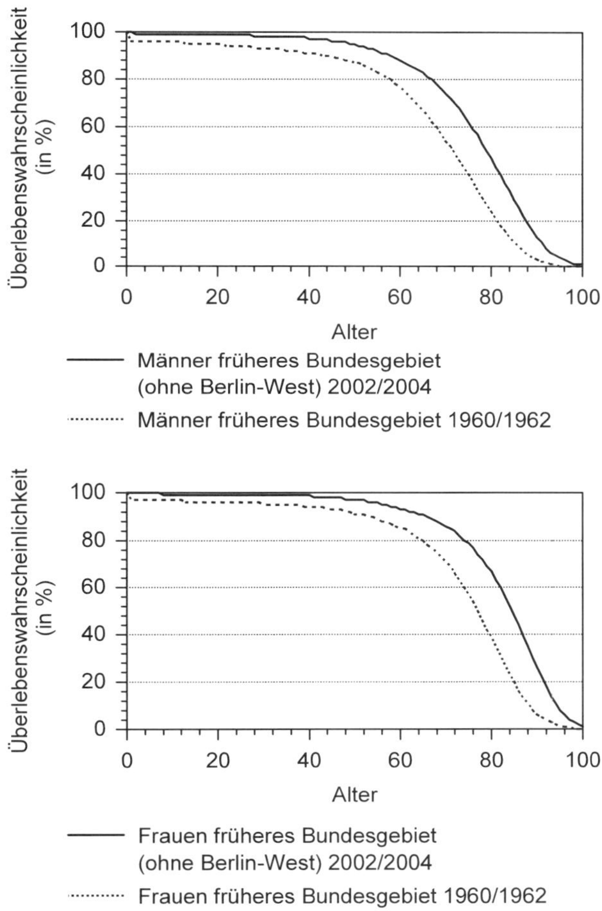

Quelle: Statistisches Bundesamt 2005; eigene Berechnungen

wenn die alterspezifische Mortalität in der Kohortenabfolge variiert. Bei weiter abnehmender altersspezifischer Sterblichkeit ist insbesondere davon auszugehen, dass die heute Neugeborenen eine deutlich höhere Lebenserwartung aufweisen werden, als dies in aktuellen Sterbetafeln ausgewiesen ist.

Verbindet man die periodenbezogene Berechnung der Lebenserwartung zudem mit sozialstrukturellen Entwicklungen wie der Bildungsexpansion, erhöht sich der Problemdruck zusätzlich, da sowohl Kohorten, die nicht von der erheblichen Bildungsexpansion seit den 1960er Jahren betroffen waren, als auch Kohorten, die teilweise oder vollständig die Bildungsexpansion durchlaufen haben, gemeinsam analysiert werden. Dieser Kohortenmix in der Periodenbetrachtung führt dazu, dass die bildungsabhängigen Sterblichkeitsverhältnisse im Alter der heute jungen Kohorten (Kohorten unter Einfluss der Bildungsexpansion) weit besser sein werden, als die heute beobachteten bildungsbezogenen Sterblichkeitsverhältnisse im Alter (Kohorten ohne Einfluss der Bildungsexpansion). Gerade weil sich die querschnittliche (periodenbezogene) Bildungsstruktur aller Altersgruppen in Folge der Bildungsexpansion ständig verändert, empfiehlt sich bei einer bildungsbezogenen Analyse der Sterblichkeit eine Untersuchung nach Geburtsjahrgängen. Die in dem vorliegenden Beitrag diskutierten Einflüsse der Bildungsexpansion betreffen dabei naturgemäß vor allem die Restlebenserwartung nach dem Ende der Ausbildungsphase, da bei Geburt noch keine Bildungsdifferenzierung vorliegt.[1] Da das individuelle Bildungsniveau nach Abschluss der Ausbildungsphase, im Gegensatz zu den meisten anderen sozialen Determinanten der Lebenserwartung, dann aber weitgehend konstant ist und sich somit dauerhaft als quasi unveränderliche Gesundheitsdeterminante manifestiert, kann davon ausgegangen werden, dass die Restlebenserwartung nach Abschluss der formalen Bildungsphase in vergleichender Längsschnittsperspektive ein geeigneter Indikator zur Darstellung struktureller bildungsbezogener Kohorteneffekte ist.

Eine solche längsschnittlich angelegte Kohortenanalyse, wie sie in den Simulationen des vorliegenden Artikels zugrunde liegt, betrachtet alle Personen eines Geburtsjahrgangs bis zum Tod und ermöglicht damit die Darstellung individueller, für die Lebensdauer eines Menschen interpretierbarer Sterblichkeitsverläufe und der daraus resultierende Lebenserwartung einzelner Geburtsjahrgänge. Mit dieser Vorgehensweise ist es möglich, konkrete Ereignisse den Einzelpersonen zuzuordnen und mit deren individuellem Bildungsniveau in Verbindung zu bringen. Damit gelingt es, sowohl individuelle Entwicklungen nachzuvollziehen, als auch die Generationenunterschiede (der Bildungsstrukturen) präzise nachzuzeichnen und zu den jeweiligen kohortenspezifischen Sterblichkeitsverläufen in Bezug zu setzen.

Sowohl die aus Längsschnitts- als auch aus Querschnittssterbetafeln ermittelten altersspezifischen Sterbewahrscheinlichkeiten und Lebenserwartungen entsprechen gesamtgesellschaftlichen Durchschnittswerten. Im Fall der Längsschnitts- bzw. Kohortentafel sind damit Durchschnittswerte einer Geburtskohor-

1 Hinzu kommt, dass eventuell die Mortalitätsrisiken während der Ausbildungszeit geringer sind als im Erwerbsleben. Außerdem ist in Betracht zu ziehen, dass unter Umständen auch das Bildungsniveau der Eltern die Mortalität von Kleinkindern beeinflusst.

te, im Fall der Querschnitts- bzw. Periodentafel Durchschnittswerte der Gesamtbevölkerung eines bestimmten Zeitraums gemeint. Von diesen Durchschnittswerten kann das individuelle Sterberisiko bzw. die individuelle Lebenserwartung je nach sozialem Status, Familienstand und gesundheitlichem Risikoverhalten erheblich abweichen (Klein und Unger 2001; Doll et al. 2004; Klein 1993).

3. Die Bildungsdifferenzierung der Lebenserwartung

3.1 Der schichtabhängige Einfluss auf die Lebenserwartung

Dimensionen sozialer Ungleichheit gehören zu den wichtigsten und am besten dokumentierten sozialen Determinanten der Lebenserwartung und erweisen sich als entscheidende Einflussgrößen auf Krankheiten, gesundheitsgefährdende Expositionen und Risikofaktoren (Mielck 2000; Marmot und Wilkinson 2006). Die im Zusammenhang mit dem Mortalitätsrisiko am häufigsten untersuchten Merkmale der Sozialschichtzugehörigkeit sind Bildung, berufliche Stellung und Einkommen, also Merkmale der vertikalen sozialen Ungleichheitsstruktur, die in ihrer Kombination häufig als sozialer Status oder soziale Schicht zusammengefasst werden.

Die sozialen Unterschiede der Mortalität betreffen fast alle Todesursachen und korrespondieren weitgehend auch mit den Unterschieden der Morbidität und der aktiven Lebenserwartung (Klein 1999; Klein und Unger 1999). Die Angehörigen der unteren Sozialschichten sind häufiger von körperlichen und psychischen Krankheiten, psychosomatischen Beschwerden, Unfallverletzungen sowie Behinderungen betroffen. Sie schätzen zudem ihre eigene Gesundheit schlechter ein und berichten häufiger von gesundheitsbedingten Einschränkungen in der Alltagsgestaltung (Robert-Koch-Institut 2005). Unter Berücksichtigung von Alterseffekten ist z.B. bei Frauen wie Männern das Risiko einer chronischen Erkrankung oder Gesundheitsstörung in Abhängigkeit von der Bildung um etwa das 1,2-fache erhöht. Männer und Frauen mit Volks- oder Hauptschulabschluss erleiden häufiger einen Herzinfarkt oder Schlaganfall und erkranken häufiger an Angina pectoris, Arthrose und chronischem Rückenschmerz als Männer und Frauen mit allgemeiner Hochschulreife (Tab.1).

Der Vielzahl an empirischen nachgewiesenen Zusammenhängen zwischen sozialer Schichtung und Gesundheitszustand stehen jedoch immer noch erhebliche Defizite in der Erklärung der Bedingungsmuster und Wirkungspfade gegenüber (Abel 1999; Gerhardt 1991; Helmert et al. 2000). Insbesondere komplexe sozial-biologische Zusammenhänge finden kaum Berücksichtigung. Als gesichert gilt jedoch, dass je nach sozialem Status erhebliche Unterschiede bezüglich gesundheitlicher Belastungen, der Gesundheitsversorgung sowie des Gesundheitsverhaltens bestehen[2].

*Tabelle 1: Häufigkeit spezifischer Krankheiten und Beschwerden in der niedrigsten im Vergleich zur höchsten Bildungsgruppe**

Krankheitsbild	**Männer**		**Frauen**	
	OR*	95%-KI	OR*	95%-KI
Herzinfarkt	1,69	1,07-2,67	1,52	0,83-2,78
Schlaganfall	1,67	0,92-3,03	2,68	1,18-6,05
Angina pectoris	1,45	1,04-2,01	2,77	1,72-4,47
Bösartige Neubildungen	1,32	0,90-1,94	1,21	0,84-1,73
Chronische Bronchitis	1,32	0,97-1,80	1,44	1,08-1,93
Arthrose	1,43	1,25-1,77	1,47	1,18-1,83
Hypertonie	1,14	0,95-1,37	1,32	1,08-1,61
Chronischer Rückenschmerz	1,90	1,59-2,28	1,72	1,43-2,07

OR=Odds Ratio nach Adjustierung für Alter: 95%-KI= Konfidenzintervalle
* Haupt- und Volksschule vs. Abitur als Referenzkategorie

Quelle: Robert Koch-Institut 2005, eigene Darstellung

(1) Eine Begründung für die Schichtunterschiede der Gesundheit, Krankheit und Lebenserwartung bezieht sich auf die materiellen Lebensumstände von Personen (materialistischer Ansatz). Materielle Bedingungen, insbesondere in Form von ausgeprägter Deprivation oder absoluter Armut, wirken unmittelbar gesundheitsabträglich und lebensverkürzend. Materielle Ressourcen ermöglichen die Herstellung (besserer) gesundheitsrelevanter Lebensbedingungen wie Wohnqualität und Ernährungsvielfalt sowie verbesserte Zugangsmöglichkeiten zu gesundheitlichen Leistungen, die ohne ausreichende finanzielle Mittel nicht gewährleistet sind (vgl. hierzu Marmot 2004: 62ff.). (2) Während sich die materialistische Erklärung von Schichtunterschieden der Lebenserwartung also ins-

2 Obwohl weitgehend davon ausgegangen wird, dass soziale Ungleichheiten sich auf die Gesundheit auswirken, erscheint auch die Möglichkeit gesundheitlicher Selektion plausibel (Davey-Smith et al. 1994). Demnach wirkt sich eine schlechte gesundheitliche Verfassung auf die Arbeitsmarkt- und Karrierechancen und damit auch auf die Position in der Ungleichheitskala aus (Drifthypothese). Empirische Untersuchungen hierzu belegen, dass gesundheitsbedingte soziale Mobilität zwar vorkommt, aber insgesamt der Einfluss gesundheitlicher Vor- und Nachteile auf den sozialen Status zu gering ist, um ihn zu erklären (Power et al. 1996).

besondere auf individuelle Einkommensressourcen bezieht, macht sich die berufliche Stellung vor allem über Arbeitsbedingungen, Berufskrankheiten und das Arbeitsunfallrisiko bemerkbar. Neben körperlichen (z.B. schwere Lasten heben) und psychischen Belastungen (z.B. Monotonie, Zeitdruck) spielen hierbei vor allem belastende Umwelteinflüsse (z.B. Lärm, Hitze) und die Exposition gegenüber gesundheitsgefährlichen Stoffen eine bedeutende Rolle (vgl. hierzu Oppolzer 1994). (3) Weitere schichtspezifische Einflüsse auf die Lebenserwartung werden im Rahmen von Bildungseffekten diskutiert (z.B. Becker 1998). Neben der engen Verknüpfung von formaler Bildung mit beruflichen Karrieren und Möglichkeiten zur Einkommenserzielung, werden vor allem gesundheitsrelevante Lebensstile mit bildungsspezifischen Unterschieden der Gesundheit in Verbindung gebracht (Abel 1999; Hradil 2005). Gesundheitliche Lebensstile umfassen dabei sowohl Aspekte der Lebensführung (gesundheitliches Verhalten und Gesundheitsorientierung), als auch der Lebenschancen (ökonomische und kulturelle Ressourcen). Hierbei wird davon ausgegangen, dass gesundheitsrelevante Wissensbestände und individuelle Verhaltensmuster schichtspezifisch geprägt sind (Kulturell-behavioristische These). Spezifische Gesundheitsmuster werden vom Einzelnen auf Basis der jeweils zur Verfügung stehenden Optionen ausgewählt und zu gesundheitlichen Konstellationen zusammengefügt. Der bildungsabhängige Erwerb und die Internalisierung gesundheitlicher Wissensbestände und Verhaltensweisen aber auch Handlungskompetenzen bei persönlichen Belastungssituationen wirken sich also maßgeblich auf die Annahme- und Ablehnungswahrscheinlichkeit verschiedener Risikoverhaltensweisen aus. Neuere Forschungen zeigen zudem, dass nicht nur die Häufigkeit gesundheitsschädlicher Verhaltensweisen, sondern auch deren gesundheitliche Auswirkungen vom Bildungsniveau abhängen (Klein, et al. 2001; Blaxter 1990). So steigen die negativen Auswirkungen von gesundheitsschädlichem Verhalten mit sinkender Schichtzugehörigkeit, umgekehrt vergrößern sich die positiven Effekte einer gesundheitsförderlichen Lebensweise mit steigender Sozialschichtzugehörigkeit.

Zwar steht insgesamt außer Zweifel, dass ein deutlicher Zusammenhang zwischen den Indikatoren des sozialen Status und dem Gesundheitszustand bzw. der Lebenserwartung existiert, jedoch weisen neuere Untersuchungen darauf hin, dass dieser Zusammenhang nicht einfach linear ist, da der gesundheitliche Grenzeffekt eines höheren Einkommens oder einer höheren Bildung immer geringer wird (vgl. Wilkinson 2001; und Marmot 2004). Deshalb wird für moderne Hocheinkommensgesellschaften festgestellt, dass weniger die absoluten materiellen Bedingungen als die mit Einkommen, Bildung und Beruf verbundene relative Positionierung von Personen in der Gesellschaft gesundheitsrelevant ist (Wilkinson 1994; Kawachi et al. 2002). Dabei bezieht die relative Betrachtung soziales und psychisches Wohlbefinden sowie Elemente der Lebensqualität die durch gesellschaftliche Positionierungsprozesse mitbestimmt werden, in die Betrachtung ein. Soziale Unterschiede der beruflichen Belastungen, soziale Bewältigungsressourcen und die Teilhabe an Mindeststandards gesellschaftlichen Lebens sowie deren psychosoziale Auswirkungen auf Gesundheit und Krankheit rücken dabei in den Mittelpunkt der Darstellung (Maciocco 2003).

Insgesamt ist zu beachten, dass die Muster und die Stärke des Zusammenhangs der Schichtindikatoren mit den verschiedenen Mortalitätsrisiken erheblich mit dem Alter variieren (Klein und Unger 2006). Mit steigendem Lebensalter gleichen sich die Sterberisiken zwischen verschiedenen Sozialgruppen – bedingt durch eine Annährung der Lebensbedingungen, eine Adaption an die bestehenden Lebensumstände oder durch eine stärkere Selektion in den Hochrisikogruppen – aneinander an (Klein 2005).

3.2 Der Einfluss von Bildung auf das Gesundheitsverhalten

Bildungsunterschiede der Mortalität sind, wie bereits angesprochen, stärker als andere schichtbezogene Mortalitätsunterschiede mit individuellen Verhaltens- und Lebensweisen verbunden (Becker 1998). Dass für alle relevanten Dimensionen des Gesundheitsverhaltens sowohl Einstellungen, Kontrollüberzeugungen und Werthaltungen, die unter dem bildungsabhängigen Einfluss der Eltern und in der Folge durch sekundäre Bildungsinstitutionen qualifiziert werden, eine bedeutende Rolle spielen, ist mittlerweile unbestritten. Neben einer gewissen Bildungsabhängigkeit der Inanspruchnahme ärztlicher Vorsorge- und Versorgungsleistungen sind damit vor allem gesundheitsrelevante Aspekte des Lebensstils sowie gesundheitsförderndes Verhalten in Bezug auf Rauchen, Ernährung, körperliche Betätigung und Alkoholkonsum angesprochen. Schon die Konstanthaltung nur weniger der genannten gesundheitsrelevanten Aspekte des Lebensstils geht mit einer deutlichen Reduzierung von Bildungsunterschieden der Lebenserwartung einher (Klein et al. 2001).

Aktuelle Befunde zeigen, dass in Deutschland mehr als 67 Prozent der Männer und 62 Prozent der Frauen unter 30 Jahren mit Volks- bzw. Hauptschulabschluss rauchen, im Vergleich zu 43 Prozent der Männer und 36 Prozent der Frauen mit Hochschulreife (Robert-Koch-Institut 2005). Die Häufigkeit starken Übergewichtes (BMI>30) bei 18-jährigen und älteren Personen ist bei Männern (Frauen) mit Volks-/Hauptschulabschluss bis zu 2-mal (3-mal) höher als in den entsprechenden Vergleichsgruppen mit Abitur (Robert-Koch-Institut 2005). Bildungsdifferenzen treten zudem im Anteil der sportlich Inaktiven auf, der sowohl bei Männern als auch bei Frauen mit Volks- und Hauptschulabschluss gegenüber der Vergleichsgruppe mit Abitur um den Faktor zwei erhöht ist (Robert-Koch-Institut 2005). Diese Daten kennzeichnen einen Prozess der sozialen Polarisierung des Gesundheitsverhaltens, der gleichfalls international beobachtet wird (Huisman et al. 2005; World Health Organization 2005).

Hinzu kommt, dass die meisten gesundheitsrelevanten Verhaltensweisen stark untereinander korreliert sind, d.h. wer bestimmte gesundheitsförderliche Verhaltensweisen aufweist, verhält sich mit hoher Wahrscheinlichkeit auch in anderer Hinsicht gesund. Entsprechend weisen Personen mit bestimmten gesundheitsschädigenden Verhalten in vielerlei Hinsicht eine ungesunde Lebensweise auf (Mueller und Heinzel-Gutenbrunner 2005; Lampert, Mensink und Ziese 2005). Diese Kombination gesundheitsriskanter Verhaltensweisen tritt vor allem bei Personen mit niedriger Bildung und niedrigem sozialen Status auf und erhöht deren Mortalitätsrisiko erheblich, da sich die mit den einzelnen Verhaltensweisen verbundenen Sterblichkeitsrisiken häufig potenzieren (vgl. z.B. Lee et al. 2005).

Bildung scheint zudem einen relevanten Einfluss auf die Deutung, Wahrnehmung und Verarbeitung von Symptomen zu haben und verbessert das individuelle Verhaltensrepertoire im Hinblick auf das Gesundheitsverhalten und den Umgang mit belastenden Lebensereignissen und Stress (Jungbauer-Gans 2002). Hiermit verbunden ist ebenfalls das bildungsabhängige Vorhandensein sinnstiftender und Rückhalt gewährender Sozialbeziehungen und Lebensformen, die entscheidend an der Ausprägung und Stabilisierung gesundheitsförderlicher bzw. -hinderlicher Lebensweisen teilhaben. Insbesondere in Paarbeziehungen wird eine günstige gesundheitliche Verhaltenskontrolle ausgeübt (Protektionsthese) (Brockmann und Klein 2004).

3.3 Die Bildungsdifferenzierung des Gesundheitsverhaltens am Beispiel des Rauchens

Betrachtet man den Zusammenhang von Bildung und Gesundheitsverhaltensweisen, geht man im Allgemeinen von einem negativen Zusammenhang aus, d.h. mit steigender Bildung sinkt der Anteil von Personen mit gesundheitlichem Risikoverhalten deutlich. So zeigt sich z.B. in aktuellen Querschnittanalysen, dass Personen mit niedriger Bildung im Vergleich zu Personen mit höherer Bildung nicht nur am relativ häufigsten, sondern durchschnittlich auch am meisten rauchen; sie fangen zudem früher mit dem Rauchen an und beenden ihren Konsum später (Schulze und Lampert 2006).

In historischer Perspektive stellt sich jedoch die Frage nach der grundsätzlichen Gültigkeit des Zusammenhangs zwischen Bildungsniveau und Rauchverhalten. Bekannt ist, dass zu Beginn des 20. Jahrhunderts der Tabakkonsum vor allem unter Männern und in hohen Statusgruppen weit verbreitet war und Tabakwaren erst später durch soziale Diffusionsprozesse und die Mechanisierung der Zigarettenproduktion (begleitet von einer drastischen Preisabnahme) zu einem alltäglichen Gebrauchsgut auch für Frauen und Personen mit niedrigerer Bildung wurden (Schulze und Mons 2005; Pampel 2003; Lopez et al. 1994). Dieser zeitlich veränderte Bildungseffekt in der Kohortenfolge wurde bisher jedoch kaum expliziert.

Neuere kohortenspezifische Analysen für die Bundesrepublik (Schulze und Mons 2006) und die Vereinigten Staaten (Pampel 2002) zeigen jedoch, dass im Zeitverlauf tatsächlich nicht durchgängig ein negativer Zusammenhang zwischen dem Bildungsniveau und dem Rauchverhalten in der Lebenszeit zu beobachten ist. In Deutschland hat sich der bekannte Zusammenhang zwischen hoher Bildung und niedrigen Raucheranteilen bzw. niedriger Bildung und hohen Raucheranteilen erst seit den Geburtskohorten um 1931-40 für Männer und 1941-50 für Frauen eingestellt. Vorgelagerte Kohorten weisen hingegen einen diametral entgegengesetzten Zusammenhang zwischen Bildung und Lebenszeitprävalenz[3] des Rauchens auf (Abb. 3). Zusätzlich verschwinden in der Kohortenabfolge die Unterschiede im Rauchverhalten zwischen Männern und

Abbildung 3: Lebenszeitprävalenz des Rauchens für verschiedene Geburtskohorten, differenziert nach Geschlecht (in Prozent)*

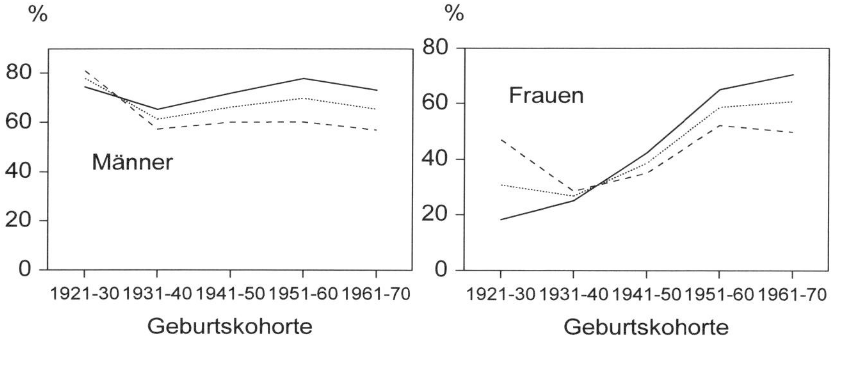

* Berücksichtigt wurden nur Kohorten, deren Angehörige zum Befragungszeitpunkt 30 Jahre und älter waren. Da nach dem 30. Lebensjahr nur noch etwa 1% der Personen einer Kohorte erstmals mit dem Rauchen beginnen, kann man hier von einer nahezu vollständigen Erfassung des kohortenspezifischen Rauchverhaltens ausgehen.

Quelle: Schulze und Mons 2006

3 Lebenszeitprävalenz bezieht sich hier auf diejenigen, die zu irgendeinem Zeitpunkt in ihrem Leben regelmäßig geraucht haben.

Frauen; tatsächlich sind in den jüngsten Geburtskohorten die Unterschiede zwischen der obersten und untersten Bildungsgruppe des jeweiligen Geschlechts größer als die Unterschiede zwischen den Geschlechtern, die allenfalls nur geringfügig ausfallen.

Während also die Geschlechtsunterschiede im Rauchverhalten in den letzten Jahrzehnten zunehmend verschwinden, wuchsen die bildungsbezogenen Unterschiede nicht nur weiter an, sondern vertauschten zwischenzeitlich auch ihre Wirkungsrichtung. Dies wiederum bleibt natürlich nicht ohne Folgen für das Ausmaß (und die Richtung) des mit dem Rauchverhalten in Zusammenhang stehenden Bildungseffekts auf die Lebenserwartung. Erstens ist davon auszugehen, dass die tabakrauchbezogenen gesundheitlichen Unterschiede in den ältesten Kohorten (hier 1921-1930) zu Ungunsten höherer Bildungsschichten ausfallen und bei Frauen dieser Zusammenhang deutlicher ausgeprägt ist. Zweitens und weitaus entscheidender ist jedoch der Befund, dass zumindest für die mit dem Rauchen verbundenen bildungsbedingten gesundheitlichen Unterschiede (insbesondere der Sterblichkeit) nicht von einem konstanten Bildungseffekt in der Kohortenfolge ausgegangen werden kann. Die bisher vorliegenden Daten deuten zumindest eine Ausweitung der (tabakbedingten) Sterblichkeitsunterschiede zwischen den Bildungsschichten an. Inwieweit dies für andere Gesundheitsverhaltensweisen gilt, ist bislang nicht geklärt. Es wird aber gleichfalls nicht von einer Verminderung der durch diese Verhaltensweisen bewirkten bildungsbezogenen Gesundheitsunterschiede ausgegangen.

4. Der Einfluss der Bildungsexpansion auf die Lebenserwartung

In welchem Maße hat die höhere Lebenserwartung der Bessergebildeten dazu beigetragen, dass sich im Zuge der Bildungsexpansion die durchschnittliche Lebenserwartung erhöht hat? Ist der Zusammenhang zwischen dem Bildungsniveau und der Lebenserwartung so stark und hat sich die Bildungsstruktur so nachhaltig verändert, dass man zumindest einen Teil der gestiegenen Lebenserwartung der Bildungsexpansion zurechnen kann? Im Gegensatz zu den gut dokumentierten Unterschieden des Gesundheitsverhaltens und der Lebenserwartung zwischen den Bildungsschichten ist diese weiterführende Frage bislang empirisch noch kaum untersucht worden. Zur Beantwortung werden deshalb im Folgenden eigene Analysen vorgestellt.[4] Der vorliegende Beitrag bezieht sich dabei nur auf die weibliche Bevölkerung, weil das Mortalitätsgeschehen von

4 Diese basieren auf dem sozioökonomischen Panel (SOEP, Wellen 1984-2004), das seit 1984 als jährliche Wiederholungsbefragung von anfänglich 12 245 befragten Personen ab 16 Jahren in Privathaushalten vom Deutschen Institut für Wirtschaftsforschung in Berlin (DIW) durchgeführt wird (Hanefeld 1987; Rendtel 1995; SOEP Group 2001).

Männern in der Nachkriegszeit durch negative Kriegsselektion und darin begründete Diskontinuitäten beeinträchtigt ist (Unger 2006).

Tabelle 2: Soziale Determinanten des Mortalitätsrisikos der Frauen (Effekte in Prozent)

	Modell 1	**Modell 2**
Alter	+8,24***	+8,42***
(Geburtsjahr-1880)	-7,64***	-7,67 **
(Geburtsjahr-1880)2	+0,06***	+0,06***
Bildungsjahre	-19,84***	-19,89***
Bildungsjahre*(Geburtsjahr-1880)		+0,001***
exp(Konstante)	-5,23***	-5,24***
Ereignisse	620***	620***
Episoden	57634***	57634***
Log-Likelihood	-2697,74***	-2697,73***

Signifikanz: * $p \leq 0.05$; ** $p \leq 0.01$; *** $p \leq 0.001$.

Quelle: SOEP, Wellen 1984-2003

In einem ersten Schritt wurde dabei der (auch in anderen Studien nachgewiesene) Einfluss der Bildung auf die Mortalität quantifiziert (in Abhängigkeit von Alter und Geburtsjahrgang).[5] Tabelle 2 zeigt, dass jedes zusätzliche Bildungsjahr mit einer Verringerung des Mortalitätsrisikos um 19,84 Prozent einhergeht. Jedes Altersjahr erhöht hingegen die Mortalität um 8,24 Prozent (Tabelle 2, 1. Spalte), was in Abbildung 4 graphisch dargestellt ist. Die Abbildung bezieht sich auf die Sterbewahrscheinlichkeiten ab dem Alter von 25 Jahren, die für die Lebenserwartung im Alter von 25 Jahren ausschlaggebend sind, in dem der Großteil der Bevölkerung seine Ausbildung beendet hat. Neben dem altersbezogenen Anstieg der Mortalität geht aus der Abbildung hervor, dass schon der Geburtsjahrgang 1925 einer geringeren Sterblichkeit ausgesetzt ist als die des Geburtsjahrgangs 1910, und diejenige des Jahrgangs 1955 ist nochmals deutlich geringer. Die Abbildung zeigt außerdem, dass die hier berechneten Sterbewahrscheinlichkeiten sehr gut mit denen der amtlichen Statistik übereinstimmen, wenn man die kohortenspezifischen Werte aus den verschiedenen Perioden-Sterbetafeln verwendet.

5 Vom Geburtsjahr wurde jeweils 1880 subtrahiert sowie ein quadratischer Effekt berücksichtigt, um die in jüngeren Kohorten zurückgehende Abnahme der Sterblichkeit zu modellieren.

Abbildung 4: Sterbewahrscheinlichkeit nach Alter und Kohorte

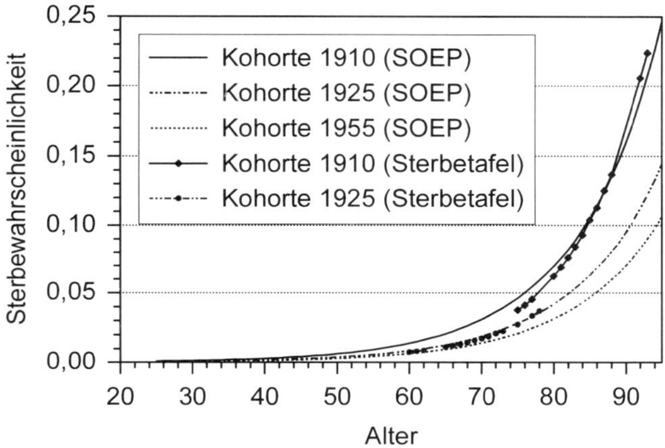

Quelle: SOEP (1984-2004)

Abbildung 5: Überlebenswahrscheinlichkeit nach Alter und Kohorte (Überlebenskurve)

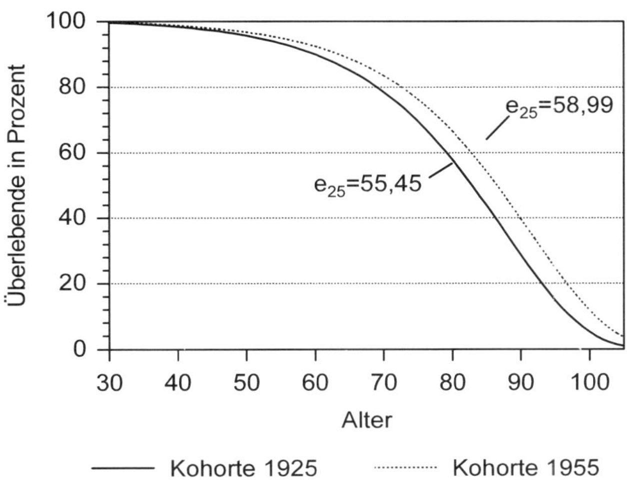

Quelle: SOEP (1984-2004)

Die aus den Sterbewahrscheinlichkeiten resultierenden Überlebenskurven sind in Abbildung 5 wiedergegeben. Beim Vergleich zwischen den Geburtsjahrgängen 1925 und 1955, zwischen denen in der BRD eine besonders starke Ausweitung des Bildungssystems stattgefunden hat (vgl. Abbildung 1), ergibt sich für Frauen eine um über 3 Jahre gestiegene Lebenserwartung – von 55,45 auf 58,99 Jahre.

Inwieweit lässt sich diese Steigerung der Lebenserwartung auf die Bildungsexpansion zurückführen? Während den Überlebenskurven in Abbildung 5 die jeweilige Bildungsstruktur der beiden Jahrgänge zugrunde liegt, geht eine weitere Analyse deshalb der Frage nach, um wie viel höher die Überlebenskurve und die Lebenserwartung bereits beim Jahrgang 1925 ausgefallen wären, wenn dieser schon die Bildungsstruktur des Jahrgangs 1955 aufgewiesen hätte. Die Berechnung geht dabei von der durchschnittlichen Erhöhung der Bildungsjahre aus, wie sie eingangs in Abbildung 1 beschrieben wurde. Wie aus Abbildung 6 ersichtlich, wäre die Lebenserwartung des älteren Geburtsjahrgangs bereits um etwa 2 Jahre höher ausgefallen, d.h. dass sich beachtliche zwei Drittel der zwischen diesen beiden Jahrgängen beobachteten Erhöhung der Lebenserwartung,

Abbildung 6: Überlebenswahrscheinlichkeit der Kohorte 1925 nach Alter und Bildungsstruktur (Überlebenskurve)

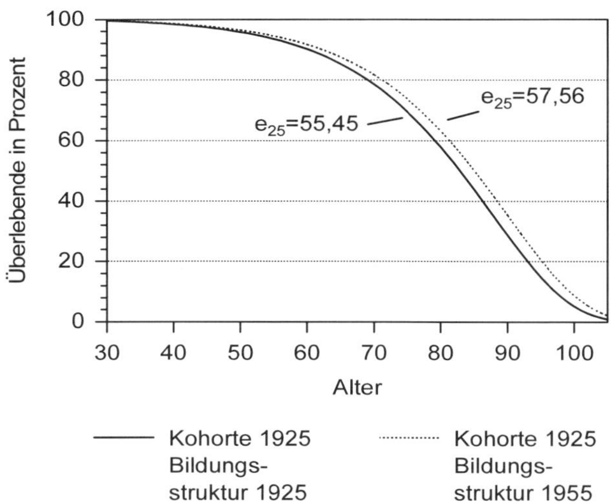

Quelle: SOEP (1984-2004)

um insgesamt drei Jahre, mit der Bildungsexpansion in Verbindung bringen lassen.

Diese Folgerung setzt allerdings voraus, dass der Einfluss der Bildung auf die Lebenserwartung gleich geblieben ist. Einige Studien verweisen darauf, dass die Mortalitätsunterschiede in den USA und in Finnland in Bezug auf das Bildungsniveau im Zeitverlauf zugenommen haben (Pappas et al. 1993; Valkonen 1998). Für Deutschland liegen entsprechende Studien bislang nicht vor. Betrachtet man das bildungsspezifische Gesundheitsverhalten am Beispiel des Rauchens, dann zeigt sich, dass die Umkehrung des Bildungseinflusses in historischer Perspektive für die hier betrachteten Geburtsjahrgänge zu einer Nivellierung des Bildungseinflusses über den gesamten Zeitraum beitragen haben könnte, vor allem, da die Umkehrung bei den hier untersuchten Frauen später als bei den Männern erfolgte (siehe Abschnitt 3.3). Jedoch sprechen auch Gründe für eine Schrumpfung der sozialen Unterschiede. In Bezug auf das Bildungsniveau wären z.B. schrumpfende Sterblichkeitsunterschiede damit erklärbar, dass die Arbeitsbedingungen auch für untere Bildungsgruppen weniger gefährlich geworden sind und/oder dass heute auch unteren Bildungsschichten eine ausreichende medizinische Versorgung zugänglich ist. In der zweiten Spalte von Tabelle 2 ist daher der Möglichkeit einer Veränderung der Bedeutung von Bildung für die Lebenserwartung Rechnung getragen. Der betreffende Interaktionseffekt ist in der Tat nicht statistisch signifikant, was heißt, dass der Einfluss der Bildung auf das Mortalitätsrisiko über die hier betrachteten Geburtsjahrgänge hinweg nahezu unverändert geblieben ist.

5. Diskussion und Ausblick

Ziel der Reform des Bildungswesens, die in der Bundesrepublik vor allem in den 1960er und 1970er Jahren stattfand, war es, die Bildungsnachteile von Kindern aus unteren Sozialschichten zu verringern und die für ein weiteres Wirtschaftswachstum notwendigen Qualifikationspotenziale zu erschließen (Hradil 2001: 148ff.; Klein 2005: 233ff.). Als Nebenwirkung der allgemeinen Höherqualifizierung hat das erhöhte Bildungsniveau auch zum Anstieg der Lebenserwartung beigetragen. Vergleicht man die Geburtsjahrgänge 1925 und 1955, so können immerhin zwei Drittel der gewonnenen Lebenserwartung mit der Bildungsexpansion in Zusammenhang gebracht werden. Bei dieser Analyse kann davon ausgegangen werden, dass sich der Bildungseinfluss auf die Lebenserwartung zwischen diesen Kohorten nicht nennenswert verändert hat. Der Bildungseinfluss umfasst dabei alle direkten und indirekten Effekte die mit der Höherqualifizierung in Verbindung stehen, also z.B. nicht nur gesündere Verhaltensweisen, sondern auch beispielsweise verbesserte Einkommenserzielungsmöglichkeiten, durchgängige Erwerbsverläufe und geringere gesundheitliche Belastungen im Beruf.

Die vorliegende Analyse bezieht sich wie eingangs erwähnt auf die noch verbleibende (Rest-) Lebenserwartung ab dem Alter von 25 Jahren, in dem der Großteil der Bevölkerung seine Ausbildung beendet hat. Alle in dem vorliegenden Beitrag analysierten und diskutierten Einflüsse der Bildungsexpansion sind somit nur mit dem einmal erreichten Bildungsniveau einhergehenden Unterschieden der Gesundheit und der Lebenserwartung verbunden. Es ist zu vermuten, dass der Einfluss der Bildungsexpansion auf die Lebenserwartung womöglich noch größer ausfällt, wenn berücksichtigt wird, dass die Mortalitätsrisiken während der inzwischen stark verlängerten Ausbildungszeit geringer sind als im Erwerbsleben. Außerdem ist davon auszugehen, dass auch das im Durchschnitt höhere Bildungsniveau der Eltern die Mortalität von Kleinkindern reduziert (siehe Becker 1998). Es ist deshalb davon auszugehen, dass die Verlängerung der Lebenserwartung ab Geburt nicht minder von der Bildungsexpansion gefördert wurde.

Literatur

Abel, Thomas, 1999: Gesundheitsrelevante Lebensstile: Zur Verbindung von handlungs- und strukturtheoretischen Aspekten in der modernen Ungleichheitsforschung. S. 43-61 in: *Mary Haour-Knipe* (Hg.), Gesundheit, Medizin und Gesellschaft: Beiträge zur Soziologie der Gesundheit. Zürich: Seismo.

Becker, Rolf, 1998: Bildung und Lebenserwartung in Deutschland. Eine empirische Längsschnittuntersuchung aus der Lebensverlaufsperspektive. Zeitschrift für Soziologie 27: 133-150.

Blaxter, Mildred, 1990: Health and lifestyles. London: Routledge.

Brockmann, Hilke, und *Thomas Klein*, 2004: Love and death in Germany: The marital biography and its effect on mortality. Journal of Marriage and the Family 66: 567-581.

Davey-Smith, George, David Blane und *Mel Bartley*, 1994: Soziale Ungleichheit und Mortalitätsunterschiede: Diskussion der Erklärungsansätze in Großbritannien. S. 425-452 in: *Andreas Mielck* (Hg.), Krankheit und soziale Ungleichheit. Ergebnisse der sozialepidemiologischen Forschung in Deutschland. Opladen: Leske + Budrich.

Doll, Richard, Richard Peto, Jillian Boreham und *Isabelle Sutherland*, 2004: Mortality in relation to smoking: 50 years' observations on male British doctors. British Medical Journal 328: 1519-1527.

Gerhardt, Uta, 1991: Gesellschaft und Gesundheit: Begründung der Medizinsoziologie. Frankfurt a.M.: Suhrkamp.

Hanefeld, Ute, 1987: Das Sozio-ökonomische Panel. Grundlagen und Konzeption. Frankfurt a.M.: Campus.

Helmert, Uwe, Karin Bammann, Wolfgang Voges und *Rainer Müller* (Hg.), 2000: Müssen Arme früher sterben? Soziale Ungleichheit und Gesundheit in Deutschland. Weinheim: Juventa.

Hradil, Stefan, 2001: Soziale Ungleichheit in Deutschland. Opladen: Leske + Budrich.

Hradil, Stefan, 2005: Der theoretische Hintergrund – die Gesundheitslebensstile. S. 65-93 in: *Marc Luy* (Hg.), Lebensstile, Lebensphasen, Lebensqualität. Interdisziplinäre Analysen von Gesundheit und Sterblichkeit aus dem Lebenserwartungssurvey des BiB. Wiesbaden: VS Verlag für Sozialwissenschaften.

Huisman, Martijn, Anton E. Kunst und *Johan P. Mackenbach*, 2005: Inequalities in the prevalence of smoking in the European Union: comparing education and income. Preventive Medicine 40: 756-764.

Jungbauer-Gans, Monika, 2002: Ungleichheit, soziale Beziehungen und Gesundheit. Wiesbaden: Westdeutscher Verlag.

Kawachi, Ichiro, S. V. Subramanian und *Naomar de Almeida Filho*, 2002: A glossary for health inequalities. Journal of Epidemiology and Community Health 56: 647-652.

Klein, Thomas, 1993: Soziale Determinanten der Lebenserwartung. Kölner Zeitschrift für Soziologie und Sozialpsychologie 45: 712-730.

Klein, Thomas, 1996: Mortalität in Deutschland – Aktuelle Entwicklungen und soziale Unterschiede. S. 366-377 in: *Wolfgang Zapf, Jürgen Schupp* und *Roland Habich* (Hg.): Lebenslagen im Wandel: Sozialberichterstattung im Längsschnitt. Frankfurt a.M./New York: Campus.

Klein, Thomas, 1999: Soziale Determinanten der aktiven Lebenserwartung. Zeitschrift für Soziologie 28: 448-464.

Klein, Thomas, 2005: Sozialstrukturanalyse. Eine Einführung. Reinbek bei Hamburg: Rowohlt.

Klein, Thomas, Sven Schneider und *Hannelore Löwel*, 2001: Bildung und Mortalität: Die Bedeutung gesundheitsrelevanter Aspekte des Lebensstils. Zeitschrift für Soziologie 30: 384-400.

Klein, Thomas, und *Rainer Unger*, 1999: Aktive Lebenserwartung in der Bundesrepublik. Das Gesundheitswesen 61: 168-178.

Klein, Thomas, und *Rainer Unger,* 2001: Einkommen, Gesundheit und Mortalität in Deutschland, Großbritannien und den USA. Kölner Zeitschrift für Soziologie und Sozialpsychologie 53: 96-110.

Klein, Thomas, und *Rainer Unger*, 2006: Einkommen und Mortalität im Lebensverlauf. S. 144-157 in: *Christof Wolf und Claus Wendt* (Hg.), Soziologie der Gesundheit. Sonderheft 46 der Kölner Zeitschrift für Soziologie und Sozialpsychologie. Wiesbaden: VS Verlag für Sozialwissenschaften.

Lampert, Thomas, Gert Mensink und *Thomas Ziese*, 2005: Sport und Gesundheit bei Erwachsenen in Deutschland. Bundesgesundheitsblatt - Gesundheitsforschung - Gesundheitsschutz 48: 1357-1364.

Lee, Chien-Hung, Jang-Ming Lee, Deng-Chyang Wu, Hon-Ki Hsu, Ein-Long Kao, Hsiao-Ling Huang, Tsu-Nai Wang, Meng-Chuan Huang und *Ming-Tsang Wu*, 2005: Independent and combined effects of alcohol intake, tobacco smoking and betel quid chewing on the risk of esophageal cancer in Taiwan. International Journal of Cancer 113: 475-482.

Lopez, Alan, Neil Collishaw und *Tapani Piha*, 1994: A descriptive model of the cigarette epidemic in developed countries. Tobacco Control 3: 242-247.

Maciocco, Gavino, 2003: Health inequalities within a nation: A review of two new theories. Health Policy and Development 1: 1-6.

Marmot, Michael, 2004: Status Syndrome. How your social standing directly affects your health. London: Bloomsbury.

Marmot, Michael, und Richard G. Wilkinson (Hg.), 2006: Social Determinants of Health. Second Edition. Oxford: Oxford University Press.

Mielck, Andreas, 2000: Soziale Ungleichheit und Gesundheit. Empirische Ergebnisse, Erklärungsansätze, Interventionsmöglichkeiten. Bern: Verlag Hans Huber.

Mueller, Ulrich, und *Monika Heinzel-Gutenbrunner*, 2005: Soziale Lage, Gesundheitslebensstiele und Gesundheitsverhalten. S. 127-153 in: *Marc Luy* (Hg.), Lebensstile, Lebensphasen, Lebensqualität. Interdisziplinäre Analysen von Gesundheit und Sterblichkeit aus dem Lebenserwartungssurvey des BiB. Wiesbaden: VS Verlag für Sozialwissenschaften.

Oppolzer, Alfred, 1994: Die Arbeitswelt als Ursache gesundheitlicher Ungleichheit. S. 125-166 in: *Andreas Mielck* (Hg.), Krankheit und soziale Ungleichheit: Ergebnisse der sozialepidemiologischen Forschung in Deutschland. Opladen: Leske + Budrich.

Pampel, Fred C., 2002: Inequality, diffusion, and the status gradient in smoking. Social Problems 49: 35-57.

Pampel, Fred C., 2003: Age and education patterns of smoking among women in high-income nations. Social Science & Medicine 57: 1505-1514.

Pappas, Gregory, Susan Queen, Wilbur Hadden und *Gail Fisher*, 1993: The increasing disparity in mortality between socioeconomic groups in the United States. The New England Journal of Medicine 329: 103-109.

Power, Chris, Sharon Matthews und *Sharon Manor*, 1996: Inequalities in self rated health in the 1958 birth cohort: lifetime social circumstances or social mobility? British Medical Journal 313: 449-453.

Rendtel, Ulrich, 1995: Lebenslagen im Wandel: Panelausfälle und Panelrepräsentativität. Frankfurt a.M.: Campus.

Robert-Koch-Institut, 2005: Beiträge zur Gesundheitsberichterstattung des Bundes: Armut, soziale Ungleichheit und Gesundheit. Berlin.

Schulze, Alexander, und *Thomas Lampert*, 2006: Bundes-Gesundheitssurvey: Soziale Unterschiede im Rauchverhalten und in der Passivrauchbelastung in Deutschland. Beiträge zur Gesundheitsberichterstattung des Bundes, Berlin.

Schulze, Alexander, und *Ute Mons*, 2005: Trends in cigarette smoking initiation and cessation among birth cohorts of 1926-1970 in Germany. European Journal of Cancer Prevention 14: 477-483.

Schulze, Alexander, und *Ute Mons*, 2006: The evolution of educational inequalities in smoking. A changing relationship and a crossover effect among German birth cohorts of 1921-1970. Addiction 101: 1051-1056.

SOEP Group, 2001: The German Socio-Economic Panel (GSOEP) after more than 15 years - Overview. S. 7-14 in: *Elke Holst, Dean R. Lillard* und *Thomas A. DiPrete* (Hg.), Proceedings of the 2000 Fourth International Conference of German Socio-Economic Panel Study Users (GSOEP2000). Vierteljahrshefte zur Wirtschaftsforschung 70.

Statistisches Bundesamt, 2004: Periodensterbetafeln für Deutschland. Allgemeine und abgekürzte Sterbetafeln von 1871/1881 bis 2001/2003. Stuttgart: Metzler-Poeschel.

Unger, Rainer, 2006: Trends in active life expectancy in Germany between 1984 and 2003 – a cohort analysis with different health indicators. Journal of Public Health 14: 155-163.

Valkonen, Tapani, 1998: Die Vergrößerung der sozioökonomischen Unterschiede in der Erwachsenenmortalität durch Status und deren Ursachen. Zeitschrift für Bevölkerungswissenschaft 23: 263-292.

Wilkinson, Richard G., 1994: The epidemiological transition: From material scarcity to social disadvantage? Daedalus 123: 61-77.

Wilkinson, Richard G., 2001: Kranke Gesellschaften. Soziales Gleichgewicht und Gesundheit. Wien: Springer Verlag.

World Health Organization, 2005: Closing the Health Inequalities Gap: An International Perspective. Kopenhagen.

Schluss

Hat die Bildungsexpansion die Entwicklung zu einer Bildungsgesellschaft angestoßen?

Zu Chancen und Risiken eines neuen Gesellschaftsmodells

Sigrid Haunberger

1. Einleitung

Die Soziologie hat zum gegenwärtigen Zeitpunkt ein relativ hohes Reflexionsniveau erreicht, denn sie registriert viele gesellschaftliche Veränderungen sensibel und unterzieht sie sofort nach ihrem Auftreten intensiver Analysen. Nicht nur aus makrotheoretischer Sicht ist es schließlich auch Ziel der Soziologie als Wissenschaft gesellschaftliche Dynamiken und Strukturumbrüche zu beschreiben und bestenfalls noch zu erklären. Eine besondere Herausforderung stellen die Bildungsexpansion und deren Folgen dar. Seit den 1960er Jahren gehört das Thema Bildung zu den Kernaspekten des gesellschaftlichen Diskurses, wobei u.a. die Verteilung von Bildung als Ressource sowie deren Beziehung zu anderen sozialstrukturell relevanten Größen wie Beruf und Einkommen in der sozialwissenschaftlichen Forschung fokussiert werden. Wie empirische Studien – auch in diesem Sammelband – zeigen, hat Bildung im Zuge der Bildungsexpansion bzw. des Ansteigens der Bildungsbeteiligung nicht an Wichtigkeit verloren. Bildung ist nach wie vor ein Gut, das die individuellen Lebenschancen – im Hinblick auf den Arbeitsmarkt, Einkommen, Lebenserwartung, etc. – mit bestimmt.

Generell stellt sich die Frage, ob es ein Gesellschaftsmodell gab oder gibt, aus dem die erwarteten Folgen der Bildungsexpansion prognostiziert werden konnten oder ob die unerwarteten Folgen der Bildungsexpansion gar ein Überraschungseffekt sind? Vor allem makrosoziologischen Modellen haftet spätestens seit der Modernisierungsdebatte der Anspruch an, erklärungskräftige Theorie gesellschaftlicher Dynamik zu sein. Doch das Eingeständnis, dass Prozesse und Entwicklungen auch ungeplant auftreten können, zerstört das Vertrauen in die Erklärungskraft dieser theoretischen Paradigmen (vgl. Mayntz 1985). Zudem stellt sich die Frage, ob die Soziologie überhaupt der Aufgabe gerecht werden kann, Zeitdiagnosen über die Gesellschaft zu geben (vgl. Friedrichs et al. 1998). Dabei ist eine Erklärung gesellschaftlicher Dynamik nicht nur eine theoretische Herausforderung, sondern gleichzeitig auch empirisch schwierig zu bewerkstelligen, da moderne Gesellschaften in ihrem Aufbau hoch komplex sind. Trotzdem sind Veränderung und Wandel der Gegenwartsgesellschaft Gegenstand zahlreicher soziologischer, ökonomischer, philosophischer und politischer Diskurse (vgl. Pongs 1999; Friedrichs et al. 1998: 13). Hierbei stehen Gesellschaftsmodelle im Zentrum der Betrachtung, in denen es um die gestiegene Bedeutung von Wissen und Bildung, um den durch Höherqualifikation verursachten berufsstrukturellen Wandel und nicht zuletzt um den Einfluß neuer Technologien und Kommunikationsmedien geht. Schon in den 1970er Jahren haben Bell (1975) und Touraine (1972) Entwicklungstendenzen der damaligen Gesellschaft mit dem Konzept der postindustriellen Gesellschaft zu fassen versucht. Eine dadurch ausgelöste Debatte um Entwicklungschancen und -risiken von Dienstleistungs-, Wissens- oder Informationsgesellschaften ist bis heute nicht abgerissen (vgl. Berger und Konietzka 2001). Im Anschluß an diese Diskussion und vor dem Hintergrund der Bildungsexpansion werden in diesem Beitrag folgende Fragen verfolgt: Sind moderne Gesellschaften auf dem Weg Bildungsgesellschaften zu werden? Geschieht dies gar ursächlich als Folge der Bildungsexpansion? Wenn dies so ist, welche Chancen und Risiken ergeben sich daraus für die Gesellschaft (Institutionen, Märkte) und für die Individuen? Können alle an der Bildungsgesellschaft partizipieren? Und welche Anforderungen stellt eine Bildungsgesellschaft an das Bildungssystem und die Bildungspolitik?[1]

2. Gesellschaftsmodelle versus Gesellschaftsanalysen

Ziel der Soziologie als Wissenschaft ist es, gesellschaftliche Prozesse sozialen Wandels zu beschreiben und zu erklären. Während eine Beschreibung noch relativ einfach zu leisten ist, fallen Erklärungen schon schwerer – gerade wenn es sich um komplexe Prozesse wie die Bildungsexpansion und ihre Folgen handelt. An Gesellschaftsmodelle werden in diesem Sinne hohe Anforderungen gestellt. Zunächst ist es erforderlich zwischen Gesellschaftsmodellen und Gesellschaftsanalysen zu unterscheiden. Während Gesellschaftsanalysen zum Ziel haben, mittels empirischer Methoden der Sozialforschung wichtige soziale gesellschaftliche Tatbestände zu ermitteln, stellen Gesellschaftsmodelle darüber hinausgehende Deutungsmuster bereit (Immerfall 1998: 253ff.). Gesellschafts-

1 Anzumerken bleibt noch, dass mit der Bezeichnung Bildungsgesellschaft zunächst auf einen möglichen neuen Gesellschaftstypus aufmerksam gemacht wird. Dies geschieht keinesfalls um zur „Etiketteninflation" (Berger und Konietzka 2001: 10) zahlreicher unspezifischer Gesellschaftsmodelle beizutragen, sondern um einer sich abzeichnenden gesellschaftlichen Entwicklung definitorische Klarheit zu verleihen.

modelle bezeichnen prägende Strukturen und zentrale Entwicklungen bestimmter historischer Epochen und bündeln als begriffliche Hilfsmittel wichtige gesellschaftliche Trends und Probleme schlaglichtartig (Immerfall 1995). Das legitimiert Gesellschaftsmodelle – wie sie in diesem Beitrag vorgestellt werden – einerseits als Wegweiser sozialen Wandels und struktureller Wandlungsprozesse, als Zeitdeutungen, die wichtige Tendenzen frühzeitig erkennen wollen und empirische Belege nur selektiv heranziehen oder vorliegende Befunde – wie etwa von Mayer und Blossfeld (1990) – kaum zur Kenntnis nehmen (vgl. auch Hadjar 2004: 77). Andererseits sind Gesellschaftsmodelle keine Theorien in einem strengen Sinn und können folglich nicht empirisch überprüft werden (Immerfall 1998: 254), sondern „bestenfalls auf höchstem makrotheoretischen Abstraktionsniveau ein gewisses analytisches Potential entfalten (Kaase 1999: 538).“ Zahlreiche, den Gesellschaftsmodellen zugrunde liegende, Begriffe sind unklar formuliert und selten präzise. Das ist einer der Hauptgründe, weshalb es bis dato keine empirischen Studien gibt, in denen Gesellschaftsmodelle explizit überprüft werden. Damit stellt sich auch die Frage nach ihrem Nutzen. „Insgesamt bemessen sich Erkenntnisgewinn und Erkenntnisgrenzen von Gesellschaftsmodellen weniger an den strengen Regeln der empirischen Gesellschaftsanalyse, als vielmehr daran, ob es ihnen gelingt, frühzeitig die Aufmerksamkeit auf neue Problemlagen zu lenken, innovative Deutungen zu erschließen, vielleicht auch gesellschaftspolitische Neuerungen zu stimulieren (Immerfall 1998: 259).“

Soweit Gesellschaftsmodelle in der Öffentlichkeit als Brennglas erwünschter und unerwünschter Diagnosen dienen und es ihnen gelingt soziologische Präzision mit Zukunftsvorstellungen zu verbinden, haben sie ihren Zweck erfüllt (Immerfall 1998: 262). Und die sich abzeichnenden Konturen und die Größenordnung der Veränderungen lassen am Ende des 20. Jahrhunderts erkennen, dass die populärwissenschaftlichen Annahmen in Richtung einer Informations- und Wissensgesellschaft durchaus sachliche Grundlagen besitzen (Kaase 1999: 554).

3. Modernisierungstheoretische Ansätze: In welcher Gesellschaft leben wir eigentlich?

Nicht nur in sachlicher, sondern auch in theoretischer Hinsicht hat der Begriff der Wissensgesellschaft seinen Platz in bildungspolitischen Leitlinien gefunden. Im Anschluß werden drei modernisierungstheoretische Konzepte herangezogen: die postindustrielle Gesellschaft, die Wissensgesellschaft und die Informationsgesellschaft.[2] Diese Gesellschaftsmodelle können durchaus als Zeitdiagnosen verstanden werden (vgl. Friedrichs et al. 1998). Auf dieser Grundlage werden Chancen und Risiken der Bildungsgesellschaft, die Elemente aller drei vorgestellten Gesellschaftsmodelle vereint, herausgearbeitet.

3.1 Das Konzept der postindustriellen Gesellschaft

Auf die wachsende gesellschaftliche Bedeutung des wissenschaftlichen Wissens wies schon in den 1960er Jahren der amerikanische Soziologe Lane (1966: 650) mit dem Begriff „knowledge society" hin, indem er eine Gesellschaft nachzeichnete, deren Menschen sich durch Wissenschaft Bildung und Wissen aneigneten. Mit der Theorie der postindustriellen Gesellschaft beschreiten Touraine (1972) und Bell (1975) einen Weg, der Gesellschaften aufgrund wissenschaftlich-technischer Veränderungen erheblich von Industriegesellschaften unterscheidet und entwarfen damit ein zukunftsweisendes Szenario. In Bells (1975: 112f.) umfassender Gesellschaftstheorie wird das theoretische Wissen als „axiales Prinzip" in den Mittelpunkt gestellt: Innovationen sowie gesellschaftliche und politische Aktivitäten finden um die zentrale Achse des Wissens statt. Der Einfluß des Wissens wirkt sich deutlich auf die Berufsstruktur aus: Die Professionalisierung von Berufszweigen wie auch eine Höherqualifizierung der Bevölkerung werden zunehmend transparent. Als überzeugenden empirischen Nachweis dieser Veränderungen verwendet Bell die steigenden Beschäftigtenzahlen im Dienstleistungssektor wie auch den Anteil des erwirtschafteten Bruttosozialproduktes in diesem Bereich.[3]

---

2 Während modernisierungstheoretische Versuche an der Erklärung von Wandlungsprozessen innerhalb moderner Gesellschaften interessiert sind, gehen konflikttheoretische Ansätze davon aus, dass Entwicklungen mit Auseinandersetzungen zwischen verschiedenen gesellschaftlichen Interessensgruppen verbunden sind. Diese Statusgruppen konkurrieren um gesellschaftlich bedeutende Güter wie Reichtum, Macht oder Prestige (vgl. Lenski 1961). Vorherrschende Interessengruppen sichern sich ihre dominante Stellung durch die Monopolisierung von Merkmalen, zu denen neben Herkunft auch der erreichte Bildungsabschluss zählt. Bildung wird zum allokativen Mechanismus für Privilegien. Um ihre Monopolstellung nicht zu verlieren, werden dominante Gruppen gegenüber untergeordneten Gruppen versuchen, die Bildungsstandards anzuheben. Konsequenzen daraus sind eine Verlängerung der Ausbildungszeit wie eine inflationäre Vermehrung höherer Bildungsabschlüsse (Müller 1997: 183; vgl. Collins 1971). Funktion allgemeiner und höherer Bildung ist es dann, eine von politischen oder wirtschaftlichen Interessen beherrschte Gesellschaft zu erhalten – Bildung dient nicht dem Wohl der Gesamtgesellschaft, sondern der Aufrechterhaltung von Herrschaftsstrukturen dominanter Gruppen (Eliten).

3 Obwohl Bell die nachindustrielle Gesellschaft nur eindimensional über den Anteil der Beschäftigten im Dienstleistungssektor typisiert, hat diese Operationalisierung den Vorteil der Umsetzbarkeit. Kaase (1999: 534) bedauert in diesem Zusammenhang, dass Bells Konzept zwar über den Wissenschaftsbereich weit in die Öffentlichkeit und die Massenmedien vorgedrungen ist, bis heute aber empirisch fundierte längsschnittliche Gesellschaftsvergleiche fehlen.

Das Wissenschaftssystem bezeichnet Bell als die Keimzelle der postindustriellen Gesellschaft. Theoretisches Wissen wird in Universitäten, Forschungsorganisationen und wissenschaftlichen Institutionen zusammengetragen. Der Akademiker gilt hierbei als der Archetyp der postindustriellen Gesellschaft. Technologische Neuerungen im Informations- und Kommunikationssektor bilden für Bell den Motor dieser umwälzenden Erneuerungen. Gemäß dem axialen Prinzip bündeln sich das Wirtschaftswachstum und die Schichtung der Gesellschaft um das theoretische Wissen (Bell 1975: 112ff.).

Vor diesem Hintergrund skizziert Bell (1975: 220ff.) eine neue, durch den berufsstrukturellen Wandel hervorgerufene gesellschaftliche Klassenbildung: An erster Stelle steht eine technisch-akademische Klasse (Elite der Wissenschaftler und akademisch geschulter Spitzenbeamten), die die Führung der Gesellschaft übernimmt; an zweiter Stelle kommen die Ingenieure und Professoren und zuletzt kommt die Klasse der Techniker, der akademische Mittelbau und die Assistenten. Für den Aufstieg in der Gesellschaft ist eine umfassende Schul- und Hochschulbildung notwendig. Bildung wird als Hauptvoraussetzung für soziale Mobilität gesehen. Wissen und Technologie sind als unentbehrliches Hilfsmittel der Gesellschaft relevant für politische Entscheidungsträger geworden. Bildungspolitik, so Bell (1975: 241f.), hat als Management dieser neuen Gesellschaftsstruktur die Aufgabe, Interessenkonflikte auszuhandeln, über die Finanzierung höherer Bildung und die Umsetzung neuer Technologie zu entscheiden sowie über das Entwicklungstempo des Wissens zu reflektieren.

3.2 Das Konzept der Informationsgesellschaft

In den 1970er und 1980er Jahren begannen sich im Diskurs Strukturen einer Informationsgesellschaft (vgl. Spinner 1998a) abzuzeichnen, die die Diskussion um die Wissensgesellschaft teilweise ablösten, wobei Informations- und Wissensgesellschaft als Begriffe synonym gebraucht wurden. Theorien der Informationsgesellschaft weisen eine spezifische Sicht auf industriegesellschaftliche Entwicklungen auf (Immerfall 1998: 256). Weniger die Zunahme von Dienstleistungen und von Wissenschaft und Technik stehen im Mittelpunkt, sondern die Verarbeitung, Veränderung, Verteilung, Verwertung und Verwendung von Wissen aller Art (vgl. Spinner 1998a).

Informationen werden in diesem Konzept zum zentralen Rohstoff und werden für immer mehr menschliche Tätigkeiten zentraler Bestandteil, sei es in der Alltagswelt, Medienlandschaft, Bildung oder Arbeitswelt. Darüber hinaus werden weitere Faktoren wie die wachsende wirtschaftliche Bedeutung des Informationssektors, die schnelle Zunahme naturwissenschaftlicher Erkenntnisse, die Explosion von über elektronische Medien zugängliche Informationen, die Notwendigkeit, der breiten Bevölkerung wenigstens Basisqualifikationen zum Umgang mit der neuen Informationsvielfalt zu vermitteln, sowie eine von Informationen abhängige und zunehmende Wissensbasierung aller Berufe angeführt (vgl. Willke 1998: 164). Dies spricht gegen Böhmes (1997: 456, 466) Behauptung, dass die zur Wissensgesellschaft bzw. Informationsgesellschaft führenden Faktoren ihre verändernde Kraft bereits verloren hätten.

Technische Innovationen sind die treibenden Kräfte, es kommt zu einer „zunehmende(n) Informatisierung des menschlichen Wissens im Sinne einer Technisierung, nicht nur durch Wissen, sondern des Wissens selber“ (Spinner 1998b: 315). Elektronische Datenverarbeitung, mediale Kommunikationsformen und globale Informationsnetze nehmen an Bedeutung zu.

Alles in allem lassen sich Gesellschaften dann als Informationsgesellschaft kennzeichnen (Spinner 1998b: 313), wenn Wachstumsprozesse des Wissens stattfinden, neue Medien eingeführt werden, eine starke Informationswirtschaft aufgebaut wird, ein Übergewicht der Informationsberufe besteht und sich schließlich globale Netzwerke für grenzüberschreitende Information und Kommunikation entfalten. Vor diesem Hintergrund kann nicht verwundern, dass Spinner (1994: 33f.) neben den bisherigen Regelungssystemen der Wirtschafts- und der Rechtsordnung die Dringlichkeit einer dritten Ordnung – einer Wissensordnung – beschwört, welche konstitutive Leitbestimmungen der Regelung, des Umgangs und der Nutzung von Informationen beinhaltet. In diesem Zusammenhang macht Kaase (1999: 536) auf eine wesentliche Schattenseite der Informationsgesellschaft aufmerksam; nämlich der Frage nach einem adäquaten Wissensmanagement, einem intelligenten Umgang mit der durch neue Kommunikationstechnologien (hier vor allem das Internet) drohenden Informationsüberflutung.

3.3 Das Konzept der Wissensgesellschaft

Auch für Willke (2001) ist Wissen der Schlüsselbegriff einer neuen Gesellschaftsform, den er sogar im Gesellschaftsbegriff direkt expliziert.[4] Von einer Wissensgesellschaft ist nach Willke (1997: 12) dann zu sprechen, „wenn die Strukturen und Prozesse der materiellen und symbolischen Reproduktion einer Gesellschaft so von wissensabhängigen Operationen durchdrungen sind, dass Informationsverarbeitung, symbolische Analyse und Expertensysteme gegenüber anderen Faktoren der Reproduktion vorrangig werden.“ Aus ökonomischer Sicht werden drei Prozesse vorausgesetzt: die Ausbildung der lernenden „intelligenten Organisation“, der Wandel von der tayloristischen Industriearbeit zur

4 Auffällig ist, dass es Willke nicht um die Wissensgesellschaft an sich geht, sondern um die Behauptung der Diversifizierung der Produktionsstätten von Wissen. Die Wissenschaft ist ein Wissensproduzent neben anderen geworden und hat ihre Vormachtstellung eingebüßt (Lau und Böschen 2003: 221).

„Wissensarbeit" sowie die Einzigartigkeit „intelligenter Produkte" bzw. „intelligenter Dienstleistungen". Das Ergebnis der Wissensarbeit ergibt den Mehrwert eines Produktes oder einer Dienstleistung nicht durch das eingebaute Material oder die menschliche Arbeitskraft, sondern durch die eingebaute Expertise. Im Konzept der Wissensgesellschaft wird der Faktor Wissen die Leitvariable ökonomischer Entwicklung. Als berufsstrukturelle Konsequenz der Wissensgesellschaft müssen verlängerte Ausbildungszeiten und stetige Weiterbildungsprogramme in Kauf genommen werden (Willke 1997: 33ff.). Zudem hat die gesteigerte Verbreitung und Nutzung von Wissen nach Willke (1997: 13f.) zur Entstehung einer wissensbasierten Infrastruktur geführt. Diese neuen Infrastrukturen zeichnen sich durch einen schnelleren, effektiveren und globaleren Austausch von Wissen (computergestützte Kommunikations- und Informationstechnologie) aus.

Abbildung 1: Allgemeines Schema des sozialen Wandels

Ökonomie	Bedeutungsverlust des produktiven und Aufwertung des tertiären bzw. Dienstleistungssektors;
	Verwissenschaftlichung der Produktion
Grundlage der Ökonomie	Information, Bildungszertifikate
Wichtige Berufsgruppen	Technische und akademische Berufe, Wissenschaftler, Wissensarbeiter
Politik	Politische Akteure sind auf professionelles Expertenwissen angewiesen;
	Deregulierung und Einführung flexibler Strukturen innerhalb der politischen Bürokratie;
	Eigenverantwortung sozialer Akteure
Bildung und Wissen	Bildungsexpansion: Ausdehnung und Ausweitung des gesamten Bildungsbereichs;
	Bildungssystem hat herausragenden Stellenwert: Zuteilung von Lebenschancen
Kultur	Wissensbasierte Infrastruktur: neue Kommunikations- und Informationstechnologien
Anforderungen an die Individuen	Mobilität, Flexibilität, Leistungsbewusstheit
Anforderungen an die Sozialstruktur	Klassen und Schichten erlauben Mobilität

Quellen: Bell (1975: 117); Bittlingmayer 2001; eigene Darstellung

Für Willke liegen die Stärken der Wissensgesellschaft darin, dass die bisherigen Klassen- und Schichtunterschiede, die mit Kapital in Verbindung stehen, durch Unterschiede in Bildung und Erfahrung aufgebrochen werden, wenngleich empirische Befunde zeigen, dass schichtspezifische Unterschiede in der Bildungsbeteiligung weiterhin bestehen. Er gibt aber als Schwäche zu bedenken, dass es nicht allen Mitgliedern gelingen wird, zu neuen Arbeits- und Lebensformen zu finden, die mit der Wissensgesellschaft kompatibel sind. Folglich wird eine große Anzahl von Menschen mit dieser Gesellschaftsform nicht zurechtkommen (Willke 1999: 265). Weiterhin sei zu bedenken, dass nur einem kleinen Teil der Bevölkerung höheres Wissen vermittelt werden könne und es zu einer Dreiteilung des Arbeitsmarktes kommen werde. Das obere Segment wird von rund 20 Prozent der arbeitsfähigen Bevölkerung der entwickelten OECD-Länder besetzt. Dies sind hochprofessionelle, hochkompetente Wissensarbeiter, die keine Sorge haben, eine Anstellung zu finden und von staatlichen Steuerungsansätzen unberührt bleiben. Das unterste Segment, das ebenfalls etwa 20 Prozent ausmacht, ist aus Gründen mangelnder Qualifikationsfähikgkeit oder -willigkeit von den Ansprüchen der Wissensgesellschaft überfordert (Willke 1999: 272). Für das mittlere Segment der verbleibenden 60 Prozent aller arbeitsfähigen Personen ist die erforderliche Mobilität am höchsten. Erwerbstätige dieses Segments bringen hohe Qualifikationen mit sich, müssen sich aber permanent fort- und weiterbilden. Abbildung 1 veranschaulicht das Schema des sozialen Wandels.

3.4 In welcher Gesellschaft leben wir eigentlich?

Der Gang durch die großflächig angelegten Gesellschaftsmodelle bringt kontroverse, aber auch übereinstimmende Ergebnisse. Für Bell wie auch für Willke gewinnt das theoretische Wissen immer mehr an Bedeutung. Wissen bestimmt maßgeblich die Sozialstruktur einer Gesellschaft und die Lebenschancen des Einzelnen sowie ganzer Gruppen. Bildung wird zur Leitvariable ökonomischer und sozialstruktureller Entwicklung. Während in der postindustriellen Gesellschaft dieser Bedeutungszuwachs sich in einem Wandel der Berufsstruktur hin zur Dienstleistungsgesellschaft abzeichnet, stehen in Willkes Wissensgesellschaft intelligente Organisationen im Vordergrund. Der gesellschaftliche Aufstieg ist nur durch eine umfassende Schul- und Hochschulbildung möglich. Längere Ausbildungszeiten und Weiterbildungsprogramme müssen in Kauf genommen werden. Dabei kommt, zieht man die Annahmen der Informationsgesellschaft zusätzlich in Betracht, der schnelleren und komplexeren Informationsverarbeitung und -weiterleitung enorme Bedeutung zu. Im Vergleich zur Informations- wird in der Wissensgesellschaft die gegenwärtige Gesellschaft nicht ausschließlich über ihre technologische Basis bestimmt. Die Wissensgesellschaft wird – im Gegensatz zur Dienstleistungsgesellschaft – nicht über den Anteil der im Dienstleistungsbereich Beschäftigten definiert; hier wird auf die Thematisierung dieser „statistischen Residualgröße“ verzichtet. Unklar bleibt, was mit dem Begriff der Wissensgesellschaft gemeint ist und von welcher Gesellschaft sie unterschieden werden soll (Heidenreich 2003: 25).[5]

Alles in allem scheinen die verschiedenen Diagnosen ganz mit dem makrotheoretischen Modell einer Bildungsgesellschaft übereinzustimmen. Aber trotz aller dienlichen Hinweise auf Entwicklungstendenzen nachindustrieller Gesellschaften, scheinen die vorgestellten Gesellschaftsmodelle unvollständig zu sein. Folgende Gründe lassen sich dafür herausarbeiten (Lau und Böschen 2003: 223):

a) Gesellschaftsmodelle vermischen deskriptive und normative Aussagen in einer häufig ungeklärten Art und Weise. Aufgrund ihrer Funktion als Legitimationshintergrund neuer Technologien oder politischer Maßnahmen werden Grenzen, Probleme und negative Konsequenzen häufig ausgeblendet oder heruntergespielt.
b) Gesellschaftsmodelle beschreiben Entwicklungstendenzen ohne eine Erklärung für den Wandel bereitstellen zu können. Der Wandel ergibt sich aus der wissenschaftlich-technischen Entwicklung, wobei systematische Gründe, wann und ob diese Entwicklung an ihre Grenzen stößt, fehlen. Dass neue Entwicklungen mit Konfliktherden gesellschaftlicher Ordnungsgefüge zusammenhängen können, wird dabei nicht bestritten (vgl. Stehr 2000).
c) Oft wird der Wissensbegriff nicht oder nur sehr diffus definiert. Falsch ist es, Wissen mit Information gleichzusetzen, sich allein auf den Aspekt des Wissens als Basis technisch-instrumenteller Problemlösungen zu beziehen oder gar Wissen als technisches Mittel bzw. einseitig als Handlungsbefähigung zu begreifen und dabei nichttechnische Dimensionen zu übersehen (vgl. Stehr 2001).

Es lässt sich festhalten, dass dem in der Alltagssprache eher diffusen und so auch in der Politik verwendeten Begriff der Wissensgesellschaft im wissenschaftlichen Diskurs kein homogenes Konzept entspricht (vgl. Stroß 2001). Zudem ist es erstaunlich, dass in den meisten Gesellschaftsmodellen der Wissensbegriff nicht explizit definiert wird oder wenigstens Wissenstypen gebildet werden (Lau und Böschen 2003: 223).

4. Empirische Betrachtungen zur Bildungsgesellschaft

Die vorgestellten Gesellschaftsmodelle können – darauf wurde bereits hingewiesen – nicht im strengen Sinne empirisch überprüft werden. Die Modelle

5 Besonders deutlich, so Stroß (2001: 85), wird das Nichtvorhandensein eines Konsens in der Beschreibung der Wissensgesellschaft in der Betrachtung soziologischer Definitionen. Stroß verweist hier auf die beiden klar unterscheidbaren Positionen von Böhme (1997) und Stehr (1994). Während sich die Wissensgesellschaft für Böhme (1997: 466f.) in Deutschland längst nicht mehr in der Expansionsphase befindet und sich zunehmend soziale Folgeprobleme zeigen, die er hauptsächlich auf das Auseinanderfallen von Bildungs- und Beschäftigungssystem zurückzuführt, prognostiziert Stehr (1994: 24) eine Wissensgesellschaft, die erst im Kommen ist. Obwohl er für Gruppen und Individuen stark eingeschränkte Handlungsmöglichkeiten in diesem neuen Gesellschaftsmodell sieht, ergibt sich eine Zunahme sozialer Handlungsmöglichkeiten (Stehr 1994: 220).

haben jedoch ohne Zweifel auf Trendentwicklungen aufmerksam gemacht, die durchaus ihre Berechtigung haben: eine stetige Zunahme Höhergebildeter, berufsstruktureller Wandel, Technologisierung, sozialer Aufstieg durch Bildung. Im Folgenden werden einige empirische Studien herangezogen, die sich mit gesellschaftlichem Wandel aufgrund erhöhter Bildungsbeteiligung und einer allgemeinen Zunahme des Wissens beschäftigen und auf Chancen und Risiken, wenigstens von Teilausschnitten der Gesellschaftsmodelle, eingehen. Primär sind zwei große gesellschaftliche Teilbereiche der Sozialstruktur von Wandlungsprozessen betroffen und eng an Entwicklungen des Bildungssystems geknüpft: Arbeitsmarkt bzw. Beschäftigung sowie Berufs- und Qualifikationsstruktur. Dabei kommt dem Bildungssystem die Rolle zu, das allgemeine Wissen, die Lernfähigkeit und berufliche Qualifikationen zu produzieren und damit berufliche Mobilität und Flexibilität zu regeln (Schmid 1998: 22). Der Bildungsgesellschaft soll sich im Folgenden über drei empirische Zugangswege genähert werden.

(a) Die durch die Bildungsexpansion ausgelösten Wandlungsprozesse lassen sich, dies ist zunächst die einfachste Methode, mit Daten der amtlichen Statistik beschreiben.

Amtliche Statistiken geben in erster Linie einen Einblick in Rahmenbedingungen des Bildungsbereichs. Die Bildungsexpansion ist stark mit der demographischen Entwicklung, wie z.B. mit Schwankungen der Geburtenrate verbunden (vgl. Statistisches Bundesamt 2004). Die unterschiedlichen Jahrgangsstärken wirken sich langfristig auch auf die Anzahl von Schülern und Schülerinnen, Auszubildenden und Studierenden aus. Ihren Höchststand erreichten die Studierendenzahlen 1994 mit 1,87 Millionen. In den folgenden Jahren ging die Studierendenzahl zurück, bis im Jahr 2000 eine Trendwende einsetze; seit diesem Zeitpunkt steigen die Studierendenzahlen wieder stetig. Im Jahr 2003/04 waren an deutschen Hochschulen 2,03 Millionen Studierende eingeschrieben. Mit 385.000 Studierenden wurde im Studienjahr 2003 ein Höchststand bei den Studienanfängern erreicht. Nach einer Prognose der Kultusministerkonferenz (KMK) soll diese Zahl bis zum Jahr 2009 auf Werte zwischen 351.600 und 389.200 ansteigen und bis ins Jahr 2020 wieder auf Werte zwischen 320.500 und 345.200 absinken. Mit dem Anwachsen der Studierendenzahlen ist gleichzeitig nochmals auf die für die Wissensgesellschaft (bzw. Bildungsgesellschaft) wichtigsten Institutionen hingewiesen: die Hochschulen (vgl. Statistisches Bundesamt 2004). Einerseits weisen Statistiken in Richtung zunehmender Studierendenzahlen, andererseits sind der Bildungsexpansion schon allein durch demographische Grenzen Schranken gesetzt. Mit Hilfe von Modellrechnungen bis ins Jahr 2020 (Westdeutschland) bzw. 2010 (Ostdeutschland) weisen Reinberg et al. (1995) auf mögliche Obergrenzen der Expansion Höhergebildeter hin und schätzen Auswirkungen auf das Ausbildungs- und Erwerbssystem der Zukunft ab.

Je nach Ausbildungsgang wirken sich unterschiedliche zeitliche Verzögerungen auf die demographischen Wellen der Ausbildungsanfänger und späteren Absolventen aus. Demographisch bedingte Einbrüche im Ausbildungswesen sind für Reinberg et al. (1995: 20) nur durch einen Entzug der für eine Bildungsexpansion erforderlichen Bevölkerungspotentiale aus dem Erwerbssystem auszugleichen. Bildungs- und arbeitsmarktpolitische Konsequenzen dieser Entwicklung bleiben dabei offen. Langfristig wird sich die Bildungsexpansion nicht ungebremst fortsetzen können, sondern sich auf eine mehr oder weniger abgeflachte Maximalgrenze zu bewegen. Ein empirischer Zugang zur Bildungsgesellschaft über die Bildungs- und Berufsstruktur bringt eine enge Verwobenheit mit demographischen Entwicklungen mit sich.

Aus sozialhistorischer Sicht entsprach die Berufs- und Qualifikationsstruktur bis ins 12. Jahrhundert einer reinen Agrargesellschaft. Gegen Mitte des 19. Jahrhunderts begann in Deutschland der Übergang zur Industriegesellschaft. Nach der Jahrhundertwende zeigt die Sozialstruktur jene Berufs- und Qualifikationsstruktur, die bis in die nahe Vergangenheit fortdauerte. Vor allem im landwirtschaftlichen Bereich Tätige standen einer dominierenden und besser ausgebildeten Arbeiterschaft gegenüber wie auch einer schnell wachsenden Gruppe spezifisch qualifizierter administrativer bzw. technisch ausgebildeter Angestellter und Beamter. In postindustriellen Gesellschaften verdrängten zunehmend Angestellte die traditionelle Arbeiterschaft, höhere Qualifikationen bekamen immer größere Relevanz und schließlich verlor die Produktion materieller Güter gegenüber den Dienstleistungen an Bedeutung. Formelle Bildungsabschlüsse übernahmen dabei aus soziokultureller Sicht vermehrt die Funktion sozialer Platzierung und Auslese (Voß und Dombrowski 1998: 60ff.).

Die Einteilung des Wirtschaftsystems in einen primären (Land- und Forstwirtschaft, Fischerei), sekundären (produzierendes Gewerbe) und tertiären Sektor (Dienstleistungsbranche) wurde – aufbauend auf die Annahme einer aus wirtschaftlichen Gründen wachsenden Bedeutung des tertiären Sektors – von Fourastié (1954) eingeführt. Die Abnahme im primären Sektor führte zu einer Zunahme des tertiären Sektors. Im Jahr 2002 arbeiteten rund 66 Prozent der Deutschen im Dienstleistungsbereich, 1882 waren es nur etwa 17 Prozent. Diese Beobachtung läßt sich nicht nur für Deutschland, sondern europaweit konstatieren: Nach Ergebnissen der Arbeitskräfteerhebung der Europäischen Union (EU-15) waren im Jahr 2002 68 Prozent aller Erwerbstätigen zwischen 15 und 64 Jahren in der Dienstleistungsproduktion beschäftigt.

Die Drei-Sektoren-Theorie ergänzend, wollten Umesao (1963) und Machlup (1962) in Zusammenhang mit der Informationsgesellschaft berufsstrukturellen

Wandel an quantitativ meßbaren Größen festmachen und erweiterten in den 1980er Jahren die Drei-Sektoren-Theorie um einen Informationssektor auf eine Vier-Sektoren-Theorie.[6] Die Idee, damit Strukturveränderungen innerhalb des industriellen Sektors treffender zu erfassen, klingt vielversprechend, allerdings ist dies aus statistischer Perspektive ein schwieriges Unterfangen, da sich Berufe und Tätigkeiten des Informationssektors als zu breit erweisen, um eine gelungene Operationalisierung zu erlauben (Bühl 1997: 35). Ähnlich verhält es sich mit dem Dienstleistungssektor (vgl. Häußermann und Siebel 1995).[7] Eine Ausweitung der Dienstleistungsbranche sagt noch lange nichts darüber aus, ob dies durch die Zunahme von Höherqualifizierten verursacht wurde, sondern kann sich als Artefakt einer kategoriealen Klassifizierung herausstellen. Zudem ist die Expansion des Dienstleistungssektors eng mit der Integration von Frauen in das Erwerbssystem verbunden (vgl. Müller et al. 1983).

Um den Dienstleistungssektor als empirische Grundlage der Bildungsgesellschaft heranzuziehen, muss zunächst eine Unterscheidung zwischen primären und sekundären Dienstleistungen[8] vorgenommen werden (Jagoda 1997: 125ff.): Dadurch werden zum einen empirische Analysen, welche die Zu- oder Abnahme von Dienstleistungen als die zentrale erklärende Variable betrachten, trennschärfer. Zum anderen setzen Tätigkeiten primärer Dienstleistungen niedrigere Qualifikationsprofile voraus als es Tätigkeiten sekundärer Dienstleistungen tun. Beschäftigungsimpulse sind – so die Prognose des Instituts für Arbeitsmarkt- und Berufsforschung (IAB) – nur in den sekundären Dienstleistungen zu erwarten. Die Berechnungen sprechen davon, dass bis zum Jahr 2010 in diesem Bereich 1,2 Millionen Arbeitsplätze entstehen werden, wogegen der Sektor der

6 Einen etwas anderen Ansatz wählte der Ökonom Machlup (1962). In seinem Konzept der Wissensindustrie fasste er fünf Gruppen von Aktivitäten der Produktion von Wissen zur Wissensindustrie zusammen: Erziehung, Forschung und Entwicklung, Medien und Kommunikation, Informationsmaschinen und Informationsdienstleistungen. Etwa zeitgleich prognostizierte Umesao (1963) in Japan, dass der zukünftige Schwerpunkt wirtschaftlicher Entwicklung auf der Produktion „geistiger Güter“ liegen werde. Während Machlup von einer „Wissensindustrie“ ausgeht, spricht Umesao von einer „Informationsindustrie“.

7 Die Beantwortung der theoretischen Frage, welche Berufe zu Dienstleistungen zählen und welche nicht, darf nicht allein auf ihre statistische Erfassung verschoben werden (Lützel 1987: 17). Danach zählt alles unter Dienstleistungen, was in der Statistik damit erfasst wird. Dass die Frage, was Dienstleistungen eigentlich sind, auf der Basis des statistischen Konzepts gar nicht sinnvoll diskutiert werden kann, beanstanden Häußermann und Siebel (1995: 151). Jeder Autor würde sich damit seinen eigenen Dienstleistungsbereich zu Recht schneidern, mal mit Handel, mal ohne Handel und zeigen, dass die Dienstleistungen wachsen oder sich unterschiedlich entwickeln, dass die Drei-Sektoren-Theorie zutrifft oder nicht.

8 Die Mehrheit der Dienstleistungen, wie Büroarbeit, Handel, Transport und Verkauf, Tätigkeiten im Reinigungs- und Gastronomiegewerbe entfallen auf den primären Bereich. Ein geringerer Teil aller Arbeitsplätze ist den sekundären Dienstleistungen, wie Forschung und Entwicklung, Organisation und Management und Vermittlung von Beratung und Information zuzurechnen (Jagoda 1997: 125ff.).

primären Dienstleistungen um 90.000 Arbeitsplätze schrumpfen wird. Dies ist wiederum zentral für die Überlegungen, ob moderne Gesellschaften als Bildungsgesellschaften bezeichnet werden sollen. Als berufsstrukturelle Zukunftsvision ist demnach zu prognostizieren, dass der Wandel der Tätigkeitsstruktur mit einem erhöhten Qualifikationsbedarf verknüpft ist. Mit dem Blick auf neue Ungleichheiten bedeutet das, dass Ungelernte im Dienstleistungsbereich und auch in der Bildungsgesellschaft die Verlierer sein werden.

(b) Eine weitere Möglichkeit der empirischen Betrachtung ist, verschiedene Analysen heranzuziehen und auf ihren inhaltlichen Gehalt zu prüfen. Die meisten davon beschäftigen sich mit der Entwicklung bzw. dem Zusammenhang des Bildungs- und Beschäftigungssystems und mit der ausschnittweisen Überprüfung modernisierungstheoretischer Ansätze.

Die grundlegende These vieler empirischer Analysen dreht sich um die Frage, ob durch die Bildungsexpansion der Zusammenhang zwischen Bildungs- und Beschäftigungssystem enger geworden ist. Während einerseits behauptet wird, dass die Bildungsexpansion und der tiefgreifende berufsstrukturelle Wandel zu einer abnehmenden Bedeutung von Bildung für die Arbeitsmarktchancen geführt hätten, zeigen u.a. die Analysen von Müller (2001) genau das Gegenteil. Zum einen werden die relativen Chancen von Absolventen verschiedener Ausbildungsgänge stark von den institutionellen Rahmenbedingungen beeinflusst, zum anderen haben sich Bildungserträge von Höhergebildeten nicht generell verschlechtert (vgl. Butz 2001). Vielmehr sind die erworbenen Bildungstitel von entscheidender Bedeutung für den Zugang zu bestimmten Positionen und ein höherer Abschluß ermöglicht immer noch die besseren Aufstiegsmöglichkeiten – wobei beachtet werden muss, dass sich die Chancen für Absolventen einiger Bildungsgänge im Zeitverlauf verschlechtert, anderer jedoch verbessert haben. Auf der Basis des allgemein gestiegenen Bildungsniveaus treten formal höher qualifizierte Bewerber an die Stelle formal niedriger qualifizierter Bewerber (vgl. Hartmann 1992). Auf eine gewisse Verdrängung der Hauptschulabsolventen durch Realschulabsolventen machte schon Blossfeld (1985) in seinen Analysen eines parallelen Upgradings der Bildungsbeteiligung und des berufsstrukturellen Wandels aufmerksam; Hochschulabsolventen konnten sich hingegen zu Beginn der 1980er entsprechend ihrer Ausbildung platzieren (Blossfeld 1985: 85). Während sich an den überdurchschnittlichen Karriereperspektiven von Hochschulabsolventen im Zuge der Bildungsexpansion wenig geändert hat, scheinen sich Differenzen zwischen Personen mit und ohne Hochschulabschluß zu verstärken (vgl. Butz 2001), d.h. Personen ohne Hochschulabschluß haben schlechtere Chancen auf statushöhere Positionen im Arbeitsmarkt.

Das Ergebnismuster langfristiger Veränderungen der Bildungserträge zeichnet sich also nicht in Form einer Bildungsinflation, sondern als bildungsbezogene Schließung der vorteilhaftesten Berufspositionen ab (Müller 2001: 58). Erträge in Form des Berufsprestiges sind für Absolventen nichtakademischer Abschlüsse gesunken und das Erreichen höherer Statuspositionen wurde für diese Gruppe schwieriger. Somit bestätigt sich für einen längeren Zeitraum, dass der Zusammenhang zwischen Bildung und Beruf enger geworden ist. Bildung strukturiert in Deutschland den Arbeitsmarkt nach wie vor und insgesamt stärker als vor der Expansion (Müller 1999: 75; vgl. Mayer und Blossfeld 1990). Das entspricht – ohne Zweifel – einem Gesellschaftsmodell, das als Bildungsgesellschaft bezeichnet werden könnte.

Interessant scheint auch besonders die Erhöhung der Statuserträge „tertiärer Qualifikationen" und besonders der Fachhochschul-Absolventen zu sein, die im deutschen Bildungssystem durch die Bilungsexpansion eine Aufwertung erfahren haben. Damit angesprochen ist eine Professionalisierung von Berufsgruppen (vgl. Blossfeld 1985).[9]

Vor dem Hintergrund der (statistischen) Bedeutung des Dienstleistungssektors, dem berufsstrukturellen Wandel und der (prognostizierten) Veränderung der Schichtung der Gesellschaft kann auch der Frage nachgegangen werden, ob sich Deutschland gar auf dem Weg ins Dienstleistungsproletariat befindet. Um diese Frage zu beantworten, testen Blossfeld und Mayer (1991: 671ff.) zwei gegensätzliche Hypothesen: Wird mit Bell (1975) argumentiert, so müsste es zu einer Expansion von hoch- und höchstqualifizierten Position kommen. Wird mit Bravermann (1977) argumentiert, so müsste es zu einer Zunahme der unqualifizierten Positionen kommen, da sich der Weg zur Dienstleistungsgesellschaft über einen Proletarisierungsprozeß unqualifizierter Dienstleistungen vollzieht. Ein Anstieg der Anzahl von qualifizierten Berufen führe zu einer Verbesserung der gesellschaftlichen Berufs- und Karrierechancen, während ein Anstieg von unqualifizierten Berufen zu vermehrten Abstiegsprozessen führe. Nach Bravermans Degradierungs-Hypothese wäre von einer zunehmenden Zahl einfacher Dienstleistungspositionen auszugehen, nach Bells These der „Service-Elite" ist eine gleich bleibende oder abnehmende Zahl von Personen in einfachen Diensten anzunehmen. Die Ergebnisse ihrer Analyse über die letzten 50 Jahre zeigen schließlich, dass der Anteil deutscher Männer und Frauen, die beim Berufsein-

9 Auch bei der Entwicklung von einem Beruf zu einer Profession (Verberuflichung) bzw. auch der gegenteiligen Entwicklung von einer Profession zu einem Beruf (Deprofessionalisierung) spielt Wissen und Zugang zu Wissen eine entscheidende Rolle. Professionalisierungtheorien kommen hier zum Tragen (vgl. Siegrist 1988). Professionalisierungs-Ansätze setzen voraus, dass die Ausbildung auf eine höhere Ebene verlegt wird (Universitäten, Fachhochschulen), die theoretische Ausrichtung Überhand gegenüber der praktischen Ausrichtung hat und Ausbildungs- und Prüfungsregelungen vom Staat oder Berufsverbänden überwacht werden. Aus macht- und kontrolltheoretischer Perspektive wollen Professionen Ungleichheit erzeugen, um damit mehr Einkommen und Kontrollmacht zu erzielen. Ebenso wird befürchtet, dass Professionelle technokratische Herrscher werden und durch die strikte Abgrenzung der Berufskompetenzen ein stärkeres Gefälle zwischen Experten und Laien entsteht.

tritt in einfache Dienste gehen, mehr oder weniger unverändert bleibt und bei den Frauen sogar abgenommen hat. Von einem Dienstleistungsproletariat auf dem Weg in die Dienstleistungsgesellschaft kann also nicht gesprochen werden (Blossfeld und Mayer 1991: 693f.). Ebenso sind keine Anzeichen erkennbar, dass einfache Dienste ein Auffangbecken für ältere Arbeitsnehmer darstellen.

Welche Bedeutung haben diese Ergebnisse nun für das Aufkommen einer Bildungsgesellschaft? Wissen (= Bildung) wird in der gegenwärtigen und zukünftigen Gesellschaft eine bedeutende Rolle spielen. Alte industriegesellschaftliche Ungleichheiten bleiben jedoch bestehen und transformieren sich um die Achse „Wissen versus Nicht-Wissen". Die „soziale Polarisierung durch Wissen" (Kraemer und Bittlingmayer 2001: 320) läßt die am höchsten Ausgebildeten aus den Verschiebungen im Bildungs- und Beschäftigungssystem als Sieger hervorgehen, während sich Schwierigkeiten und Unsicherheiten in den Erwerbsverläufen der unteren und mittleren Bildungshierarchie zeigen. Experten, die Zugang zu Verfügungs- und Produktionswissen, dispositivem und planendem Wissen sowie Beratungs- und Orientierungswissen haben, zählen für Kraemer und Bittlingmayer (2001: 321) zu den Gewinnern der Bildungsgesellschaft, während Verlierer demgegenüber nicht über ausreichende Qualifikationen verfügen oder nicht in der Lage sind, sich auf schnell wandelnde Bildungsanforderungen und damit auch auf Anforderungen des Arbeitsmarktes einzurichten.

(c) Ähnlich einer „Befragung des Orakels von Delphi" wird oft auf die Befragung von Experten, besonders wenn es um gesellschaftlichen Wandel geht, zurückgegriffen. Dass auch die Bildungspolitik gerne einen Blick in die Zukunft werfen würde, zeigt das vom Bundesministerium für Bildung und Forschung in Auftrag gegebene „Bildungs-Delphi", das Teil einer zweistufigen Untersuchung war.

Im ersten Teil wurden maßgebliche Potentiale und Dimensionen bei Wissenschaftlern unterschiedlicher Disziplinen erhoben, im zweiten Teil wurden Bildungsexperten aufbauend auf die Ergebnisse zu Folgerungen für die Gestaltung von Bildungsprozessen und –strukturen befragt. Im schriftlichen Fragebogen konnten die Experten zu den Themen Bildungssystem allgemein, allgemein bildender Bereich, berufliche Bildung, Hochschulsystem sowie Chancen und Risiken der Wissensgesellschaft Stellung nehmen. Dabei halten die Experten den Erwerb von Kompetenzen zur Aneignung und Erschließung von Wissen für höchst bedeutsam für das Bildungssystem (BMBF 1999: 3ff.). Insgesamt, so die Experten (BMBF 1999: 83), führt die Wissensgesellschaft bis ins Jahre 2020 zu mehr Selbständigkeit, Eigenverantwortung und Gestaltungsfreiheit von Bildungsinstitutionen, jedoch in Verbindung mit stärkerer Zielorientierung. Chancen und Risiken der Wissensgesellschaft aus bildungspolitischer Perspektive lassen sich in vier Kontextfelder bündeln (BMBF 1999: 84ff.): das Wissen selbst, den Zugang zu Wissen, soziale und gesellschaftliche Zusammenhänge und das Lernen. Zunächst löst die Potenzierung der Menge und Vielfalt weltweit verfügbarer Informationen durch neue Kommunikationsmedien und Informationskanäle Spekulationen über die Folgen dieser Entwicklung für das Wissen selbst aus: Bedeutet Quantität auch Qualität? Der Zugang zu Wissen wird

Abbildung 2: Struktur und Probleme der Bildungsgesellschaft

Axiales Prinzip	Die zentrale Stellung und Systematisierung des theoretischen Wissens
Wichtigste Einrichtungen	Universität, akademische Institute, Forschungsgesellschaften
Wirtschaftliche Basis	Auf wissenschaftlicher Forschung und Wissensverarbeitung aufbauende Organisationen
Hauptressourcen	(Aus)gebildetes Personal (human capital)
Politische Probleme	Wissenschaftspolitik, Bildungspolitik
Strukturproblem	Ausgleich zwischen dem privaten und dem öffentlichen Sektor
Schichtung: Grundlage Schlüssel	Können und Befähigung, Ausbildung, Bildungszertifikate
Theoretisches Problem	Soziale Polarisierung durch Wissen: Spaltung der Gesellschaft in Bildungsbesitzer- und Bildungsnichtbesitzer
Soziale Reaktionen	Zuschreibung der Eigenverantwortung auf das Individuum

Quellen: Bell (1975: 119); Bittlingmayer 2001; eigene Darstellung

vermehrt durch die Expansion der Medien und die weltweit verfügbaren Informationen genährt. Unmittelbar in diesem Zusammenhang sehen die Experten ein Risikophänomen, nämlich die soziale Selektion durch ungleiche Chancen beim Zugang zum Wissen, denn Informations- und Kommunikationsmedien haben schließlich ihren Preis. Für das Lernen findet eine Vervielfältigung der Möglichkeiten statt; für den Einzelnen bedeutet das Chancen auf selbstgesteuerte Lernformen in Eigenverantwortung, aber auch Risiken (z.B. Informationsüberflutung). Ergebnisse der Delphi-Befragung zeigen generell, dass es nicht an Erkenntnissen vieler Probleme des Bildungssystems mangelt, vielmehr herrscht ein Umsetzungsdefizit (BMBF 1999: 95). Struktur- und Umsetzungsprobleme blieben bis dato unbeachtet. Abbildung 2 veranschaulicht Struktur und Probleme der Bildungsgesellschaft.

3.5 (Lebenslanges) Lernen in der Bildungsgesellschaft?

Die hier nur exemplarisch aufgeführten Forschungsergebnisse lassen sich nicht zu einem handlichen Befund bündeln und können spekulativ ausgerichtete Gesellschaftsmodelle nicht ersetzen. Zunächst bleibt anzumerken, dass Daten der amtlichen Statistik zwar Trendentwicklungen im Zeitverlauf beschreiben können, dahinterliegende erklärende Mechanismen jedoch verborgen bleiben. Ähnlich verhält es sich mit empirischen Analysen, die Teilausschnitte zu erklären versuchen. Zwar gelingt eine Erklärung an dieser Stelle schon recht gut, dennoch müsste man die Einzelbefunde mosaikartig zusammensetzen, um zu einem empiriegestützten Gesellschaftsmodell zu gelangen. Und schließlich können Expertenbefragungen, ähnlich den Gesellschaftsmodellen, nur auf (vermutete) Trendentwicklungen aufmerksam machen, ohne ihre Umsetzung, Steuerung oder gar Risiken treffend abzuschätzen. Es erweist sich als schwierig, die Frage nach der Bildungsgesellschaft mit einem deutlichen „ja" oder „nein" zu beantworten.

Neben Veränderungen auf der individuellen Ebene der Berufsstruktur oder der höhergeordneten Ebene der für Bildungsprozesse bedeutenden Institutionen, sind gerade Verhaltensänderungen von Personen von Interesse. Mit einem zunehmenden Bildungsniveau sind am stärksten Bildungsgegenstände korreliert, wie sie in verschiedenen Leistungsvergleichsstudien (PISA, TIMSS etc.) gemessen werden – wie etwa Textverständnis, sprachliche und mathematische Fähigkeiten –, am schwächsten korrelieren mit dem Bildungsniveau gesellschaftliche Einstellungen (vgl. Braun und Müller 1997). In der Bildungsgesellschaft müssten sich vor diesem Hintergrund entsprechende Fähigkeiten, Kenntnisse und Kompetenzen der Bevölkerung deutlich verbessern. Zusätzlich müssten sich soziale Orientierungen und Verhaltensweisen in eine durch höhere Bildung kennzeichnende Position verschieben (Müller 1999: 82). Gerade auch im Rahmen von PISA (vgl. OECD, 2004) sollten nicht nur bestimmte schulische Curricula von Jugendlichen gemessen werden, sondern wie gut diese auf die Herausforderungen der heutigen Wissensgesellschaft vorbereitet sind. Dabei wird festgehalten, dass der Erwerb von Grundqualifikationen ein lebenslanger Prozeß ist, der nicht nur in der Schule stattfindet, sondern u.a. durch Interaktionen mit größeren Gemeinschaften bestimmt wird.

Wenige längsschnittliche Befunde machen eine differenzierte Sachlage deutlich. In einer von Baumert (1991) durchgeführten Kohortenanalyse werden konstante oder sich vergrößernde Unterschiede für verschiedene Fähigkeiten, Orientierungen und Verhaltensweisen zwischen Kohorten gefunden; die Heterogenität der höheren Bildungsgruppen stützt eine Niveauverschiebung in ihre Richtung, wobei untere Bildungsgruppen keineswegs abfallen, sondern sich in Richtung Höhergebildete hinbewegen. Dagegen besagen Analysen von Hadjar und Becker (2006) bezüglich des politischen Interesses, dass sich Niveauverschiebungen in Richtung Niedriggebildeter ergeben. Insgesamt verweisen Forschungsbefunde immer wieder auf Zusammenhänge zwischen Bildung und drei Merkmalsgruppen von Personen: Wissen und allgemeinen Kulturfertigkeiten, Wertorientierungen und gesellschaftliche Einstellungen sowie politisches Interesse (Müller 1998: 100).

4. Schlußbetrachtung

In diesem Kapitel wurde der Frage nachgegangen, ob makrosoziologische Gesellschaftstheorien die erwarteten und unerwarteten Folgen der Bildungsexpansion prognostizieren konnten und gar zu einem neuen Gesellschaftsmodell – der Bildungsgesellschaft – geführt haben. Dabei lassen sich positive wie negative Faktoren benennen sowie besonders auf Schwierigkeiten und Probleme hinweisen.

Zunächst lässt sich festhalten, dass Entwicklungen und Anforderungen der Bildungsexpansion häufig gleichförmig mit theoretischen Konzepten der angesprochenen modernisierungstheoretischen Modelle verlaufen. Wissen, Bildung und Informationen stehen als Schlüsselbegriffe im Zentrum der Überlegungen. Der sich vollziehende Wandel führte zu einer neuen gesellschaftlichen Qualität. Die akademisch gebildete Elite ist treibende Kraft (vgl. Bell und Willke). Hochgebildete sind das Produkt der Bildungsexpansion. Es ist empirisch erwiesen, dass individuelle Lebenschancen, Statuszuweisungen und Partizipationsmöglichkeiten wesentlich über Bildung vermittelt werden. Im Hinblick auf Wissen und Bildung und deren strukturell wirksame Selektionsfunktion transportiert der Weg zur Wissensgesellschaft immer auch Kontroversen um Fragen vertikaler sozialer Differenzierung (Muszynski 1999: 35ff.). Somit erscheint die Bildungsexpansion als eine Ursache gesellschaftlicher Entwicklungen – sowohl im Bereich der Sozialstruktur, als auch auf kulturellem oder politischem Gebiet. Allerdings sind auch weitere Hintergrundprozesse – demographische Entwicklung, wissenschaftlicher Fortschritt, etc. – zu beleuchten, die jedoch nicht abgetrennt von der Bildungsexpansion zu betrachten sind.

Die zentrale Frage nach einem gleichen Zugang zu Wissensressourcen wird einstimmig als problematisch betrachtet. Die Wissensgesellschaft spaltet sich in eine neue Form der Klassengesellschaft: in Experten und Laien, Informations-Besitzer versus Informations-Nichtbesitzer. Generell kann es zu einer Polarisierung von Wissenden und Unwissenden kommen (vgl. BMBF 1999) – die aber weiter mit Schichtunterschieden korrespondiert. An der Bildungsgesellschaft können somit nicht alle Mitlieder der Gesellschaft gleichermaßen partizipieren.

Ziele der Bildungsreform waren die Höherbildung der Bevölkerung und der Abbau von Bildungsungleichheiten. Ein Blick in die Realität ist ernüchternd. Im

Zuge der Bildungsexpansion sind keine wesentlichen Veränderungen im Hinblick auf schichtspezifische Selektivität und Durchlässigkeit der Bildungswege erreicht worden (Rodax 1989: 221ff, 311ff; Mayer 1991: 320ff). Die Frage, wie verfügbare Bildung auf neue Art sozial gerecht verteilt werden kann, muss mehr denn je eine der Grundfragen der Gesellschafspolitik in Bildungsgesellschaften sein. Nicht zuletzt um zu verhindern, dass die Sozialstruktur noch mehr in Besitzende und Nichtbesitzende von Bildung gespalten wird.

Es wird deutlich belegt, dass Bildung und berufliche Qualifikation wichtige Ressourcen für Lebenschancen sind. Zur Disposition steht die relativ starre Form der Organisation von Beruf und Bildung in Deutschland (Müller 2001). Eine wachsende Dynamik relativiert die berufliche Erstausbildung und macht es notwendig, dass lebenslange Bildungsaktivitäten immer wichtiger werden. Gleichzeitig gewinnt die Frage an Relevanz, wie Bildung und Ausbildung in ausreichendem Maße und angemessener Form breite Teile der Bevölkerung erreichen kann. Nicht beantwortet ist dabei die noch dringendere Frage, was mit denjenigen geschehen soll, die mit den wachsenden beruflichen Anforderungen nicht mithalten können (Voß und Dombrowski 1998: 70).

In den Diskursen um neue Gesellschaftsmodelle wird ein Wandel hin zu einer neuen gesellschaftlichen Qualität postuliert. Entscheidende Folgen der Entwicklungen sind danach veränderte Machtstrukturen und ein Wertewandel. In der Diskussion um die zukünftige Bildungsgesellschaft – Gibt es sie oder gibt es sie nicht? Welche Qualität wird sie haben? – spielen Annahmen einer quantitativen Entwicklung des Bildungssystems ebenso eine Rolle wie sich daraus ergebende qualitative Konsequenzen (vgl. Häußermann und Siebel 1995).

Die Frage danach, ob moderne Gesellschaften auf dem Weg zu Bildungsgesellschaften sind, ist nicht eindeutig beantwortbar. Einerseits hat Bildung im Zuge der Bildungsexpansion deutlich an Bedeutung gewonnen. Andererseits lässt sich von einer Bildungsgesellschaft nur dann sprechen, wenn dieser Diagnose ein Gesellschaftsmodell zugrunde liegt, das nicht allein den Bedingungen für das Lernen des Einzelnen und der Gesellschaft ausreichend Aufmerksamkeit schenkt. Vielmehr müssen weiterführende Indikatoren zur Beantwortung der Frage bereitgestellt werden, was ein Bildungssystem in der Bildungsgesellschaft zu leisten hat, dem Zukunftsfähigkeit attestiert werden könnte (de Haan und Poltermann: 2002: 6). Zu den Anforderungen der Bildungsgesellschaft an die Bildungspolitik gehört somit – neben der finanziellen Förderung des Bildungssystems und insbesondere der Angebote für bildungsferne Schichten – das Bereitstellen einer Infrastruktur zur wissenschaftlichen Begleitung der Entwicklung zur Bildungsgesellschaft.

Wenn das Schlagwort dieses Beitrages Bildungsgesellschaft lautet, dann vorwiegend aus dem einen Zweck, um auf den enormen Stellenwert von Bildung vehement hinzuweisen. Die Anhebung der Bildung am unteren Ende der sozialen Schichtung ist deshalb die ehrlichste Strategie des Abbaus von Ungleichheiten, weil sie diejenigen zu fördern versucht, die mit ihren eigenen Ressourcen am Markt die schwächste Position haben (Müller et al. 1997: 236). Hierin läge eine der Chancen der Bildungsgesellschaft, die durch die bisherige Bildungsexpansion noch nicht ausreichend verwirklicht wurde.

Literatur

Baumert, Jürgen, 1991: Langfristige Auswirkungen der Bildungsexpansion. Unterrichtsforschung 4: 292-312.

Becker, Gary S., 1964: Human Capital. A Theoretical and Empirical Analysis, with Special Reference to Education. New York: Columbia.

Becker, Rolf, 2000: Bildungsexpansion und Bildungsbeteiligung. Oder: Warum immer mehr Schulpflichtige das Gymnasium besuchen. Zeitschrift für Erziehungswissenschaft 3: 447-479.

Bittlingmayer, Uwe H., 2001: „Spätkapitalismus" oder „Wissensgesellschaft"? Aus Politik und Zeitgeschichte 36: 15-23.

Bell, Daniel, 1975: Die nachindustrielle Gesellschaft. Frankfurt a.M.: Campus.

Berger, Peter A., und *Dirk Konietzka*, 2001: Alte Ungleichheiten und neue Unsicherheiten in der Erwerbsgesellschaft. S. 9-25. in: *Peter A. Berger* und *Dirk Konietzka* (Hg.), Die Erwerbsgesellschaft. Neue Ungleichheiten und Unsicherheiten. Opladen: Leske + Budrich.

Blossfeld, Hans-Peter, 1985: Bildungsexpansion und Berufschancen. Frankfurt a.M./New York: Campus.

Blossfeld, Hans-Peter, und *Karl Ulrich Mayer*, 1991: Berufsstruktureller Wandel und soziale Ungleichheit, Entsteht in der Bundesrepublik Deutschland ein neues Dienstleistungsproletariat? Kölner Zeitschrift für Soziologie und Sozialpsychologie 43: 671-696.

Braun, Michael, und *Walter Müller*, 1997: Measurement of Education in Comparative Research. Comparative Social Research 16: 163-201.

Bundesministerium für Bildung und Forschung (BMBF), 1999: Delphi-Befragung 1996/1998. Abschlussbericht zum Bildungs-Delphi: Potentiale und Dimensionen der Wissensgesellschaft, Auswirkungen auf Bildungsprozesse und Bildungsstrukturen. München.

Böhme, Gernot, 1997: The structure and prospects of knowledge society. Social Science Information 36: 447-468.

Bravermann, Harry, 1977: Die Arbeit im modernen Produktionsprozess. Frankfurt a.M./New York.

Bühl, Achim,1997: Die virtuelle Gesellschaft. Ökonomie, Politik und Kultur im Zeichen des Cyberspace. Opladen: Westdeutscher Verlag.

Butz, Marcus, 2001: Lohnt sich Bildung noch? Ein Vergleich der bildungsspezifischen Nettoeinkommen 1982 und 1995. S. 95-117 in: *Peter A. Berger* und *Dirk Konietzka* (Hg.), Die Erwerbsgesellschaft. Neue Ungleichheiten und Unsicherheiten. Opladen: Leske und Budrich.

Collins, Randall, 1971: Some Comparative Principles of Educational Stratification. Havard Educational Review 47: 1-27.

Dahrendorf, Ralf, 1965: Gesellschaft und Demokratie in Deutschland. München: Piper.

Ditton, Hartmut, 2004: Schule und sozial-regionale Ungleichheit. S. 605 – 624 in: *Werner Helsper* und *Jeanette Böhme* (Hg.), Handbuch der Schulforschung. Wiesbaden: VS Verlag für Sozialwissenschaften.

Esping-Andersen, Gösta, 1991: Post-Industrial Class Structures: an Analytical Framework. European University Institute, Manuskript.

Friedrichs, Jürgen, M. Rainer Lepsius und Karl Ulrich Mayer, 1998: Diagnose und Prognose in der Soziologie. S. 9-31 in: *Jürgen Friedrichs, Rainer M. Lepsius* und *Karl Ulrich Mayer* (Hg.), Die Diagnosefähigkeit der Soziologie. Opladen: Westdeutscher Verlag.

Fourastié, Jean, 1954: Die grosse Hoffnung des Zwanzigsten Jahrhunderts. Köln: Bund-Verlag.

Gorz, André, 1994: Kritik der ökonomischen Vernunft. Hamburg: Rotbuch Verlag.

Gukenbiehl, Hermann L., 1998: Bildung und Bildungssystem. S. 85-100 in: *Bernhard Schäfers* und *Wolfgang Zapf* (Hg.), Handwörterbuch zur Gesellschaft Deutschlands. Opladen: Leske + Budrich.

Haan, Gerhard de, und *Andreas Poltermann*, 2002: Funktion und Aufgaben von Bildung und Erziehung in der Wissensgesellschaft. Berlin.

Hadjar, Andreas, 2004: Ellenbogenmentalität und Fremdenfeindlichkeit. Die Rolle des Hierarchischen Selbstinteresses. Wiesbaden: VS Verlag für Sozialwissenschaften.

Hadjar, Andreas, und *Rolf Becker*, 2006: Bildungsexpansion und Wandel des politischen Interesses in Westdeutschland zwischen 1980 und 2002. Politische Vierteljahresschrift 47: 12-34.

Hartmann, Michael, 1992: Entwertung von Expertenwissen und Bildungsexpansion – Akademikerrekrutierung, Dateneinsatz und duales Ausbildungssystem in der Versicherungswirtschaft. Zeitschrift für Sozialisationsforschung und Erziehungssoziologie 12: 80-96.

Häußermann, Hartmut, und *Walter Siebel*, 1995: Dienstleistungsgesellschaft. Frankfurt a.M.: Suhrkamp.

Heidenreich, Martin, 2003: Die Debatte um die Wissensgesellschaft. S. 25-51 in: *Stefan Böschen* und *Ingo Schulz-Schaeffer* (Hg.), Wissenschaft in der Wissensgesellschaft. Wiesbaden: Westdeutscher Verlag.

Hillmann, Karl-Heinz, 1994: Wörterbuch der Soziologie. 4. Aufl. Stuttgart: Alfred Kröner Verlag.

Immerfall, Stefan, 1995: Einführung in den Europäischen Gesellschaftsvergleich. Passau: Rothe.

Immerfall, Stefan,1998: Gesellschaftsmodell und Gesellschaftsanalyse. S. 253-263 in: *Bernhard Schäfers* und *Wolfgang Za*pf (Hg.), Handwörterbuch zur Gesellschaft Deutschlands. Opladen: Leske + Budrich.

Jagoda, Bernhard, 1997: Neue Arbeitsplätze durch Dienstleistungen. S. 121-128 in: *Klaus Mangold* (Hg.), Die Zukunft der Dienstleistung. Wiesbaden: Gabler.

Kaase, Max, 1999: Deutschland als Informations- und Wissensgesellschaft. Konzepte, Probleme, Perspektiven. S. 529-559 in: *Max Kaase und Günther Schmid* (Hg.), Eine lernende Demokratie. 50 Jahre Bundesrepublik Deutschland. WZB-Jahrbuch Berlin: edition sigma.

Klemm, Klaus, 1991: Jugendliche ohne Ausbildung. Die „Kellerkinder" der Bildungsexpansion. Zeitschrift für Pädagogik 6: 887-898.

Kraemer, Klaus, und *Uwe H. Bittlingmayer*, 2001: Soziale Polarisierung durch Wissen. Zum Wandel der Arbeitsmarktchancen in der „Wissensgesellschaft". S. 313-329 in: *Peter A. Berger* und *Dirk Konietzka* (Hg.), Die Erwerbsgesellschaft. Neue Ungleichheiten und Unsicherheiten. Opladen: Leske + Budrich.

Lane, Robert E., 1966: The declines of politics and ideology in a knowledgeable society. American Sociological Review 31: 649-662.

Lau, Christoph, und *Stefan Böschen*, 2003: Wissensgesellschaft und reflexive Modernisierung. S. 220-235 in: Stefan Böschen und Ingo Schulz-Schaeffer (Hg.), Wissenschaft in der Wissensgesellschaft. Wiesbaden: Westdeutscher Verlag.

Lenski, Gerhard, 1973: Macht und Privileg: eine Theorie der sozialen Schichtung. Frankfurt a.M.: Suhrkamp.

Lützel, Heinrich, 1987: Statistische Erfassung von Dienstleistungen. Allgemeines Statistisches Archiv 71: 17-37.

Machlup, Fritz, 1962: The Production and Distribution of Knowledge in the United States. Princeton.

Mayer, Karl-Ulrich, und *Hans Peter Blossfeld*, 1990: Die gesellschaftliche Konstruktion sozialer Ungleichheit im Lebensverlauf. S. 297-318 in: *Peter A. Berger* und *Stefan Hradil* (Hg.), Lebenslagen, Lebensläufe, Lebensstile. Göttingen: Schwartz.

Mayer, Karl-Ulrich, 1991: Lebenslauf und Bildung. Ergebnisse aus dem Forschungsprojekt „Lebensverläufe und gesellschaftlicher Wandel des Max-Planck-Instituts für Bildungsforschung. Unterrichtswissenschaft 19: 313-332.

Mayntz, Renate, 1985: Die gesellschaftliche Dynamik als theoretische Herausforderung. S. 27-44 in: *Burkhart Lutz* (Hg.), Soziologie und gesellschaftliche Entwicklung. Verhandlungen des 22. Deutschen Soziologentages 1984. Frankfurt a.M.: Campus.

Müller, Walter 1983: Wege und Grenzen der Tertiarisierung: Wandel der Berufsstruktur in der Bundesrepublik Deutschland 1950-1980. S. 142-160 in: *Joachim Matthes* (Hg.), Krise der Arbeitsgesellschaft? Verhandlungen des 21. Soziologentages in Bamberg 1982. Frankfurt a.M.: Campus.

Müller, Walter, Angelika Willms und *Johann Handl*, 1983: Strukturwandel der Frauenarbeit 1880-1980, Frankfurt am Main, New York.

Müller, Walter, Steinmann, Susanne und *Reinhart Schneider*, 1997: Bildung in Europa. S. 177-245 in: *Stefan Hradil* und *Stefan Immerfall* (Hg.), Die westeuropäischen Gesellschaften im Vergleich. Opladen: Leske + Budrich.

Müller, Walter, 1998: Erwartete und unerwartete Folgen der Bildungsexpansion. S. 83-112 in: *Jürgen Friedrichs, Rainer M. Lepsius* und *Karl Ulrich Mayer* (Hg.), Die Diagnosefähigkeit der Soziologie. Opladen: Westdeutscher Verlag.

Müller, Walter, 1999: Bildungsexpansion und Bildungsfolgen im Systemvergleich. S. 65-87 in: *Oskar Niedermayer* und *Bettina Westle* (Hg.), Demokratie und Partizipation. Opladen: Westdeutscher Verlag.

Müller, Walter, 2001: Zum Verhältnis von Bildung und Beruf in Deutschland. Entkopplung oder zunehmende Strukturierung. S. 29-63 in: *Peter A. Berger* und *Dirk Konietzka* (Hg.), Die Erwerbsgesellschaft. Neue Ungleichheiten und Unsicherheiten. Opladen: Leske + Budrich.

Muszynski, Bernhard, 1999: Bildungspolitik. S. 35-38 in: *Georg Weisseno* (Hg.), Lexikon der politischen Bildung. Band 1, Didaktik und Schule. Schwalbach.

OECD, 2004: Lernen für die Welt von morgen. Erste Ergebnisse von PISA 2003.

Offe, Claus, 1983: Arbeit als soziologische Schlüsselkategorie? S. 38-65 in: *Joachim Matthes* (Hg.), Krise der Arbeitsgesellschaft? Verhandlungen des 21. Soziologentages in Bamberg 1982. Frankfurt a.M.: Campus.

Pongs, Armin, 1999: In welcher Gesellschaft leben wir eigentlich? München: Dilemma-Verlag.

Reinberg, Alex, Fischer, Günther, Cordula Schweizer und *Manfred Tessaring*, 1995: Demographische Grenzen der Bildungsexpansion. Mitteilungen aus der Arbeitsmarkt und Berufsforschung, 28: 5-31.

Rodax, Klaus, 1989: Strukturwandel der Bildungsbeteiligung 1950-1985. Eine Bestandsaufnahme im Spiegel der amtlichen Bildungsstatistik. Darmstadt: Wissenschaftliche Buchgesellschaft.

Schimpl-Neimanns, Bernhard, 2000: Soziale Herkunft und Bildungsbeteiligung. Kölner Zeitschrift für Soziologie und Sozialpsychologie 52: 637-669.

Schmid, Günther, 1998: Arbeitsmarkt und Beschäftigung. S. 22-34 in: *Bernhard Schäfers und Wolfgang Zapf* (Hg.), Handwörterbuch zur Gesellschaft Deutschlands. Opladen: Leske + Budrich.

Shavit, Yossi, und *Hans-Peter Blossfeld*, 1992: Persisting Barriers. Changes in Educational Opportunities in Thirteen Countries. EUI Working Papers in Political and Social Sciences, SPS No. 92/16. San Domenico.

Siegrist, Hannes, 1988 (Hg.): Bürgerliche Berufe. Zur Sozialgeschichte der freien und akademischen Berufe im internationalen Vergleich. Göttingen: Vandenhoeck & Ruprecht.

Solga, Heike, und *Sandra Wagner*, 2001: Paradoxie der Bildungsexpansion. Die doppelte Benachteiligung von Hauptschülern. Zeitschrift für Erziehungswissenschaft 4: 107-127.

Spinner, Helmut F., 1994: Die Wissensordnung. Ein Leitkonzept für die dritte Grundordnung des Informationszeitalters. Opladen: Leske + Budrich.

Spinner, Helmut F., 1998a: Die Architektur der Informationsgesellschaft. Entwurf eines wissensorientierten Grundkonzepts. Bodenheim: Philo.

Spinner, Helmut F., 1998b: Informationsgesellschaft. S. 313-325 in: *Bernhard Schäfers* und *Wolfgang Zapf* (Hg.), Handwörterbuch zur Gesellschaft Deutschlands. Opladen: Leske + Budrich.

Statistisches Bundesamt (Hg.), 2004: Datenreport 2004. Bonn: Bundeszentrale für politische Bildung.

Stehr, Nico, 1994: Arbeit, Eigentum und Wissen. Zur Theorie von Wissensgesellschaften. Frankfurt a.M.: Suhrkamp.

Stehr, Nico, 2000: Die Zerbrechlichkeit moderner Gesellschaften. Weilerswist: Velbrück.

Stehr, Nico, 2001: Moderne Wissensgesellschaften. Aus Politik und Zeitgeschichte B 36: 7-14.

Stroß, Annette M., 2001: Die „Wissensgesellschaft" als bildungspolitische Norm? Anmerkungen aus erziehungswissenschaftlicher Sicht. Sozialwissenschaftliche Literatur Rundschau 42: 84-100.

Touraine, Alain, 1972: Die postindustrielle Gesellschaft. Frankfurt a.M.

Umesao, Tadao, 1963 zit. nach *Löffelholz, Martin,* und *Klaus-Dieter Altmeppen*, 1994: Kommunikation in der Informationsgesellschaft. S. 570-591 in: *Klaus Merten, Siegfried J.Schmidt* und *Siegfried Weischenberg* (Hg.), Die Wirklichkeit der Medien. Eine Einführung in die Kommunikationswissenschaft. Opladen: Westdeutscher Verlag.

Voß, Günter, und *Jörg Dombrowski,* 1998: Berufs- und Qualifikationsstruktur. S. 60-71 in: *Bernhard Schäfers* und *Wolfgang Zapf* (Hg.), Handwörterbuch zur Gesellschaft Deutschlands. Opladen: Leske + Budrich.

Willke, Helmut, 1997: Supervision des Staates. Frankfurt a.M.: Suhrkamp.

Willke, Helmut, 2001: Systemisches Wissensmanagement. 2. Auflage. Stuttgart: Lucius & Lucius.

Willke, Helmut, 1998: Organisierte Wissensarbeit. Zeitschrift für Soziologie 27: 161-177.

Willke, Helmut, 1999: Die Wissensgesellschaft. „Wissen ist der Schlüssel zur Gesellschaft". S. 261-279 in: *Armin Pongs* (Hg.): In welcher Gesellschaft leben wir eigentlich? München: Dilemma-Verlag.

Verzeichnis der Autorinnen und Autoren

Baumert, Jürgen, 1941, Dr. phil., Direktor am Max-Planck-Institut für Bildungsforschung Berlin und Vizepräsident der Max-Planck-Gesellschaft. Forschungsschwerpunkte: Lehr-/Lernforschung, kognitive und motivationale Entwicklung im Jugendalter, internationaler Leistungsvergleich, Entwicklung von Bildungssystemen. Veröffentlichungen u.a.: Schulstruktur und die Entstehung differenzieller Lern- und Entwicklungsmilieus. In J. Baumert, P. Stanat und R. Watermann (Hg.): Herkunftsbedingte Disparitäten im Bildungswesen: Differenzielle Bildungsprozesse und Probleme der Verteilungsgerechtigkeit, Wiesbaden 2006 (zus. mit P. Stanat und R. Watermann, 2006); Was wissen wir über die Entwicklung von Schulleistungen? Pädagogik 58, 2006; Internationale Schulleistungsvergleiche. In D. H. Rost (Hg.), Handwörterbuch Pädagogische Psychologie, Weinheim 2006 (zus. mit P. Stanat).

Becker, Michael, 1975, Dipl.-Psych., M.A. phil., wissenschaftlicher Mitarbeiter am Max-Planck-Institut für Bildungsforschung, Berlin. Forschungsgebiete: Kognitive und psychosoziale Entwicklung, Veränderung und Entwicklung von Bildungssystemen, quantitative Methoden der Sozialforschung. Veröffentlichungen u.a.: Leistungszuwachs in Mathematik: Evidenz für einen Schereneffekt im mehrgliedrigen Schulsystem. Zeitschrift für Pädagogische Psychologie (zur Veröffentlichung eingereicht); Mathematikleistungen am Ende der Sekundarstufe II. In U. Trautwein, O. Köller, R. Lehmann, & O. Lüdtke (Hg.): Der Leistungsstand von Hamburger Abiturienten: Vertiefende Analysen und ein Benchmark-Vergleich auf Grundlage der Studie „Aspekte der Lernausgangslage und der Lernentwicklung – Klassenstufe 13", im Druck (zus. mit G. Nagy, M. Neumann, R. Watermann, O. Köller, O. Lüdtke und U. Trautwein).

Becker, Rolf, 1960, Prof. Dr. phil., Ordinarius für Bildungssoziologie an der Universität Bern. Forschungsgebiete: Bildungssoziologie, Sozialstrukturanalyse, Lebensverlaufsforschung, Arbeitsmarkt- und Mobilitätsforschung, Methoden der empirischen Sozialforschung und angewandte Statistik. Veröffentlichungen u.a.: Educational Expansion and Persistent Inequalities of Education: Utilising the Subjective Expected Utility Theory to Explain the Increasing Participation Rates in Upper Secondary School in the Federal Republic of Germany. European Sociological Review 19, 2003; Bildung als Privileg? Erklärungen und Befunde zu den Ursachen der Bildungsungleichheit, Wiesbaden 2004 (Hg. zus. mit W. Lauterbach); Soziale Ungleichheit von Lesekompetenzen. Eine Matching-Analyse im Längsschnitt mit Querschnittsdaten von PIRLS 2001 und PISA 2000, Kölner Zeitschrift für Soziologie und Sozialpsychologie 58, 2006 (zus. mit F. Schubert).

Cortina, Kai S., 1964, Dr. phil., Professor für Pädagogische Psychologie und Entwicklungspsychologie an der University of Michigan, Ann Arbor. Forschungsschwerpunkte: Kognitive und psychosoziale Entwicklung im Jugendalter und im Übergang in die berufliche Erstausbildung, Evaluationsforschung, analytische Methoden der Längsschnittforschung. Veröffentlichungen u.a.: Multivariate Latent Growth Models. Three Steps to Reading the Covariance Matrix for Multi-Level Interpretations. In: F.J. Yammarino und F. Dansereau (Hg.): Multi-Level Issues in Strategy and Methods, New York 2005 (zus. mit H.A. Pant und J. Smith-Darden); Entwicklungspsychologie: Kontext Schule. Enzyklopädie der Psychologie, im Druck (zus. mit O. Köller); Das Bildungswesen der Bundesrepublik Deutschland. Strukturen und Entwicklungen im Überblick, Reinbek 2003 (Hg. zus. mit A. Leschinsky, L. Trommer, J. Baumert und K.-U. Mayer).

Engelage, Sonja, 1973, lic. phil., Assistentin an der Abteilung Bildungssoziologie der Universität Bern. Forschungsgebiete: Hochschule und Beruf, Akademiker-Arbeitsmarkt, Lehrerinnen- und

Lehrerbildung, Gender-Studies. Projekt: Promotion und Karriere (PuK): Berufs- und Einkommensverläufe promovierter Akademikerinnen und Akademiker in der Schweiz.

Hadjar, Andreas, 1974, Dr. phil., Oberassistent an der Abteilung Bildungssoziologie an der Universität Bern. Forschungsgebiete: Politische Soziologie, Methoden der empirischen Sozialforschung und Datenanalyseverfahren, Familienforschung, Bildungssoziologie. Veröffentlichungen u.a.: Ellenbogenmentalität und Fremdenfeindlichkeit bei Jugendlichen. Die Rolle des Hierarchischen Selbstinteresses, Wiesbaden 2004; Bildungsexpansion und Wandel des politischen Interesses zwischen 1980 und 2002, Politische Vierteljahresschrift 47, 2006 (zus. mit R. Becker); Juvenile delinquency and gender revisited: The family and power-control theory reconceived. European Journal of Criminology 4, 2007 (zus. mit D. Baier, K. Boehnke und J. Hagan).

Haunberger, Sigrid, 1975, Dipl. Soz., wiss. Assistentin, Universität Bern, Abteilung Bildungssoziologie. Forschungsgebiete: Bildungssoziologie, Soziologie der Arbeit, Soziologie der Kindheit, Methoden und Techniken empirischer Sozialforschung, Interviewereffekte. Veröffentlichungen u.a.: Interviewer und Befragte im Kinderpanel. Interviewdauer und Panelbereitschaft. In C. Alt (Hg.): Kinderleben – Aufwachsen zwischen Familie, Freuden und Institutionen. Band 2: Aufwachsen zwischen Freunden und Institutionen, Wiesbaden 2005; Das standardisierte Interview als soziale Interaktion: Interviewereffekte in der Umfrageforschung, ZA-Information 58, 2006.

Hecken, Anna Etta, 1973, lic. phil. hist., wiss. Assistentin am Institut für Erziehungswissenschaft (Abteilung Bildungssoziologie) der Universität Bern. Forschungsgebiete: Absolventenstudien, Studien- und Berufswahl, geschlechtsspezifische Segregation, berufliche Weiterbildung. Veröffentlichungen u.a.: Berufliche Weiterbildung – arbeitsmarktsoziologische Perspektiven und empirische Befunde. In M. Abraham und Th. Hinz (Hg.): Arbeitsmarktsoziologie. Probleme, Theorien, empirische Befunde, Wiesbaden, 2005 (zus. mit R. Becker); Bildungsexpansion und die geschlechtsspezifische Segregation an Schweizer Hochschulen, Soziale Welt 55, 2004 (zus. mit A. Franzen und C. Kopp); Studienmotivation, Erwerbspartizipation und der Einstieg in den Arbeitsmarkt, KZfSS 54, 2002 (zus. mit A. Franzen).

Klein, Thomas, 1955, Dr. rer. pol., Professor für Soziologie an der Universität Heidelberg. Forschungsgebiete: Sozialstrukturanalyse, Familien- und Bevölkerungssoziologie, Soziologie des Alters, Gesundheitssoziologie. Zahlreiche Veröffentlichungen in renomierten Fachzeitschriften sowie ein Lehrbuch: Sozialstrukturanalyse. Eine Einführung, Reinbek bei Hamburg 2005.

Lüdtke, Oliver, 1973, Dr. phil., wissenschaftlicher Mitarbeiter am Max-Planck Institut für Bildungsforschung, Forschungsbereich Erziehungswissenschaft und Bildungssysteme. Forschungsgebiete: Schulleistungsstudien, Persönlichkeitsentwicklung im Jugendalter, methodische Aspekte der Erfassung von schulischen Kontextmerkmalen. Veröffentlichungen u.a.: Persönliche Ziele junger Erwachsener, Münster 2006; Analyse von Lernumwelten: Ansätze zur Bestimmung der Reliabilität und Übereinstimmung von Schülerwahrnehmungen. Zeitschrift für Pädagogische Psychologie 20, 2006 (zus. mit U. Trautwein, M.. Kunter und J. Baumert).

Pollmann-Schult, Matthias, 1973, Dr. phil., Wissenschaftlicher Assistent, Fakultät für Soziologie an der Universität Bielefeld. Forschungsgebiete: Unterwertige Beschäftigung, Arbeitslosigkeit, Berufliche Mobilität. Veröffentlichungen u.a.: Unterwertige Beschäftigung im Berufsverlauf. Eine Längsschnittanalyse für Nicht-Akademiker in Westdeutschland, Frankfurt/Main 2006; Crowding-out of unskilled workers in the business cycle – Evidence from West Germany, European Sociological Review 21, 2005; Unemployment benefits, unemployment duration and subsequent job quality – Evidence from West Germany, Acta Sociologica 48, 2005 (zus. mit F. Büchel).

Rippl, Susanne, 1966, PD Dr., wissenschaftliche Mitarbeiterin am Institut für Soziologie der Technische Universität Chemnitz. Forschungsgebiete: Politische Soziologie, Kulturvergleich, Methoden. Veröffentlichungen u.a.: Kompensation oder Konflikt? Zur Erklärung negativer Einstellungen zur Zuwanderung, Kölner Zeitschrift für Soziologie und Sozialpsychologie 55, 2003; Die EU-Osterweiterung als Mobilisierungsschub für rechtsextreme Einstellungen? Die Rolle von Bedrohungsgefühlen im Kontext situativer und dispositioneller Faktoren, Zeitschrift für Soziologie 34, 2005 (zus. mit D. Baier, A. Kindervater, K. Boehnke); Das Deprivationskonzept in der Rechtsextremismusforschung. Eine vergleichende Analyse verschiedener Konzeptualisierungen des Deprivationsbegriffs, Kölner Zeitschrift für Soziologie und Sozialpsychologie 57, 2005 (zus. mit D. Baier).

Schubert, Frank, 1975, Dipl. Soz.-wiss., wissenschaftlicher Assistent in der Abteilung für Bildungssoziologie an der Universität Bern. Forschungsgebiete: International vergleichende Bildungsforschung, Übertritt vom Bildungssystem in den Arbeitsmarkt, Methoden der empirischen Sozialforschung. Veröffentlichungen u.a.: Soziale Ungleichheiten von Lesekompetenzen. Eine Matching-Analyse im Längsschnitt mit Querschnittsdaten von PIRLS 2001 und PISA 2000, Kölner Zeitschrift für Soziologie und Sozialpsychologie 2, 2006 (zus. mit R. Becker); General Indicators on Transition from School to Work. Youth Transitions from Education to Working Life in Europe, Part I, Statistics in Focus 4, 2003 (zus. mit I. Kogan); Youth Transitions from Education to Working Life in Europe: A General Overview. In I. Kogan und W. Müller (Hg.): School-to-Work Transitions in Europe: Analyses of the EU LFS 2000 Ad Hoc Module, Mannheim 2003 (zus. mit I. Kogan).

Schulze, Alexander, 1977, Dipl.-Soz., wissenschaftlicher Mitarbeiter, Institut für Soziologie der Johannes Gutenberg-Universität Mainz. Forschungsgebiete: Medizinsoziologie (mit Schwerpunkt Gesundheitsverhalten), Bevölkerungssoziologie und Sozialstrukturanalyse. Veröffentlichungen u.a.: Soziale Unterschiede im aktiven und passiven Tabakkonsum in Deutschland. Beiträge zur Gesundheitsberichterstattung des Bundes, Berlin 2006 (zus. mit T. Lampert); The evolution of educational inequalities in smoking: a changing relationship and a cross-over effect among German birth cohorts of 1921–70, Addiction 101, 2006 (zus. mit U. Mons); Lack of sustainable prevention effect of the "Smoke-Free Class Competition" on German pupils. Preventive Medicine 42, 2006 (zus. mit U. Mons, L. Edler, M. Pötschke-Langer).

Spellerberg, Annette, 1960, Dr., Juniorprofessorin für Stadtsoziologie, FB ARUBI, TU Kaiserslautern. Forschungsgebiete: Raumsoziologie, Lebensstilforschung, Sozialberichterstattung, Frauenforschung. Veröffentlichungen u.a.: Die Hälfte des Hörsaals. Frauen in Hochschule, Wissenschaft und Technik, Berlin 2005 (Hg.); Lebensstile, Wohnbedürfnisse und räumliche Mobilität, Opladen 1999 (zus. mit N. Schneider); Soziale Differenzierung durch Lebensstile. Eine empirische Untersuchung zur Lebensqualität in West- und Ostdeutschland, Berlin 1996.

Timm, Andreas, 1957, Dr. rer.pol., Institut für Forschungsinformation und Qualitätssicherung (iFQ) in Bonn. Forschungsgebiete: Lebensverlaufsforschung, empirische Ungleichheitsforschung, Wissenschaftsforschung, Familiensoziologie, Bildungssoziologie. Veröffentlichungen u.a.: Who Marries Whom? Educational Systems as Marriage Markets in Modern Societies, Dordrecht/Boston/London 2003 (zus. mit H.-P. Blossfeld); Partnerwahl- und Heiratsmuster in modernen Gesellschaften. Der Einfluss des Bildungssystems, Wiesbaden 2004; Berufsspezifische Morbiditätsentwicklung von Krankenversicherten im Zeitraum 1990 bis 2003. Eine Längsschnittanalyse mit Routinedaten der Gmünder Ersatzkasse, Das Gesundheitswesen 68, 2006 (zus. mit U. Helmert und R. Müller).

Trautwein, Ulrich, 1972, PD Dr. phil., wissenschaftlicher Mitarbeiter am Max-Planck-Institut für Bildungsforschung, Berlin. Forschungsgebiete: Lehr-Lern-Forschung, Entwicklung von Schulleistung und selbstbezogenen Kognitionen. Veröffentlichungen u.a.: Self-esteem, academic self-concept, and achievement: How the learning environment moderates the dynamics of self-concept, Journal of Personality and Social Psychology 90, 2006 (zus. mit O. Lüdtke, O. Köller und J. Baumert); Hausaufgaben. In W. Schneider und M. Hasselhorn (Hg.), Handbuch der Pädagogischen Psychologie, Göttingen 2006 (im Druck); Der Leistungsstand von Hamburger Abiturienten: Vertiefende Analysen und ein Benchmark-Vergleich auf Grundlage der Studie „Aspekte der Lernausgangslage und der Lernentwicklung – Klassenstufe 13“, Hamburg 2006 (Hg. zus. mit O. Köller, R. Lehmann und O. Lüdtke).

Unger, Rainer, 1970, Dr. phil., wissenschaftlicher Mitarbeiter am Bundesinstitut für Bevölkerungsforschung in Wiesbaden. Forschungsgebiete: Bevölkerungssoziologie, Gesundheitssoziologie, Sozialstrukturanalyse. Veröffentlichungen u.a.: Einkommen und Mortalität im Lebensverlauf, Sonderheft 46 der Kölner Zeitschrift für Soziologie und Sozialpsychologie, 2006 (zus. mit T. Klein); Trends in active life expectancy in Germany between 1984 and 2003. A cohort analysis with different health indicators, Journal of Public Health 15, 2006; Kinderlosigkeit bei Akademikerinnen? Die Aussagekraft empirischer Daten zur Kinderlosigkeit bei Akademikerinnen, BiB-Mitteilungen 26, 2005 (zus. mit M. Scharein).